［美］琳内·奥尔森　著
(Lynne Olson)

张宇译

TROUBLESOME YOUNG MEN

至暗时刻的反抗

*The Rebels
Who Brought Churchill
Power and
Helped Save England*

把丘吉尔
并拯救英国的
年轻人

社会科学文献出版社
SOCIAL SCIENCES ACADEMIC PRESS (CHINA)

大卫·劳合·乔治（1863—1945）

新婚的哈罗德·麦克米伦与妻子多萝西·麦克米伦

哈罗德·麦克米伦（1894—1986）

1928 年预算日，丘吉尔与女儿以及罗伯特·布思比前往下议院。

1939 年 8 月 29 日，温斯顿·丘吉尔和安东尼·艾登在从白厅前往下议院的路上。

哈罗德·尼科尔森（1933 年）

维奥莉特·博纳姆·卡特夫人（1947 年）

1935 年，安东尼·艾登在妻子与儿子的陪同下，乘飞机离开克罗伊登，参加在日内瓦举行的国际联盟理事会会议。

1937 年 9 月 8 日，阿尔弗雷德·达夫·库珀赶去参加白厅花园的内阁紧急会议。

1938 年 9 月 30 日，在慕尼黑会议后，首相内维尔·张伯伦和夫人在唐宁街 10 号向欢呼的人群挥手致意。

译者序

如果有机会拯救生命，你会义无反顾吗？

如果有机会推翻强权，你会迎难而上吗？

如果有机会入主内阁，你会当仁不让吗？

如果……如果成就这一切，需要冒着身败名裂、众叛亲离、牺牲政治前途的代价，你还会奋勇向前吗？

他们会！无论是被戏谑为"魅力男孩"还是被抨击成"反叛分子"，都没能阻止他们战斗。这就是《至暗时刻的反抗》要讲给你听的故事，它将带你结识那些站在伟人背后、助普通人成为伟人的人们。

与以往关注二战的书籍或电影不同，《至暗时刻的反抗》带给我们另一个走进二战的视角。一战带给英国的记忆太痛苦了，所以在面对希特勒的野心时，张伯伦内阁还充满幻想，希望通过谈判明哲保身，甚至不惜牺牲欧洲其他国家。丘吉尔并不是最勇敢的人，他被束缚在张伯伦的政治羁绊和私人友谊中，如果不是那些年轻的"反叛分子"推了一把，他永远不会站在那个让他名垂青史的位置上。

是的，这些年轻的议员才是点亮了至暗时刻的光。他们多数出身贵族，从小便被隐形的集体荣誉和共性利益所约束。在这样的环境里，个人只有服从集体的意志，才能够赢得立锥之地。但是，当成千上万人的生命被夺走时，个人得失已经微不足道。面对德国法西斯的暴行，他们从下议院的后排座椅中站起，成了反抗的主体，为了挽救时局背负着时人的非议，赌上了自己的职业生涯，甚至赔上了性命。

年轻的布思比帅的像是画中人，不仅深受女人喜欢，更成为党派内部的重点培养对象。如果没有成为"反叛分子"，他最大的人生困扰可能就是跟麦克米伦爱上了同一个女人。如果没有投票反对首相，奎尼汀·霍格在中东与德国人作战的时候，他的妻子不会在家中收到无数恐吓信。如果没有支持"反叛分子"，埃默里会一直被张伯伦视为自己人，前途不可限量……慕尼黑事件和苏伊士运河问题让"反叛分子"看到了内阁的私心，那些自公学时期就深谙集体规则的人，对个人政治安危的重视远超对家国命运的责任。更可怕的是，他们的意见左右了当时的整个英国社会。人们一方面盲目乐观，另一方面又不得不承受动荡的时局对生活带来的威胁与影响。

因为反抗首相的决定，太多人改写了命运。但即使命运向黯淡、孤寂中跌落，也没能阻挠他们捍卫真理。在他们的心中，政府的责任与义务是正视眼前的问题，阻挠德国的侵略，而不是利用时局为自己谋求更多的政治资本。"反叛分子"卡特兰是第一个在二战中被杀的议会议员。如果张伯伦政府对希特勒的野心多些警醒，对军备多一些投入，不知道他的命运会不会改变。

《至暗时刻的反抗》不仅聚焦战场和议院，还关照到了生活中的各个角落。卸下政治家的光环，议会中的每个人都是生活中的凡夫俗子。智慧、渊博如埃默里，也无法预知儿子的背叛。当他为二战中的英国劳心劳力的时候，儿子约翰却倒戈敌营，开设反动广播节目。或许因为丘吉尔也有个不争气的儿子，虽然他在政治上与埃默里离心离德，却并没有因为"一个成年儿子的反常行为"而责怪老朋友。即使是这样，埃默里依旧极为克制地平衡着家丑与社会责任之间的关系。作为父亲，他真切地感觉心痛，并为自己的失责而努力反省；但身为高官，他从没有利用自己的权力与地位为儿子谋求赦免。

不同于约翰·埃默里、伦道夫·丘吉尔这些纨绔子弟，被称为"反叛分子"的年轻人们改写了历史，他们的命运也各有沉浮。情场得意的布思比几乎再没有得到重用，而情场失意的麦克米伦却成为"地中海的秘密总督"。相貌平庸、性格无趣的麦克米伦从没有被视为金童，也没有被作为首相的接任者加以培养，而他却接棒丘吉尔走进了唐宁街 10 号，任期超过 6 年，推动了英国新富裕社会的诞生。

曾有人说，年轻人的体温要比年纪大的人高出 0.1 摄氏度。或许，他们就是靠着这 0.1 摄氏度点燃了理想，照耀了世界。虽然黑暗的时刻已经过去，但历史不会忘记，在整个英国充斥着怀疑、愤世、冷漠情绪的时候，那些年轻、勇敢又高贵的人站了出来，用自己的坚持驱散了伦敦上空的乌云，迎来了曙光。

张宇于浙江嘉兴

2021 年 7 月

目　录

引　言 ………………………………………………………… i

第一章　"我们可能会死" …………………………………… 1

第二章　遵守游戏规则 ……………………………………… 17

第三章　"找麻烦的年轻人" ………………………………… 36

第四章　"受追捧的独裁者" ………………………………… 69

第五章　"我缺乏勇气" ……………………………………… 98

第六章　"很显然，他说谎了" ……………………………… 127

第七章　"我们的灵魂危在旦夕" …………………………… 152

第八章　"可怕、纯粹和空前的耻辱" ……………………… 174

第九章　报应 ………………………………………………… 193

第十章　"等待激动人心的消息" …………………………… 217

第十一章　"这是一个测试" ………………………………… 237

第十二章　"为英国发声" …………………………………… 250

第十三章　参战 ……………………………………………… 272

第十四章　"无所事事的痛苦" ……………………………… 298

第十五章　"他绝对忠诚" …………………………………… 326

第十六章　"拿国家的命运作赌注" ………………………… 344

第十七章 "看在上帝的份上，走" ············ 362

第十八章 "不惜一切代价夺取胜利" ·········· 384

第十九章 忠诚的问题 ····················· 406

第二十章 儿子的背叛 ····················· 429

第二十一章 余波 ························· 440

致 谢 ······························· 462

参考文献 ····························· 465

索 引 ······························· 483

引　言

他们或曾就读于伊顿公学和哈罗公学，或毕业于剑桥大学和牛津大学。他们住在贝尔格莱维亚区和梅费尔区，周末会待在肯特、苏塞克斯和牛津的乡间别墅里。他们组成了统治英国社会的小圈子。1940 年 5 月，这些保守党议员们正在谋划一件不可思议的事——他们试图推翻本党领袖——首相内维尔·张伯伦（Neville Chamberlain）。

他们知道自己将万劫不复。这是在挑战一位强有力的独裁首相，张伯伦视批评他政策的行径为叛国，并使用了一系列肮脏的手段来排除异己。敌对的一方指责"反叛分子"不爱国。英国内政大臣塞缪尔·霍尔爵士（Sir Samuel Hoare）斥责他们是"神经兮兮的人"[1]，并声称他们散布的警示和令人恐慌的言论阻碍了欧洲新的"宁静的黄金时代"。

和以前公学里的男孩一样，这一小撮后座议员从小被教导，要重视忠诚这一品质。但在当时的危机中，他们相信应该忠于自己的国家，而不是忠于所属政党或首相。英国与德国的战争持续了 8 个月，张伯伦和他的政府显然对这场战争毫无兴趣，正如一名保守党

---

① Robert Boothby, *Boothby: Recollections of a Rebel*, London: Hutchinson, 1978, p. 133.

的"反叛分子"所说，这场战争"没有武器，没有信仰，也没有同情心"①。

从表面上看，保卫波兰是 1939 年 9 月英法两国向希特勒 (Hitler) 领导下的德国宣战的原因。但是波兰很快就被德国摧毁了，它的西方盟友不顾与这个破碎的国家签署的所有条约和许下的所有承诺，没有采取任何措施来拯救它。还有其他理由继续这场公认的冲突吗？如果有，张伯伦政府从来没有提过是什么理由。政府拒绝宣布其战斗目标，似乎更喜欢参与一场象征性的战争，认为战争的成本越低越好。英国军队的人员配备不足，装备落后，组织混乱。征兵动员会令人昏昏欲睡，身强力壮的男人们仍然在给伦敦的私人俱乐部和豪华酒店当司机或门卫。军备生产进展缓慢。民用制造业几乎没有受到任何控制。

整个英国充斥着怀疑、愤懑、冷漠的情绪和对他人的不信任感。当战争爆发时，英国人相信他们的事业是正义的，他们做好了承受冲击的准备。但当领导人对波兰置之不理时，这种使命感就消失了。一百多万城市居民被疏散到农村，政府实施停电政策，造成了巨大的混乱和危险。为什么发生这种情况？问题的症结在哪里？是什么让每个人的生活发生天翻地覆的变化？为什么富人在豪华的夜总会举办奢华的派对、喝香槟，工人们却因物资短缺和物价飞涨而苦苦挣扎？哥伦比亚广播公司（CBS）的主持人爱德华·R. 默罗（Edward R. Murrow）对美国的广播听众说，英国人民感到"列车失控了，我们都是高速列车上的乘客，列车穿过黑暗的隧道，驶向未知的命运。人们经常怀疑，这列火车上可能没有工程师，没有

---

① Robert Boothby, *Boothby: Recollections of a Rebel*, London: Hutchinson, 1978, p. 135.

人能驾驭它"①。

与此同时，希特勒对自己的目标十分笃定。他的军队充分利用了英法两国的惰性，在1939年秋天穿过了波兰，于1940年4月入侵丹麦，将英国陆军和皇家海军逐出了挪威。德国军队已经做好了向英吉利海峡进发的准备，他们要在西欧的中心地带发动闪电袭击。

在社交和军事上，英国处在灾难的边缘，岌岌可危。然而，英国似乎不可能改变。张伯伦决心继续执政，保守党在下议院的绝大多数成员似乎也决心支持他。英国广播公司（BBC）和全国的报纸也是如此。编辑们解释道，这种支持符合国家利益。他们宣称，战时批评政府是不忠，会进一步分裂国家，只会让德国人受益。

这就是保守党内的"反叛分子"密谋推翻内维尔·张伯伦时所面临的问题。自从1938年2月安东尼·艾登（Anthony Eden）辞去外交大臣的职务，他们就开始了反对张伯伦对纳粹德国实施绥靖政策的斗争。斗争持续了两年，1940年达到高潮。这是一场充满愤怒与仇恨，又非常个人化的斗争。"反叛分子"正在挑战的那些人曾是自己的校友，曾与自己同属于一个俱乐部，在某些情况下甚至是自己的家族成员。"反叛分子"违反了社会的绅士准则，为此，他们被诬蔑为党、政府、阶级和国家的叛徒。在"反叛分子"内部，也存在严重的分歧和争论。他们很难找到一个领导者，直到战争爆发后，一位资深的同僚才终于鼓起勇气，挺身而出，领导了这次起义。

这个领导人不是温斯顿·丘吉尔。事实上，丘吉尔虽然曾是张伯伦绥靖政策的最主要批评者，但是保守党中的异见分子根本没有得到他的任何帮助。宣战后，丘吉尔作为海军大臣加入内阁。接下

① Edward R. Murrow, *This Is London*, New York: Simon and Schuster, 1941, p. 52.

来的几个月里，尽管他在政府会议中极力要求更有力地应战，但他仍然忠于首相。让反对绥靖政策的同僚们沮丧的是，丘吉尔明确表示他不会做任何事来逼迫张伯伦下台。如果首相要被推翻，那一定是别人干的，而不是他自己。

反张伯伦运动的高潮出现在 1940 年 5 月初，一个吹着和煦的微风、映照着金色暖阳的春日下午，当时下议院的议员们正聚在一起讨论英国在挪威的惨败。这是首相和保守党内"反叛分子"之间的最后决战，"反叛分子"的盟友（新成立的工党、自由党和独立派）也加入其中。当"反叛分子"在辩论前疯狂地争取最后的支持时，他们意识到，大家都认为他们成功的可能性微乎其微。据《时代周刊》（*Time*）报道，"在开始辩论的第一个下午，没有人认为张伯伦会被扫地出门"[①]。

然而，3 天后，内维尔·张伯伦下台了，温斯顿·丘吉尔当上了首相。本书讲述了整件事的来龙去脉，还告诉你到底是谁促成了这一切。

我和丈夫斯坦利·克劳德（Stanley Cloud）此前合著了两本书，这两本书都涉及 1940 年夏天英国的这次斗争高潮，写《至暗时刻的反抗》的想法恰是源于对先前那两本书的研究。正是在那些可怕而又辉煌的日子里，温斯顿·丘吉尔的传奇才真正开始书写。"你想知道我们的目标是什么？"5 月 13 日，在取代张伯伦 3 天后，他向下议院宣布，"我可以用一个词来回答，那就是：胜利。"[②] 这句话仍然是他的试金石，即使法国沦陷，英国军队撤退

①　"Warlord for Peacemaker," *Time*, May 20, 1940.
②　Winston Churchill, *The Gathering Storm*, Boston: Houghton Mifflin, 1948, p. 26.

到敦刻尔克，德国对英国的入侵也隐约可见。那年夏末，当德国空军的轰炸机开始对英国发动攻击时，这位新首相让同胞们振作了起来。

毫无疑问，温斯顿·丘吉尔在1940年的故事是现代英国历史上最引人注目的好戏之一。但是，当我对这段时期进行更详细的研究时，发现致使丘吉尔加入保守党的幕后故事——保守党的"反叛分子"反抗自己的政党和首相——在某种程度上同样意义重大、引人入胜。如果没有那些"反叛分子"以及那些参加关于挪威惨败的辩论的议会同僚，丘吉尔绝不会有机会如此高调地迎接挑战，而英国很可能已经与希特勒谈判争取和平，甚至走向失败。

在过去的几十年中，丘吉尔作为英国的救世主出现，几乎被视为命中注定的事情。他是一位不朽的伟人，把舞台中央的所有人一扫而空，使自己成为历史的焦点。人们很容易相信，就像许多人所说的那样，他独自在战前反对绥靖主义，他的崛起不可避免。这两种假设都不正确。正如历史学家保罗·艾迪生（Paul Addison）所指出的："回过头来看1940年5月的危机，我们必须注意到'不可避免'之事在当时看起来是多么不可避免。"① 6

作为首相，内维尔·张伯伦在议会中占绝对多数的席位。他和他的手下们是下议院的主人，操纵并控制这个机构，就像他们控制政府的另一个传统监督者——媒体一样。张伯伦和他的下属使用了能在今天引起强烈共鸣的策略，他们限制记者接触政府的消息来源，要求英国广播公司和报纸遵循政府的路线，并声称在媒体和议会中对他们的政策展开批评是损害国家利益的行为。

---

① Paul Addison, *The Road to 1945: British Politics and the Second World War*, London: Pinlico, 1994, p. 92.

由于张伯伦的地位看似坚不可摧，"反叛分子"在两年的斗争中屡遭挫折。他们中的一个人说道，反对绥靖政策"就像用脑袋撞石头墙"①。"反叛分子"被迫等待政府在军事上的重大挫折，然后再采取行动。但是，逆转一旦发生，抗争的基础就牢固地建立起来了。虽然一些历史学家认为张伯伦在那场关于挪威惨败的辩论中垮台是"议会政治自燃"②的结果，但事实上，这是"反叛分子"行动的结果。正如传记作家凯瑟琳·德林克·鲍恩（Catherine Drinker Bowen）所说的那样，"'反叛分子'并不是凭空出现的"③。保守党中持异见者强烈要求进行辩论，并敦促工党呼吁对张伯伦进行信任投票。正是他们的领袖，首相曾经的一位密友，在议会发表了又一次激动人心的演讲，说服了他的一些同僚，使他们确信张伯伦必须下台。

希特勒入侵西欧前夕，在"反叛分子"的鼓动下，下议院重申自己是民主卫士，并朝胜利迈出了关键的第一步。"反叛分子"的行动凸显了罗纳德·卡特兰（Ronald Cartland）言论的真实性，他是"反叛分子"中最年轻的成员，他本人也承受了政府未能妥善备战而带来的后果。

"没有一个政府能改变人们的思想，"卡特兰说，"而人们的思想会改变政府。"④

---

① Robert Boothby, *Boothby: Recollections of a Rebel*, London: Hutchinson, *1978*, p. 121.

② Larry L. Witherell, "Lord Salisbury's 'Watching Committee' and the Fall of Neville Chamberlain, May 1940," *English Historical Review*, November 2001.

③ Catherine Drinker Bowen, *Biography: The Craft and the Calling*, Boston: Atlantic Monthly Press, 1968, p. 108.

④ Ronald Cartland, *The Common Problem*, London: Hutchinson, 1942, p. 61.

第一章
"我们可能会死"

那是一个灿烂的夏天。

孩子们在海德公园的蛇形湖上玩着玩具船，年轻的情侣们躺在附近的躺椅上晒着太阳。里兹饭店里，帽子上点缀着鲜花的中年妇女们享用着三文鱼和草莓。晚上，初出茅庐的年轻人聚集在骑士桥和贝尔格莱维亚区富丽堂皇的宅第外，有的穿着缎子或丝绸的衣服，还有打着白色领结、穿着燕尾服的年轻男子从出租车里下来，笑着冲进灯火通明的室内。在男管家关门前的短短几秒钟里，人们可以听到"亲爱的"耳语或"脸贴脸"的微弱声响。试着想象一下，在那一瞬间，年轻、有头衔、富有的他们在舞池里旋转。

古德伍德和阿斯科特有赛马会，罗德岛有板球比赛，温布尔登有网球比赛，亨利镇有皇家赛艇会。乡村有舞会、晚宴、夜总会和家庭聚会。但在那些有幸被邀请的人看来，1939 年伦敦社交季最精彩的部分①是在布伦海姆宫为马尔伯勒公爵（Duke of Marlborough）的女儿、17 岁的萨拉·斯宾塞 – 丘吉尔女士（Lady Sarah Spencer-Churchill）

---

① Angela Lambert, *1939：The Last Season of Peace*, London：Weidenfeld & Nicolson, 1989, p. 167.

举办的一场盛大的亮相舞会。宫殿巨大的石头外墙被泛光灯照亮，几英里^①外的人都能欣赏到宫殿巴洛克式的美。在布伦海姆宫占地 20 英亩^②的花园里，树木和灌木丛中闪烁着微弱的彩色灯光，湖水也被泛光灯照亮，似乎沐浴在金色之中。广阔的草坪上建了一座亭子，一支乐队在里面演奏着乐曲。男仆们戴着傅了粉的假发，身穿黄蓝相间的马尔伯勒制服，为 700 多位宾客分发香槟。温斯顿·丘吉尔是宾客之一，他出生在布伦海姆，是这位涉世未深却受人尊敬的少女的已故祖父桑尼·马尔伯勒（Sunny Marlborough）的表亲。在场的大多数人一直跳舞跳到天亮。一位看得眼花缭乱的客人说，这一幕"欢快、年轻、辉煌，简而言之，完美"^③。

　　在这神奇的背景下，人们很容易忘记，在半个大陆之外，成千上万的德国军队集结在波兰边境，华沙的居民们正在公园里挖着弯弯曲曲的战壕，扬声器里发出空袭警报。欧洲处于战争的边缘。如果希特勒入侵波兰（当时看来很有可能是这样），英国承诺将拿起武器保卫波兰。

　　然而，随着夏季的结束，在这个四面环海的国家的人们几乎没有表现出危机感。外国游客惊叹于英国人的冷静，他们在面对危险时表现得漫不经心。"出租车司机、服务员和搬运工都在忙着他们的工作，好像没有意识到自己很快就会被卷入一场世界上最大的风暴。"^④ 弗吉尼亚·考尔斯（Virginia Cowles）回忆道。她是波士顿一位年轻的社交名媛，刚开始在伦敦《星期日泰晤士报》（*The*

---

① 1 英里≈1.69 千米。——译者注

② 1 英亩≈4047 平方米。——译者注

③ Robert Rhodes James, ed., *"Chips"*: *The Diaries of Sir Henry Channon*, London: Phoenix, 1999, p. 205.

④ Virginia Cowles, *Looking for Trouble*, New York: Harper, 1941, p. 257.

Sunday Times）做记者。"你能从别人那里得到最多的，就是一句简短的评论，比如'事情不太明朗，是吗？'然后你突然为自己的品位低而感到内疚，因为你提到了这件事。"

对另一位年轻的美国《芝加哥每日新闻》（*Chicago Daily News*）记者海伦·P.柯克帕特里克（Helen P. Kirkpatrick）来说，她觉得 1939 年在英国度过的夏天就好比一个人正开着车，但意识到自己马上就要撞车一样。"后来，他们把你从残骸中救出，你可以清楚地告诉他们是怎么看到另一辆车迎面驶来，你是如何试图转弯，但没能成功的。我们知道它就要来了——它就在前面，没什么能阻止它，但生活一如既往。"①

即使战争迫在眉睫，也不会扰乱社会生活。1939 年 7 月的最后几天标志着这个灿烂季节的结束。每年夏末，都有很多人离开伦敦。到了 8 月 2 日，一年一度逃离伦敦的浪潮再次袭来。布莱顿和其他英国海滨度假胜地早已人满为患。上流社会的成员在去往乡间庄园猎松鸡的路上，或者正赶去法国南部的海滩和赌场。就像一位在社交界颇具声望的年长女性对初入社交界的孙女解释的那样："亲爱的，问题是 7 月 31 日之后，（不应该）在伦敦见到人。"②

内维尔·张伯伦准备效仿他的同胞。这位 70 岁的英国首相已经筋疲力尽，他期待着在苏格兰高地钓几周鲑鱼。但在张伯伦忙里偷闲之前，他的日程上还有最后一项任务：主持议会的正式休会，按照传统，接下来就是为期两个月的夏季休会期。

① Helen P. Kirkpatrick, *Under the British Umbrella*, New York：Scribner's, 1939, p. 301.

② Angela Lambert, *1939：The Last Season of Peace*, London：Weidenfeld & Nicolson, 1989, p. 184.

　　然而，许多议员对放长假的想法感到震惊。毕竟，这不是一个惯常的散漫 8 月，战争随时可能爆发。首相到底在想什么？他是不是想让议会让路，这样就可以违背英国对波兰的承诺吗？张伯伦曾在 1939 年 3 月明确表示，要保卫波兰不受德国侵略。然而，令人不安的是，有报道称英国向波兰人施加了巨大的压力，要求他们向德国做出让步，同时又与德国官员就可能达成的协议进行秘密谈判。据《纽约时报》（New York Times）报道，英国和法国当时私下警告波兰不要对抗希特勒。① 1939 年初夏，波兰官员向英国寻求武器贷款时，英国财政部回复他们：英国政府并不认为这件事"非常紧迫"②。

　　对一些议员来说，这样的报道令人不快。这让他们回忆起张伯伦一年前对德国采取的绥靖政策。他是不是准备背叛波兰，就像一年前在慕尼黑会议上背叛捷克斯洛伐克一样？1938 年 9 月，首相决定对希特勒进行个人外交访问，他没有征询自己的内阁，更不用说听取下议院的意见了，这一行为打破了所有先例。事实上，当张伯伦开始德国之旅时，议会正处于为期两个月的夏季休会期。反绥靖主义的议员们对 1939 年 8 月发生的一切记忆犹新。代表英国人民的下议院理应指导和控制执政者，但事实恰恰相反。保守党议员莫里斯·哈罗德·麦克米伦（Maurice Harold Macmillan，一般称哈罗德·麦克米伦）抱怨道："我们越来越像帝国议会，开会只是为了听演讲和登记当天的政府法令。"③

　　有一小部分保守党议员对《慕尼黑协定》（Munich Agreement）

---

① Lynne Olson and Stanley Cloud, *A Question of Honor: The Kosciuszko Squadron: Forgotten Heroes of World War Ⅱ*, New York: Knopf, 2003, p. 38.

② John Harvey, ed., *The Diplomatic Diaries of Oliver Harvey, 1937 – 1940*, London: Collins, 1970, p. 301.

③ Harold Macmillan, *Winds of Change: 1914 – 1939*, New York: Macmillan, 1962, p. 518.

持尖锐的批评态度，并在前外交大臣安东尼·艾登的领导下联合起来，抵制进一步的绥靖政策，44岁的麦克米伦就是其中之一。在1939年7月下旬的一次会议上，异见者们决定反对长时间的夏季休会，张伯伦和手下轻蔑地将异见者们称为"魅力男孩"。此外，保守党中最高调反对张伯伦外交政策的温斯顿·丘吉尔也做出了同样的决定。丘吉尔和他的老朋友、艾登集团成员爱德华·斯皮尔斯（Edward Spears）在肯特郡的乡间别墅查特韦尔共进午餐时，对爱德华说，首相的休会计划只会让希特勒相信，如果德国入侵波兰，英国不会参战。①

张伯伦对丘吉尔的反对不屑一顾，实际上他对待所有绥靖政策的反对者，都像在野餐时赶走一只蚂蚁一样漫不经心。丘吉尔有什么可怕的？他是个制造分歧、颇具争议的人物，在议会和保守党内都没有获得坚定的支持，甚至艾登也不敢和丘吉尔合作。至于艾登的"魅力男孩"，当他们自己的领袖竭尽全力想再获得张伯伦好感而重返内阁时，他们怎么能给艾登制造麻烦呢？在1939年7月的会议上，艾登告诉其他人："如果有什么问题需要我们自证身份、投票反对政府，那它本身就是个问题。"② 然而，没过几天，他就改变了主意。

张伯伦无意让艾登重返内阁。艾登曾是个"反叛分子"，那他就永远是个反叛分子，但张伯伦并不介意吊他的胃口。即使这位英俊的前外交大臣突然变得强硬起来，也无济于事。张伯伦确信自己已经牢牢地控制住了保守党的"反叛分子"。这些"反叛分子"被首相在媒体和政府中的许多支持者攻击，他们的行为被视为不忠。 11

---

① Sir Edward L. Spears, *Assignment to Catastrophe*, Vol. 1, *Prelude to Dunkirk : July 1939 - May 1940*, New York: A. A. Wyn, 1954, p. 2.

② Harold Nicolson Diaries, July 27, 1939.

他们的电话被窃听、会议被监视，他们的选区迫于压力，要在下次选举中撤回对他们的支持。

下议院中绝大多数的保守党成员全心全意地支持张伯伦，国王与上议院也是如此。虚弱而分裂的工党无法对张伯伦构成任何威胁，另一个反对党——自由党，就是个笑话，它只有21名成员。

是的，张伯伦确信，他根本没什么好担心的。

1939年8月2日约下午3点，下议院准备就政府的休会动议进行辩论。在拱形的木制天花板下，下议院议会厅里很快就挤满了人，随着议员们从大厅和吸烟室涌进来，噪声越来越高。一旦辩论开始，这个光线昏暗的房间就会变得闷热而拥挤，就像以前讨论国家大事时一样。下议院没有足够的座位容纳600多名议员，新议员们进入议院的前几天，总是惊讶地发现"民主的摇篮"如此之小。在这种情况下，一些议员或被迫站着，或坐在过道上，或簇拥在议长那带篷的椅子周围。那些坐着的人则紧紧地挤在一排排深绿色的皮长椅上。

狭小、逼仄的空间绝非偶然。1834年，在一场灾难性的大火后，英国重建了包含议会大厦的威斯敏斯特宫，当时的建筑师和室内设计师更多地将这里视为举行王室仪式的场所，而不是民主政府的中心。当鲜红与金色相间的上议院议会厅装饰彩色的玻璃窗、堂皇的宝座、华丽的家具和描绘中世纪君主的壁画时，[①] 下议院议会厅却小而简朴，有糟糕的音响效果和供游客及媒体参观的小旁听席。与上议院的议会厅不同的是，下议院的议会厅不是一个国家

---

① David Cannadine, *In Churchill's Shadow：Confronting the Past in Modern Britain*, London：Allen Lane, 2002；New York：Oxford University Press, 2003, pp. 7 - 8.

级剧院。虽然，在过去的一个世纪里，小橡木厅里所呈现的愤
怒、激情和戏剧性有时已接近歌剧的境界。大卫·劳合·乔治 12
(David Lloyd George)① 是下议院最有成就的表演艺术家之一，在
他看来，没有什么能与下议院里的兴奋和紧张相比。当一位议会
同僚的小儿子告诉这位前首相他打算加入皇家海军时，劳合·乔
治皱着眉头摇了摇头。他说："政治上有更大的风暴，如果你想
当海盗，那就来这里吧，这里有舷炮和登船聚会，有人被逼着走
跳板，甲板上鲜血淋淋。"② 下议院前排座位前面的地板上有两条
细细的红线，给人以一种对抗和战斗的感觉。根据下议院的传
统，辩论中任何议员都不允许越过界线，两人之间的距离应该是
两支握着剑的手臂各自伸开后的距离。

　　1939 年 8 月 2 日的辩论预示着会有相当大的对抗，议员们带
着老维克剧院首场演出时观众的那种急切心情，坐了下来。那天天
气闷热，但和往常一样，在这样的天气里，张伯伦丝毫没有让步。
下午 2 点 45 分，首相穿着平时穿的黑色马甲、燕尾服、条纹裤和
笔挺的高领白衬衫，从属于内阁的前排座位上站了起来，用他那刺
耳的嗓音提议下议院休会到 10 月 3 日。在房间的另一侧，也就是
几英尺③之外，瘦高的工党副领袖亚瑟·格林伍德 (Arthur
Greenwood) 站起来直面张伯伦。格林伍德当下明确表示，他和其

---

① 大卫·劳合·乔治 (1863—1945)：英国自由党政治家，于 1916 年至 1922 年
　领导战争内阁，于 1926 年至 1931 年担任自由党党魁。他是英国首相中唯一一
　位事务律师，也是唯一一位以英语为第二语言，以威尔士语为第一语言的英国
　首相。——译者注

② Julian Amery, *Approach March：A Venture in Autobiography*, London：Hutchinson,
　1973, p. 46.

③ 1 英尺 ≈ 0.3 米。——译者注

他工党成员怀疑张伯伦有发动另一次慕尼黑事件①的想法。"1938年9月，下议院被重新集结，见证了一场火葬，"格林伍德说，"一个伟大的民族被剥夺了独立自主权。我相信，这个国家中绝大多数公众会希望议会在这个关键时刻保持警惕。"② 说完，他提出了一项修正案，将下议院的夏季休会时间限制在3周以内。他宣布，应该在1939年8月21日前召回议员。

当温斯顿·丘吉尔起身并被认出来时，空气中充满了人们的期待，人们期待着他的辩词。丘吉尔没有让人失望。他耸着肩膀，头向前探着，谈到了德国军队在波兰边境上的镇压行动，也谈到了德国的武器和物资正稳步向东移动。"身处历史长河中的此时此刻，"他怒吼道，"如果下议院放弃自身有效且有力的因素……那将是灾难性的、可悲和可耻的……这是一件非常困难的事情……让政府对下议院的议员们说：'滚开，滚一边玩去吧。戴上你的防毒面具，不要担心公共事务。把它们留给有天赋、有经验的首相吧。'"③

丘吉尔支持格林伍德的修正案，麦克米伦和其他几位保守党人也是如此。（尽管不到一周前，安东尼·艾登言辞激烈，但他没有在此次辩论中发言。）就在张伯伦准备做出回应之前，他的老朋友利奥·埃默里（Leo Amery）呼吁首相在国家的紧急关头带头团结下议院和他身后的国民。

然而，内维尔·张伯伦根本不想妥协。面对丘吉尔和其他保守党"反叛分子"，张伯伦非常愤怒，对埃默里加入对方阵营同样感

---

① 1938年9月，英、法、德、意四国首脑张伯伦、达拉第、希特勒、墨索里尼在慕尼黑举行会议，在没有捷克斯洛伐克代表参加的情况下，签订了把捷克斯洛伐克的苏台德区割给德国的《慕尼黑协定》。——译者注

② "British Commons Votes for Holiday," *New York Times*, August 3, 1939.

③ William Manchester, *The Last Lion：Winston Spencer Churchill：Alone, 1932 - 1940*, New York：Dell, 1988, p. 486.

到愤怒。首相一向意志坚决、固执己见，在过去的一年里，在慕尼黑事件之后，他被誉为和平的捍卫者后，越来越不能接受任何批评或分歧。他的私人秘书约翰·科尔维尔（John Colville）在日记中写道："他有一种奇怪的虚荣心和自尊心，这种虚荣心和自尊心萌生于慕尼黑，从那以后不断膨胀。"① 这位和平的捍卫者清楚地表明，他个人如何看待这些对政府的攻击，又如何将这些攻击视作对自己难以容忍的诽谤。

张伯伦站在那里，牙关紧闭，满脸通红。他从鼻子上取下夹鼻眼镜，一只胳膊搭在前面桌子上的发言箱上，眼睛盯着会议室对面的工党议员。然后他转过身去，面对党内的后座议员。他宣布，如果"你用投票来证明你不信任政府"②，他将把这种反对视为"对政府的不信任投票，尤其是对首相的不信任投票"。房间里充满了惊讶的窃窃私语。张伯伦把这次投票看作对他信任与否的试金石，实际上是要求保守党议员们全部忠实于他，他发出了一条隐晦的命令，即不要进一步批评下议院休会提案。张伯伦尖锐地补充道，批评者们"非常需要一个假期……他们的论证能力需要在海边稍作恢复"③。

32岁的罗纳德·卡特兰坐在过道下方的第二条长凳上，离首相只有几码④远。卡特兰在议会任职还不到四年，代表伯明翰的一个选区——金斯诺顿（King's Norton）选区，该选区毗邻张伯伦的选区。事实上，张伯伦家族在伯明翰强大的政党机器已经批准了卡特兰作为保守党候选人，并帮助他赢得了席位。但这并没有阻止卡

14

① John Colville, *The Fringes of Power: Downing Street Diaries*, New York: Norton, 1985, p. 117.
② *Hansard* parliamentary debates, August 2, 1939.
③ *Hansard* parliamentary debates, August 2, 1939.
④ 1码≈0.9米。——译者注

特兰成为保守党中对首相的绥靖政策最直言不讳的批评者之一。

从记事起，卡特兰就想做议员。当他还是个小男孩的时候，他会坐在托儿所的一张桌子旁，在纸上乱涂乱画，还会站到一个箱子上，给他的保姆和姐姐芭芭拉（Barbara）做竞选演讲。[①] 有时卡特兰叫她们起哄，有时要求她们鼓掌。他是那种罕见的人物：一个年轻的政治家，既有鸿鹄之志，又有表达自己想法的决心。他"一点也没有那种下议院希望从寻求赞同的人那里看到的胆怯"[②]，卡特兰的一位保守党同僚说："这是罗纳德最显著的特点之一，他从来没有寻求过任何人的赞同。"

这位身材消瘦、头发黝黑的议员知道英国的政府体制要求执政党的议会成员忠诚的原因。下议院否决一项重要的政府措施可能导致首相及其内阁辞职。但张伯伦在下议院享有如此明显的席位优势，他在投票中失败的可能性几乎为零。尽管如此，张伯伦要求得到全部支持，结果在卡特兰看来，议会变成了走狗式的立法机构，只为了满足首相的意愿而存在。英国广播公司和大多数报社也同样变得卑躬屈膝。卡特兰在辩论开始前不久说："我们即将进行新闻审查，电影审查制度已经存在。但正是对思想的独裁统治引起了我的警觉。表达个人观点的权利正不断受到公开的挑战。"[③]

尤其是作为一名保守党议员，卡特兰知道自己在说什么，他写道："与政党领导人观点相左的人被称为'反叛分子'，卑躬屈膝比具有创造力更重要。与党鞭步调不一致的成员受到被驱逐的威胁，并且政府试图动摇他们在选区的地位。政府采取措施阻止他们

① Barbara Cartland, *Ronald Cartland*, London：Collins, 1942, p. 27.

② Richard Law, letter to *The Times*, January 7, 1941.

③ Ronald Cartland, *The Common Problem*, London：Hutchinson, 1942, p. 23.

15

在下议院内外发表意见。"① 卡特兰告诉一位朋友，下议院已经变成了"杜莎夫人蜡像馆和木偶秀的混合体"②。那年夏天，他在给选民的一封信中宣称："这个国家每个公民的自由，在很大程度上取决于我们在下议院是否拥有言论自由和独立的判断力……"③

卡特兰认为，在英国处于战争边缘的情况下，自由比以往任何时候都更加重要。1937 年，他加入了英国地方自卫队，这是一支类似于美国国民警卫队的兼职文职部队，1939 年他是伍斯特郡和牛津郡义勇骑兵队的一名中尉。1939 年 8 月下旬，他在训练营中待了两周，为战斗做准备，就像自卫队中成千上万的年轻人一样。下议院怎么能放弃对这些士兵和其他国民的责任呢？

卡特兰觉得他已经听够了这场辩论。他一跃而起，与麦克米伦、前外交官哈罗德·尼科尔森（Harold Nicolson）以及艾登集团的其他成员一起离开了会议室，到大厅去讨论如何应对首相的挑战。罗伯特·布思比（Robert Boothby）也加入了他们的行列。他是一位热情洋溢的苏格兰人，是温斯顿·丘吉尔的一小群追随者之一。过了一会儿，丘吉尔走近他们。"好吧，"卡特兰沮丧地对这位老人说，"我们对此无能为力。"④ 丘吉尔用手臂搂住了卡特兰的肩膀。"我的孩子，无能为力？"他大声说，"我们能做的还有很多！现在是去斗争、演说和进攻的时候！"⑤

卡特兰默默地站着，仔细考虑丘吉尔的话。就在这时，另一位持不同政见的年轻人冲到人群中。"你必须马上说，"他气喘吁吁 16

① Barbara Cartland, *Ronald Cartland*, London：Collins, 1942, p. 197.

② Barbara Cartland, *Ronald Cartland*, London：Collins, 1942, p. 190.

③ Ronald Cartland, *The Common Problem*, London：Hutchinson, 1942, p. 53.

④ Barbara Cartland, *Ronald Cartland*, London：Collins, 1942, p. 227.

⑤ Barbara Cartland, *Ronald Cartland*, London：Collins, 1942, p. 227.

地对卡特兰说，"星星之火可以燎原！"① 那天卡特兰没有准备任何讲话，他很乐意让资深议员在当天的辩论中起带头作用。但是丘吉尔的话改变了他的想法，是时候进攻了。

他急忙转身回到会议室。几分钟后，议长认出了他。卡特兰说："我很抱歉耽搁下议院几分钟，但我想作为首相所属政党的后座议员说几句话。"② 他补充道，张伯伦的演讲让他"深感不安"。然后，卡特兰直视张伯伦，发出了振聋发聩的质问："首相有没有意识到自己在这个国家的许多地方被视为独裁者？"卡特兰说："我不知道去年我开了多少次会，但是我不得不一次又一次地否认（那种）想法。"他补充道，这一想法当然是荒谬的，但张伯伦"断然拒绝"考虑就休会问题达成妥协，"将会使我们更难去消除这种想法"。

下议院的保守党议员大声呼喊，"胡说八道"和"不"，夹杂着工党议员们的欢呼声。长期以来，张伯伦的专横作风一直是人们在吸烟室和大厅里议论的话题，更不用说在伦敦的宴会桌上了。但这次是在公开辩论中，他自己党内的一名成员当面叫他独裁者。"卡特兰犯了最严重的忌讳，"哈罗德·尼科尔森后来写道，"他不仅敢于挑战党鞭，而且还敢于冒犯张伯伦这个神圣的名字。"③

卡特兰无视周围不断高涨的愤怒情绪，继续说道："一位正直可敬的绅士和强大政府的首脑拥有高票支持，他知道自己可以对任何议题进行游说……当整个国家试图团结起来抵抗侵略的时候，说他对这个民主制度充满信心，对他来说是多么容易的事。"④ 此时，保守党议员席上的嘲笑声和嘘声非常响亮，几乎盖过了卡特兰的

① Harold Nicolson Diaries, August 2, 1939.
② Barbara Cartland, *Ronald Cartland*, London：Collins, 1942, p. 221.
③ Harold Nicolson, "Marginal Comment," *Spectator*, May 1, 1942.
④ Barbara Cartland, *Ronald Cartland*, London：Collins, 1942, pp. 222-223.

话。卡特兰停了下来，努力控制自己的情绪。然后，他提高了嗓音，让声音盖过喧闹声。卡特兰喊道："我们现在面临的情况是：在一个月内，我们可能会开战，也可能会死。"

在他身后，来自伯明翰的保守党资深议员、张伯伦的热情支持者帕特里克·汉农爵士（Sir Patrick Hannon）高呼："不！"汉农是卡特兰的叔祖父，他面色红润，满头白发，曾是被张伯伦家族控制的强大的政治机器中选拔年轻议员的关键人物。卡特兰回头面对他的前导师说："这位令人尊敬的先生说'不'，是再好不过了。现在有成千上万的年轻人在训练……我们在这里至少能做的是……要表明我们对这个民主制度有巨大的信心。"① 卡特兰转身看着张伯伦，接着说："更重要的是……让整个国家都支持你，而不是在党内发表嘲讽、诡辩的演讲，这会造成分歧。"卡特兰继续说："为什么首相不能要求人们将他作为首相和国家领导人一样信任，而不是作为政党的领袖去信任？坦率地说，当我听到像今天下午这样的演讲，我感到绝望。"说完这些话，卡特兰坐下了。几分钟后，他离开了会议室。

下议院一片混乱。议员们期待戏剧性的一幕，但没人预料到事情会这样。在这场自慕尼黑事件以来最激烈的议会斗争中，议员们发表了诸多演讲，但那天没有其他演讲像卡特兰充满激情的演讲那样产生巨大影响。麦克米伦后来说，卡特兰的演讲出自一个对即将到来的厄运有所预知的人。哈罗德·尼科尔森在日记中写道："它的影响是令人震惊的。我很少感到房间里的温度会上升得这么快。"② 帕特里克·汉农涨红了脸，怒不可遏地站起来，谴责年轻

①　Barbara Cartland, *Ronald Cartland*, London：Collins, 1942, p. 223.
②　Harold Nicolson Diaries, August 2, 1939.

17

人的"恶毒"言辞。他向英国首相保证，伯明翰的选民"对张伯伦先生深信不疑"①。帕特里克爵士补充道："我与卡特兰被选为他所在选区的议员有关，为此我想向下议院明确表示，我感到遗憾和失望。"辩论结束后，丘吉尔兴高采烈地握住卡特兰的手，喊道："孩子，干得好！"② 在议员吸烟室里，一位内阁大臣做了个拇指向下的动作，从嘴里挤出一个名字"罗纳德·卡特兰"③。

最后，张伯伦一如既往地胜利了。近 40 名保守党人在这次信任投票中投票反对首相，他们中的许多人早在慕尼黑会议之前就反对绥靖政策，但他们没有采取极端措施让自己在党内沦为"贱民"。他们以一种温和的方式表达自己的不安——拒绝投票。就连卡特兰、丘吉尔、麦克米伦、布思比、尼科尔森、艾登和埃默里也投了弃权票。他们的行为对保守党支持首相的浪潮没有产生丝毫影响。张伯伦以 245 票对 129 票通过了下议院的信任投票。

第二天，有关卡特兰的演讲和保守党内异见人士起义的报道，登上了英国主流报纸的头版。《每日镜报》（Daily Mirror）有一篇报道的大标题为"40 名保守党人造反"。《曼彻斯特卫报》（Manchester Guardian）宣称"卡特兰先生被人嘲笑"。《旗帜晚报》（Evening Standard）的头条新闻是："首相要求公布昨晚未投票的议员名单，他们都将被列入黑名单。"报道称，投了弃权票的保守党人对保守党极为不满，报道还称"他们的所作所为（将被）铭记"④。然而，除了来自党鞭的训斥，大多数人没得到官方的纪律处分。这篇

18

---

① *Hansard*, August 2, 1939.

② Barbara Cartland, *Ronald Cartland*, London：Collins, 1942, p. 225.

③ Barbara Cartland, *Ronald Cartland*, London：Collins, 1942, p. 225.

④ Barbara Cartland, *Ronald Cartland*, London：Collins, 1942, p. 226.

文章的匿名作者写道："然而，我理解的是，罗纳德·卡特兰的情况有所不同，因为他批评了首相。"

卡特兰遇到了政治生涯中最大的麻烦。演讲后的第二天早上，他收到另一位年轻议员的来信："当然，有人会因为你说的话而试图毁掉你……我可以向你保证，政府的支持者会有组织地试图通过攻击你来证明他们自己的美德。你昨晚所说的第一部分将被很大程度上恶意歪曲。"[1] 一篇《新闻晚报》（Evening News）的报道这样写道："罗纳德·卡特兰，这位身材高大、肤色黝黑、相貌英俊的年轻保守党议员一夜成名，如果你愿意的话，或者也可以说他因对张伯伦先生非比寻常的攻击而声名狼藉。伯明翰选区政治团队的成员不能使用'讥讽'和'吹毛求疵'这样的词来形容他的领导人，也就是首相，然后完全逃脱惩罚。卡特兰先生是个勇敢的年轻人，他必须如此。"[2]

辩论结束后不久，包括帕特里克·汉农在内的约 20 名保守党议员，要求党鞭对卡特兰采取"严厉措施"[3]。他们抗议说："指望他们与卡特兰先生哪怕有名义上的同党关系，都是不对的。"伯明翰保守党的负责人与内维尔·张伯伦商议如何摆脱年轻的新秀。保守党在伯明翰选区的负责人在 1939 年 8 月 5 日写给张伯伦的信中写道："罗纳德·卡特兰最近的一次讲话在伯明翰引起了极大的不满，人们强烈认为不应该放任他继续下去。8 月 5 日上午我见到了保守党在金斯诺顿的主席，他也赞同寻找另一位 19

---

① Barbara Cartland, *Ronald Cartland*, London: Collins, 1942, p. 228.
② *Evening News*, August 3, 1939.
③ Neville Thompson, *The Anti-Appeasers: Conservative Opposition to Appeasement in the 1930s*, Oxford: Clarendon Press, 1971, p. 218.

候选人。"① 就在同一天，张伯伦写信给他的妹妹说："至于卡特兰，我希望他在金斯诺顿已经玷污了自己的名声，我正在采取适当措施激起当地的反对声音。他一直是保守党队伍里的不忠分子……结果我们可能会因此失去席位，但我宁愿如此，也不愿意让一个叛徒混入阵营。"② 此后不久，卡特兰于 1939 年 9 月 4 日被传唤到他所在的选区协会，讨论作为下届选举的候选人，在下次选举中他是否应该被替换。

他的政治生涯可能真的结束了，但卡特兰告诉他的姐姐："我不后悔。我明天还会这样说，我坚信我所说的一切。当战争来临时——它会来的——首相将无法团结下议院，下议院的议员会永远放弃追随首相。没有一个统一的议会，就不会有一个统一的国家。"③

① R. H. Edwards to Neville Chamberlain, August 3, 1939, Chamberlain Papers.
② Neville Chamberlain to Ida Chamberlain, August 5, 1939, Chamberlain Papers.
③ Barbara Cartland, *Ronald Cartland*, London: Collins, 1942, p. 227.

第二章
遵守游戏规则

———〈〉———

　　罗纳德·卡特兰当选议会议员后不久，他和其他保守党新议员被召集到一个消瘦、黝黑而英俊的男人面前开会，这个男人就是大卫·马杰森（David Margesson）。政府的首席党鞭马杰森以教官的口吻，向新议员们宣讲"遵守游戏规则"和"永远不要打击自己人"的重要性。

　　卡特兰很快就会证明，他根本没把这些话放在心上。他和其他大多数保守党新议员不需要马杰森的指导，因为大多数保守党议员就读于英国精英公学，马杰森宣讲的这两条是公学灌输给新牛的基本规定。这一时期，超过三分之一的保守党议员，以及很多自由党议员和工党议员，曾就读于伊顿公学和哈罗公学这两所最负盛名的学府。[①] 还有许多议员就读于拉格比公学、什鲁斯伯里中学、温彻斯特公学、威斯敏斯特公学和查特豪斯公学，查特豪斯公学正是卡特兰的母校。他们中的许多人去了牛津或剑桥上大学。

　　就读于公学的学生们建立了一个狭小、紧密而封闭的关系网，

---

① Helen P. Kirkpatrick, *Under the British Umbrella*, New York: Scribner's, 1939, p. 42.

一直掌控着英国政府和社会，延续了几代人。它的议员住在同一个街区，属于同样的俱乐部，参加同样的聚会，有同样的口音，使用同样的俚语，娶彼此的姐妹为妻，与彼此的妻子发生婚外情。

21　　弗吉尼亚·考尔斯是一个年轻的波士顿人，后来在伦敦当了记者。她受到首都主流社交圈和政治圈的欢迎，经常参加他们的晚宴和家庭聚会。她后来写道："这些聚会最让我惊讶的是，似乎每个人从小就认识其他人。当他们争辩的时候，就像一个大家庭内部的角力，每个人都乐于牺牲对方的利益，但实际上被强烈的忠诚所约束。"①

　　忠诚的确是这些圈子的口号，从众也是。要想进入伊顿公学、哈罗公学或查特豪斯公学，孩子们必须循规蹈矩，必须遵守公学的习惯和传统，这些习惯和传统在公学还是贵族和乡绅们的专属领地时就传了下来。到了19世纪后期，学校开始向新兴职业和商业阶层的孩子们敞开大门，这些人一踏进校门，他们的棱角很快就被磨平了。中产阶级的男孩学会了遵守贵族的绅士行为标准。正如曾经的剑桥大学教授诺埃尔·安南（Noel Annan）所说的那样，他们意识到"如果你遵守（上流社会的）礼仪，穿得像他们一样，说话带着他们的口音，习惯使用他们的语言和笑话，你就更容易被接受"②。最重要的是，他们懂得了遵守被认为是正确的社会准则的重要性，即了解"适当"与"不适当"以及"正确"与"不正确"的行为。

　　对于任何一个刚进入公学的男孩来说，不管他的背景如何，都需要了解规则和限令。用一位观察者的话来说，"它们就像原始人

① Virginia Cowles, *Looking for Trouble*, New York：Harper, 1941, p. 103.
② Noel Annan, *Our Age：English Intellectuals Between the World Wars*, New York：Random House, 1991, p. 8.

的禁忌，与现代世界无关"①。大多数高年级学生的目的是让新生知道自己在学校地位低下。根据学校的规定，低年级男生被以各种方式任意限制：禁止他们两人以上走出校门，或禁止他们带雨伞，或禁止他们在室外收起雨伞，或禁止他们歪戴硬草帽或者礼帽，或禁止他们进入学校中非其居住的房子。作为年长学生的"非正式仆人"，他们被命令跑腿，做其他杂务，比如擦鞋。在冬天，他们甚至还要在学校的户外厕所里为年长的男孩暖座。在很大程度上，这些规定是由学校的高年级学生执行的，他们负责监督低年级学生的行为。表面上，让学生担任纪律处分人员是要让大一点的男孩承担起领导的责任。但是，正如伊顿公学的一位校友所言，这一切都发生在男孩们还在"蝇王"②③ 期的时候，因此虐待现象非常普遍。在大多数学校，被同学殴打是对违反无数晦涩难懂、不成文的规章制度的常见惩罚。

不出所料，新生们很快就意识到服从权威是多么重要，他们一直在等待自己成为高年级学生的那一天，那时他们就可以像学长对待自己一样来对待学弟。于是，一个公学的男孩学到的最重要的一课，就是服从并成为集体的一部分。这些学校重视团队活动，旨在"塑造性格"，强调对群体和团队合作的重视。一般来说，那些通常拥有最高地位和威望并受人崇拜和尊敬的男孩，往往是板球明

① Drew Middleton, *These Are the British*, New York：Knopf, 1957, p. 234.

② Quentin Crewe, *Well, I Forget the Rest：The Autobiography of an Optimist*, London：Quartet, 1994, p. 29.

③ 《蝇王》是英国现代作家、诺贝尔文学奖获得者威廉·戈尔丁创作的长篇小说，也是其代表作，首次出版时间为 1954 年。故事发生于未来第三次世界大战中的一场核战争中，一群 6 岁至 12 岁的儿童在撤退途中因飞机失事被困在一座荒岛上，起先尚能和睦相处，后来由于恶的本性膨胀起来，便互相残杀，导致悲剧性的结果。《蝇王》是一本哲理小说，借小孩的天真来探讨人性的恶这一严肃主题。——译者注

星、橄榄球运动员和足球运动员。不符合理想形象的学生往往会经历一段非常困难的时期。那些害羞的、聪明的、好奇的、叛逆的、对体育不感兴趣的或者在其他方面与众不同的男孩，常常被忽视、被嘲笑，甚至被孤立。

　　一个男孩应该学会独立思考，质疑和批判他所处社会的信条在当时对大多数英国公学来说是一个陌生的概念。正如历史学家鲁珀特·威尔金森（Rupert Wilkinson）指出的那样，公学重视拉丁语、希腊语以及其他死记硬背的科目，这些科目"可能对记忆和逻辑思维有所帮助，但对唤醒想象力作用不大"①。后来去牛津大学和剑桥大学的学生在那里发现了更加振奋人心的思想自由，如果他们愿意，这是一个扩展和挑战自己思想的机会。但牛津大学和剑桥大学对于传统和绅士准则有着同样的执着，像公学一样强调对学校的忠诚。这种对传统的崇敬和对忠诚的坚守将伴随他们大多数人一生。

　　几年后，当一些人成为议员时，他们所面临的服从权威、循规蹈矩的压力，与当年在伊顿公学和哈罗公学时如出一辙。大多数以前在公学就读的男孩屈服了。很明显，在下议院就像在学校一样，新人要注意举止，服从上级，如果他们想出人头地，就要忠实地推进党的事业。毫不掩饰的野心、公开的批评和反叛被视为"糟糕的形式"和"不遵守游戏规则"，会得到适当的处罚。据一位年轻的爱尔兰人杰克·麦克纳马拉（Jack Macnamara）说，他在进入议会之前曾在印度的英国军队服役，大多数资深议员会同意"一个问题，那就是完全和绝对地压制新人，他们应该准备好奉承与附和他人，但他们在任何情况下不能或者绝不能提出异议，如此日复一

①　Rupert Wilkinson, *Gentlemanly Power: British Leadership and the Public School Tradition*, London: Oxford University Press, 1964, p. 80.

日，循环往复"①。

就像学校里低年级的学生被高年级学长控制一样，议会的新成员也被他们的党鞭所控制，这些人的职责就是确保党内成员投票支持党的路线。然而，在整个20世纪30年代由保守党控制的政府中，保守党首席党鞭及其助手掌握的权力远远超过了工党和自由党中职位相当的同人。用一位后来的保守党议员的话说，他们是政治互惠的主要执行者，他们提供"使威斯敏斯特的生活过得去的一切便利"②。这些便利包括初级大臣③职位、爵士头衔，还有参加议会出访外国的代表团，甚至包括受邀参加每年在白金汉宫举行的花园聚会。保守党议员认为，党鞭没有必要那么直白地说："如果你反对党的政策，你就别指望有什么职权，也别指望有大把机会获得爵士头衔，更别指望参加我们在国外的任何代表团，或者在你特别感兴趣的委员会任职。"保守党议员补充道："但每个人都知道这种威胁确实存在，而且是有效的。"像卡特兰、麦克纳马拉和其他反对绥靖政策的保守党后座议员，明知反对政府会危及自己的政治前途，却还是这么做了。

当然，所有议员都明白，忠诚于自己的政党是英国政治的基本前提，并且始终如一。一个议会议员候选人需要得到其政党地方机构的认可和支持才能成为议员，或被提名。所以在选举时，选民倾向于把选票投给政党，而不是个人。一旦当选，作为执政党成员的议会议员必须团结一致，支持首相的政策，确保政府不会垮台。

然而，在20世纪30年代，许多保守党议员认为，在大卫·马

①　J. R. J. Macnamara, *The Whistle Blows*, London: Eyre & Spottiswoode, 1938, p. 142.

②　Christopher Hollis, "Parliament and the Establishment," *The Establishment*, ed. by Hugh Thomas, p. 176.

③　初级大臣（即国务大臣和议会次大臣）通常只负责特定的事务。——译者注

杰森的领导下，政府纪律委员会屈从于政党的要求。杰克·麦克纳马拉讽刺地称保守党首席党鞭和他的副手是"名副其实的九尾猫"①。马杰森被议员们视为恶霸和酷吏，他是一个男爵的儿子，也是白金汉郡伯爵的孙子，曾就读于哈罗公学和剑桥大学。在哈罗公学求学时，他以擅长游戏和不喜欢学术而闻名。在剑桥大学读书的时候，他在拿到学位前就离开了学校。尽管马杰森出身贵族，但家境贫寒。从剑桥大学毕业后，他去了美国，在那里做过各种临时工作，包括在芝加哥马歇尔·菲尔德百货公司做过一段时间的店员。1914年战争爆发时，他在法国与第十一轻骑兵连作战，最终赢得了战功十字勋章。1922年他被选为下议院议员，4年后加入了党鞭办公室，并于1931年成为首席党鞭。

战争期间，马杰森娶了弗朗西丝·莱格特（Frances Leggett），一位年轻的美国女继承人，她少女时代的大部分时间和家人待在一起。妻子的巨额财产使马杰森成为一名全职的政治家，不必为生计发愁。然而，他们的婚姻并不幸福：弗朗西丝是知识分子和艺术家，而用她的话说，马杰森"鄙视文化"②，完全沉迷于政治，在他难得的空闲时间里，还得猎狐。在生了3个孩子之后，这对夫妇于1930年分居。

随着婚姻的结束，马杰森全身心投入议会工作。他曾经告诉时任首相斯坦利·鲍德温（Stanley Baldwin），他把党鞭办公室当作自己的第二个家。"他从一开始就喜欢下议院，"马杰森的女儿回忆道，"对那里发生的一切都充满热情。政治是他一生的主要兴趣……"③

---

① J. R. J. Macnamara, *The Whistle Blows*, London: Eyre & Spottiswoode, 1938, p. 144.

② Frances Leggett, *Late and Soon : The Transatlantic Story of a Marriage*, Boston: Houghton Mifflin, 1968, p. 247.

③ Gay Charteris to John Hill, November 1978, Margesson Papers.

马杰森经常一天工作超过 12 小时，他管理党鞭办公室，就像曾经领导一支不屈不挠的军队一样，让党鞭办公室遵从 20 世纪 30 年代他所服务的 3 位首相——拉姆齐·麦克唐纳（Ramsay MacDonald）、斯坦利·鲍德温和内维尔·张伯伦。没有人质疑他的能力。事实上，在议会任职超过 50 年的劳合·乔治称他为最富技巧、最高效的首席党鞭。① 他的女儿推测，马杰森的高效率可能是由于他的"局限和天赋，如果他有更强的求知欲，他就会更多疑。事实上，他从来没有怀疑过自己政党的正确性"②。

　　马杰森是伦敦社交圈里很受欢迎的人物，下班后的他既迷人又善解人意。但在下议院，他表现出一种冷酷无情的态度，迫使保守党议员屈从于他和政府的意愿。一个纪律委员会的同僚说，在马杰森的眼中，"不是支持政府，就是反对政府，没有中庸之道"③。20 世纪 30 年代初，年轻的保守党议员帕特里克·唐纳（Patrick Donner）因敢于投票反对一项政府法案而被召到马杰森的办公室。唐纳在首席党鞭的办公桌前站了一分多钟，马杰森和平时一样穿着整洁的黑色衬衣和黑白格子长裤，埋头写着什么，对他视而不见。最后唐纳说："如果您忙的话，我在您更方便的时候回来。"④ 马杰森抬起头，问道："你昨晚投反对票到底是什么意思？"唐纳吃了一惊，反驳道："您现在跟我说这些，就像我是个混蛋一样，您什么意思？"由于他的冲动和鲁莽，这位年轻的下议院议员被"打入了冷宫"。有好几年，马杰森拒绝和他说话，唐纳的仕途晋升机会

---

① Frank Owen, *Guilty Men*, New York: Stokes, 1940, p. 106.
② Gay Charteris to John Hill, November 1978, Margesson Papers.
③ Sir Percy Harris, *Forty Years in and out of Parliament*, London: Melrose, 1947, p. 152.
④ Patrick Donner, *Crusade*, London: Sherwood Press, 1984, p. 80.

也就这样被剥夺了。

对于那些从小就把忠诚和共同掌权视为最高准则的人来说，想要反抗他们的政治上级需要极强的意志力，尤其是这种反抗不仅意味着失去未来的政治利益，而且意味着被同僚当作"贱民"来对待。下属们称马杰森为"头儿"，一位政治评论员曾写道："他将公学的方法应用到了下议院的校友关系中。"①

> 如果其中一个"男孩"误入歧途，或者站错了队，其他人很快就会发现这个家伙有点被当作局外人。当然，在公学的准则中，一个局外人的朋友当然也被视为局外人。如果那个家伙还是不肯遵守"游戏"规则，好吧，那他就一定会被"打入冷宫"。其他的伙伴会避开他，唾弃他，当他走进房间时，大家就不说话了。这是对人性脆弱面的一个明显反映，即使是成年人也很少能"接受它"。

26

在一个所谓的城里最好的且非常重视兄弟情谊和伙伴关系的俱乐部里，这种排斥尤其伤人。著名陶器世家的后裔乔赛亚·韦奇伍德（Josiah Wedgwood）同时是一位反绥靖工党议员，他经常与两大政党中的同僚发生争执，但他喜欢下议院中"极强的兄弟情谊"②，他表示这种"兄弟情谊"在美国众议院或任何其他国家立法机构中都不存在。韦奇伍德说，大多数议员没有自己的议会办公室，所以他们"像一个家庭或俱乐部一样，在写作、吸烟或就餐的地方工作（或闲聊）"③。在美国众议院，每个议员都有自己的办

---

① Frank Owen, *Guilty Men*, New York: Stokes, 1940, p. 107.

② Josiah Wedgwood, *Memoirs of a Fighting Life*, London: Hutchinson, 1941, p. 157.

③ Josiah Wedgwood, *Memoirs of a Fighting Life*, London: Hutchinson, 1941, p. 120.

公室，"没有'家庭生活'，没有共同的话题。那不是社交，不是思想的延续，而是一门生意"。

因此，有理由认为，下议院中这么多人在一起，来自同辈的压力一直是防范叛乱的最有力保障之一。《笨拙》（*Punch*）杂志的编辑克里斯托弗·霍利斯（Christopher Hollis）曾在 20 世纪 50 年代担任保守党议员，他在马杰森执政多年后指出："日复一日地与那些认为你像叛国者的人坐在一起，没有什么比这更令人不快的了。"①

罗纳德·卡特兰喜欢下议院中的兄弟情谊，但他根本无法强迫自己参与政治游戏。理查德·劳（Richard Law）说："他完全蔑视那些雄心勃勃的年轻政客的获益手段（罗纳德也雄心勃勃），如果他愿意那样做，长辈们会庇护他。"② 理查德是一位反绥靖政策的保守党人，是前首相安德鲁·博纳·劳（Andrew Bonar Law）的儿子，也是卡特兰最亲密的朋友之一。

卡特兰对政治的兴趣是由他的父亲伯特伦·卡特兰（Bertram Cartland）激发的，伯特伦·卡特兰是伯明翰一位富有的金融家的独生子。罗纳德出生前 4 年，③ 他的祖父宣布破产并自杀了。由于没有遗产来维持富裕的生活，罗纳德的父母被迫放弃了他们的房子、马匹、马夫和园丁，搬到伍斯特郡珀肖尔镇附近租来的一间小农舍里。在那里，伯特伦·卡特兰成为保守党的组织者。在 1910 年的大选中，他掌管当地保守党候选人的议会竞选活动，当他的候选人当选时，伯特伦·卡特兰成了新任威斯敏斯特议员的秘书。在妻子玛丽·卡特兰（Mary Cartland）的鼓励下，伯特伦·卡特兰有

27

① Hugh Thomas ed. , *The Establishment*, London：Anthony Blond, 1959, p. 176.

② Richard Law, letter to *The Times*, January 7, 1941.

③ Barbara Cartland, *Ronald Cartland*, London：Collins, 1942, p. 28.

了自己的政治抱负：他计划在下次选举中竞选议员。但 1914 年战争爆发时，他自愿前往法国，最终晋升为上校。1918 年，距离停战不到 5 个月，他在柏利奥巴附近的战壕中被杀。父亲去世时，罗纳德只有 11 岁。他认真听取了母亲的告诫："我希望你从父亲倒下的地方重新开始。"①

1919 年，玛丽·卡特兰带着孩子们——12 岁的罗纳德、18 岁的芭芭拉以及 8 岁的安东尼——一起搬到了伦敦。到达伦敦的那天晚上，芭芭拉和罗纳德在他们新入住的南肯辛顿社区散步。芭芭拉被首都的热闹和繁华景象所吸引，她惊呼："我会认识每一个人，认识伦敦的每一个人。"② 她问弟弟最想在伦敦做什么，12 岁的罗纳德毫不犹豫地说："我想做首相。"

为了实现自己的目标，芭芭拉没有浪费任何时间，她成为 20 世纪 20 年代伦敦最杰出的年轻人之一。23 岁时，这位金发碧眼的苗条女郎出版了她的第一部小说《拼图》（*Jigsaw*），号称"披露了梅费尔区的真相"。这部小说讲述了一位年轻女性在感受了伦敦社会疯狂的享乐主义之后，爱上了一个年轻英俊的同龄人的故事。《拼图》迅速成为畅销书，芭芭拉·卡特兰在她漫长而成功的浪漫主义小说家生涯中共创作了 700 多本书，《拼图》是第一本。

她还成了一名记者，定期为比弗布鲁克勋爵（Lord Beaverbrook）旗下的《每日快报》（*Daily Express*）撰写八卦文章。这位媒体大亨是英国最有权势、最具争议的男人之一，并且钟爱年轻漂亮的女子，他很快就把芭芭拉拉进了自己的社交圈。芭芭拉被邀请参加在勋爵的乡间别墅举行的小型宴会，客人包括温斯顿·丘吉尔和伯肯

---

① Barbara Cartland, *Ronald Cartland*, London：Collins, 1942, p. 39.
② Barbara Cartland, *Ronald Cartland*, London：Collins, 1942, p. 41.

黑德勋爵（Lord Birkenhead）等与比弗布鲁克相交多年的密友。
"我以前常常听他们的故事，现在请他们讲更多的故事，"芭芭拉
后来说，"他们都对我关怀备至。我想他们把我当成吉祥物了。"[①]
她回忆说，丘吉尔是最健谈的。他开始讲故事的时候，别人会打断
他："温斯顿，这个故事我们以前听过。"他则回答："好吧，芭芭
拉没听过。"然后他接着把故事讲完。

　　与此同时，罗纳德被查特豪斯公学录取为拥有奖学金的学生，
他在那里发表了一些进步言论，这些言论似乎与他成为保守党议员
的壮志雄心极不相符。当他还是个小男孩的时候，罗纳德陪着他的
母亲在珀肖尔的贫民窟做义工。那里的极度贫困给他留下了深刻印
象：摇摇欲坠的小房子、雨水从天花板滴落下来、衣衫褴褛的瘦弱
儿童以及一脸绝望的憔悴妇女。17 岁时，他从学校给母亲写信，
说自己认为所有的工人都应该得到一份像样的工资，以保障基本生
活。他说，他曾与在附近道路上工作的工人交谈，他们"差点让
我相信，社会主义是正确的"[②]。罗纳德的进步主义让查特豪斯公
学的高层有点担心。"如果（罗纳德）能抑制他的革命倾向，"查
特豪斯公学的负责人告诉玛丽·卡特兰，"我希望他在下个季度能
做得像个学生寄宿管理员一样好。"[③]

　　尽管卡特兰有"革命倾向"，但在同学中很受欢迎，他确实做
得很好，但并不以牺牲自己的信念为代价。当他成为学生寄宿管理
员后，他放宽了一些使低年级男生的生活悲惨的规定。1926 年，
数以百万计的英国工人举行了大罢工，以支持全国煤矿工人与矿主
之间激烈的劳资纠纷，罗纳德在与姐姐的一次激烈讨论中为矿工罢

---

① Gwen Robyns, *Barbara Cartland*, London: Sidgwick & Jackson, 1984, p. 81.

② Barbara Cartland, *We Danced All Night*, London: Hutchinson, 1970, p. 286.

③ Barbara Cartland, *Ronald Cartland*, London: Collins, 1942, p. 45.

工辩护。① 他问芭芭拉是否知道矿工们工作的环境是多么可怕和危险。他们下到地下半英里深的煤坑里，又黑又臭，就像下到地狱的深处。矿工们每天工作 7 个小时，蜷缩在狭窄的隧道里，吸入烟气和煤尘，他们的工资几乎无法让自己和家人免于饥饿。矿主们要求延长工作时间，降低工资。难道她看不出这是多么错误的做法吗？

　　芭芭拉·卡特兰坦率地承认，她从来没有想过这些事情。她的社交圈里的大多数人在伦敦梅费尔区豪华的夜总会里通宵跳舞，对伦敦以外的工业区存在的巨大贫困和普遍的失业状况一无所知，也不关心伦敦东区这方面的情况。正如本杰明·迪斯雷利（Benjamin Disraeli）② 在他的小说《西比尔》（*Sybil*）中写的那样，英国的富人和穷人被一条巨大鸿沟隔开，以至于他们成为"两个国家：他们之间没有交流，没有同情，不了解彼此的习惯、思想和感情，仿佛他们是不同地区的居民，居住在不同的星球……"③

　　尽管卡特兰热衷于社会公平，但他仍然忠实于家族世代信奉的保守党价值观：坚信个人自由至上，保护私有财产和企业。他反对工党拥护的社会主义：通过市政工程建设创造充分就业，并最终将包括铁路、煤矿和电力在内的工业行业国有化。"工党主张的社会主义会为了国家而牺牲个人，"他曾经写道，"保守主义代表……个人的不断成长，必然促进国家发展。一方的声望与繁荣与另一方

---

① Barbara Cartland, *We Danced All Night*, London: Hutchinson, 1970, p. 287.
② 本杰明·迪斯雷利（1804—1881）：英国保守党领袖、三届内阁财政大臣，两度出任英国首相，在把托利党改造为保守党的过程中起了重大作用。他任首相期间，大力推行对外侵略和殖民扩张政策。——译者注
③ Richard Critchfield, *An American Looks at Britain*, New York: Doubleday, 1990, p. 16.

息息相关。"①

卡特兰的母亲没有钱供他上牛津大学或剑桥大学，所以离开查特豪斯公学后，他去了伦敦的保守党中央办公室工作。1935年，他想竞选议员，但他自己没有钱为竞选活动提供资金，因此他决定不接受中央办公室的资助。他告诉姐姐："我必须独立，我永远都成不了政客……不能被捆住双手。"② 最后，他在金斯诺顿举行的小型活动主要依靠芭芭拉小说的版税。他在保守党中以压倒性优势当选议员，保守党赢得了432个席位，而工党只有154个席位，这使斯坦利·鲍德温再次上台担任首相。自由党在19世纪晚期主导英国政治，其领导人包括威廉·格莱斯顿（William Gladstone）③、赫伯特·亨利·阿斯奎斯（H. H. Asquith）④ 和大卫·劳合·乔治。与过去相比，20世纪40年代的自由党不过是昔日辉煌掩映下的一个可悲的影子。自世纪之交以来，由于激烈的内部冲突，该党力量已经日渐削弱，只获得了21个席位。

进入议会时，28岁的卡特兰是下议院最年轻的议员之一，他孩子气的外表更加凸显了他的年轻。他通常会在舷梯下的第二个政府长凳上就座。据迪克·劳（Dick Law）回忆，舷梯下的第二个政 30 府长凳是一个通常被"保守党中较年长、较严厉、较不妥协的分子"⑤ 占据的位置。其他议员与"罗纳德的优雅、孩子气相比……显

---

① Barbara Cartland, *Ronald Cartland*, London：Collins, 1942, p. 76.

② Barbara Cartland, *Ronald Cartland*, London：Collins, 1942, p. 86.

③ 威廉·格莱斯顿（1809—1898）：英国政治家，曾作为自由党人四次出任英国首相。——译者注

④ 赫伯特·亨利·阿斯奎斯（1852—1928）：1908年至1916年出任英国首相。自由党领袖，限制上议院权力的1911年议会改革法案的主要促成者，第一次世界大战前两年的英国领导人。——译者注

⑤ Richard Law, letter to *The Times*, January 7, 1941.

得既滑稽又吓人"。

　　刚到下议院的时候，卡特兰给母亲写信说："下议院里的大多数人看起来很年长，没有人看起来像我这么年轻，但我会成长的……我要慢慢来。"[1] 他的决心只坚持了几个月。他的第一次违规是他违反了一个不成文的规定，即新议员的首次演讲应该仅限于致敬前任，赞扬自己的选区和不惜一切代价避免争议。如果新议员"很好，非常严肃"[2]，一向愤世嫉俗的杰克·麦克纳马拉写道，那么党鞭们就会"安排你谦虚地发表几句讲话……如果你把大部分时间用来为打扰他们而道歉的话，他们就会亲切地拍拍你的背，然后你就该满怀自豪地回家了，并满足于止步于此"。

　　1936 年 5 月，卡特兰第一次在下议院发表演讲时，几乎没有因袭传统模式。他尖锐地抨击了鲍德温的政府，批评它在援助政府委婉地称之为"贫困地区"的问题上表现出的漠不关心的态度。这些地区的失业率超过了 30% 甚至 40%，这些地区正经历绝望的经济萧条。随后在下议院的辩论中，当时 41 岁的哈罗德·麦克米伦对卡特兰的演讲表示了祝贺。他指出，卡特兰的演讲精神让他想起了自己和其他年轻的进步保守党人在 12 年前首次进入议会时发表类似演讲的热情。麦克米伦说："恐怕我们没取得什么进展。"[3] 他告诫卡特兰，抑制一下改革的勇气和热情，对他的政治前途可能会更好——只要"我们的政府仍然掌握在与过去 40 年相同的人手中"。

　　罗纳德·卡特兰与大多数议员明显不同——不仅仅是因为他的直言不讳。与许多保守党同僚不同的是，他既没有显赫的出身，也

① Barbara Cartland, *Ronald Cartland*, London：Collins, 1942, p. 111.

② J. R. J. Macnamara, *The Whistle Blows*, London：Eyre & Spottiswoode, 1938, p.143.

③ Barbara Cartland, *Ronald Cartland*, London：Collins, 1942, p. 121.

没有钱。作为一名虔诚的英国天主教徒，在一个以酗酒为傲的地方，他相对节制。（英国议会大厦不受酒类销售的常规限制，在下议院吸烟室和其他议会场所，人们不分昼夜地畅饮酒精饮料。）卡特兰没加入俱乐部——他没钱加入，也没钱维持会员资格——他不喜欢大型聚会，也不喜欢作为一名议员参加的许多其他社交活动。他宁愿把难得的空闲时间花在自己坐落在议会附近的小法国街上的公寓里读书。

然而，卡特兰并不是一个孤独的人。他享受来自下议院的友谊，有一大群朋友，其中许多人是议会议员。卡特兰是个很好的模仿者，他可以精准地模仿最新的社会和政治名人。卡特兰因他的魅力、机智和幽默感而闻名。他不是传统意义上的帅哥，他的五官太立体，耳朵太大，但他非常有人格魅力，以至有些人提出了相反的观点。许多认识他的人谈起他的活力和意趣。詹姆斯·P. L. 托马斯（James P. L. Thomas）说："和他在一起的时候，我总是最快乐的，所以我知道，他有很多朋友。"[1] 托马斯是一个身材高大、性格好的威尔士人，也是卡特兰议会朋友圈中的一员。罗纳德·卡特兰的姐姐回忆道："没有人能对罗纳德无动于衷。当他参加聚会时，聚会的节奏就加快了，因为他在场，人们的精神都高涨起来。"[2] 哈罗德·尼科尔森在日记中这样描写卡特兰："当他离开派对时，仿佛灯光都变暗了。"[3]

这位衣冠楚楚的单身汉，一头黑发向后梳得很有型，也极受选区年轻人的欢迎，尤其是年轻女性。作家伊丽莎白·朗福德（Elizabeth Longford）回忆道，他被视为"身着闪亮盔甲的骑士，

①　Barbara Cartland, *Ronald Cartland*, London：Collins, 1942, p. 12.

②　Barbara Cartland, *Ronald Cartland*, London：Collins, 1942, p. 165.

③　Harold Nicolson Diaries, September 20, 1939.

真心实意地为选民谋福利"①。朗福德在 1936 年被工党选中，在下一次大选中与卡特兰竞争。②实际上，那些不属于工党或自由党的女孩都爱上了他，甚至还有几个来自反对党的"迷妹"。一些选民亲切地称他为罗纳德·科尔曼（Ronald Colman），还把他比作电影明星，但他讨厌这个绰号。

从议会生涯开始，卡特兰就被视为未来可能领导这个国家的人。在接下来的 4 年里，许多记者预测他甚至可能实现他很久以前在南肯辛顿向他姐姐提到的目标。1936 年 5 月，《星期日快报》（Sunday Express）的一名记者写道："卡特兰雄心勃勃。如果他希望自己有朝一日能当上首相，我不会感到意外。他比我认识的许多有抱负的年轻人有更好的机会……我认为他是一流的下议院议员。"③

但为了获得更高的职位，卡特兰经常被警告说，必须学会遵守游戏规则，接受并服从本党和首相的命令。卡特兰在给母亲的信中写道："我无法告诉你有多少人对我说，'如果你这样攻击政府，你的仕途就不会顺遂，等等'，就好像这些人都没有自己的目标一样。"④ 无论如何，他对这些警告毫不理会。在整个 20 世纪 30 年代末，他对鲍德温和张伯伦政府的批评从未停止过，批评他们在帮助英国下层阶级方面做得不够。保守党议员、温斯顿·丘吉尔的女婿邓肯·桑兹（Duncan Sandys）写道："罗纳德以一种持续不断的十字军东征的精神对待生活。每当他看到压迫、不公或无能政府行

① Elizabeth Longford, *The Pebbled Shore : The Memoirs of Elizabeth Longford*, London: Weidenfeld & Nicolson, 1986, p. 173.
② 朗福德一直没有机会竞选。1939 年战争开始时，政府和议会同意在此期间放弃选举。——译者注
③ *Sunday Express*, May 24, 1936.
④ Barbara Cartland, *Ronald Cartland*, London: Collins, 1942, p. 136.

为时，他就加以抨击。更重要的是，他享受战斗的每一分钟，在这一分钟里，他既不让步，也不指望被别人宽容。"① 正如桑兹所观察到的，实际上卡特兰似乎很享受与大卫·马杰森及其副手之间的争斗。有一次，卡特兰将首席党鞭比作查尔斯·狄更斯（Charles Dickens）《双城记》（*A Tale of Two Cities*）中渴望复仇的角色，他冷淡地将马杰森描述成"数人头的德伐日夫人"②。

1936 年 11 月，年轻的"反叛分子"第一次受到了内维尔·张伯伦的仇视，接着是鲍德温的财政大臣。卡特兰猛烈抨击财政部，指责它以牺牲穷人为代价来平衡预算："如果你想做点什么，你就得花钱。如果你什么也不做，我会请政府完全坦率地说出来。"③ 一份报纸在卡特兰演讲结束后宣称："卡特兰烧了自己的船。"④ 他被传唤到马杰森的办公室，这已经不是第一次了，首席党鞭警告他说，保守党不会容忍"反叛分子"。不久之后，伯明翰选区举行了补充选举，卡特兰是伯明翰唯一没有被邀请为保守党候选人发言的保守党议员。伯明翰的一家报纸推测，这种怠慢可能预示着保守党在下次大选中不再为卡特兰提供官方支持。

他在党鞭和保守党高层中越来越不受欢迎，这也源于他在 20 世纪 30 年代在另一个重大问题上的立场，即关于英国政府安抚希特勒和墨索里尼的政策。卡特兰强烈反对绥靖政策，正如他反对政府未能实施社会改革一样。1935 年 8 月，就在他当选议会议员前不久，他和姐姐去了德国，在那里他被纳粹对犹太人的迫害激怒

① Barbara Cartland, *Ronald Cartland*, London：Collins, 1942, p. 13.
② Barbara Cartland, *Ronald Cartland*, London：Collins, 1942, p. 188.
③ Barbara Cartland, *Ronald Cartland*, London：Collins, 1942, p. 135.
④ Barbara Cartland, *Ronald Cartland*, London：Collins, 1942, p. 135.

了。① 回到英国后，他警告说，希特勒准备向奥地利和其他中欧国
家进军，德国迟早会对英国发动战争。与其他反对绥靖政策的议员
一样，他的警告遭到了怀疑和嘲笑，他被贴上了危言耸听和"战
争贩子"的标签。

在议会中，卡特兰极力推行全民征兵制，并先后抨击了鲍德温
和张伯伦对希特勒的安抚。在写给选民的信中，他说他打算"追
随自己的良心"②，无论它将把自己引向何方。"我们必须清楚地表
明，尽管我们憎恨战争，但我们将竭尽全力捍卫我们的自由，绝不
能以任何方式动摇我们对民主原则的信仰。"③

尽管卡特兰比党内大多数人更愿意勇敢地面对党鞭的愤怒，但
在保守党议员维护社会正义和反对绥靖政策的斗争中，卡特兰并不
是孤军奋战。议会有二三十名左倾保守党核心成员，其中大多数年
龄在 45 岁以下，他们也曾反对政府的许多经济和外交政策。和卡
特兰一样，他们中的许多人从公学时代起就一直在试图打破排他的
上层社团里受到的种种限制。例如，迪克·劳为保守党首相之子，
毕业于什鲁斯伯里公学和牛津大学，拥有无可挑剔的资历。然而从
牛津大学毕业几年后，被一位议员形容为"有独立性格和麻烦想
法"④ 的劳，在美国当过报社记者，在《纽约先驱论坛报》（*New
York Herald Tribune*）和《费城日报》（*Philadelphia Daily*）上发表
过文章。在 20 世纪 20 年代，记者几乎不是最有魅力、受过良好教
育的英国年轻人寻求的职业。"在我看来，年轻人和顽固的老派保
守党之间存在不可逾越的鸿沟，"卡特兰在给姐姐的信里写道，

① Barbara Cartland, *Ronald Cartland*, London：Collins, 1942, p. 102.
② Barbara Cartland, *Ronald Cartland*, London：Collins, 1942, p. 182.
③ Barbara Cartland, *Ronald Cartland*, London：Collins, 1942, p. 183.
④ Paul Emrys-Evans unpublished memoir, Emrys-Evans Papers.

"'左翼'保守党与'右翼'社会主义者（工党成员）的关系，远比他们与老派保守党员的关系更为密切。"[1]

1939 年 8 月 2 日，在下议院大厅里，卡特兰与两位议员挤坐在一起，他们是哈罗德·麦克米伦和他曾经的密友罗伯特·布思比。在所有进步的保守党人中，很少有人比他们的观点更激进，或者说他们更敢直言不讳地表达自己的观点。

---

[1] Barbara Cartland, *Ronald Cartland*, London: Collins, 1942, p. 122.

第三章
"找麻烦的年轻人"

哈罗德·麦克米伦和鲍勃·布思比（Bob Boothby）真是一对奇怪的组合。一个是拘谨、受压抑的出版商之子，另一个则是热情、机智的爱丁堡银行家的后代。两人都在1924年被选为议会议员，不久之后就联手反对政府自由放任的社会、经济和外交政策，在他们的大多数同僚看来，这是一场堂吉诃德式的战斗。

表面上看，麦克米伦似乎更适合牛津大学教师的生活，而不是喧闹的议会这样的政治机构。他是个书呆子，很害羞。据人们说，他自己也说过，他是一个糟糕的演说家。就连一些赞同他进步观点的保守党同僚也认为，他就是一个"令人讨厌的家伙"①。对于报道议会的记者来说，麦克米伦"有点无聊"②。

然而，到了20世纪30年代末，这位英国最著名的出版公司之一的合伙人，以其对绥靖政策日益尖锐的谴责和在英国推行激进的新经济计划而闻名。这不禁让人想起富兰克林·D.罗斯福（Franklin D. Roosevelt）的新政。帮助他的父母抚养他长大的老保姆说："哈

---

① Ronald Tree, *When the Moon Was High*, London: Macmillan, 1975, p. 53.
② Arthur Baker, *The House Is Sitting*, London: Blandford Press, 1958, p. 237.

罗德先生是个危险的左派。"①

在他的成长背景中，几乎没有什么能预示他有这样一个充满争议的未来。他在伦敦高档的贝尔格莱维亚区长大，是一个孤独、敏感、焦虑的小男孩，时时生活在怕犯错或怕做错事的恐惧中。他回忆道："总的来说，我觉得这个世界是令人担忧的，各个年龄段的人都可能是讨厌多于讨喜。"② 当他还是个孩子的时候，他喜欢躲在角落里看书。几年后他说："在我认识人之前，就先认识书了。"③

他的父亲莫里斯·克劳福德·麦克米伦是麦克米伦出版公司的高级合伙人，这个庞大的出版帝国是哈罗德·麦克米伦的父亲和叔叔在1843年创建的。哈罗德成年时，麦克米伦出版公司已经成为出版界的知名机构，在美国、加拿大、印度和澳大利亚都设有分支机构。它还有刘易斯·卡罗尔（Lewis Carroll）、阿尔弗雷德·罗德·丁尼生（Alfred Lord Tennyson）、约瑟夫·鲁德亚德·吉卜林（Joseph Rudyard Kipling）、托马斯·哈代（Thomas Hardy）、亨利·詹姆斯（Henry James）和赫伯特·乔治·威尔斯（H. G. Wells）等一批作家。莫里斯·克劳福德·麦克米伦是一个喜欢安静、沉默寡言的人，他对小儿子的成长几乎没有什么影响。正如哈罗德·麦克米伦的传记作者阿利斯泰尔·霍恩（Alistair Horner）推测的那样，"为了逃避跋扈的妻子"④，莫里斯·克劳福德·麦克米伦把大

① Alistair Horne, *Harold Macmillan*, Vol. 1, *1894 – 1956*, London: Penguin, 1989, p. 109.
② Harold Macmillan, *Winds of Change: 1914 – 1939*, New York: Macmillan, 1962, p. 41.
③ Anthony Sampson, *Macmillan: A Study in Ambiguity*, London: Pelican, 1968, p. 16.
④ Alistair Horne, *Harold Macmillan*, Vol. 1, *1894 – 1956*, *London: Penguin, 1989*, p. 10.

部分时间花在了出版公司或俱乐部里。哈罗德还记得母亲内莉是一个严厉、清教徒式的人，也是一个强有力的训诫者，"对英国男孩的普通平凡的情感毫无同情心"①。对于哈罗德和他的两个哥哥来说，麦克米伦家没有多少乐趣或笑声。

来自印第安纳州的美国人内莉·麦克米伦（Nellie Macmillan）对她的儿子们寄予厚望，尤其是对哈罗德。哈罗德对她的感情无疑是复杂的。他曾说，他生活中的一切都要归功于母亲的"奉献和支持"②，但又补充道，"如果你在某件事上失败了，你会觉得自己宁愿让她失望"③。母亲去世多年后，哈罗德对一位朋友说："我很钦佩她，但从来没有真正喜欢过她……她曾支配我，现在仍然控制着我。"④

1906 年，12 岁的哈罗德进入伊顿公学。不出所料，这个内向的孩子沉迷于书本，不擅长游戏，他讨厌学校和学校里热烈的氛围。直到他到了牛津大学，才真正有了自己的社交圈。在贝利奥尔学院，他终于可以专注于学习了。对麦克米伦来说，牛津大学意味着自由，意味着逃离"一个纪律严明、母爱令人感到压抑的家庭"⑤。

1914 年夏季，战争爆发时麦克米伦被任命为国王皇家步枪队的

---

① Harold Macmillan, *Winds of Change : 1914 - 1939*, New York：Macmillan, 1962, p. 57.

② Alistair Horne, *Harold Macmillan*, Vol. 1, *1894 - 1956*, London：Penguin, 1989, p. 11.

③ Macmillan interview, *The Macmillans : Portrait of a Political Marriage*, BBC documentary, March 14, 1996.

④ Alistair Horne, *Harold Macmillan*, Vol. 1, *1894 - 1956*, London：Penguin, 1989, p. 12.

⑤ Alistair Horne, *Harold Macmillan*, Vol. 1, *1894 - 1956*, London：Penguin, 1989, p. 21.

少尉，但他的母亲为他牵线搭桥，安排他调到更负盛名的英国近卫步兵第一团，团里的许多军官是贵族。一名非近卫步兵回忆说，这些近卫步兵被其他前线兵团视为"被宠坏的宝贝"①。他们可能被宠坏了，但在法国的大屠杀中，他们并未能幸免，在战争结束前，该军团有大约1.2万人的伤亡。麦克米伦本人在这场长达一年多的大屠杀中受伤4次。在1915年9月的卢斯战役中，英军损失了近6万人，麦克米伦头部中了一枪，还有一枪更严重，射穿了他的右手，这些枪伤困扰了他的余生。近一年之后，在伊普尔，他的脸被一枚手榴弹炸伤。1916年7月，他拒绝医疗疏散，随部队转移到靠近索姆河的波蒙阿麦。

1916年9月15日，在被称为索姆河战役的这场"肆意、毫无意义的大屠杀"达到高潮之际，麦克米伦所在的部队奉命攻击德军在法国然希（Ginchy）②附近的一个机枪据点。麦克米伦和他的战友们在浓烟中前进，冲向德军战壕，这时他的左大腿被弹片击中，骨盆被机枪射中。他大声对中士喊，让他别管自己继续进攻。在他的一生中，麦克米伦无论走到哪里都带一本书，即使是在战场上。这一天也不例外。当战斗激烈进行的时候，他躺在一个泥泞的弹坑里，断断续续地读着埃斯库罗斯（Aeschylus）的《普罗米修斯》（*Prometheus*）来转移自己的注意力，以使自己忘记疼痛。每当有德国士兵走近时，他就装死。

下午晚些时候，他被战友们救起，送到一个救护站，然后又送往阿布维尔的一家医院。到达医院时，他的伤口已经感染，最终被送回伦敦，在那里接受了几次手术。术后他一直住院，直到停战

---

① James Stuart, *Within the Fringe*, London: Bodley Head, 1967, p. 20.

② 然希：法国皮卡第大区索姆省的一个市镇，属于佩罗讷区孔布勒县。——译者注

前不久。麦克米伦一生都饱受各种伤病的折磨，右手无力，步履蹒跚。这两种身体不适后来使他成为被取笑的对象，这些取笑他的人不知道他残疾的由来。

麦克米伦的余生一直被战争所困扰。他最亲密的朋友大多死在法国，有好几年他都拒绝回到牛津，因为对他来说，牛津是"一座死亡之城，我认识的人似乎都被杀害了"[1]。和其他后来步入政坛的老兵一样，他因自己幸存而感到内疚，认为自己有义务"体面地用（我）幸存的生命为我们的国家做点事"[2]。和其他老兵一样，他也非常鄙视那些没有经历过战争的"英国绅士"[3]。

巧合的是，在 20 世纪 30 年代，大多数反对绥靖政策的议员，包括丘吉尔在内，都参加过战争（罗纳德·卡特兰、鲍勃·布思比和迪克·劳除外，他们都太年轻了）。相比之下，大多数执行绥靖政策的政府大臣没进过战壕。退伍军人们对和平的渴望非常强烈，用记者科林·库特（Colin Coote）的话说，他们"致力于保护未来的一代，使他们免遭毁灭性的屠杀"[4]。但是，不像许多主张绥靖政策的人那样，如果有必要为了维持和平而为战争做准备的话，他们也愿意这样做。在经验和理解上的巨大鸿沟将在未来的议会斗争中发挥重要作用。

停战后，麦克米伦仍在努力克服自己战时的经历，他决定在近

[1] Macmillan interview, *The Macmillans: Portrait of a Political Marriage*, BBC documentary, March 14, 1996.

[2] Harold Macmillan, *Winds of Change: 1914 - 1939*, New York: Macmillan, 1962, p. 98.

[3] Anthony Sampson, *Macmillan: A Study in Ambiguity*, London: Pelican, 1968, p. 23.

[4] Colin R. Coote, *A Companion of Honour: The Story of Walter Elliot*, London: Collins, 1965, p. 18.

卫步兵团再待一年，然后安顿下来，在家族企业中工作。1919 年 3 月，他的母亲再次伸出援手，帮他安排担任英国驻加拿大总督、德文郡公爵维克多·卡文迪什（Victor Cavendish）的副官。麦克米伦当时 25 岁，是一个严肃、不善社交的年轻人，他仍然觉得很难与人相处，尤其是与女人，他倾向于认为"女人像是一个奇怪的、无法描述的新物种"①。然而，在渥太华，他生平第一次也是唯一一次深深地坠入了爱河。他喜欢的对象是公爵的女儿多萝西（Dorothy），一个迷人、外向的 19 岁女孩。她有幽默感和"对生活的非凡热情"②，身上没有英国上层社会那种典型的自命不凡和势利作风。有多萝西·卡文迪什（Dorothy Cavendish）小姐在的地方，"你都知道会很有趣"③。"你点亮了房间。"麦克米伦向多萝西大献殷勤，但是她花了好几个月考虑是否嫁给他。1919 年 12 月底，她终于答应嫁给他了。欣喜若狂的麦克米伦在给母亲的信中写道："我太爱她了，我几乎不知道该做什么、说什么和想什么。"④

有些既认识哈罗德又认识多萝西的人对这门亲事感到不解。她在这位害羞、理性、有点迂腐的上校身上看到了什么？这位上校留着浓密、蓬乱的胡子，一笑就露出参差不齐的牙，走路和举止都矫揉造作。的确，由于战争，合乎条件的男人数量减少，对于从小就被教育，相信婚姻是未来唯一出路的年轻英国女性而言，这是一个

① Richard Davenport-Hines, *The Macmillans*, London: Mandarin, 1993, p. 331.
② Alistair Horne, *Harold Macmillan*, Vol. 1, *1894 - 1956*, London: Penguin, 1989, p. 54.
③ Alistair Horne, *Harold Macmillan*, Vol. 1, *1894 - 1956*, London: Penguin, 1989, p. 55.
④ Alistair Horne, *Harold Macmillan*, Vol. 1, *1894 - 1956*, London: Penguin, 1989, p. 56.

严重的问题。比多萝西小姐小一岁的芭芭拉·卡特兰后来写道："我们怀着焦虑的心情得知，有 100 万做丈夫的适龄男性被杀了，结果就导致了 200 余万的'剩女'。"① 但是，作为一个公爵的女儿，恰巧也是英国最富有的人之一，多萝西应该不难找到一个丈夫。事实上，据报道，她的母亲想让她嫁给未来的巴克卢公爵（Duke of Buccleuch）。

还有人猜测，多萝西嫁给麦克米伦是为了"逃避家庭问题，逃避一个非常严厉的母亲……"② 如果说这两人的家庭有什么区别的话，那就是德文郡公爵夫人甚至比麦克米伦的母亲更专横跋扈。伊夫林·卡文迪什（Evelyn Cavendish）被她的姐夫形容为"一个讨厌的女人，习惯发号施令"③，她在金钱、感情和礼貌方面都很吝啬。一个长期在卡文迪什身边的仆人说："除非她想要什么东西，否则她不会跟你说话，我也说不出她曾经感谢过谁。"④

然而，也许多萝西接受麦克米伦的求婚是因为她真的爱上了这个年轻的战斗英雄。虽然他那么压抑且憔悴，但他彬彬有礼、敏感、富有同情心和聪明才智。"哈罗德叔叔引用了柏拉图等人的话，一定给人留下了深刻的印象，"麦克米伦的一个侄女说，"也许多萝西婶婶对他渊博的学识印象深刻……"⑤ 不管促成这门亲事的原因是什么，多萝西的父亲都很高兴。公爵和他的女儿一样朴

① Barbara Cartland, *We Danced All Night*, London: Hutchinson, 1970, p. 13.
② Alistair Horne, *Harold Macmillan*, Vol. 1, *1894 - 1956*, London: Penguin, 1989, p. 57.
③ John Pearson, *The Serpent and the Stag*, New York: Holt, Rinehart and Winston, 1984, p. 259.
④ John Pearson, *The Serpent and the Stag*, New York: Holt, Rinehart and Winston, 1984, p. 264.
⑤ Cherie Booth and Cate Haste, *The Goldfish Bowl: Married to the Prime Minister 1955 - 1997*, London: Chatto & Windus, 2004, p. 38.

实、热情,① 而且非常喜欢麦克米伦,麦克米伦很快就成了公爵最喜欢的女婿。然而,公爵夫人被吓坏了。麦克米伦可能是麦克米伦出版公司未来的合伙人,他自己也会很富有,但英国的阶级制度变幻莫测,麦克米伦和他的家族经商,因此在社会地位上远远不如卡文迪什家族。那时,几乎所有的英国人都被认为不如卡文迪什家族,卡文迪什家族位于英国贵族阶级的最高层。

德文郡公爵和他的家族被认为比王室更富有,他们过着半封建式的奢华生活,乘坐私人列车往来于他们在全国各地的巨大庄园。他们在伦敦的豪宅——德文郡庄园,拥有巨大的花园和两个网球场,与皮卡迪利大街的丽兹酒店隔街相望。但德文郡最大的地产是查茨沃斯庄园,这座建于 17 世纪的建筑坐落在德比郡树木繁茂的山丘上,共有 297 个房间,花园占地 100 英亩,还有成群的男女仆人和马夫。庄园的墙上挂着伦勃朗(Rembrandts)、鲁本斯(Rubenses)、凡·戴克(Van Dycks)和托马斯·庚斯博罗(Thomas Gainsborough)的画作,庄园有图书馆,还有专门研究庄园的历史学家。

这就是麦克米伦即将进入的世界,他很快就爱上了这个世界。1920 年 4 月,麦克米伦在威斯敏斯特的圣玛格丽特教堂迎娶了多萝西·卡文迪什小姐,这里是伦敦时尚婚礼的首选教堂。在麦克米伦的性格中有许多复杂之处,正如一位长期在议会工作的同僚所观察到的,其中最引人注目的是他"对待弱者的柔软心肠、帮助弱者的坚定决心,以及与强者愉快交往的社会习惯"②。

博尔顿修道院位于约克郡山谷的德文郡,占地 3 万英亩,麦

---

① Alistair Horne, *Harold Macmillan*, Vol. 1, *1894 - 1956*, London: Penguin, 1989, p. 66.

② Anthony Sampson, *Macmillan: A Study in Ambiguity*, London: Pelican, 1968, p. 28.

克米伦特别喜欢周末在博尔顿修道院的荒野上猎松鸡。在狩猎了一个上午之后，他和其他男性客人会和女士们一起去荒原上的一间小屋里享用野餐，野餐食物由穿着有柠檬黄和深蓝家族标的制服的男仆装在德文郡的瓷盘子里端上来。圣诞节期间，麦克米伦、多萝西夫人和他们的孩子们前往查茨沃斯参加德文郡的家庭聚会。用他自己的话说，"我们几乎和《战争与和平》（*War and Peace*）对罗斯托夫伯爵家的描述一样，远离当今的英国"[①]。每个家庭都有保姆、男仆、女仆、马夫和司机。公爵夫人要求严格遵守德文郡等级制度的礼仪。例如，孩子们吃饭时按父母在家庭中的排名顺序被招待。多萝西的长兄爱德华是公爵的继承人，他的孩子总是先用餐。[②]

麦克米伦对加入这个巨大的公爵家族感到有些高兴，不过由于他受到许多成员的冷淡对待，高兴的程度就减弱了。虽然公爵对麦克米伦仍然很热情，但多萝西的六个兄弟姐妹和他们的配偶，尤其是她的姐夫詹姆斯·斯图尔特（James Stuart），对麦克米伦很冷淡，甚至不屑一顾。相貌英俊、傲慢自大的斯图尔特是苏格兰伯爵的儿子，在王室的社交圈里拥有很高的地位，曾在保守党党鞭办公室担任大卫·马杰森的助手。斯图尔特是个懒散的人，满嘴跑火车，他极力取笑麦克米伦想取悦别人的行为。[③]

卡文迪什全家都嘲笑麦克米伦的严肃举止。他们对麦克米伦的知性感到厌烦，家里的女人们争先恐后地要求吃饭时不坐在他旁

---

① Harold Macmillan, *Winds of Change: 1914 - 1939*, New York: Macmillan, 1962, p. 181.

② Duchess of Devonshire, *The House: Living at Chatsworth*, New York: Holt, Rinehart and Winston, 1982, p. 66.

③ Alistair Horne, *Harold Macmillan*, Vol. 1, *1894 - 1956*, London: Penguin, 1989, p. 67.

边。"他给人的印象是很自负，所以他总被别人刺痛。"① 说这话的黛博拉·德文郡公爵夫人（Deborah Devonshire）是著名的米特福德六姐妹之一，她嫁给了多萝西的侄子安德鲁（后来成为德文郡公爵）。他在所谓的"一个简单的，也许狭隘的……世界"② 长大，在那里"我们不认识的人很多"，尽管麦克米伦享受着贵族的生活方式，但他似乎从来不知道该说什么或做什么。一位朋友回忆起在查茨沃斯的一次家庭聚会上看到麦克米伦时说："他似乎是一个很可悲的人，在这些社交圈相当孤独。"③ 许多年后，在麦克米伦担任首相很久之后，他妻子的家人仍然沉湎于他和他们之间巨大的阶级差异。"哈罗德叔叔本想成为安东尼·特罗洛普（Anthony Trollope）④，但他成了约翰·高尔斯华绥（John Galsworthy）⑤，"安德鲁·德文郡对一位采访者说，"特罗洛普的政治小说是关于奥米纳姆公爵和伟大的贵族显要的，而高尔斯华绥的小说本质上是关于上流社会的商人的。"⑥

然而，麦克米伦从姻亲那里遭遇不公待遇，与他因此而享有的

---

① Cherie Booth and Cate Haste, *The Goldfish Bowl: Married to the Prime Minister 1955 – 1997*, London: Chatto & Windus, 2004, p. 36.

② Macmillan interview, *The Macmillans: Portrait of a Political Marriage*, BBC documentary, March 4, 1996.

③ Alistair Horne, *Harold Macmillan*, Vol. 1, *1894 – 1956*, London: Penguin, 1989, p. 67.

④ 安东尼·特罗洛普（1815—1882）：英国作家，代表作有《巴彻斯特养老院》和《巴彻斯特大教堂》等。——译者注

⑤ 约翰·高尔斯华绥（1867—1933）：英国小说家、剧作家。20 世纪初期英国现实主义文学的代表作家。代表作品有《福尔赛世家》三部曲（《有产业的人》《骑虎》《出租》）和《现代喜剧》三部曲（《白猿》《银匙》《天鹅曲》）。——译者注

⑥ Duke of Devonshire interview, *The Macmillans: Portrait of a Political Marriage*, BBC documentary, March 4, 1996.

政治优势相比，只是很小的代价。他与至少 16 名保守党议员有姻亲关系，其中包括罗伯特·博比提·克兰伯恩（Robert Bobbety Cranborne）。克兰伯恩是未来的索尔兹伯里勋爵（Lord Salisbury）和塞西尔家族的重要成员。与卡文迪什家族一样，自 16 世纪以来塞西尔家族一直是国家事务的主要参与者，当时的伯利勋爵威廉·塞西尔曾是伊丽莎白一世女王最有影响力的顾问。

42　与卡文迪什家族的关系只是他参加议会选举的部分原因，从小就有政治野心的麦克米伦于 1924 年获得了参加议会选举的机会。他的潜在选民来自造船小镇斯托克顿，是个与查茨沃斯和博尔顿修道院相距遥远的小镇。斯托克顿位于英格兰东北海岸附近，在工业革命时期曾是一个繁荣的新兴城镇，但像英国的许多旧的主要工业（煤炭业、钢铁业、纺织业和造船业）一样，它在 20 世纪 20 年代初陷入非常艰难的境地。一些造船厂关闭了，变成工业墓地，到处是摇摇欲坠的工棚、椽栋崩折的仓库、锈迹斑斑的起重机和停泊在破败码头的空船。斯托克顿近 30% 的男性失业。很多男人无所事事地站在街角，他们把帽子拉下来，肩膀在刺骨的寒风中耸起，双手插在口袋里，用 J. B. 普里斯特利（J. B. Priestley）的话来说，他们唯一能做的就是"等待世界末日"①。

目睹了这个曾经自豪而繁荣的地区所遭受的经济破坏，麦克米伦深受触动，他把经济灾难带来的后果与第一次世界大战后法国的满目疮痍相提并论。和其他许多年轻的英国中上层军官一样，他摆脱了这种冲突，想改变在他和其他人指挥下战斗过的工人阶级的命运。在斯托克顿，他目睹了许多前英军士兵过着空虚、无望、穷困潦倒的生活。他多次前往该镇参加竞选活动，并逐渐对镇上的人民

---

① J. B. Priestley, *English Journey*, New York：Harper and Bros. , 1934, p. 238.

产生了深切的同情。然而，一开始，他在表达担忧时遇到了很大的
困难。麦克米伦是个蹩脚的、结结巴巴的演讲者，他痛恨政治上的
妥协、"诘问、喧闹、不得不攻击和防卫，以及诸如此类的事
情"①。他天生的敏感和幽默感都隐藏在拘谨、严肃的外表下。
"麦克米伦的举止全不对，"一个熟人说，"他的表现就像那些公
立学校的传教士进了伦敦东区一样。"②

幸运的是，他的木讷被妻子热情和朴实的天性抵消了，多萝西
对斯托克顿人民的生活表现出了真正的兴趣。她记得他们的名字和
问题，像老朋友一样和他们交谈。"她是个游说奇才，"多萝西的
一个亲戚说，"她有很好的政治判断力，在选举中表现出色。"③ 多
萝西夫人常常站在丈夫身后，当有人在竞选活动中走近麦克米伦
时，她会在丈夫耳边悄悄告诉他这个人是谁、做了什么。一位斯托
克顿居民说："她帮助麦克米伦在这里取得成功。"④ 另一个人则回
忆道："她很受爱戴。"

麦克米伦向斯托克顿的选民承诺，他在议会的首要任务是帮助
他们改善生活，缓解影响他们和其他北部地区的大规模失业问题。
1924 年，当斯托克顿的选民推选麦克米伦时，他试图兑现自己的
承诺，却发现斯坦利·鲍德温的政府与他意见相左。鲍德温和保守
党击败了拉姆齐·麦克唐纳领导的工党，赢得了一场令人印象深刻

43

---

① Anthony Sampson, *Macmillan : A Study in Ambiguity*, London: Pelican, 1968, p. 29.
② Alistair Horne, *Harold Macmillan*, Vol. 1, *1894 - 1956*, London: Penguin, 1989, p. 348.
③ Cherie Booth and Cate Haste, *The Goldfish Bowl : Married to the Prime Minister 1955 -1997*, London: Chatto & Windus, 2004, p. 40.
④ Alistair Horne, *Harold Macmillan*, Vol. 1, *1894 - 1956*, London: Penguin, 1989, p. 73.

的胜利。他们曾发誓要给英国"一段安宁和繁荣的时期，让英国从战时和战后的创伤中恢复过来"[①]。但是，这个承诺并不包括政府让更多的人重返工作岗位或者改善低收入者的悲惨命运的计划。

在麦克米伦对抗政府的冷漠时，他与其他几位年轻的进步保守党人合作，其中几位代表北部和中部垂死的工业城镇。其中有一个爱交际的苏格兰人，24 岁，叫鲍勃·布思比。

同样在伊顿公学和牛津大学接受教育的鲍勃·布思比身材敦实、相貌英俊、拥有极富感染力的笑容和一头蓬乱的黑发，对生活充满热情和欲望。他开着一辆宾利双座轿车，热爱爵士乐和歌剧，喜欢赌博，结交了一大群朋友，包括诺埃尔·科沃德（Noël Coward）和伦敦爱乐乐团的创始人托马斯·比彻姆爵士（Sir Thomas Beecham）。

离开牛津大学仅 2 年，布思比就被选为议会议员。他被普遍认为是最有前途的新保守党议员之一。他有着洪亮而有力的声音，用布思比在牛津大学的一位老师的话来说就是他"天生善于雄辩"[②]。1925 年 3 月，布思比发表首次演讲后，时任英国财政大臣的温斯顿·丘吉尔从财政部的长凳上站起来祝贺他。一年后，丘吉尔邀请布思比担任他的议会私人秘书。议会私人秘书的工作是帮助下议院的内阁大臣。布思比坐在大臣的后面，在辩论中为其提供信息。他还充当大臣与其他议员沟通的中间人，让大臣随时了解议会的氛围。尽管议会私人秘书是一个非官方的无薪职位，但对于年轻议员来说，它是一个备受追捧的职位，因为它被认为是通往内阁办公室的第一步。作为议会私人秘书，服务于拥有政府最高职位之一的财

44

---

① Anthony Sampson, *Macmillan : A Study in Ambiguity*, London: Pelican, 1968, p. 29.

② Robert Rhodes James, *Robert Boothby : A Portrait of Churchill's Ally*, New York: Viking, 1991, p. 38.

政大臣，无论过去还是现在都被视为一种特殊的待遇。

鲍勃·布思比加入议会时，时年 52 岁的温斯顿·丘吉尔是世纪之交议会中最著名的人物之一。在此期间，除了担任外交大臣和首相，他担任过内阁的其他重要职位。然而，当斯坦利·鲍德温在 1924 年任命丘吉尔为财政大臣时，包括丘吉尔在内的所有人都惊呆了。尽管他才华横溢，是下议院最具天赋的演说家之一，但他从未遵守过议会游戏的不成文规则。弗吉尼亚·考尔斯曾称呼他为"一个天然的风暴中心"①。说得委婉点，对党的忠诚从来就不是丘吉尔的强项。

1901 年，丘吉尔以保守党身份进入议会。3 年后，他又因自由贸易问题在下议院加入了自由党。在自由党执政政府担任内政大臣、英国海军大臣、战争大臣②和殖民地事务部次官之后，如他自己所说，他"重新评估"后，于 1924 年回到保守党。3 个政党的中坚分子都对丘吉尔持猜疑和不信任的态度。他更换党的行为通常被认为是卑劣的机会主义，是因为他具有强烈的政治野心，而不是信仰真诚转变的结果。"温斯顿非常不受欢迎，"前自由党首相赫伯特·亨利·阿斯奎斯之女、丘吉尔的密友维奥莉特·博纳姆·卡特夫人（Lady Violet Bonham Carter）回忆道，"自由党人把他看作暴发户和爱钻营的人，而保守党则认为他是逃兵、小人和阶级叛徒。"③

他还以鲁莽和判断力差著称，部分原因是他在担任海军大臣期间，参与了英国 1915 年对达达尼尔海峡的袭击，这场战争导致了

---

① Virginia Cowles, *Winston Churchill: The Era and the Man*, London: Hamilton, 1953, p. 5.

② 战争大臣（War Secretary）：英国前行政部门的负责人，1947 年改为英国国防大臣。——译者注

③ *Times Saturday Review*, January 22, 1969.

45　灾难性的加里波利战役。他被许多人视为一个自我陶醉的利己主义者，除了自己什么也不关心。一位议会同僚曾经抱怨丘吉尔"走进来，发表演讲，然后就离开会场，就像万能的上帝在说话……除了听自己演讲，他从来不听别人的演讲"①（这句话得到了会议室两侧人的热烈欢呼）。尽管丘吉尔的雄辩常常令人炫目，但是也常常使他陷入困境。他有讽刺和谩骂的癖好，而被他当作目标的议员们既不会原谅也不会忘记他。

　　但布思比不认为这是一个问题。和丘吉尔一样，他也是个天生的叛逆者，喜欢逆潮流行事。此外，他很享受与英国政府最重要的人物之一共事的威望。比如，他喜欢每年预算日的盛况和仪式，戴着礼帽，穿着晨礼服，兴高采烈地从唐宁街 11 号追随着打扮相似的丘吉尔前往议会大厦。此时灯光闪烁，人们目不转睛地盯着他。在下议院，在布思比笑容满面的注视下，丘吉尔概述了政府的新预算。

　　26 岁时，布思比是英国政坛的金童，甚至被某些人吹捧为未来的首相。他后来说："所有的门都向我敞开。"② 他被邀请到各地参加活动，比如参加威尼斯和卡普里避暑别墅聚会，参加由伦敦社交女性［如伦敦德里夫人（Lady Londonderry）和埃默拉尔德·丘纳德夫人（Emerald Cunard）］举办的盛大晚会，参加戴安娜·库珀女士（Lady Diana Cooper，据说是伦敦最漂亮的女人）和伦敦新咖啡馆协会其他成员举行的非正式聚会。在这些世故的圈子里，人们看重的是风度而不是金钱，沉闷是一种罪过。美国记者玛丽·里德（Mary Ridder）回忆道："他是一个才华横溢的冒险家，淘气、

① Neville Thompson, *The Anti-Appeasers: Conservative Opposition to Appeasement in the 1930s*, Oxford: Clarendon Press, 1971, p. 24.

② Robert Boothby, *Boothby: Recollections of a Rebel*, London: Hutchinson, 1978, p. 44.

风趣，对女人有吸引力，并且执着于正确行事的观点。"① 她第一次见到布思比时，还是个小女孩。

正如里德所指出的那样，布思比是个很有资本的人，也是个很有魅力的花花公子。他是一位杰出的政治家，曾为他在东阿伯丁郡的选区努力工作。东阿伯丁郡位于苏格兰东北海岸，是一个多岩多风的农业区兼渔区。和麦克米伦一样，布思比也是在富裕的中上层阶级中长大的，对英国大部分地区的贫困状况几乎一无所知。当他第一次到东阿伯丁郡时，他对许多居住在"饥饿边缘地带"② 的选民糟糕的生活条件感到震惊。布思比成为该选区的主要产业——鲱鱼业发展的倡导者，经常在下议院就政府补贴和其他支持政策的必要性发表真诚的演讲。有一天，首相踱进会议室，听了一会儿布思比的讲话。斯坦利·鲍德温摇了摇头，咕哝了一句："又是鲱鱼。"③ 他说完就走了出去。

布思比与东阿伯丁郡及其人民结下了深厚的感情，选民们也给予他回报。布思比是一个非比寻常的议员，一个真正喜欢在选区待上一段时间的议员，他并不认为自己在那里的日子是为了当选而必须付出的不愉快但必要的代价。与麦克米伦和其他议会的大多数同僚不同的是，布思比喜欢从事政治活动，特别喜欢和诘难者互相打趣、挖苦。一天晚上，在一次竞选演讲中，一位选民对他喊道："你应该当演员，而不是政治家。"④ 布思比反驳道："你说得很对，我本来也可以做个好演员！"

① Interview with Marie Ridder.

② Robert Boothby, *I Fight to Live*, London：Gollancz, 1947, p. 53.

③ Robert Rhodes James, *Robert Boothby：A Portrait of Churchill's Ally*, New York：Viking, 1991, p. 60.

④ Robert Rhodes James, *Robert Boothby：A Portrait of Churchill's Ally*, New York：Viking, 1991, p. 54.

布思比也很喜欢和丘吉尔一起工作，在他们相识的最初几年里，两人关系很亲密。除了叛逆的天性外，他们还有其他共同的性格特点，包括精力充沛、冲动、好斗、喜欢出风头，以及天生的幽默感。正如麦克米伦曾经谈到丘吉尔时所说的，两人都"独特、任性、令人兴奋"①，"他们独特的魅力为我们单调的政治生活带来了一抹色彩"。的确，有一段时间，丘吉尔几乎把布思比当儿子看待。布思比成了查特韦尔的常客，在那里，他一边看丘吉尔为无数的重要项目献计献策，一边听他讲话。布思比回忆道："在客厅、餐厅、卧室、浴室、花园、汽车、火车上，或者在他的下议院房间里，（丘吉尔的）'私人'演讲——实际上是伟大的文学——从未停止过。"② 在伦敦，当丘吉尔的妻子克莱门汀（Clementine）外出时，丘吉尔和布思比偶尔会一起去看戏或共进晚餐。

47

也许最能体现丘吉尔对布思比重视的是，这位年轻人被邀请加入了别人俱乐部（The Other Club）。这个俱乐部是丘吉尔在1911年帮助建立的专门政治餐饮机构。申请进入这个俱乐部的候选人必须集高成就和高娱乐性于一身。让谁加入俱乐部完全由丘吉尔决定，他认为这是他能授予朋友或伙伴的最高荣誉。③ 所有俱乐部成员都来自三大政党，大约一半来自下议院，其余的则来自完全不同的群体，在不同时期，包括马尔伯勒公爵、P. G. 伍德豪斯（P. G. Wodehouse）、比弗布鲁克勋爵、简·斯马茨（Jan Smuts）和矿工工会领袖弗兰克·霍奇斯（Frank Hodges）。每隔一周的星

---

① Harold Macmillan, *Winds of Change: 1914 - 1939*, New York: Macmillan, 1962, p. 176.

② Robert Boothby, *I Fight to Live*, London: Gollancz, 1947, p. 45.

③ John Colville, *Winston Churchill and His Inner Circle*, New York: Wyndham Books, 1981, p. 24.

期四，别人俱乐部的成员都会穿着正式的晚礼服，聚集在萨沃伊酒店的皮纳福厅里，在雪茄和香烟的烟雾中，花上几个小时吃东西，喝香槟和白兰地，进行言语上的交锋。这个俱乐部的一条规定是："没有……妨碍党派政治的积怨或粗暴言行。"① 这是一项成员们非常乐意遵守的命令。"我们是一个非常友好的组织，"一名成员后来说，"大家沾沾自喜地认为，如果我们不统治世界，那就是世界的不幸。"②

　　1928 年，布思比写信给丘吉尔说："我对你为我所做的一切满怀感激，希望能在某个场合充分表达一下这份感激之情。我和你在一起工作已经两年多了，毫无疑问，当我回首这两年时，觉得这两年是我政治生涯中最快乐、最有趣的时光。"③ 然而，与丘吉尔内部小圈子里的大多数人不同，思想独立的布思比并不认为自己是丘吉尔的门徒。他不赞成丘吉尔的许多反通胀政策，还在下议院发表演讲，批评这位财政大臣决定让英国回归金本位④，并且不赞成在 10 年内大幅削减国防开支。他的一些批评是在他还是丘吉尔的私人秘书时提出的，他的一些同僚认为这是对丘吉尔的不忠。布思比至少三次主动提出辞职，但每次都遭到丘吉尔的拒绝。⑤ 多年后布思比这样说："我喜欢为他服务。作为财政大臣，他是一个了不起的领袖，非常出色，体贴入微，让我做自己喜欢做的事。我和他争论不休，但他不介意。"⑥

48

---

①　Colin R. Coote, *The Other Club*, London: Sidgwick & Jackson, 1971, p. 20.

②　Josiah Wedgwood, *Memoirs of a Fighting Life*, London: Hutchinson, 1941, p. 117.

③　Boothby to Churchill, December 7, 1928, Churchill Papers.

④　金本位即金本位制，金本位制就是以黄金为本位币的货币制度。——译者注

⑤　Robert Rhodes James, *Robert Boothby: A Portrait of Churchill's Ally*, New York: Viking, 1991, p. 88.

⑥　Boothby interview with Martin Gilbert, Churchill Papers.

与哈罗德·麦克米伦一样，布思比的想法也与当时的传统认知相左。当时的传统看法认为，政府在控制失业和贫困方面不能够而且不应该干预。劳合·乔治和经济学家约翰·梅纳德·凯恩斯（John Maynard Keynes）都深深影响了布思比与麦克米伦。凯恩斯呼吁实行计划经济和大规模公共投资，以促进充分就业。凯恩斯是麦克米伦的哥哥丹尼尔的密友，他的书由麦克米伦公司出版，该公司被普遍认为是经济著作的主要出版商。

1927年，麦克米伦和布思比以及另外两名进步的保守党议员出版了一部开创性经济专著《工业与国家》（Industry and the State），敦促政府干预经济，以刺激经济增长和实现社会正义。该书的其他建议包括英国教育系统和警察的国有化，以及为集体谈判提供法定权力。这本书的作者坚称他们不是在鼓吹社会主义，但保守党高层对此表示怀疑。保守党高层在右翼报纸《每日邮报》（Daily Mail）的一篇文章中对这本书的作者进行了严厉批评，称他们是"伪装成保守派的社会主义者"，称他们的思想是"半生不熟的感伤主义"[1] 和"粗制滥造的理论"。这些年轻议员的提案也不受许多保守党后座议员的欢迎。正如麦克米伦多年后所言，"大多数保守党人并不代表经济萧条地区"[2]。

丘吉尔是反对政府干预的人之一——在他的任期内没有出现财政赤字——但他拒绝批评年轻的保守党进步分子。当保守党主席向他抱怨布思比的观点听起来越来越社会主义化时，他尖锐地回应道："我希望你不要给我写这种信……你不能容忍年轻人也

---

[1] Robert Rhodes James, *Robert Boothby: A Portrait of Churchill's Ally*, New York: Viking, 1991, p. 87.

[2] Alistair Horne, *Harold Macmillan*, Vol. 1, *1894 - 1956*, London: Penguin, 1989, p. 75.

没有用……"①

事实上，丘吉尔在财政部任职的5年里，唯一一次振兴经济的大胆举动，就是受到了麦克米伦的启发，麦克米伦正是通过布思比结识了丘吉尔这位财政大臣的。1927年，听取麦克米伦的建议后，丘吉尔提出了一个计划，通过削减工厂和农场的地方税来促进萧条的英国工业和农业发展。麦克米伦和布思比一起，在降低税率问题上担任丘吉尔的顾问，向这位财政大臣提供了9页的笔记，丘吉尔把这些笔记作为他向内阁和议会陈述观点的依据。尽管受到包括内维尔·张伯伦在内的许多保守党高层反对，这项减税法案还是在1929年初获得通过。

和布思比一样，麦克米伦也很珍视自己与热情的丘吉尔之间的交往。他后来说："我坐下来跟他（丘吉尔）谈话，喝很多酒，抽很多雪茄，就像牛津大学的年轻人跟老师，甚至跟教授争论一样。"② 在此期间，麦克米伦写信给丘吉尔说："我希望您能知道，您对我这么信任，我非常感激。我们这些找麻烦的年轻人，都得到了您的善待。"③

减税法案的通过是一项重大成就，麦克米伦对自己在这一进程中发挥的关键作用感到非常自豪，这完全没错。他开始认为，尽管他有"一个麻烦的年轻人"的名声，但他在议会中可能会有一个充满希望的未来。1929年5月，大选开始，麦克米伦的希望破灭了。在失业率居高不下、工业持续动荡之际，斯坦利·鲍德温和保守党人为这个国家带来了"安全第一"的口号。尽管麦克米伦强

① Winston Churchill to J. C. C. Davidson, November 8, 1927, Churchill Papers.

② Alistair Horne, *Harold Macmillan*, Vol. 1, *1894 – 1956*, London: Penguin, 1989, p. 80.

③ Harold Macmillan to Winston Churchill, January 1, 1928, Churchill Papers.

烈反对保守党的经济政策，但作为保守党候选人，他不得不在斯托克顿为这个"无力的口号"辩护。"但我那些不幸的选民，"他后来说，"不想要'安全'，这意味着他们在街上闲逛，或者绝望地在工厂里游荡。'安全'意味着'失业救济金'。他们想要的是工作。"① 全国其他地区的大部分人有同样的感受，保守党被赶下台，由拉姆齐·麦克唐纳领导的工党政府再次取而代之。麦克米伦是众多失去席位的保守党人之一。

麦克米伦对自己的失败深感沮丧，而鲍勃·布思比轻松赢回了自己在东阿伯丁郡的席位。布思比决定试着让他的朋友兼同僚高兴起来，把自己的烦恼抛在脑后。1929 年夏天，布思比邀请麦克米伦和他的妻子参加了父亲在爱丁堡郊外的家族庄园比奇伍德举办的年度射击派对。麦克米伦夫妇接受了邀请。那时，正是麦克米伦跌到谷底的时候。

派对的第二天，布思比站在荒原上，等着轮到他开枪。② 他感到一只手碰了一下他的手。布思比转过身，发现多萝西·麦克米伦就在他身边。她笑着抓住他的手，她的丈夫麦克米伦不见了。

对多萝西夫人来说，婚后的生活几乎不可能是田园诗般的，尽管哈罗德·麦克米伦的说法与此相反。他在回忆录中写道："我们年轻、快乐，一切都善待我们。"③ 事实上，随着岁月的流逝，多萝西在她丈夫的生活中占据了越来越小的位置。早上，哈罗德在麦克米伦出版公司担任初级合伙人，在那里，他是托马斯·哈代、鲁

---

① Harold Macmillan, *The Past Masters*, New York：Harper & Row, 1975, p. 64.

② Robert Rhodes James, *Robert Boothby：A Portrait of Churchill's Ally*, New York：Viking, 1991, p. 113.

③ Harold Macmillan, *Winds of Change：1914 - 1939*, New York：Macmillan, 1962, p. 118.

迪亚德·吉卜林、威廉·巴特勒·叶芝（W. B. Yeats）和肖恩·奥凯西（Sean O'Casey）等人的编辑。下午和晚上，他在议会里忙得不可开交。

在丈夫和婆婆的敦促下，多萝西的大部分时间在伯奇格罗夫度过。它是麦克米伦父母拥有的一座建在苏塞克斯郡面积庞大的新乔治时代风格豪宅。和多萝西做伴的是 3 个孩子，他们在她婚后的前 6 年出生。还有她的婆婆，一个让她觉得和自己母亲一样令人难以招架的女人。多萝西讨厌内莉·麦克米伦。有一天，麦克米伦家的一个女儿发现母亲把别针插进了多萝西藏在梳妆台抽屉里的祖母肖像里。[1] 在多萝西和内莉频繁的家庭争斗中，哈罗德几乎总是站在他母亲一边。

他通常只在周末和家人见面。即使在那个时候，他也显得冷淡而矜持，因为他从小就认为流露情感或回应别人的感情是没有男子汉气概的。"当他试图表达爱意时，他可能会感到尴尬，"他的儿子回忆说，"他无法处理个人问题，不管是他自己的还是我的。"[2] 和其他许多在男校读书的英国男性一样，麦克米伦早期很少与直系亲属以外的女性接触，似乎只有和志趣相投的男性在一起时才感到自在。他所在的社会充满阳刚之气，是一个"为男人而生、为男人而忙"[3] 的社会，在这个社会里，女人几乎总是觉得自己是局外人。

回想 20 世纪 20 年代英国年轻女性的生活，芭芭拉·卡特兰写道："从我们出生的那一刻起，我们的父母听到的都是'女孩？

[1] Cherie Booth and Cate Haste, *The Goldfish Bowl： Married to the Prime Minister 1955 – 1997*, London：Chatto & Windus, 2004, p. 41.
[2] Alistair Horne, *Harold Macmillan*, Vol. 1, *1894 – 1956*, London：Penguin, 1989, p. 81.
[3] Richard Critchfield, *An American Looks at Britain*, New York：Doubleday, 1990, p. 55.

51　没关系，祝你下次好运'。我们只好听天由命地接受这个事实，那就是我们得到的只是从男人们的桌子上掉下来的面包屑。男孩接受了更好的教育，我们只有足够幸运才能接受这样的教育。男性可以上大学，穿更好的衣服，吃得更好，过得更好，当然，还有更多的钱。美国人习惯把钱平均分给孩子，不管孩子是男是女，英国人对此感到难以置信。"①

　　多萝西·卡文迪什从小就知道，作为一个女孩，她永远不会拥有兄弟们的优势，包括有机会继承父亲的公爵头衔和财产。她似乎不太介意，但处境相同的其他人的感受大不相同。例如，哈罗德·尼科尔森的妻子维塔·萨克维尔－韦斯特（Vita Sackville-West）。她在 20 世纪 30 年代成为麦克米伦和布思比在议会的亲密伙伴。作为第三代萨克维尔男爵的独生女，萨克维尔－韦斯特从未接受这样一个事实：由于是女性，她无法继承克诺尔——她的家族在肯特郡的 15 世纪的宫殿诺勒，这座建筑被广泛认为是英国都铎王朝最好的建筑之一。在她的诗歌和书籍中，萨克维尔－韦斯特表达了她对女性地位低下的愤怒和痛苦。在小说《耗尽的激情》（*All Passion Spent*）中，她描述了在一段典型的婚姻中，丈夫如何"继续享受他自由的、多样的、男性化的生活。她丈夫的手指上没有戒指，名字没有什么变化，但他的财产发生了变化。每当他想回家时，他的妻子就必须在那里，放下她的书、文件或信……在这样一个充满假设的世界里，假定她有平等的权利是不行的"②。

　　萨克维尔－韦斯特拒绝以尽职尽责的妻子形象示人。她保留了娘家姓，有很多风流韵事，大部分是和别的女人之间的。她不为丈

---

①　Barbara Cartland, *We Danced All Night*, London: Hutchinson, 1970, p. 59.

②　Victoria Glendinning, *Vita: The Life of V. Sackville-West*, New York: Knopf, 1983, p. 209.

夫助选，也不和他一起出席伦敦的社会和政治活动。此外，据说，多萝西·麦克米伦是一位完美的政治妻子。她的丈夫也这么认为。她令麦克米伦的选民着迷，发表演讲，与选民握手，举办露天游乐会和乡村集市，供应没完没了的茶和晚餐。她一生致力于满足麦克米伦、她的孩子和婆婆的要求，更不用说斯托克顿的选民了。然而，哈罗德·麦克米伦和其他人似乎不太关心她想要什么。

除了养育孩子和对他事业的共同兴趣，哈罗德·麦克米伦和多萝西·麦克米伦几乎没有什么共同兴趣。虽然多萝西欣赏丈夫的知性与才识，但她自己并不是一个知识分子，事实上，像那个时代的大多数女性一样，她没有受过良好的教育。从表面上看，麦克米伦对生活的态度是懒散的，多萝西却冲动、精力充沛、脾气暴躁。她的兴趣集中在户外，她热爱园艺、网球、游泳和高尔夫球。作为一个喜欢开快车的人，她以收集超速罚单而闻名，她曾表示有兴趣参加蒙特卡洛拉力赛。

在苏格兰那场决定命运的射击派对之前，她只见过鲍勃·布思比一次。他 29 岁，和多萝西一样大。性格与她的丈夫相反，布思比喜欢笑，也喜欢玩乐。他的一位记者朋友说，布思比机智、活泼、有魅力，是那种"女人会称之为可爱的"[1] 男人。根据玛丽·里德的说法，布思比有 "一种毁灭性的能力——无论和谁谈话，都能对对方全神贯注，尤其是女人"[2]。当他遇到多萝西的时候，他们之间立刻产生了一种吸引力，但是多萝西先迈出了第一步。她在荒原上抓住布思比的手后不久，他们就成了恋人。

一位熟人说，布思比有过很多恋爱关系。"他总是坠入爱河，

---

[1] W. F. Deedes interview, *The Macmillans*, BBC.

[2] Interview with Marie Ridder.

向女人求婚。"① 但这次不同，多萝西是一位密友兼同僚的妻子。当这件偶然的风流韵事变得严肃时，情况就更糟了。1930 年，多萝西向麦克米伦提出离婚，想嫁给布思比。麦克米伦拒绝了。"我告诉她，我永远不会让她走，"麦克米伦后来说，"那将是灾难性的。"②

离婚对他们的社会地位和麦克米伦的政治前途来说，无疑是灾难性的。婚外情在英国上流社会早就完全可以接受，甚至很流行。事实上，多萝西·麦克米伦的娘家就有很多这样的例子。她著名的 18 世纪祖先乔治亚娜（德文郡公爵夫人）因她和丈夫还有她最好的朋友伊丽莎白·福斯特（Elizabeth Foster）住在一起的风流事而声名狼藉。19 世纪晚期，多萝西的叔祖父、第八任德文郡公爵与曼彻斯特公爵夫人保持了一段长达 30 年的婚外情。

53　　　　然而，他们在公众场合行事很谨慎。当德文郡公爵和曼彻斯特公爵夫人不单独在一起时，他们总是用头衔称呼对方，甚至在知道他们的关系的朋友在场时也是如此。"社会戒律……非常清楚，"芭芭拉·卡特兰指出，"第一是'你不能被发现'，第二是'你不能有丑闻'。"③

在顶级社交圈中，就像在政治领域一样，遵守不成文的规则很重要。风流韵事在伦敦社交圈里也许是人所共知的事，但通常对外界秘而不宣，除非当事人有了公开丑闻，否则报纸上的八卦栏里是

---

① Robert Rhodes James, *Robert Boothby: A Portrait of Churchill's Ally*, New York: Viking, 1991, p. 114.

② Alistair Horne, *Harold Macmillan*, Vol. 1, *1894–1956*, London: Penguin, 1989, p. 89.

③ Barbara Cartland, *We Danced All Night*, London: Hutchinson, 1970, p. 67.

不会刊登的。如果有离婚诉讼，丑闻就会接踵而至，离婚法庭上披露的每一个肮脏细节都会在大众媒体上被铺天盖地地重复报道。在20世纪20年代和30年代，离婚仍然被认为是公认的道德污点，不管谁是过错方，它给丈夫和妻子都带来了严重的社会惩罚。离婚的人不能出现在法庭上，也不被允许进入阿斯科特的皇家场地。他们被从许多社交名媛的邀请名单上除名。"社交圈就像一座有围墙的城市，有出口和入口，"维奥莉特·博纳姆·卡特夫人回忆道，"你需要一张通行证才能进去，你也有可能被扔出去。"①

对于一名议员来说，离婚通常意味着政治生涯的结束。麦克米伦雄心勃勃，他不打算让离婚毁了他的前途。他也非常认真地对待自己的圣公会信仰——他曾经考虑成为一名天主教徒——用他孙子的话来说，"如果考虑离婚，那将是对信仰的彻底放弃"②。

麦克米伦反对离婚还有另外一个原因：他仍然深爱着他的妻子。"除了她，我从来没有爱过其他人，也从来没有一个女性朋友，甚至不认识其他女人，"他告诉他的传记作者，"有些事情是暂时和无关紧要的。重要的是基本面……什么是肉体之爱？她想要的一切，她都有了。（一次）我开玩笑地说：'现在你什么都有了，丈夫、孩子、家、情人，还想要什么？'像所有女人一样，她说这是我的错……但是，与可以分享的事情、兴趣和孩子相比，肉体上的爱又算什么呢？"③

他也许爱过她，但正如这番大段而不同寻常的倾诉所表明的那样，他似乎永远不了解她。就多萝西而言，在多次要求离婚 54

---

① *Times Saturday Review*, November 22, 1969.

② Lord Stockton interview, *The Macmillans*, BBC.

③ Alistair Horne, *Harold Macmillan*, Vol. 1, *1894–1956*, London: Penguin, 1989, p. 89.

后，她最终同意继续与麦克米伦生活在一起，管理他的家庭，并在斯托克顿帮助他竞选。安德鲁·德文郡公爵说："尽管有这么一段闹得沸沸扬扬的风流韵事，在政治上，多萝西婶婶是个很好的妻子。"① 与此同时，她公然蔑视社会习俗，坚持公开与布思比过另一种生活。"她非常爱他，"黛博拉·德文郡公爵夫人说，"她不顾一切。"② 多萝西偶尔和布思比一起住在伦敦的一家旅馆里，一起去葡萄牙和巴黎度假，她几乎每天都给他写信或打电话。布思比的传记作者罗伯特·罗兹·詹姆斯爵士（Sir Robert Rhodes James）说，对多萝西来说，和布思比在一起就像"在天堂里"③。"你为什么要叫醒我？"当他们在葡萄牙时，她曾对她的情人大声说，"没有你，我将受到巨大的伤害。"④ 1930 年，多萝西的第 4 个也是最后一个孩子出生了，是个女孩。⑤ 她告诉丈夫，这个孩子是布思比的。

　　骄傲的、极重隐私的麦克米伦被击垮了，他和布思比决裂了。他的婚姻虽然表面上风光，实际上已成废墟。尽管报纸上没有提及这件事，但是全伦敦的人都在议论他们。比弗布鲁克勋爵的女儿珍妮特·艾特肯·基德（Janet Aitken Kidd）写道："这场发生在社交圈的'地震'影响深远……"⑥（据报道，当乔治五世听说他们的

---

①　Cherie Booth and Cate Haste, *The Goldfish Bowl : Married to the Prime Minister 1955 – 1997*, London : Chatto & Windus, 2004, p. 44.

②　Cherie Booth and Cate Haste, *The Goldfish Bowl : Married to the Prime Minister 1955 – 1997*, London : Chatto & Windus, 2004, p. 42.

③　Robert Rhodes James interview, *The Macmillans*, BBC.

④　Robert Rhodes James, *Robert Boothby : A Portrait of Churchill's Ally*, New York : Viking, 1991, p. 116.

⑤　Robert Rhodes James, *Robert Boothby : A Portrait of Churchill's Ally*, New York : Viking, 1991, p. 120.

⑥　Janet Aitken Kidd, *The Beaverbrook Girl*, London : Collins, 1987, p. 137.

关系后，下令"保持沉默"。)① 对于麦克米伦这个讨厌、惹人注意的人来说，被称为"戴绿帽子的人"是一个可怕的心理创伤。他的儿子后来说："（我父亲）最介意的是被羞辱。"②

布思比的情绪也很混乱。在他的政治圈和社交圈里，这件风流韵事本应该轻描淡写。上流社会的贵夫人埃默拉尔德·丘纳德曾经打趣道："我所认识的最伟大的男人从来都无法忍受爱情。爱情太让人分心了，伟人的工作永远不应该被打扰。"③ 但布思比完全屈服于这种分心。多萝西是他一生的挚爱。1932 年，他在给朋友的信中写道："与她分离已经变得难以忍受。只有没完没了的痛苦'道别'。没有人能使我相信，'通奸'不是光荣的苦难，而是短暂的缓刑。"④ 他对另一个朋友说："我深深地爱着她……有时候，我太想念她了，真想马上回去，带她去乡下，让所有的人和事都见鬼去。"⑤

布思比以对朋友极其忠诚而闻名，但在这件事上，激情战胜了忠诚。尽管如此，他还是为这件事影响了麦克米伦的婚姻而感到苦恼。他也知道自己的政治前途岌岌可危。他在给一位朋友的信中写道："有时候，那种血腥的权力冲动会占上风，我的头脑里有一个声音在说，'傻瓜，如果你（把多萝西带走），你永远都不会原谅自己或她'。但另一个声音说，'舍弃它，狠一点……浪漫的爱情

55

① John Dale, "My Darling Dorothy," *Daily Mail*, May 10, 1978.
② Alistair Horne, *Harold Macmillan*, Vol. 1, *1894 – 1956*, London: Penguin, 1989, p. 88.
③ Cecil Beaton, *Self-Portrait with Friends*, New York: Times Books, 1979, p. 106.
④ Robert Rhodes James, *Robert Boothby: A Portrait of Churchill's Ally*, New York: Viking, 1991, p. 115.
⑤ Robert Rhodes James, *Robert Boothby: A Portrait of Churchill's Ally*, New York: Viking, 1991, p. 118.

是一种幻觉。去做你该做的工作。走出去，完成你的使命'。"但他不像麦克米伦和其他许多议会同僚那样雄心勃勃，他从不让头脑支配自己的内心，他不能放弃多萝西。

接着，三个人面对的是十多年的社交尴尬和痛苦。在他们生活的那个封闭、排外的小圈子里，麦克米伦夫妇和布思比经常在聚会和晚宴上碰面。当麦克米伦在 1931 年的大选中赢得了议会席位，并再次成为布思比在下议院的伙伴时，他们更加尴尬。1930 年末，哈罗德·尼科尔森描述了他在阿斯特勋爵和夫人的庄园克利维登参加的一次令人沮丧的周末家庭聚会。客人包括布思比和麦克米伦夫妇。尼科尔森在他的日记中写道："人们聚不到一起。"① 客人们"说着杂乱无章的废话，一小群人希望自己单独待着"。这三个人的其他熟人在日记里也叙述了类似的令人不舒服的情况。自由党议员罗伯特·伯奈斯（Robert Bernays）在 1933 年写道："我和哈罗德·麦克米伦在桦木林过夜。由于他和妻子处不来，那种冷淡和克制的气氛真叫人受不了。"② 麦克米伦的保守党同僚卡思伯特·黑德勒姆（Cuthbert Hedlam）也参观了桦木林，他后来写道："麦克米伦的阴郁有些可怕。他非常沮丧，完全不顾其他事情……即使在周末，他也不快乐。"③

有很多次，布思比试图结束这段恋情，甚至和其他女人订了几次婚。他后来说："我只是想从网里挣脱出来，不是因为我真的爱

---

① Harold Nicolson Diaries, November 29, 1930.
② Nick Smart, ed., *Diaries and Letters of Robert Bernays 1932 – 1939*, Lewiston, N. Y.: E. Mellen Press, 1996, p. 77.
③ Simon Ball, *The Guardsmen: Harold Macmillan, Three Friends, and the World They Made*, London: HarperCollins, 2004, p. 130.

上其他人，除了多萝西，我谁都不爱。"① 布思比中断了那些约会，56
但在 1935 年，他冲动地向多萝西的表妹、24 岁的戴安娜·卡文迪
什（Diana Cavendish）求婚。戴安娜是德文郡公爵兄弟的女儿，她
在 1929 年的一次舞会上认识了布思比，也知道他和多萝西之间的
风流韵事。不管怎样，她已经爱上了布思比，当他向她保证和多萝
西的关系已经结束时，她接受了他的求婚，这使她的父母大为失
望。他们于 1935 年 3 月 21 日在伦敦的圣巴塞洛缪大教堂举行了
婚礼。

　　与之前的麦克米伦一样，布思比通过与强大的卡文迪什家族联
姻而在政治上获利。他与十几位下议院议员有姻亲关系，包括麦克
米伦，还有很快就成为外交次大臣的罗伯特·博比提·克兰伯恩。
如果布思比的婚姻成功，他可能弥补与多萝西的公开恋情给自己的
声誉带来的损害，并在这个过程中发展自己的事业。

　　但他就是不能让自己按规则行事。"我是个自我满足的年轻
人，"多年后布思比承认，"我变得非常自负。"② 他的一个朋友说：
"他的个人魅力和英俊的外表当然使他能够避免一些离谱的大学生
行为。在爱情和金钱上，他是天生的赌徒，这显然带给他一种危险
生活的刺激。"③ 婚后不久，他又和多萝西有了婚外情。戴安娜发
现后要求离婚。她和布思比一致认为这桩婚姻是个可怕的错误。多
年后，布思比说："如果你爱别人，你的婚姻就不会成功。"④ 1937
年离婚后，戴安娜再婚了，但她与布思比终生保持着朋友关系。卡

---

① Susan Barnes, "The Hon. Member, the Star of Television," *The Sunday Times*, April
1, 1973.

② Boothby interview, *Good Afternoon*, Thames Television, April 9, 1975.

③ Robert Rhodes James, *Robert Boothby : A Portrait of Churchill's Ally*, New York：
Viking, 1991, p. 95.

④ *Daily Mail*, November 10, 1978.

文迪什家族则是另一回事，他们中的许多人对布思比感到愤怒。布思比因此树立了一些强敌，包括保守党的副党鞭詹姆斯·斯图尔特，他的妻子是多萝西的姐妹之一。在不久的将来，斯图尔特将尽其所能使布思比和其他反对绥靖政策议员的生活变得悲惨。

布思比混乱而轻率的私生活不仅冒犯了卡文迪什家族，他在下议院的声誉也一落千丈。罗伯特·罗兹·詹姆斯说，他的许多同僚"毫无意外地得出这样的结论：布思比是个无法形容的无赖，酗酒成性，生活过于奢侈，赌博过度，还偷了别人的老婆"①。布思比的批评者包括他早年的导师温斯顿·丘吉尔，丘吉尔指责他对待妻子的方式。"他很喜欢戴安娜，"布思比后来说，"他认为我表现不好。"②

对哈罗德·麦克米伦来说，20 世纪 30 年代初是一段地狱般的岁月。他极力掩饰自己的绝望，假装自己超然于一切之上，每当他与布思比见面时，他总是彬彬有礼。"对他很重要的一点是，既然他已经通过婚姻进入了那个家族，就得接受比较放荡的贵族习俗……带着些许的若无其事，"麦克米伦的研究助理安妮·格林 - 琼斯（Anne Glyn-Jones）说，"但我认为这种生活给他带来了……巨大的痛苦。"③ 他并不是总能把痛苦隐藏起来。一个朋友看到这个平时很保守的人，极度痛苦地用头撞火车车厢的墙壁，感到很震惊。④ 麦克米伦对另一个朋友说："我实在活不下去了。"由于精神

① Robert Rhodes James, *Robert Boothby: A Portrait of Churchill's Ally*, New York: Viking, 1991, p. 128.
② *The Sunday Times*, April 1, 1973.
③ Glyn-Jones interview, *The Macmillans*, BBC.
④ Alistair Horne, *Harold Macmillan*, Vol. 1, *1894 - 1956*, London: Penguin, 1989, p. 98.

衰弱，他在德国的一家医院住了几个月，有谣言说他企图自杀。然而，由于1931年斯托克顿的选民将他重新送回了议会，他终于找到了一定的心理平衡。

1929年，工党击败保守党之后，事实证明拉姆齐·麦克唐纳领导的政府在遏制失业和重振经济方面的举措并不比鲍德温政府更有效。事实上，1931年，英国、美国和许多国家一样，正遭受历史上最严重的经济衰退。面对金融危机，麦克唐纳不顾党内高层的意愿，与保守党和自由党结成联盟。随后的选举对工党来说是一场灾难，工党仅保留了52个下议院席位，而保守党则赢得了473个下议院席位。名义上，选举后成立的政府仍然是一个联合政府，麦克唐纳仍然担任首相。实际上，鲍德温和保守党在发号施令，麦克唐纳被党内大多数成员视为叛徒。

在1931年11月任财政大臣的张伯伦的指导下，联合政府开始实施严格的经济计划，削减公共开支，降低利率，并对外国商品征收关税。在接下来的几年里，英国或至少其南部地区，包括伦敦，开始施行一次试探性的经济复苏计划。北部工业区仍然是该国的经济黑洞，依旧处于萧条状态，一些地区的失业率接近70%。数百万人每晚饿着肚子睡觉，数百万儿童在没有足够的衣服、教育或基本保健的情况下长大。然而，正如社会学家理查德·蒂特穆斯（Richard Titmuss）当时所说，这种"极度贫困如此严重、如此普遍"，但"被英国人的坚忍和自满所遮盖和掩饰，以至于公众……拒绝承认这种贫困状况"①。

哈罗德·麦克米伦是少数几个亲眼看到贫困带来的破坏，并试

58

---

① Piers Brendon, *The Dark Valley: A Panorama of the 1930s*, New York: Knopf, 2000, p. 196.

图对此采取行动的议员之一，他继续敦促政府进行根本的社会改革，以改善穷人的生活。事实上，他痴迷于为改革而斗争。由于在家里痛苦不堪，无论是在麦克米伦公司还是在议会，他都疯狂地投入工作。有一段时间，他、布思比和其他保守党自由派人士曾对奥斯瓦尔德·莫斯利（Oswald Mosley）的想法产生了不满。奥斯瓦尔德·莫斯利是一位富有的年轻工党议员，1930 年支持国家干预经济的激进计划。但在莫斯利退出工党，于 1931 年创立他所称的"新党"，然后陷入法西斯主义之后，他们放弃了与莫斯利的合作。

　　1935 年，麦克米伦和其他支持改革的人推动了一项为英国制定的"新政"，其影响甚至比富兰克林·D. 罗斯福政府在美国制定的大规模公共工程计划还要广泛。英国的"新政"涉及对天然气、电力和交通等公用事业的公有或半公有控制。3 年后，麦克米伦写了一本书，名为《中间道路》（*The Middle Way*）。这是一本厚重的经济学专著，他主张政府的政策应该既不是社会主义也不是古典资本主义的，敦促政府实行最低工资、煤矿国有化、国家规划和财政预算等政策。不用说，这些提议没有一个有机会被保守党控制的政府采纳。在谈到麦克米伦时，一位议会同僚表示："我认为，他英勇地执意要做一个新世界的助产士，而这个新世界在顽强地重生。"①

　　20 世纪 30 年代德国对欧洲和平的威胁越来越大，麦克米伦虽然从未完全放弃争取社会公正的斗争，但他把精力转向了反绥靖运动。他再一次成为一小群进步的保守党青年中的一员，他们扮演大卫，对抗政府的歌利亚。那个给他戴绿帽子的人再一次成为他的盟友。

---

① Anthony Sampson, *Macmillan*: *A Study in Ambiguity*, London: Pelican, 1968, p. 43.

第四章
"受追捧的独裁者"

———⌣———

　　1932 年 1 月初的一个寒冷的日子，鲍勃·布思比走进了柏林一家大旅馆的房间，与一位要求结识他的德国政治人物会面。布思比进来时，那人正坐在桌旁。直到年轻的议员走到他身边，他才抬起头来。然后他站起身来，伸出右臂行了纳粹军礼，大声说道："希特勒。"

　　柏林的大部分地区的人们还沉浸在新年前夜的狂欢中，但是这位节制的阿道夫·希特勒（Adolf Hitler）穿着一件装饰着纳粹十字的棕色衬衫，没有时间参与这种堕落的狂欢。他关注着未来。作为现在德国第二大政治组织纳粹党的领导人，他刚刚中断了与德国总理海因里希·布吕宁（Heinrich Brüning）就可能与政府合作的谈判。他告诉布思比："我现在要一个人离开。"①

　　布思比已经被公认为国际经济问题方面的专家，他来德国做了一系列关于世界经济危机的讲座。和大多数英国政客和大部分英国公众一样，这位 31 岁的议员强烈支持终止《凡尔赛条约》（Versailles Treaty）对德国的惩罚性赔偿。在汉堡和柏林向热情、拥

---

① Robert Boothby, *I Fight to Live*, London：Gollancz, 1947, p. 102.

61　挤的听众发表演讲时，他还呼吁取消德国的战争债务，加强德国与
外国银行的合作，稳定物价，扩大信贷。但在与布思比的会晤中，
希特勒断然拒绝了这些能为德国带来经济稳定的想法。他宣称拯救
魏玛共和国为时已晚。希特勒告诉他的客人："你太强调……经济
问题了。这是一场政治危机。政治力量将把我推上权力的宝座。"①
他认为，他将最终控制德国。

　　在他们会面的大部分时间里，希特勒坚持认为德国在第一次世
界大战后遭受了不公正待遇：赔偿、债务、强制非军事化，以及盟
军决定将波罗的海的但泽港变成一个"自由城市"，并割让给波兰
一小块狭长的德国领土，即所谓的波兰走廊。他喊道："如果殖民
地和舰队被从你们手中夺走，如果英格兰和苏格兰之间开辟了一条
走廊，你们会怎么想？"布思比被希特勒的咆哮弄得很窘迫，他决
定让谈话变得轻松些。"你忘了，希特勒先生，"布思比回答，"我
是苏格兰人。我们应该高兴才对。"希特勒仍然板着脸，布思比决
定不再开玩笑。

　　那天晚上，在相当阴郁的气氛中，他记下了与纳粹党魁的谈
话。布思比热爱德国，曾多次到访。他德语流利，常来看望朋友，
谈论政治和经济，听歌剧（他是拜罗伊特瓦格纳音乐节的常客）。
他还体验了柏林颓废的夜生活，在那里，用斯蒂芬·茨威格
（Stefan Zweig）的话来说，"在库达姆一带，涂了粉和胭脂的年轻
人在闲逛，在灯光昏暗的酒吧里，人们会看到金融界人士向喝醉的
水手献殷勤"②。尽管布思比主要与女性发生性关系，但众所周知，
他有过同性恋的越轨行为。布思比在回忆录中写道，在 20 世纪二

① Robert Boothby, *I Fight to Live*, London: Gollancz, 1947, p. 102.
② William Manchester, *The Last Lion: Winston Spencer Churchill: Alone, 1932 - 1940*, New York: Dell, 1988, p. 55.

三十年代的德国，"同性恋非常猖獗；因为我当时长得很帅，所以总有人追求我，我还挺享受的"①。

但在1932年1月的那个夜晚，布思比的思想与柏林所能提供的快乐相去甚远。他得出的结论是，希特勒的确已经接近夺取德国控制权的目标，一旦实现了这一目标，就会像他在《我的奋斗》中所承诺的那样，把注意力转向控制中欧和东欧。回到英国后，布思比在《旗帜晚报》的一篇文章中阐述了他的担忧："不知怎么的，希特勒成功地把他的激情传达给了绝望的大众。这就是他的力量。'希特勒万岁'在德国回响。我们不应低估政治运动的力量，他就是政治运动活生生的化身。"②

布思比是英国最早呼吁人们关注希特勒威胁的政治家之一，但公众和政府几乎没有注意到这一点。1933年，希特勒成为德国总理，并且德国退出国际联盟之后，布思比回到德国，目睹了反犹太主义日益高涨，这让他感到震惊。当德国无视《凡尔赛条约》，开始狂热地重建陆军和空军时，布思比的警告变得更加频繁和紧迫。

1934年11月，他应邀在家乡爱丁堡为一群退伍军人发表一年一度的停战纪念日演讲。他的演讲并不是听众所期待的那种"美好、无害的布道"③，也没有关于神圣荣耀的陈词滥调。布思比宣称："今天，暴政在欧洲重新占了上风，战争的危险性与1914年一样大。"他扫视了面前的两千人，他们大多数人戴着红色的罂粟花，纪念那些在第一次世界大战中牺牲的人。他接着说："我告诉

① Robert Boothby, *Boothby: Recollections of a Rebel*, London: Hutchinson, 1978, p. 107.

② Robert Boothby, *Boothby: Recollections of a Rebel*, London: Hutchinson, 1978, p. 111.

③ Robert Boothby, *Boothby: Recollections of a Rebel*, London: Hutchinson, 1978, p. 118.

你们，他们正在重新武装。如果我们只是随波逐流……到那时，一切使生命有价值的东西都将被毁灭，到那时，我们将背弃那些躺在佛兰德战场上的人。"① 一战时英国驻法国部队司令的遗孀海格夫人坐在布思比身后的讲台上，发出一声震惊的喊叫："不！不！"除此之外，布思比的激烈言辞没有得到任何回应。后来，他独自站在讲台上，没有人上前和他说话，也没有人和他握手。

和大多数英国人一样，布思比的听众没有心情去理会这些警告。当人们对第一次世界大战中死去的人仍满怀强烈的悲痛时，他怎么能唤起人们对另一场战争的恐惧呢？1934 年距上次英国的年轻人走上战场不过 20 年，同胞的欢呼声还在他们的耳畔回响。距离他们开始成千上万地倒在法国的战壕里也不过 20 年，到 1918 年大屠杀结束的时候，已经有 70 多万人死亡。这些并不是来自遥远的冲突中、模糊记忆中的战士。如果他们还活着，那么他们中的大多数人刚刚步入中年，也就是他们人生的黄金时期。许多人的父母还活着，为他们哀悼。他们的名字被刻在几乎每个英国村庄和城镇的纪念碑上，在伊顿公学、哈罗公学、剑桥大学和牛津大学等学校的墙上，这些名字仍然清晰而刺眼。

那些死去的年轻人为结束一切战争而战，现在活着的人必须维持和平。人们不允许这样的恐怖事件再发生。正如参加巴黎和平谈判的哈罗德·尼科尔森所指出的："我们不仅在准备和平，而且在准备永久的和平。我们身上有某种神圣使命的光环。"②

但是，对和平的热切渴望不仅仅是出于确保所有生命不白白牺牲的决心。愤怒，尤其是年轻人的愤怒，也起到了一定的作用：对

---

① Robert Boothby, *I Fight to Live*, London: Gollancz, 1947, pp. 130 – 131.
② Piers Brendon, *The Dark Valley: A Panorama of the 1930s*, New York: Knopf, 2000, p. 15.

从战争中获利的军火制造商的愤怒、对无能的将军和他们拙劣的作战计划的愤怒，以及对安然无恙待在伦敦却未能阻止屠杀的老政客们的愤怒。20世纪30年代，诺埃尔·安南在剑桥大学开始了他漫长的学术生涯，他回忆道："我们下决心再也不被愚弄，我们中的一些人认为，肯定有一种方法可以让我们不被愚弄。那就是拥护和平主义。"①

英国公众还担心，尽管上次战争很可怕，但下一次战争会更可怕。事实上，他们认为这将是世界末日。随着现代空中力量的出现，远在战场上的士兵将不再是唯一的受害者，平民也会成为目标。斯坦利·鲍德温曾警告英国人民，"轰炸机总会通过的"②。高级军官告诉人们，大规模的轰炸袭击能在几天内摧毁这个国家。空军部估计，在战争的前两个月里，将有60万人死亡，100多万人受伤。如果像第一次世界大战那样，这次战争也有毒气袭击呢？

一位英国军事历史学家在20世纪20年代写道："如果可以的话，想象一下，战争的结果会是怎样的。几天内，伦敦将陷入混乱，医院将被攻占，交通将瘫痪……威斯敏斯特的政府呢？它将被恐怖的'雪崩'卷走。敌人会提出条件，而这些条件会像救命稻草一样，被快要淹死的人抓住。"③ 有了对即将到来的大灾难如此可怕的描述，难怪哈罗德·麦克米伦会在20世纪60年代写道： 64

① Noel Annan, *Our Age: English Intellectuals Between the World Wars*, New York: Random House, 1991, p. 10.

② William Manchester, *The Last Lion: Winston Spencer Churchill: Alone, 1932 – 1940*, New York: Dell, 1988, p. 95.

③ Stuart Hylton, *Their Darkest Hour: The Hidden History of the Home Front 1939 – 1945*, Stroud, U. K.: Sutton, 2001, p. 32.

"我们当时对空战的看法，就像今天人们对核战争的看法一样。"①

毫无疑问，乔治五世表达了他大多数下属的感受，他宣称："我不会再参与一场战争，坚决不会。第一次世界大战与我无关，如果还有另一场战争，我们面临被卷入其中的危险，我宁愿自己去特拉法尔加广场（进行反战争示威的场所），也不愿让这个国家卷入其中。"②

但国王不喜欢的不仅仅是战争。人们认为，英国在下一次冲突中的敌人很可能还是德国。作为坚定的亲德派，乔治五世和他的家人坚信，一个强大的德国，不管是不是纳粹，都是抗衡共产主义苏联的必要力量。1917 年俄国革命后，布尔什维克杀害了国王乔治五世的第一堂兄沙皇尼古拉斯二世及其家人，对此国王仍然心有余悸。

对英国的上层阶级来说，对共产主义的恐惧在 20 世纪 30 年代更为明显。当时，英国北部的失业工人对政府漠视他们的困境感到愤怒，他们决定让伦敦人睁开眼睛，看看他们长期忽视的东西。在过去的十年里，成千上万的工人到英国首都参加示威游行和集会。最著名的一次游行发生在 1936 年 10 月，一群群穷困的矿工和船员从英格兰东北部的贾罗步行近 300 英里到伦敦，因他们和其他英国数百万失业者陷入困境而抗议。首相鲍德温拒绝接见游行者，政府对他们的要求几乎不予理睬。

20 世纪 30 年代上层社会的成员们紧张地意识到了一件不可思议的事情：他们要么在萨沃伊酒店的大厅里，从一群"睡懒觉"

① David Reynolds, "Churchill's Writing of History: Appeasement, Autobiography and *The Gathering Storm*," Transactions of the Royal Historical Society, series 6, Vol. 11, 2001, p. 234.

② Andrew Roberts, *Eminent Churchillians*, New York: Simon and Schuster, 1994, p. 6.

的失业者的身旁走过；要么看警察在牛津街与示威者搏斗。英国的阶级制度使每个人都知道自己所处的阶级，并一直待在相应的位置，它会分崩离析吗？英国也会发生革命吗？约克公爵（未来的乔治六世）造访伦敦东区，加剧了人们的恐惧。在那里，他被一群挥舞着拳头的伦敦人包围，他们高喊："食物！给我们食物！我们不要皇家寄生虫！"①

1936 年，索尔兹伯里侯爵夫人的姻亲内莉·塞西尔夫人（Lady Nelly Cecil）指出，几乎她所有的血亲都"对纳粹态度温和，对'共产主义'的看法很愚蠢，对他们来说，共产主义的行动都得不到保守党中央政府的批准"②。有天晚上，哈罗德·尼科尔森在伦敦的一家叫普拉特的俱乐部遇到 3 个年轻的同僚，他们告诉他："他们更愿意在伦敦看到希特勒，而不是（工党）政府。"③尼科尔森在日记中厌恶地写道："我慢慢地躺在床上，思考着大英帝国的衰落和灭亡。"后来他写道："统治阶级只考虑自己，并且仇恨红军。这使我们和希特勒建立了一种完全虚伪却最有效的秘密联系。"④

德国最直言不讳的支持者之一是威尔士亲王。1933 年，他对一位德国王子说："我们不应该干涉德国的内政，不管是（关于）犹太人还是（关于）其他任何事情。现在我们可能很快就会在英国找到一个受追捧的独裁者。"⑤ 事实上，亲王如此高调地支持纳

---

① Piers Brendon, *The Dark Valley: A Panorama of the 1930s*, New York: Knopf, 2000, p. 197.

② Kenneth Rose, *The Later Cecils*, New York: Harper & Row, 1975, p. 179.

③ Harold Nicolson Diaries, May 18, 1938.

④ Harold Nicolson Diaries, June 6, 1938.

⑤ Kenneth Young, ed., *The Diaries of Sir Robert Bruce Lockhart*, Vol. 1, *1915–1939*, p. 263.

粹，甚至有一次连他亲德的父亲都认为他做得太过分了，让他低调一点。支持绥靖政策的保守党议员亨利·钱农爵士（Sir Henry "Chips" Channon，别名为薯条）在他的日记中写道，未来的爱德华八世"将走上独裁者的道路……反对过度民主"①。

亲王对德国及其政府的敬佩得到了英国建制派中相当一部分人的认同，其中包括许多著名的商人、政治家、前军事领导人、媒体大亨和贵族。1935 年，德国驻伦敦大使馆鼓励一群德国社会和政府精英的纳粹仰慕者组成"英德联谊会"，加强英国与纳粹德国的关系。该组织标榜自己与政治无关，但根据历史学家伊恩·克肖（Ian Kershaw）的说法，它"在很大程度上是纳粹在高层进行直接宣传的工具，是德国在英国施加影响的工具"②。该组织的创始成员包括英国议会两院的 50 名议员，以及几位退役的将军和海军上将，其中包括加里波利英军司令伊恩·汉密尔顿（Ian Hamilton）将军，还有格林尼治皇家海军学院前院长、海军上将巴里·多姆维尔（Barry Domvile）。英格兰银行的 3 名董事也在成员名单上，还有一些大型工业企业（如弗斯 - 维克斯、联合利华和邓洛普）的高管。

该组织的第一任主席是前保守党交通大臣，也是未来的蒙巴顿勋爵（Lord Mountbatten）的岳父坦普尔勋爵（Lord Mount Templ）。在一次团契晚宴上，就在餐后甜点（一种饰有纳粹十字和英国国旗的冰激凌甜点）上桌前，坦普尔勋爵在祝酒词中表示，希望英

① Robert Rhodes James, ed. , "*Chips*" : *The Diaries of Sir Henry Channon*, London：Phoenix, 1999, p. 84.
② Ian Kershaw, *Making Friends with Hitler*: *Lord Londonderry and Britain's Road to War*, London：Allen Lane, 2004, p. 143.

国能在下一场战争中与德国并肩作战。[1] 许多贵族也支持坦普尔勋爵的亲德立场，包括德文郡公爵夫人的女儿多萝西的追求者巴克卢公爵、贝德福德公爵（Duke of Bedford）、洛锡安侯爵（Marquess of Lothian）、艾伦男爵（Baron Allen）、布罗基特男爵（Baron Brocket）、雷德斯代尔男爵（Baron Redesdale，米特福德姐妹的父亲）。米特福德姐妹是著名的纳粹同情者。

德国的另一位贵族拥护者是威斯敏斯特公爵（Duke of Westminster），他被认为是英国最富有的人，拥有梅菲尔区大部分的土地、贝尔格莱维亚区全部的土地，以及其他地区数十万英亩的土地。本多·威斯敏斯特（本多·威斯敏斯特的昵称来自他祖父的一匹获奖赛马的名字）是温斯顿·丘吉尔的朋友和远亲，温斯顿·丘吉尔是威斯敏斯特公爵第三次结婚时的伴郎，曾在法国的庄园和他一起猎杀野猪，被他的第三任妻子洛丽亚（Loelia）描述为"令人敬畏、反复无常的专横的人"[2]。公爵也是一个坚定的反犹太分子，他最珍视的财产之一是一本名为《犹太名人录》（The Jews' Who's Who）的书，他"严密"[3] 地守护着这本书，声称它"准确记录了在英格兰贵族家庭的血脉中流淌着多少犹太人的血液"。

主张希特勒与英国保持密切关系的最著名的贵族代表是伦敦德里勋爵（Lord Londonderry），他是丘吉尔的另一位亲戚，于 1931 年至 1935 年担任英国空军部长。1933 年 11 月，当希特勒的非官方特使约阿希姆·冯·里宾特洛甫（Joachim von Ribbontrop）为促进英德同盟而来到英国时，他受到了伦敦德里夫妇的接待。伦敦

---

① Harold Nicolson Diaries, January 25, 1938.

② Loelia Lindsay, *Grace and Favour*, New York: Reynal, 1961, p. 181.

③ Loelia Lindsay, *Grace and Favour*, New York: Reynal, 1961, p. 189.

67 德里夫人是伦敦社交界的知名人物，以在伦敦德里大厦举办奢华派对和招待会而闻名。里宾特洛甫还受到其他几位著名的社会名媛的奉承，包括埃默拉尔德·丘纳德和苏格兰一位百万富翁啤酒商的女儿玛吉·格雷维尔（Maggie Greville），她们毫不掩饰自己对希特勒的同情。

1936年，希特勒在英国的宣传运动显然已经取得了可观的成果。在某些上层社会圈子里，亲纳粹不仅被认为在政治上是合理的，而且被认为很合时宜。一位首次进入上流社交场合的富家女回忆道："在英国，有很多非常有权势的人……仰慕希特勒及其政权，不遗余力地与纳粹分子交往，因为他们的思维方式很不同。"① 她补充说，贵族和富商经常在女儿未入社会前，把她们送到德国待一两个夏天。"我认识的女孩几乎都是在16岁或17岁时去过慕尼黑，那时就是这个风气。"

希特勒利用自己的声望，在他成为总理后邀请了许多英国社会和政治领袖来德访问。1936年3月，希特勒公然违反《凡尔赛条约》和《洛迦诺公约》（Locarno Treaty），占领了非军事化的莱茵兰，但这似乎并没有影响他的英国客人。1936年8月，大批贵族和议员涌入柏林参加夏季奥运会。9月，又有数十人返回德国，参加在纽伦堡举行的一年一度的纳粹集会。历史学家唐纳德·卡梅伦·瓦特（Donald Cameron Watt）说，许多怀揣着"世界最美好愿望"② 的游客在朝圣归来后，"成为德国和纳粹外交政策的无偿仆人"。在一次会面后，洛锡安勋爵（Lord Lothian）写道："今天的

---

① Angela Lambert, *1939: The Last Season of Peace*, London: Weidenfeld & Nicolson, 1989, p.79.

② Ian Kershaw, *Making Friends with Hitler: Lord Londonderry and Britain's Road to War*, London: Allen Lane, 2004, p.64.

核心事实是，德国不想发动战争，并把放弃战争作为解决它与邻国争端的一种方式。"① 外交大臣约翰·西蒙爵士（Sir John Simon）把希特勒描写成"一个留着小胡子的奥地利'圣女贞德'"②。从纽伦堡回来后，玛吉·格雷维尔深情地说："我亲爱的棕色小衬衫。"③

就连英国贵族苦难的制造者——大卫·劳合·乔治——也曾一度迷恋希特勒。1936年，在访问德国后，这位前首相在《每日快报》上撰文，将希特勒与乔治·华盛顿相提并论，称他是"天生的领袖，一个有魅力、有活力、一心一意维护和平的人"④。后来，劳合·乔治宣称："我只希望今天能有一个像他这样高素质的人来领导我们的国家。"

然而，并不是所有访问德国的政治人物都对他着迷。回国时，鲍勃·布思比和罗纳德·卡特兰对希特勒及其政权有着截然不同的看法。芝加哥百货公司巨头马歇尔·菲尔德（Marshall Field）的外孙罗纳德·特里（Ronald Tree）也是如此。罗纳德在英国长大，1933年被选为保守党议员。特里在1934年和罗伯特·伯奈斯一起访问了德国。⑤ 由于伯奈斯曾在报纸上发表过批评纳粹的文章，因此他和特里被禁止会见希特勒或德国政府的其他官员。相反，他们

68

① William Manchester, *The Last Lion : Winston Spencer Churchill : Alone, 1932 - 1940*, New York: Dell, 1988, p. 80.
② William Manchester, *The Last Lion : Winston Spencer Churchill : Alone, 1932 - 1940*, New York: Dell, 1988, p. 81.
③ Barbara Cartland, *The Isthmus Years*, London: Hutchinson, 1942, p. 142.
④ William Manchester, *The Last Lion : Winston Spencer Churchill : Alone, 1932 - 1940*, New York: Dell, 1988, p. 80.
⑤ Ronald Tree, *When the Moon Was High*, London: Macmillan, 1975, p. 56.

秘密会见了纳粹政权的反对者，这些反对者还告诉他们，集中营当时是为"国家的敌人"而设立的。在那次访问中，特里还目睹了相当多的针对犹太人的街头暴力。他"被说服了，就像我的演讲证明的那样，……除非希特勒一早就知道我们将以武力对付武力，否则在他的领导下开战是不可避免的"①。不久之后，当杰克·麦克纳马拉去德国时，获准参观了一个集中营。在那里他看到挥舞警棍的党卫军卫兵威胁面无表情的囚犯。麦克纳马拉后来写道，在他的一生中，"我从未见过人类如此胆怯"②。

在一小群反对绥靖政策的议员中，有两名议员对德国发生的事情有更广泛、更深入的了解。在 1931 年当选议员之前，下议院外交事务委员会主席保罗·埃默斯－埃文斯（Paul Emrys-Evans）曾在英国驻华盛顿大使馆担任武官，后来又在外交部工作。进入下议院后，埃默斯－埃文斯继续频繁地在伦敦的别墅宴请前外交部同事，他们都坚信政府正在向独裁者屈服，"灾难即将降临"③。

外交事务委员会副主席哈罗德·尼科尔森曾在外交部和外交界任职 20 年，并于 20 世纪 20 年代末担任英国驻柏林大使馆参赞。意识到德国在停战后不久就开始秘密进行非法军事集结，早在希特勒夺取政权之前，尼科尔森就警告过白厅，德国正在积聚力量。他说："如果我们在具体事情上表现软弱，在我们知道自己身在何处

① Ronald Tree, *When the Moon Was High*, London: Macmillan, 1975, p. 59.
② J. R. J. Macnamara, *The Whistle Blows*, London: Eyre & Spottiswoode, 1938, p. 14.
③ Paul Emrys-Evans to Julian Amery, May 22, 1956, Emrys-Evans Papers.

之前，我们将面对一个全副武装的德国。"①

　　这些人和其他议会"反叛分子"遭受到巨大的挫折。他们预见了英国和欧洲其他国家正面临日益严重的危险，却无能为力。他们中的大多数人不到 50 岁，在正常情况下，他们和同龄人会进入政府，占据有影响力、有权威的职位。但这样的人太少了。他们是被战争摧毁的迷惘一代。其他的年轻人——"反叛分子"的兄弟、表兄弟、儿时的朋友、同学——可能会赞同他们进步的观点，反对与独裁者和解。这些人躺在散布于法国和比利时的坟墓里。

　　因此，在整个 20 世纪 30 年代，老一代政治家——拉姆齐·麦克唐纳、斯坦利·鲍德温、内维尔·张伯伦以及他们的同僚——继续紧握权力不撒手，就像他们自 20 世纪 20 年代初以来所做的那样。正如布思比所说，在这些"老派的平庸之辈"中，担任过两届工党政府首相的麦克唐纳最无足轻重。1931 年至 1936 年，他是所谓的国家政府的名义首脑，实际上当时掌权的是鲍德温和保守党。

　　在担任保守党领袖的最初几年里，斯坦利·鲍德温是布思比、麦克纳马拉、埃默斯-埃文斯和麦克米伦等年轻的保守党进步人士眼中的英雄。鲍德温是一个直率的人，生得敦实，是正派和诚实在公共生活中的代表。他是一个温和的调解人，对 1926 年总罢工的巧妙处理受到了广泛的赞扬。布思比曾称鲍德温和他的父亲是"我所认识的最好的人"②。

70

① James Lees-Milne, *Harold Nicolson: 1886 - 1929*, London: Chatto & Windus, 1980, p. 340.
② Robert Boothby, *Boothby: Recollections of a Rebel*, London: Hutchinson, 1978, p. 33.

尽管鲍德温性格温和、为人正派，但他在 1935 年再次成为首相时已经 68 岁了，与现代社会完全脱节了。他喜欢把自己描述成一个淳朴的乡绅，喜欢回顾早已消失的英格兰宁静的乡村价值观。这位从未在军队服过役，也没有目睹法国和比利时大屠杀的首相，斥责年轻一代"焦灼且愤世嫉俗"①的观点。他敦促"坦然而快乐地"接受这个世界是一个有道德的地方。布思比挖苦地指出，对于那些在一战阴影下长大的人来说，听从鲍德温的建议"有点困难"。

20 世纪 30 年代，其他国家的政府正在制定革命性的新政策来应对大萧条，大萧条摧毁了这些国家的经济。美国制定了新政，法国有人民阵线，德国有第三帝国，苏联有五年计划。英国政府没有效仿这些国家。就像内维尔·张伯伦和政府的其他资深保守派一样，斯坦利·鲍德温从未意识到世界发生了多么大的变化。内阁里的老人们身穿黑色外套、条纹长裤和有僵硬白领的衬衫，与许多英国客厅里陈列的老式达盖尔蜡像画中端正的维多利亚时代的人很像。查尔斯·里奇（Charles Ritchie）是一位在二战前和二战期间被派往伦敦的富有洞察力的加拿大年轻外交官，他形容 20 世纪 30 年代的英国领导人是"有条不紊、受人尊敬且意志坚定的人，他们过着舒适的生活，远离贫穷和危险，对这个绝望、暴力和需要探索的时代一无所知"②。

平静地生活是鲍德温最大的愿望。"安全第一"是他的座右铭。他以迟钝的方式回避以任何激进的方式促进经济发展或减少失业与贫困。他对外交事务不感兴趣，决心不惜一切代价避免另一场战争。他

---

① Robert Boothby, *I Fight to Live*, London: Gollancz, 1947, p. 39.

② Charles Ritchie, *The Siren Years: A Canadian Diplomat Abroad, 1937 – 1945*, Toronto: Macmillan of Canada, 1974, p. 51.

对和平的渴望与许多同胞的愿望如出一辙，他们在经历了第一次世界大战的屠杀之后，不想再与欧洲纠缠不清，只想继续自己的生活。

20世纪20年代和30年代初，英国政府和公众一样，相信国际联盟能够维护世界和平。但是，由国际联盟执行的集体安全理念，从这个国际组织在战后成立的那一刻起，就存在严重的缺陷。美国拒绝加入该联盟，德国在希特勒于1933年上台后退出。作为国际联盟的主要成员，英国宣称自己支持国际裁军，并在战争一结束就开始削减武装力量和军备。1938年，杰克·麦克纳马拉指出，国际联盟有一个"伟大而崇高的理想，只有为之奋斗才能实现"[1]。他说："相反，它被用作不作为的借口……我们（英国人）指望别人为我们战斗，为我们承担防务……"

从一开始，国际联盟就证明了它在对抗侵略者和维护和平方面都是失败的。1931年日本入侵中国时，英国以缺乏美国支持为由，拒绝介入，而没有英国的领导，国际联盟的其他成员也拒绝采取行动。希特勒和欧洲另一位法西斯独裁者——意大利的贝尼托·墨索里尼（Benito Mussolini）敏锐地注意到了这一点。1935年10月，在地中海和北非进行了近一年的威胁和挑衅后，意大利入侵了东非国家阿比西尼亚，阿比西尼亚立即呼吁国际联盟成员国提供保护。

面对1935年11月的大选，鲍德温和保守党支持对意大利的侵略采取强有力的集体安全措施。保守党以压倒性优势横扫选举，赢得了超过工党和自由党近250个席位的多数，部分原因是他们支持国际联盟对意大利实施制裁。新政府名义上仍然是一个多党联合政府，但鲍德温仍然担任首相，保守党仍然控制局面。两个反对党就像国际联盟一样无所作为。

---

[1] J. R. J. Macnamara, *The Whistle Blows*, London: Eyre & Spottiswoode, 1938, p. 206.

　　选举之后，鲍德温政府和国际联盟都未能勇敢地面对墨索里尼。温和的经济制裁是国际联盟对意大利采取的唯一惩罚措施，但收效甚微。英国政府决心不冒与意大利开战的风险，并急于将墨索里尼排除在希特勒的势力范围之外。与此同时，英国政府采取进一步措施安抚意大利独裁者。选举刚过两周，外交大臣塞缪尔·霍尔和他的法国对手皮埃尔·拉瓦尔（Pierre Laval）就秘密同意了一项计划，允许墨索里尼在阿比西尼亚有些自由，以此来结束冲突。当《霍尔-拉瓦尔协定》的内容被泄露给新闻界时，引起了公愤。鲍德温迫于公众压力，迫使霍尔辞职，由安东尼·艾登取而代之。然而，首相并没有试图进一步控制墨索里尼，意大利在阿比西尼亚的战争仍在继续。1936年6月，也就是意大利吞并阿比西尼亚全境的一个月后，对意大利的经济制裁被取消。后来，一位反对绥靖政策的保守党人写道："'强奸'阿比西尼亚也许是独裁者胜利时代的转折点。我们没能兑现给阿比西尼亚提供援助的承诺。一个非常虚弱的（意大利）的夸大其词让40个国家面对狂妄自大的侵略行径时，变得玩世不恭和麻痹。意大利吞并阿比西尼亚成了欧洲历史上最悲伤的事件之一。"[1]

　　只有少数几个保守党人抗议鲍德温对意大利入侵阿比西尼亚的放任态度，其中包括布思比和麦克米伦。就连温斯顿·丘吉尔也倾向于淡化意大利的进攻。在下议院的一次辩论中，布思比认为，对袭击阿比西尼亚视而不见，将使希特勒和墨索里尼相信英国永远不会抵抗侵略。麦克米伦对首相政策的反对更为激烈。1936年6月23日，在政府放弃对意大利的制裁后，他是仅有的两名投反对票

---

[1]　Robert Rhodes James, *Victor Cazalet : A Portrait*, London: Hamish Hamilton, 1976, p. 172.

的保守党议员之一。麦克米伦在鲍德温手下，6 天后辞去了党鞭的职务，这实际上意味着他要退出该党，不再被视为"政府的官方支持者"①。《星期日泰晤士报》认为，麦克米伦的"叛变"为他曾经充满希望的政治前途敲响了丧钟，并把他置于"每个议会都能找到的一小撮贱民"②之列。

正如布思比所预测的那样，希特勒敏锐地注意到英国在与墨索里尼对峙时的失败。1936 年 3 月，他下令德国军队占领非军事化的莱茵兰——德国西部的一个狭长地带，横跨莱茵河，与法国、卢森堡、比利时和荷兰接壤。根据《凡尔赛条约》，德国被禁止在该地区修建防御工事或驻军。截至 1936 年 3 月，这是希特勒最明目张胆地违反德国的条约义务的行为，也是他对英国和法国最戏剧性的挑战。正如麦克米伦所意识到的那样，这也是对西方安全和权力的致命打击。通过占领并在莱茵兰加强防御，德意志帝国可以制订计划来攻击它的东部邻国，从而确保自己可以免受来自西方的攻击。

然而，其他大多数英国政客对麦克米伦称为"历史转折点之一"的情况漠不关心。只有少数议员，包括布思比、丘吉尔、埃默斯-埃文斯和爱德华·斯皮尔斯，敦促鲍德温政府接受希特勒的挑战。布思比告诉下议院，德国元首在莱茵兰发动的武装行动是希特勒在《我的奋斗》中拥护的"大骗局"的一个例子，英国和法国必须戳破这个骗局。丘吉尔告诫说，如果不能与希特勒抗衡，法国和低地国家将受到德国的攻击。但这些警告没有得到重视。作为公开表态的人士之一，哈罗德·尼科尔森在日记中写道："下议院

73

---

① Harold Macmillan, *Winds of Change : 1914 - 1939*, New York: Macmillan, 1962, p. 421.

② Anthony Sampson, *Macmillan : A Study in Ambiguity*, London: Pelican, 1968, p. 50.

'非常亲德'，这意味它害怕战争。"①

希特勒自己也承认，他的行动确实是虚张声势。"进军莱茵兰后的48小时是我一生中最伤脑筋的时刻，"他说，"如果法国人当时进军莱茵兰，我们将不得不羞耻地撤退……"②但法国，尽管拥有世界上规模最大的军队，却宣称需要英国的帮助来对抗希特勒。当英国拒绝援助时，法国也拒绝行军。希特勒的冒险成功了，英国社会和政府上层似乎很少有人介意。前外交官洛锡安勋爵，也是劳合·乔治的前任秘书，说："毕竟他们只会走进自己的后花园。"③

1936年初，包括麦克米伦、布思比、特里、麦克纳马拉、尼科尔森、埃默斯-埃文斯、斯皮尔斯和新当选的罗纳德·卡特兰在内的大约35名反靖绥主义议员，组织了"12月俱乐部"，该俱乐部的名字来源于臭名昭著的《霍尔-拉瓦尔协定》签订的月份。斯皮尔斯说，议员们越来越担心政府拒绝回应意大利和德国的侵略，议员想向鲍德温及其手下表明，"如果采取行动符合国家利益，我们中有很多人做好了在紧急情况下独立于党鞭采取行动的充分准备"④。

尽管如此，斯皮尔斯和他的后座议员同僚们都知道，他们在下议院没有足够的票数直接挑战鲍德温和压倒性的保守党多数派。为了扩大影响，反绥靖势力需要团结整个国家，为此，他们

① Harold Nicolson Diaries, March 23, 1936.
② William Manchester, *The Last Lion: Winston Spencer Churchill: Alone, 1932 – 1940*, New York: Dell, 1988, p.175.
③ William Manchester, *The Last Lion: Winston Spencer Churchill: Alone, 1932 – 1940*, New York: Dell, 1988, p.179.
④ Max Egremont, *Under Two Flags: The Life of Major-General Sir Edward Spears*, London: Weidenfeld & Nicolson, 1997, pp.134 – 135.

需要一位全国公认的领导人。乍一看，选择似乎是显而易见的：温斯顿·丘吉尔是最著名的绥靖主义反对者，也是英国下议院军备重组的倡导者。碰巧的是，丘吉尔对年轻的保守党人因未能在下议院发挥更大影响力而产生的挫败感表示同情。1928 年，他给鲍德温的信中写道："你提到了议会培养了很多年轻人才，但是你几乎没有为他们做什么。这些青年才俊再怎么努力也无法处理实际事务。"①

然而，令人遗憾的是，到了 20 世纪 30 年代中期，下议院几乎没有人愿意与丘吉尔扯上关系，当然也包括年轻有为的保守党进步人士。20 世纪初，在反对印度有限自治的激烈运动中，丘吉尔将自己置于议会的深渊。像麦克米伦这样的议员，几年前还依偎在这位伟人的脚下，现在却对他极端右翼的观点避之不及。

对麦克米伦来说，这是一个令人恼火的局面。在 20 世纪 20 年代末担任英国财政大臣之后，丘吉尔就把他在印度事务上的影响力消耗殆尽了！1929 年工党赢得大选后，他一直留在保守党的领导层，但在 1931 年，因为强烈反对该党支持印度自治的提议，他从影子内阁辞职。当年晚些时候，保守党控制的新政府成立，财政大臣是内维尔·张伯伦，而不是丘吉尔。丘吉尔的辞职，以及他在印度问题上对政府的谩骂，是他未来被排除在鲍德温政府和张伯伦政府所有高级职位之外的主要原因。

在接下来的 4 年里，丘吉尔坐在下议院过道下面的角落里，领导了一场针对《印度法案》(*India Bill*)的激烈的防御战。对他来

① Martin Gilbert, *Winston S. Churchill*, Vol. 5, *The Prophet of Truth*, *1922 - 1939*, Boston: Houghton Mifflin, 1977, p. 300.

75　说，这是一个非常私人的、情绪化的问题。作为第四轻骑兵团的下级军官，19 世纪 90 年代末，他在印度待了将近一年。近 40 年过去了，他仍然迷失在帝国的幻梦中，对印度问题的复杂性和这个国家的紧张局势几乎一无所知。对丘吉尔来说，印度仍然是帝国皇冠上最珍贵的宝石，因此，印度必须继续处于英国不容置疑的控制之下。

　　一名政府支持者指出，在关于印度的辩论中，丘吉尔有时"愤怒得几乎发狂"[1]。他对鲍德温和其他政府官员进行了猛烈的人身攻击。此外，他对印度和那些寻求印度独立的人的言辞攻击是极端的，甚至是恶毒的。他宣称，印度教徒是"肮脏的，他们受到污染的保护，免受应遭的厄运"[2]。他认为，莫罕达斯·甘地（Mohandas Gandhi）"半裸着大步走上总督府府第台阶与国王的代表进行平等谈判，使人震惊和令人作呕"[3]……印度独立的想法是"对文明的犯罪和震撼世界的灾难"[4]。

　　在反对《印度法案》的斗争中，丘吉尔争取了不到 100 名保守党议员的支持，他们几乎都是党内的极右翼人士。大多数议员对丘吉尔反对印度任何形式的选举民主都没有多少同情。用麦克米伦的话来说，他的态度被认为是"反动和不切实际的"[5]，人们再次怀疑丘吉尔的判断力。一位名叫 V. W. 杰曼斯（V. W. Germans）的政治评论员在 1931 年指出："公众认为他才华横溢，但为人鲁

①　Martin Gilbert, *Winston S. Churchill*, Vol. 5, *The Prophet of Truth*, *1922 – 1939*, Boston：Houghton Mifflin, 1977, p. 355.

②　Norman Rose, *Churchill：The Unruly Giant*, New York：Free Press, 1995, p. 266.

③　Norman Rose, *Churchill：The Unruly Giant*, New York：Free Press, 1995, p. 266.

④　Geoffrey Best, *Churchill：A Study in Greatness*, New York：Oxford University Press, 2003, p. 138.

⑤　Harold Macmillan, *Winds of Change：1914 – 1939*, New York：Macmillan, 1962, p. 291.

89

莽、头脑发热、容易冲动……"①

　　因此，当丘吉尔在 1933 年对重新武装的德国日益增长的威胁发出警告时，很少有议员团结在他周围也就不足为奇了，即使是那些在德国问题上与他意见一致的人也不愿支持他，他作为领导人的价值已经严重降低了。实际上，在反对绥靖政策的斗争中，丘吉尔在议会中只有 3 个坚定的支持者：布思比、女婿邓肯·桑兹，还有一位白手起家的百万富翁布兰登·布拉肯（Brendan Bracken），他于 1929 年被选为下议院议员。布思比在印度问题上与丘吉尔有着强烈的分歧，两人的关系也有所降温。然而，到了 1932 年，两人的分歧已经弥合。丘吉尔向他的前议会私人秘书建议：一起前往美国，在英国报纸上报道民主党和共和党的政治会议。由于某种原因，那次旅程并未成行，布思比虽不像以前那样与丘吉尔的关系那么亲密，但他仍与这位长者结盟，以唤起国家和人民对重整军备的迫切需要。1934 年 11 月，当丘吉尔在议会提出一项极具争议的修正案，宣称英国的武装部队，尤其是皇家空军，"已不足以保障国家的和平、安全和自由"时，布思比是该修正案的 5 名联名签署人之一。

　　20 世纪 30 年代中期，丘吉尔在朋友家的乡间别墅里度周末，他和同为客人的维奥莉特·博纳姆·卡特夫人一起去森林里散步。卡特夫人是丘吉尔最亲密的朋友之一，和他一样坚决反对绥靖政策。在他们散步时，她说他必须提醒全国人民注意独裁者带来的日益严重的危险。"你一定是个唤醒者，"她说，"你必须唤醒公众，只有你能做到。"② 他盯着她看了一会儿，然后说："是的，问题是

① Brian Gardner, *Churchil lin His Time: A Study in a Reputation 1939 - 1945*, London: Methuen, 1968, p. 1.

② Bonham Carter interview with Kenneth Harris, *The Listener*, undated.

我将一个人做这件事。我不会有任何压力。我没有跳板。最糟糕的是，我没有追随者。"在这种情况下，她继续说："我们必须为你招募一批追随者，必须为你制造一个跳板。"丘吉尔知道，自己最好不要反对她。他和维奥莉特女士做了近 30 年的朋友，这么长时间足以让他知道，一旦她下定决心做某事，她就很少放弃，直到完成它。

考虑到丘吉尔对女人的陪伴（除了他的妻子）一般都不感兴趣，而且他坚信女人在公共生活中没有一席之地，他和维奥莉特·博纳姆·卡特夫人的关系就不免令人惊讶了。丘吉尔对女性的厌恶从来没有延伸到维奥莉特·博纳姆·卡特身上，也许因为她和自己太相像了。和丘吉尔一样，维奥莉特也喜欢政治斗争，从 20 岁出头起，她就一直是自由党最杰出的人物之一。她是一位才华横溢的演说家，在很多人看来，她具备的情感力量和语言能力都可以与丘吉尔相媲美。就像丘吉尔一样，她尖酸刻薄、聪明绝顶，可以用智慧来碾压对手。她享受智者辩论中的交锋，是少数几个在口头辩论中偶尔能胜过丘吉尔的人之一。维奥莉特夫人与人争论时常常情绪激动，会不舒服地靠近交谈对象。一个熟人回忆起一件事，"一位邻座客人在晚餐时把自己的叉子伸到（维奥莉特夫人的）嘴里"[1]。在另一个社交聚会上，维奥莉特夫人的热情驱使她的谈话对象——约翰·科尔维尔，一位曾担任张伯伦和丘吉尔议会私人秘书的年轻贵族，背靠在壁炉旁，把裤子都烧焦了。丘吉尔曾经形容她是"一个如此聪慧的女人"[2]，并着重强调了"聪慧"。多年

---

[1] Quentin Crewe, *Well, I Forget the Rest: The Autobiography of an Optimist*, London: Quartet, 1994, p. 56.

[2] Mark Pottle, *Champion Redoubtable: The Diaries and Letters of Violet Bonham Carter 1914 – 1941*, London: Weidenfeld & Nicolson, 1998, p. xxi.

后，一位政治评论员写道："如果她是个男人，她会在政治上达到顶峰。"①

维奥莉特夫人和丘吉尔相识于 1906 年，当时他 32 岁，是自由党首相亨利·坎贝尔－班纳曼（Henry Campbell-Bannerman）政府的一名初级大臣，而她 19 岁，是财政大臣的女儿。在一次晚宴上，他们毗邻而坐，这位金发碧眼的优雅少女被这个粗鲁年轻人的谈吐迷住了，她随后跑回唐宁街 11 号，叫醒了父亲，告诉他："这是我有生以来第一次见到天才。"②

他们对语言的共同喜爱点燃了友谊，尽管偶尔会有大发雷霆的时候，但他们的友谊维持了近 60 年，直到丘吉尔去世。维奥莉特夫人曾说："语言是他心灵的通行证。在一场争论中，我常常会在一扇紧闭的大门前白白浪费几小时。但是，如果有人通过几句幸运的话，或者唤起了他的想象或感情，使他明白过来，那么门就打开了……在某种程度上，我们有一个共同的准则。我不知道为什么会这样。"③

1908 年，当阿斯奎斯接替坎贝尔－班纳曼成为英国首相时，作为她父亲最亲密的知己之一，维奥莉特向父亲施压，要求他任命丘吉尔为英国海军部第一大臣。1911 年，丘吉尔首次以英国贸易委员会主席和内政大臣的身份证明了自己的勇气之后，他就这样做了。在往返于内阁会议的路上，丘吉尔经常造访唐宁街 10 号维奥莉特的客厅。许多人，包括维奥莉特夫人的继母玛格特，相信维奥莉特爱丘吉尔，并想嫁给他。1908 年，当维奥莉特得知丘吉尔与克莱门汀·霍齐尔订婚的消息时，她在给朋友的信中刻薄地写道：

78

---

① Walter Terry, *Daily Mail*, November 20, 1969.

② Bonham Carter interview, *The Listener*.

③ Bonham Carter interview, *The Listener*.

"他的妻子对他来说，就像我常说的那样，不过是个装饰性的餐具柜罢了。她太没出息了，他也不介意她再差点儿了。我不知道他最终是否会介意她像猫头鹰一样愚蠢。"①

正如维奥莉特逐渐意识到的那样，克莱门汀·丘吉尔既不是"一个装饰性的餐具柜"，也不"像只猫头鹰一样愚蠢"，但她肯定比维奥莉特夫人更愿意让丈夫主宰他们的世界。尽管维奥莉特尊敬丘吉尔，并反击任何说他坏话的人，但她的意志力太强了，不愿留在幕后，成为丘吉尔强烈需要的那种助手。在 28 岁时，她嫁给了她父亲的议会私人秘书莫里斯·博纳姆·卡特（Maurice Bonham Carter）。卡特向她求爱多年，并承诺与他结婚并不意味着她放弃独立和自由，最终赢得了她的芳心。维奥莉特相信了卡特的话——或许比他的本意更加字面化。② 多年来，她一直与著名的商业银行家、约翰·梅纳德·凯恩斯的密友奥斯瓦尔德·汤因比·福尔克（Oswald Toynbee Falk）有染。

然而，维奥莉特夫人又有传统的一面，她认为身为人母的责任限制了她从政，也限制了她成为议员。十多年来，她远离政治，养育了 4 个孩子，直到希特勒的崛起促使她再次采取政治行动。作为一个宽容和个人自由的狂热信徒，当维奥莉特夫人看到对这些价值观的威胁时，从不保持沉默。她曾说："我的性格里没有中立。自从我出生以来，就从来没有骑墙观望。"③ 她以黑白分明的方式看待人和事，对她来说，希特勒和纳粹从一开始就

---

① Mark Pottle, *Champion Redoubtable: The Diaries and Letters of Violet Bonham Carter 1914–1941*, London: Weidenfeld & Nicolson, 1998, p. xxviii.

② Mark Pottle, *Champion Redoubtable: The Diaries and Letters of Violet Bonham Carter 1914–1941*, London: Weidenfeld & Nicolson, 1998, p. xxiv.

③ Bonham Carter obituary, *Daily Express*, November 20, 1969.

是黑暗势力。

1933 年希特勒上台 3 个月后，她在一次自由党会议上说："在德国，我们所认为的自由似乎已经消失……转眼间，它几乎不做任何斗争，就被噩梦般的暴力统治所取代。"① 她相信除非英国不只是口头上支持国际联盟，否则另一场战争是不可避免的。她和她的好朋友布兰奇·达格代尔（Blanche Dugdale，也称巴菲·达格代尔）——前首相阿瑟·贝尔福（Arthur Balfour）的侄女，还有罗伯特·克兰伯恩勋爵的堂兄，成为反对绥靖政策的保守党和自由党年轻议员的心腹，不断敦促他们对政府采取更坚定的立场。当一个年轻的"反叛分子"因为鲍德温和他的手下在阿比西尼亚问题上没有勇敢地面对意大利，而犹豫是否要给他们投反对票时，维奥莉特夫人严厉地批评了他。她问这个年轻人，正如他在日记中沮丧地写道："我的道德原则在哪里？这一切都非常困难。"②

部分由于维奥莉特夫人的推动，丘吉尔参与了一些反绥靖组织，包括一个名为"集中力量捍卫自由与和平"的组织，旨在动员所有政党的人民反对安抚独裁者。早期的保守党支持者包括布思比、卡特兰和埃默斯－埃文斯，以及备受尊敬的独立议员埃莉诺·拉思伯恩（Eleanor Rathbone）和强大的工会大会秘书长沃尔特·西特林爵士（Sir Walter Citrine）。作为这个组织的领导人，丘吉尔发表了演讲并撰写了文章，强调政府必须加快重整军备和加强集体安全，以应对德国的威胁。维奥莉特夫人也这样做了。她在一次集会上宣布："除非世界上自由民主的国家……准备站在一起，为正

---

① Mark Pottle, *Champion Redoubtable : The Diaries and Letters of Violet Bonham Carter 1914 - 1941*, London：Weidenfeld & Nicolson, 1998, p. xxviii.

② Robert Rhodes James, *Victor Cazalet : A Portrait*, London：Hamish Hamilton, 1976, p. 171.

义、和平和自由冒险，就像其他人准备为侵略的果实冒同样的风险一样，否则我们的事业就会失败，黑暗势力就会抢占地球。"[1]

　　渐渐地，这场运动的势头越来越大。参加反绥靖主义集会的人越来越多，人们的热情也越来越高。丘吉尔甚至开始给下议院留下印象。1936 年 11 月，他设法让鲍德温政府处于守势，迫使其承认尽管鲍德温两年前曾承诺建立英国皇家空军，但英国的空中力量仍逊于德国。鲍德温政府对事实的承认激发了丘吉尔对首相及其政府最尖锐、最有力的攻击之一："所以他们在奇怪的悖论中继续前行，决绝地犹豫不决，坚定地随波逐流，顽固地反复无常，拥有无上权利，却毫无作为。所以我们要继续为'蝗虫'准备更多的时间——这些时间也许对伟大的英国来说至关重要。"[2] 意识到自己的处境不妙后，鲍德温哀怨地为自己争辩，却于事无补。他说如果他"到各地说德国正在重新武装，我们必须重新武装起来"[3]，那么保守党就会在 1935 年的选举中落败。

　　鲍德温承认他重视政治上的胜利，而不是国家安全后，他的声望就一落千丈，他的外交政策也被质疑。就连他最坚定的支持者也承认他遇到了麻烦。与此同时，丘吉尔、维奥莉特夫人和他们的盟友在英国发现了一种新的精神——英国人越来越有决心迫使他们的领导人直面独裁者。丘吉尔写道："我们有一种感觉，我们不仅即将赢得人们对我们的观点的尊重，还将使它们占据主导地位。"[4] 但后来，爱德华八世和辛普森夫人的事闹得沸沸扬扬，机会又一次溜走了。

---

①　Mark Pottle, *Champion Redoubtable : The Diaries and Letters of Violet Bonham Carter 1914 – 1941*, London: Weidenfeld & Nicolson, p. 189.

②　Winston Churchill, *The Gathering Storm*, Boston: Houghton Mifflin, 1948, p. 215.

③　Winston Churchill, *The Gathering Storm*, Boston: Houghton Mifflin, 1948, p. 216.

④　Winston Churchill, *The Gathering Storm*, Boston: Houghton Mifflin, 1948, p. 217.

令人不可思议的是，即使国王不是有意为之，他也常常帮到希特勒。作为威尔士亲王，他曾是英国最著名的纳粹德国的辩护者。1936 年 1 月，在接替父亲乔治五世不到一年中，他明确表示打算娶他的情妇、一位再婚的美国人沃利斯·辛普森（Wallis Simpson）为妻。这让他的国家陷入了一场长达数月的宪法危机，这场危机暂时掩盖了英国重整军备和对抗希特勒的问题。更糟糕的是，国王最重要的支持者之一竟然是丘吉尔，他在爱德华退位问题上的拖延破坏了他在反对绥靖政策斗争中辛苦恢复的信誉。

丘吉尔显然不赞成国王的亲德观点，但他始终是浪漫主义者，是英国君主制的热情支持者，他的妻子曾说他是"国王神圣权利的最后一个信徒"[1]。公众和议会都认为，如果国王执意要结婚，他就必须退位，丘吉尔反对这种看法，他让爱德华坚持下去。然后，在 1936 年 12 月 7 日，他"满怀激情、一身白兰地酒气"[2]，恳求下议院不要急于做出判断，结果却被充满敌意的下议院压倒。第二天的《泰晤士报》（The Times）写道："这是现代议会中最引人注目的一次挫败。"[3] 鲍勃·布思比从另一个角度看待这一点。他说："在那致命的五分钟里，丘吉尔反对绥靖政策的集中远征颓然溃败了。"[4]

像维奥莉特·博纳姆·卡特和丘吉尔的其他盟友一样，布思比

81

---

① William Manchester, *The Last Lion*: *Winston Spencer Churchill*: *Alone*, *1932 – 1940*, New York: Dell, 1988, p. 223.

② Robert Boothby, *Boothby*: *Recollections of a Rebel*, London: Hutchinson, 1978, p. 125.

③ William Manchester, *The Last Lion*: *Winston Spencer Churchill*: *Alone*, *1932 – 1940*, New York: Dell, 1988, p. 232.

④ Robert Boothby, *Boothby*: *Recollections of a Rebel*, London: Hutchinson, 1978, p. 125.

对丘吉尔的判断失误感到震惊。正如《旁观者》（The Spectetor）杂志所言："没有人会否认丘吉尔先生的天赋，但在正确的时间做正确的事情，或者在错误的时间不做错误的事情，并不是天赋的一部分。"丘吉尔的大多数支持者能克制住自己，而暴怒的布思比却没能克制住自己。1936年12月7日下议院休会后，他立即给丘吉尔写了一封措辞严厉的信，信中写道："今天下午发生的事情让我觉得，那些对你最忠诚的人几乎不可能在政治上盲目地追随你（就像他们想做的那样）。因为他们不知道下一次会降落在什么鬼地方。"①

几天后他平静下来，布思比后悔自己冲动地寄了这封信。"我真是太傻了，"多年后他说，"因为（丘吉尔）很清楚自己犯了一个非常严重的错误，我不应该再雪上加霜了。"②他为自己的指责向丘吉尔道歉，并解释说，他之所以感到痛苦，是因为他坚信"在未来两年里，你是唯一能拯救这个国家和世界的人"③。丘吉尔后来承认，他严重误判了英国人的情绪，但他向布思比保证，他没有恶意。然而，正如布思比后来看到的，他和前导师的关系在这次事件中遭受了重大打击，今后将产生严重影响。

用哈罗德·麦克米伦的话来说，退位危机"削弱了当时最伟大、最具先见之明的政治家的声誉和政治地位"④，但恢复了斯坦利·鲍德温的声望，他娴熟、温和地处理了这场争议，受到了广泛赞扬。1937年5月，鲍德温将首相职位交给内维尔·张伯伦，退休并搬到位于伍斯特郡的乡间别墅。哈罗德·尼科尔森评论道：

① Boothby to Churchill, December 7, 1936, Churchill Papers.
② Boothby interview with Martin Gilbert, Churchill Papers.
③ Boothby to Churchill, December 11, 1936, Churchill Papers.
④ Harold Macmillan, *Winds of Change: 1914 – 1939*, New York: Macmillan, 1962, p. 442.

"没有人像他一样满怀深情地离开。"① 与此同时，丘吉尔痛苦地意识到英国重整军备的"欠账越来越多"。但由于没有政治资本做任何事情，在 1937 年的大部分时间里，他都不在聚光灯下，致力于撰写报纸和杂志文章，并完成了一本四卷本的传记，记述了他杰出的祖先、第一任马尔伯勒公爵的故事。

随着丘吉尔再次陷入政治荒野，反对绥靖政策的保守党希望另一位议会同僚来领导他们的事业。他就是 40 岁的外交大臣，也是为数不多的几位获得高职位的年轻保守党人之一。作为国际联盟和集体安全的倡导者，艾登被他这一代政治人物视为内阁中唯一一位坚定的重整军备和抵抗运动的拥护者以及内阁中优柔寡断的调解人。当然，他的支持者相信，他会意识到形势的紧迫性，并团结反绥靖势力。当然，他们认为，他们可以指望艾登。

---

① Harold Nicolson Diaries, May 27, 1939.

第五章
"我缺乏勇气"

20 世纪 30 年代，安东尼·艾登对英国人来说，就像约翰·肯尼迪（John F. Kennedy）在 20 世纪 60 年代初对美国人一样。艾登是一位英俊、迷人的战争英雄，在动荡的年代，他似乎是希望和理想主义的化身。艾登是近 150 年来最年轻的外交大臣，在他 35 岁之前已是国际知名人物，是他那一代人中最耀眼的明星。

他是一个有冲劲和风度的人，以戴着柔软丝绸边的黑色洪堡帽而闻名，他总是以轻松活泼的角度戴帽子。这顶帽子突出了他的年轻，也暴露了他在内阁中与跟他共事的那些年长得多的人之间的隔阂。艾登的洪堡帽确立了男性帽子的风格。直到 1977 年，圣詹姆斯的高档帽商洛克的一名销售人员还说："我们仍然需要安东尼·艾登。"①

艾登的政治事业发展得非常顺利。从议会开始，他就被视为未来的首相。国家美术馆馆长肯尼斯·克拉克（Kenneth Clark）说，他是"众神的宠儿"②。多年后，维奥莉特·博纳姆·卡特说："矛

---

① *Daily Telegraph*, January 15, 1977.

② Kenneth Clark, *Another Part of the Wood: A Self-Portrait*, New York: Harper & Row, 1974, p. 223.

盾的是，今天看来，（在 20 世纪 30 年代后期）他拥有的追随者比温斯顿所能指挥的都多，而且没有政敌。艾登受到自由党和工党的钦佩和信任。在联盟的支持者看来，他是盟约的骑士（他看起来像是盟约的一部分）。对于那些没有政治或意识形态的广大群众来说，他是一个受女性喜爱的男演员。我相信……他，只有他能把张伯伦打倒。"①

尽管艾登对公众和一些议员同僚很有吸引力，但他一想到要当领导就感到不安。艾登一生多少有点不合群。他在英格兰北部一座 8000 英亩大的庄园里长大，是一位准男爵的次子。他沉默寡言，书生气十足，对 3 个兄弟的玩闹和游戏不太感兴趣，在伊顿公学几乎没有朋友。他敏感、易怒，这些特征伴随他一生。

和许多其他英国年轻人一样，童年刚结束艾登就参加了战争。从伊顿公学毕业后，他加入了约曼步枪队，并于 1916 年 5 月被派往法国。一年后，他因在索姆河战役中从无人区救出受伤的排长而被授予战功十字勋章。1918 年，年仅 20 岁的他成为陆军中最年轻的少校，被部下亲切地称为"男孩"②。

艾登是为数不多的在前线服役一年以上、毫发无损回来的年轻军官之一。然而，他在大屠杀中留下了无形的伤疤。他的两个兄弟在日德兰战役中被杀，一个在伊普尔附近遇害，另一个被杀时年仅 16 岁。艾登的母亲指出，他在法国战壕里的经历"剥夺了他所有年轻的想法，使他过早地成熟"③。1919 年，他上牛津大学的时候，全身心地投入自己的研究中，拒绝参加牛津大学著名的辩论社牛津

① Bonham Carter Notebook, "The Thirties," Bonham Carter Papers.
② Robert Rhodes James, *Anthony Eden*, London: Weidenfeld & Nicolson, 1986, p. 38.
③ D. R. Thorpe, *Eden: The Life and Times of Anthony Eden First Earl of Avon, 1897-1977*, London: Chatto & Windus, 2003, p. 45.

100 at 暗时刻的反抗：辅佐丘吉尔并拯救英国的年轻人

联盟和其他受欢迎的学生组织，也没有时间和鲍勃·布思比这样的年轻学生狂欢。然而，他将毕生热情倾注在艺术上，开始收藏大量绘画作品，包括柯罗（Corot）、莫奈（Monet）、安德烈·德朗（André Derain）、埃德加·德加（Edgar Degas）、毕加索（Picasso）和乔治·布拉克（Georges Braque）的作品。1922 年，他获得了波斯语和阿拉伯语的一级荣誉学位，一年后，26 岁的他被选为下议院议员。

　　艾登在下议院待了 30 多年，但他在那里从来没有感到自在过。作为一个重视文明与宽容品德的人，他讨厌这个地方的党派之争、不断的尔虞我诈和明争暗斗。尽管在竞选活动中，在伦敦的晚宴上，他是一个善于交际、魅力十足的人，但艾登本质上是"不爱交际"的。与议会的大多数同僚不同，他对伦敦男性俱乐部的友情感到不舒服。令丘吉尔极为气愤的是，他甚至拒绝接受别人俱乐部的邀请。在下议院的吸烟室里很少见到他，在他看来，吸烟室甚至比牛排俱乐部、普拉特俱乐部或怀特俱乐部还要糟糕。尽管有棕色的皮椅和沙发，还能看到泰晤士河的全景，但吸烟室往往更像是一家酒吧，而不是俱乐部，议员们随时都可以在那里喝上一杯。当议会开会时，这是一个非常嘈杂的地方，充满了喊叫声、喧闹的笑声，偶尔还有激烈的争论。

　　艾登断定，这不是他想要的舒适避难所。他更喜欢外交部那种文雅、高贵的环境。在他进入议会后的几年里，他在外交事务上占据了一席之地。1931 年，他被任命为议会的外交次大臣，这使他成为外交大臣在下议院的代表。第二年，他作为英国出席由国际联盟主办的世界裁军会议的首席代表被派往日内瓦。运转两年后，世界裁军会议以失败告终。德国撤回了代表，加强了重整军备运动。国际联盟不是第一次表现出善意，但无法控制迅速加剧的战争威胁。然而，尽管这次裁军会议以失败告终，但是安东尼·艾登备受关注。

在日内瓦，艾登赢得了其他代表的尊重。他工作勤奋，深谙裁军问题的神秘复杂性，是一位老练的谈判者。但是英国的报社把他变成了更重要的人物。它们把他吹捧为这次会议的"成功者"①，他是英国迷惘一代中的幸存者，正在努力创造一个更美好的世界，决心确保其他年轻人不会白白死去。

在一个满是单调、呆板的老人家的政府里，艾登是光彩夺目的。报纸上对他电影偶像般的形象，还有他在萨维尔街剪裁完美的西装津津乐道。女人们为他神魂颠倒。在美国，一项民意调查评选他为"欧洲最佳着装男士第四名"②。照片上，他与美丽的妻子——约克郡乡绅的女儿碧翠丝，还有两个同样上镜的儿子在一起。

但并不是所有人都被打动了。艾登的一些同僚，无疑有一部分出于嫉妒，抱怨艾登因外表而成功，他的外表远胜于实力。他们从艾登对头发和衣服的精心打理中看到了虚荣心，还从他拒绝在公共场合戴眼镜中看到了虚荣心，尽管他几乎总是私下戴眼镜。艾登的演讲被批评者嘲笑为枯燥乏味，充满陈词滥调。一名议员曾对艾登嗤之以鼻："安东尼·艾登被请来给我们讲外交事务，他做了一个简短的演讲，都是老生常谈。"③ 这是"一项非常平常的工作，但是，当然啦，它被当作神谕传递给我们"。据说，在艾登的另一次

86

---

① D. R. Thorpe, *Eden: The Life and Times of Anthony Eden First Earl of Avon, 1897–1977*, London: Chatto & Windus, 2003, p. 120.
② D. R. Thorpe, *Eden: The Life and Times of Anthony Eden First Earl of Avon, 1897–1977*, London: Chatto & Windus, 2003, p. 120.
③ David Dutton, *Anthony Eden: A Life and Reputation*, London: Edward Arnold, 1997, p. 7.

演讲后，丘吉尔曾打趣道："天哪，这孩子除了'愿上帝赐福于你'和'绅士们请在离开前调整好自己的着装'之外，还会使用一切众所周知的陈词滥调。"①

然而，所有的失败都没能阻止艾登的迅速崛起。1935 年 6 月，他进入内阁担任国际联盟事务大臣。6 个月后，在霍尔因霍尔－拉瓦尔事件的惨败而辞职后，他被任命为外交大臣。未来，艾登将与丘吉尔紧密结盟。当时，丘吉尔担心年轻的艾登没有足够的资历胜任这份工作。"艾登的任命没有给我带来信心，"丘吉尔在给妻子的信中写道，"我想，官职太高会让他成为出头鸟。"② 他又补充道："我想你现在会明白轻量级的艾登是什么样的了。"③

艾登在外交部任职两年，大部分时间里，他对于英国外交政策的总体方向，与首相以及内阁同僚们的观点相差无几。他对墨索里尼的敌意比其他大多数英国官员都大，但他同意与德国达成协议不仅是可能的而且是必要的这一普遍共识。1934 年，他去柏林见希特勒，会面结束后，他向伦敦报告说，他认为希特勒不想打仗。"我敢承认吗？"他写信给妻子，"我相当喜欢他。"④ 在给拉姆齐·麦克唐纳的信中，艾登写道："我认为我们可以相信德国总理不会食言。"⑤

1936 年希特勒出兵莱茵兰时，艾登开始改变"希特勒是可信

① Noel Busch, "Anthony Eden," *Life*, August 30, 1943.
② Mary Soames, *Speaking for Themselves: The Personal Letters of Winston and Clementine Churchill*, New York: Doubleday, 1998, p. 402.
③ Norman Rose, *Churchill: The Unruly Giant*, New York: Free Press, 1995, p. 288.
④ Robert Rhodes James, *Anthony Eden*, London: Weidenfeld & Nicolson, 1986, p. 135.
⑤ Robert Rhodes James, *Anthony Eden*, London: Weidenfeld & Nicolson, 1986, p. 136.

赖的"的看法，并向内阁表达了对日益加剧的战争威胁的不安。但在公开场合，他没有发出这样的警告。在对议会的一次演讲中，他宣称没有理由"假定德国目前的行动意味着敌对的威胁"①。当法国外长主张对德国进行军事和经济干预时，艾登拒绝帮助法国把德国人赶出去。②③ 莱茵兰危机后的几个月里，他继续支持与希特勒谈判的想法，同时主张加速重整军备。他向朋友和下属透露，自己对斯坦利·鲍德温对独裁者摇摆不定、极为懒散的态度越来越失望。

1937 年 5 月，当内维尔·张伯伦接替鲍德温时，艾登松了一口气，许多保守党人也松了一口气，不管他们对绥靖政策的立场如何。哈罗德·麦克米伦在 1936 年 6 月辞去了党鞭的职务后，再次成为声誉良好的保守党人，他希望张伯伦能够调整国家政策。这里终于出现了一位精力充沛、目标明确的首相，这是唐宁街 10 号十多年来一直缺少的两种品质。作为财政大臣，强硬的张伯伦曾是麦克唐纳和鲍德温内阁中最有效率的大臣。尽管麦克米伦、布思比和卡特兰等进步人士指责他不愿采取更多措施解决失业和贫困问题，但是 1931 年经济崩溃后，他在重振经济方面发挥了重要作用。

与此同时，他们也承认张伯伦在成为首相之前，作为内阁中的社会改革家创下的优秀纪录。作为 20 世纪 20 年代的卫生大臣，张

① William Manchester, *The Last Lion : Winston Spencer Churchill : Alone*, *1932 - 1940*, New York: Dell, 1988, p. 180.
② 几年后，艾登重新考虑他在莱茵兰危机中的行为。他宣称："我本应该对法国人似乎想要做的事情做出更积极的反应，对希特勒采取更强硬的态度。"他补充道："干预本应是正确的做法，数百万人的生命本应得到拯救。"
③ David Dutton, *Anthony Eden : A Life and Reputation*, London: Edward Arnold, 1997, p. 67.

伯伦曾负责立法改革《济贫法》（*Pool Laws*），重组地方政府，并为寡妇和孤儿提供养老金，清理贫民窟，为贫困人口提供更好的医疗条件和更多的住房。丘吉尔在 20 世纪 30 年代中期写道："在今

88 天的英国，有许多家庭没有母亲，但这是一种动力……张伯伦为反孕产妇死亡率运动做出了贡献。"[①] 他引用张伯伦的话说："我自己的母亲死于难产。我知道失去母亲对家庭的伤害有多大。"多年后，麦克米伦宣称如果张伯伦没有成为首相，"人们也会记住他………他是自己那个时代，或者可以说几乎任何时代，最具前瞻性、最有效的社会改革家之一"[②]。

内维尔·张伯伦是约瑟夫·张伯伦（Joseph Chamberlain）的小儿子。约瑟夫·张伯伦是 19 世纪末 20 世纪初英国的主要政治家之一，以致力于社会改革而闻名。作为一个富有的实业家和伯明翰的前任市长，张伯伦创造了一个家族机器，掌握了伯明翰这个中部城市近 50 年的政治生活。内维尔追随父亲的脚步，在 1918 年当选议员之前，还担任过伯明翰市的改革派市长。作为市长，他领导创建了伯明翰交响乐团和伯明翰大学。

张伯伦成为首相时 68 岁，他是维多利亚时代的典型代表人物——维多利亚女王去世时他 30 多岁，所以总是对现代的发明和思想感到不安。在 1938 年 9 月戏剧性地访问希特勒之前，他从未坐过飞机。他也不喜欢汽车和电话，从不使用自来水笔，更喜欢用普通的钢笔写信和演讲稿。

与父亲和同父异母的哥哥奥斯汀不同，内维尔不是一个天生的

---

① Winston Churchill, *Collier's*, October 16, 1937.

② Harold Macmillan, *The Past Masters*, New York: Harper & Row, 1975, p. 132.

政治家。他腼腆、害羞、孤僻，几乎没有朋友。他的演讲虽然清晰而有逻辑，但也枯燥无味，没有激发想象力的雄辩火花。在他一生的大部分时间里，内维尔生活在父亲和同父异母的哥哥的阴影之下。他父亲有着令人生畏的坚强性格。他同父异母的哥哥，是一位著名的外交事务专家，曾任鲍德温政府的外交次大臣。当约瑟夫·张伯伦把奥斯汀培养成为政治明星的时候，却把小儿子推向了商业道路。在这条路上内维尔顺从地走了 20 年，然后转向伯明翰的政坛。内维尔·张伯伦第一次当选议员时 49 岁。

温斯顿·丘吉尔推测，张伯伦 5 岁时，他的母亲去世，"这给他披上了一件冰封的斗篷，有时，他似乎被包裹在里面"①。他最喜欢的消遣方式是钓鱼、观鸟、园艺、阅读莎士比亚和康拉德的作品、听贝多芬的音乐。这些都是一个人的娱乐活动。在家人和亲密的朋友面前，他可能是敏感、深情和迷人的，有时甚至是顽皮的。但是没有多少人看到过张伯伦的这一面。艾登曾经的密友和政治盟友利奥·埃默里说："我们当中只有少数几个最了解他的人能欣赏他的优秀品质，即使我们在政治立场上与他存在很深的分歧。"②

让像艾登和麦克米伦这样为张伯伦成为首相拍手叫好的人失望的是，当他入主唐宁街时，那些优秀的品质并没有表现出来。作为家中唯一登上首相宝座的人，张伯伦似乎从一开始就下定决心证明，在制定外交政策方面，他比父亲强硬，比同父异母的哥哥更出色，尽管他缺乏外交方面的专业知识。鲍德温可能是个过于和气的人，但张伯伦对与任何跟自己意见相左的人相处都毫无兴趣。工党报纸《每日先驱报》（*Daily Herald*）的编辑弗朗西斯·威廉姆斯

①　Winston Churchill, *Collier's*, October 16, 1937.

②　L. S. Amery, *My Political Life*, Vol. 3, *The Unforgiving Years 1929 – 1940*, London: Hutchinson, 1955, p. 226.

（Francis Williams）回忆道："他的脸上似乎总有一副嘲讽的表情，但可以肯定的是他有时并没有讥笑的意思。他的态度冷冰冰的，居高临下……他是没有魅力的人。"①

张伯伦不赞成文明应该引导政治话语的观点。与鲍德温不同的是，他不经常去下议院的吸烟室，只是偶尔喝杯威士忌，或与后座议员聊聊天。哈罗德·尼科尔森说，当他去吸烟室时，房间里会呈现尴尬的寂静气氛，仿佛校长"以令人难以置信的宴饮交际（方式）"②闯进了"六年级茶会"。在下议院，张伯伦带来了一种新的分裂感，一种"我们"对抗"他们"的感觉。他在辩论中使用"我尖刻的言辞"③和"我讨厌的讽刺方式"，用他自己的话说，他想从对手那里得分，无论对手是工党分子、自由党徒还是保守党的"反叛分子"。一名保守党议员说："他总能通过一些尖刻的话引起支持者的欢呼，比如'你对这个问题了解多少？我有充分的事实依据，只有我才能做出正确的决定'。"④但与此同时，张伯伦对针对他的攻击非常敏感。约翰·科尔维尔说："他的虚荣心表现为憎恨任何形式的批评或嘲笑。要使他满意，最好的办法莫过于暗示他的地位是多么重要。换言之，他喜欢高高在上，以适当的谦逊态度受到仰慕者的崇拜。"⑤

在保守派中，张伯伦坚持完全忠于他和他的信仰。他曾经听到传言，保守党研究部的年轻工人弗兰克·帕克纳姆（Frank

---

① Francis Williams, *Nothing So Strange*, New York：American Heritage, 1970, p. 144.
② Harold Nicolson, "People and Things," *The Spectator*, May 17, 1940.
③ David J. Dutton, "The Neville Chamberlain Diary Letters, Vol. II," Institute of Historical Research, March 2002.
④ Ronald Tree, *When the Moon Was High*, London：Macmillan, 1975, p. 70.
⑤ John Colville, *The Fringes of Power：Downing Street Diaries*, New York：Norton, 1985, p. 117.

Pakenham）即将加入工党。当帕克纳姆要娶一位名叫伊丽莎白·哈曼（Elizabeth Harman）的年轻女子时，张伯伦拒绝参加婚礼，尽管哈曼是他的表妹，他自己的女儿是伴娘。[1] 张伯伦还指示帕克纳姆的保守党同僚不要出席招待会。[2]

张伯伦决心将英国和其他地区从另一场冲突中解救出来，他不会听取任何与他相左的意见。他的两位亲密的同僚——财政大臣约翰·西蒙爵士和霍尔－拉瓦尔事件后被起用、任内政大臣的塞缪尔·霍尔爵士——都是绥靖政策的拥护者。张伯伦避免战争的决心部分源于对战争及其后果的恐惧和仇恨。"在我的灵魂深入，我是一个渴望和平的人，"他后来说，"国家之间的武装冲突对我来说是一场噩梦。"[3] 但在张伯伦看来，和平环境有利于经济发展。受英国的经济萧条的困扰，他拒绝像丘吉尔和其他保守党"反叛分子"所要求的那样，全力以赴地重整军备，而危及英国脆弱的经济复苏。尽管鲍德温从 1934 年开始加强国家薄弱的防御工事，但他并没有付出全部努力，部分原因是时任财政大臣张伯伦决心严格限制军事预算。张伯伦认为，国家的经济发展有太多预算需求，包括维持庞大的帝国，所以政府不能大幅增加国防开支。他一当上首相，就继续限制重整军备。约翰·F. 肯尼迪在 1940 年研究英国绥靖政

91

---

① Elizabeth Longford, *The Pebbled Shore*: *The Memoirs of Elizabeth Longford*, London: Weidenfeld & Nicolson, 1986, p. 133.

② 帕克纳姆在 1961 年接替他的哥哥成为朗福德伯爵，他确实加入了工党，并且在战后工党政府担任职务。他的妻子伊丽莎白·朗福德也是一位坚定的工党党员，作为伊丽莎白一世和维多利亚女王的传记作者而声名鹊起。帕克纳姆夫妇育有 8 个孩子，其中包括作家安东尼娅·弗雷泽（Antonia Fraser）、托马斯·帕克纳姆（Thomas Pakenham）和雷切尔·比林顿（Rachel Billington）。——译者注

③ David Dilks, ed., *The Diaries of Sir Alexander Cadogan 1938 - 1945*, New York: Putnam, 1971, p. 107.

策的著作《为什么英格兰沉睡了》（*Why England Slept*）中写道：
"一个拳击手不能把自己的心理和身体调整到适当的状态，而进行
一场他认为永远不会胜利的战斗。英国也一样。"①

鲍德温和张伯伦批准增加的预算大部分用于开发和生产战斗
机，以应对德国空袭。② 当时英国几乎不重视轰炸机的生产，军队
更是被严重忽视。1937 年初，英国前外交官和情报人员罗伯特·
布鲁斯·洛克哈特（Robert Bruce Lockhart）在他的日记中记录了
他与一位高级军官关于重整军备"非常令人沮丧的"③ 谈话。这位
军官告诉洛克哈特，"政府几乎没有采取什么行动"。洛克哈特写
道："他认为我们正在走下坡路。我们应该得到应得的一切。高层
的惰性是彻底的。可悲的是，总有那么多看似合理的理由让我们什
么都不做。"

事实上，内维尔·张伯伦认为自己是英国对付独裁者最有效的
武器。他坚信自己可以和他们讨价还价，使他们就范。尽管大量证
据证明事实与他预计的相反，还有他直到 1938 年才见到希特勒或
墨索里尼，也不太了解他们或他们的国家，但他始终无法相信他们
准备发动战争。他紧紧抓住因自己的无知而带来的安全感，打造了
一种无视现实、热爱和平的形象。"张伯伦认为，可以与希特勒和
墨索里尼做生意，就像与商人做生意一样。他们彼此信任，认为对
方是完全正直的人，"哈罗德·麦克米伦表示，"他不相信会有人

① Virginia Cowles, *Winston Churchill: The Era and the Man*, London: Hamilton, 1953, p. 102.
② David Carlton, *Anthony Eden: A Biography*, London: Allen Lane, 1981, pp. 117 - 118.
③ Kenneth Young, ed. , *The Diaries of Sir Robert Bruce Lockhart*, Vol. 1, *1915 - 1939*, New York: St. Martin's Press, 1975, p. 364.

说一套做一套……真是太可悲了。"①

张伯伦对谈判的坚定信念可能源于他的商人背景，但这也是他和其他英国建制派所信奉的公学的价值观的核心。（张伯伦是橄榄球运动员，而西蒙和霍尔曾就读于伊顿公学。）首相和他的支持者们坚持公平竞争的理念，认为绅士行为普遍适用。1937 年末，张伯伦用唐宁街的信笺给他哥哥的遗孀艾薇·张伯伦（Ivy Chamberlin）写了一封信，当时艾薇正担任首相墨索里尼的非正式特使。当艾登得知这封信是以普通邮件的形式寄到罗马时，他吓坏了。"首相，意大利政府的公务员会拆读您的信！"② 时任外交大臣艾登惊呼道。张伯伦哼了一声。"这个想法不对，"他厉声说，"绅士们不这样做。"艾登后来发现这封信第二天就放在了墨索里尼的办公桌上。

阿尔弗雷德·达夫·库珀（Alfred Duff Cooper）曾在张伯伦的领导下担任英国海军大臣。他曾经说过："一个如此充满自信又对别人如此信任的人，在一个由（独裁者）统治的欧洲，就像小方特勒罗伊公爵（Little Lord Fauntleroy）想与阿尔·卡彭（Al Capone）达成令人满意的协议一样，机会渺茫。"③ 尽管如此，从担任首相的第一天起，张伯伦就明确表示，他计划在外交事务中发挥比前任更大的主导作用。那个决定使他与手下年轻的外交大臣发生了冲突。

1937 年春，就在张伯伦即将入主唐宁街 10 号之际，一个名叫霍勒斯·威尔逊爵士（Sir Horace Wilson）的政府神秘人物拜访了

① Macmillan interview, *The Past Masters*, BBC, October 30, 1975.

② Helen Kirkpatrick Milbank Oral History, Washington Press Club Foundation, April 3, 1990.

③ Andrew Roberts, "*The Holy Fox*": *The Life of Lord Halifax*, London: Phoenix, 1997, p. 131.

詹姆斯·P. L〔Jams P. L.，即吉姆·托马斯（Jim Thoms）〕，艾登的新任议会私人秘书。理论上，威尔逊是政府的首席工业顾问和劳资谈判专家。事实上，他是张伯伦最亲密、最信任的顾问。首相把威尔逊安排在他位于唐宁街的办公室隔壁，每天和他一起散步，就公务员并不具备专业知识的事宜咨询他，尤其是外交事务。"他是英国最杰出的人物，"张伯伦曾对肯尼斯·克拉克说，"没有他，我一天也活不下去。"①

93 威尔逊拜访吉姆·托马斯时，还带了英国行政部门负责人沃伦·费希尔（Warren Fisher）。两人向托马斯表示，他们不赞成外交部对绥靖政策的偏见，并敦促他在外交部和唐宁街之间"搭建一座桥梁"②。1937 年的夏天和秋天，托马斯与这两位官员见了几次面，并意识到他们想让自己监视艾登和其他外交部工作人员。最终他明确表示，自己无意"背着自己的上级工作"。

大约在同一时间，托马斯在政府的熟人告诉他，艾登的几位内阁同僚，包括西蒙和霍尔，正在密谋反对这位外交大臣。据报道，在一次晚宴上，英国空军部长斯温顿勋爵（Lord Swinton）宣布："制定外交政策的权力现在要从外交部转移到唐宁街 10 号。"③ 这一消息将由张伯伦、西蒙和霍尔亲自发布。托马斯说，这种情况"变得让人难以忍受"④。

张伯伦对墨索里尼的绥靖政策是一个转折点。首相相信他可以通过与墨索里尼达成一项协议，正式承认意大利吞并阿比西尼亚，

---

① Kenneth Clark, *Another Part of the Wood : A Self-Portrait*, New York: Harper & Row, 1974, p. 224.

② Unpublished article by J. P. L. Thomas, Cilcennin Papers.

③ Unpublished article by J. P. L. Thomas, Cilcennin Papers.

④ Unpublished article by J. P. L. Thomas, Cilcennin Papers.

使意大利脱离希特勒的控制。当艾登认为墨索里尼必须在谈判开始前做出某些让步时，张伯伦绕过他与意大利大使会面，讨论达成协议的可能性。然后，在 1938 年 1 月，张伯伦再一次没有咨询艾登就拒绝了罗斯福总统提出的帮助缓和国际紧张局势的建议。艾登已经被张伯伦的个人外交激怒了，张伯伦对罗斯福的冷漠和对墨索里尼的尊重也激怒了艾登。让艾登大发雷霆的是他在外交部最亲密的同事们，其中最主要的是博比提·克兰伯恩勋爵。他是艾登的副手，也是他最好的朋友。

博比提·克兰伯恩的绰号是他唯一愚蠢的地方。他承认这是"愚蠢的……但那是我朋友所认识的我"[1]。他是塞西尔家族成员。如果说有哪个家族可以自称是为统治英国而生的，那就是他的家族。自伊丽莎白一世统治以来，塞西尔家族的人一直担任国家要职。克兰伯恩的祖父是索尔兹伯里的第三任侯爵，曾做过首相，他的堂兄亚瑟·鲍尔弗（Arthur Balfour）也是。20 世纪 30 年代，塞西尔家族又多了一个特点，他们是英国为数不多的几个强烈反对绥靖政策的贵族家族之一。几代以来，他们以思想独立和拥护不受欢迎的事业的决心而闻名。"塞西尔家族对暴民的嚷叫声充耳不闻。"[2] 一位 19 世纪的崇拜者称。塞西尔家族最新一代的政治人物由博比提·克兰伯恩领衔。

作为伊顿公学和牛津大学的学生，瘦削、秃顶的克兰伯恩曾在战争中与掷弹兵部队并肩作战。他在外交部这个安静、彬彬有礼的世界里是个异类，就像他在更为喧闹的下议院里一样。他是一个有

94

---

① Simon Ball, *The Guardsmen : Harold Macmillan, Three Friends, and the World They Made*, London : HarperCollins, 2004, p. 5.

② Kenneth Rose, *The Later Cecils*, New York : Harper & Row, 1975, p. 33.

坚定道德信念的人，他和罗纳德·卡特兰一样，不管后果如何，都能毫不犹豫地表明自己的信念。"他能非常清楚地分辨身处顺境还是逆境，"吉姆·托马斯说，"完全不受一般政客世俗想法的束缚。"①

克兰伯恩确信绥靖政策会给英国带来灾难，吉姆·托马斯和奥利弗·哈维（Oliver Harvey）表示赞同。哈维是一名职业外交官，曾任艾登部门私人秘书。如果艾登没有这3个人的建议，他是否会以最终的方式回应张伯伦是值得怀疑的。艾登谨慎、喜欢和解和妥协，正是这些品质使艾登在外交上取得了成功，而它们也大大降低了他作为一个政治领袖的效率。克兰伯恩、托马斯和哈维帮助他增强了自信和勇气。他们敦促艾登利用公众对绥靖政策日益增长的不安与首相对峙。艾登是内阁中最受欢迎的人物。如果他不支持张伯伦，艾登的顾问们说，张伯伦政府肯定会垮台。1937年末，哈维在给艾登的信中写道："政府靠你的知名度和声誉生存，你不仅有权，而且有能力提出条件。"② 1938年2月，达夫·库珀的议会私人秘书汉密尔顿·克尔（Hamilton Kerr）告诉库珀，如果艾登离开政府，"下议院的投票情况将是不乐观的，超过100名我们原来的支持者将会投票反对我们"③，库珀怀疑，反对者里甚至包括克尔本人。

张伯伦与艾登的冲突在1938年2月19日爆发，当时张伯伦向内阁宣布，他打算不顾艾登的反对，与墨索里尼展开直接谈判。外

① Simon Ball, *The Guardsmen: Harold Macmillan, Three Friends, and the World They Made*, London: HarperCollins, 2004, p. 165.
② David Carlton, *Anthony Eden: A Biography*, London: Allen Lane, 1981, p. 119.
③ Duff Cooper, *Old Men Forget: An Autobiography of Duff Cooper*, London: Century, 1986, p. 212.

交大臣对张伯伦说,他除了辞职别无选择。然而,艾登似乎仍然没有把握。其他内阁成员担心国家对这一消息的反应,在接下来的24小时里对艾登施加了很大的压力,让他重新考虑。艾登动摇了,认为也许做一些妥协可以让他留在政府。如果他辞职,他会失去成为首相的机会吗?艾登的良心和野心发生了矛盾,克兰伯恩和托马斯尽力使他的良心占上风。在艾登与内阁成员开会的间隙,① 他们让艾登坐下,让他打起精神,向他保证他做的事是正确的,就像职业拳击手的助手在两轮比赛之间做的那样。他们说,艾登不会一个人离开,他们也会辞职。他们会一起告诉下议院他们为什么这样做。最终艾登同意了。1938年2月20日晚,他正式提出辞职。

这个消息使伦敦的公众大为震动。"艾登的辞职让舆论一片哗然,"哈罗德·尼科尔森在日记中写道,"整个早上都有电话留言——每个人都不知道该怎么办。我告诉他们保持冷静……"② 在德国,报纸大肆宣扬艾登的辞职是张伯伦向希特勒投降的标志。这位元首在外交大臣艾登辞职的那天发表了一篇攻击他的演讲,第二天,柏林的报纸上出现了一个大标题:"希特勒讲话,艾登下台"。《约克郡邮报》(Yorkshire Post)的编辑亚瑟·曼恩(Arthur Mann)沮丧地告诉一位朋友,希特勒和墨索里尼"无疑认为他们已经把张伯伦拉下马了"③。

曼恩是英国为数不多的支持艾登行动的报纸编辑之一,大多数总部设在伦敦的全国性报纸强烈支持张伯伦及其政府。即便如此,艾登的辞职还是让许多英国人感到震惊。一项全国性的民意调查显

---

① Simon Ball, *The Guardsmen : Harold Macmillan , Three Friends , and the World They Made*, London:HarperCollins, 2004 , p. 168.

② Harold Nicolson Diaries, February 21, 1938.

③ Arthur Mann to Forbes Adam, February 30, 1938, Avon Papers.

示，71％的受访者认为艾登辞职是正确的。① 只有 26％的人说他们赞成张伯伦的外交政策，58％的人表示不赞同。

一场全面的政治危机似乎即将来临。热心的张伯伦的支持者奇普斯·钱农（Chips Channon）忧心忡忡地说："危机在全国发酵，谁也不知道那只猫会往哪边跳。"② 保守党中持不同政见者以及议会外的反绥靖政策者都很高兴。他们确信艾登会利用公众对张伯伦政策日益高涨的反对之势，团结议会和全英国人民反对首相及其部下。和全国人民一样，他们满怀期待地等待艾登发表辞职演说。

在国家出现危机和争议的时候，通常会有大批民众聚集在议会大厦和唐宁街 10 号外面。1938 年 2 月 21 日清晨，议会广场挤满了人。下午约 3 点，当艾登和克兰伯恩进入这座宏伟的新哥特式建筑时，外面数百人为他们热烈欢呼。房间里挤满了人，充满了紧张的气氛。当张伯伦坐上政府的长凳时，他身后的保守党人大声欢呼。半小时后，艾登和克兰伯恩走了进来，在舷梯下面坐了下来。舷梯是辞职大臣的传统落座地。艾登面色苍白，神情紧张，似乎对反对党议员和保守党支持者们的欢呼声充耳不闻。这些支持者包括丘吉尔、麦克米伦、卡特兰、哈罗德·尼科尔森、爱德华·斯皮尔斯、罗纳德·特里、保罗·埃默斯-埃文斯和杰克·麦克纳马拉。其余的保守党人静静地坐着，等着听他说些什么。

就在辩论开始前几个小时，丘吉尔给艾登寄了一封短信，敦促

---

① Richard Cockett, *Twilight of Truth：Chamberlain，Appeasement & the Manipulation of the Press*, New York：St. Martin's, 1989, p. 190.

② Robert Rhodes James, ed., *"Chips"：The Diaries of Sir Henry Channon*, London：Phoenix, 1999, p. 145.

他不要因张伯伦而退缩。① 丘吉尔说，他的事业就是英国的事业。但当艾登站起来说话时，他并没有发出战斗的召唤，也没有大声地谴责绥靖政策。房间里的人们的兴奋感和期待变成了困惑。他那令人费解的言辞，和他本人一样彬彬有礼、温文尔雅，只涉及他和张伯伦对启动与意大利谈判的分歧。事实上，他是如此温和、老练，以至于他的许多同僚不确定他为什么要辞职。②

博比提·克兰伯恩说出了艾登未能说出的话。艾登一演讲完，戴眼镜的克兰伯恩就站起身，他看上去更像一个会计师，而不是政客。他宣称，艾登与张伯伦不仅在外交谈判的细节上存在分歧，而且他们之间的分歧涉及原则问题。英国应该与一个屡次违反条约和协议的国家谈判吗？克兰伯恩勋爵不这么认为。张伯伦决心与意大利谈判，他说，这不过是"向讹诈投降"③。据《每日电讯报》(*The Daily Telegraph*) 报道，一向不善言辞的克兰伯恩"以其有力的言辞震惊了全场"④，抢走了"艾登先生的风头"。

尽管克兰伯恩的演讲取得了效果，但是艾登才是靖绥主义者想捉住的首脑。在艾登模棱两可的演讲之后，靖绥主义者仍然希望他接受挑战。在接下来的日子里，艾登收到了数百封信，恳求他这样做。他"目前是英国最有权势的人"⑤，安东尼·艾登辞职 6 天后，加拿大一家新闻报纸宣布："他可以在下议院和全国分裂保守党。

① Churchill to Eden, February 21, 1938, Churchill Papers.
② Harold Macmillan, *Winds of Change : 1914 - 1939*, New York: Macmillan, 1962, p. 485.
③ Simon Ball, *The Guardsmen : Harold Macmillan, Three Friends, and the World They Made*, London: HarperCollins, 2004, p. 170.
④ *The Daily Telegraph*, February 22, 1938.
⑤ "Anthony Eden's Temptation in the Wilderness," February 26, 1938, *Yorkshire Post*, Avon Papers.

在大选中，他将毫无悬念地成为政府的领导人，他（可能）获得比我们这个时代的英国首相更广泛、更多样、更热情的支持。"尽管张伯伦仍占据了下议院的大多数席位，"在英国，还有一个人找不到表达的机会"，他厌倦了"就像毒气一样蔓延到这片曾经辉煌的土地上的权宜之计和胆怯的行为"。该报称，这取决于安东尼·艾登是否响应号召。

十年后，二战结束，温斯顿·丘吉尔在回忆录中写道，得知艾登辞去外交大臣一职后，他度过了一个不眠之夜。1938 年，丘吉尔将艾登描述为"一个坚强的年轻人，屹立在漫长、阴郁、缓慢的投降的浪潮中"①。这是对艾登（这位后来成为丘吉尔战时第一助手的人）的一种慷慨而浪漫的看法，并让后代强化了早期流行的艾登形象。问题是，这个形象与现实不符。艾登的支持者渴望他在反绥靖主义运动中发挥领导作用，他们赋予艾登一种他从未有过的反抗精神。记者道格拉斯·杰伊（Douglas Jay）说，艾登是在抗议"张伯伦政策的总体偏向"②。事实上，虽然他因为英国与意大利的谈判而辞职，但在首相对德国的绥靖政策上，他的想法与张伯伦的一致。

此外，安东尼·艾登并不想把政府搞垮。他的血液里没有流淌着反抗的元素。多年后，他在日记中写道："我真的讨厌政治游戏，不是因为我比（其他政客）强，上帝保佑，而是因为我缺乏'勇气'。"③ 在他辞职之前，他并没有试图团结达夫·库珀和其他

98

---

① Winston Churchill, *The Gathering Storm*, Boston: Houghton Mifflin, 1948, p. 257.
② David Dutton, *Anthony Eden: A Life and Reputation*, London: Edward Arnold, 1997, p. 3.
③ Robert Rhodes James, *Anthony Eden*, London: Weidenfeld & Nicolson, 1986, p. 203.

内阁成员，这些人对张伯伦的外交政策方向表达了越来越多的担忧。也许他希望自己不付出任何努力，政府就会崩溃，下议院的议员们就会团结在他周围。但这种情况并没有发生，为了确保它不会发生，内阁成员和政府党鞭们开始散布流言，声称艾登是因为身体和精神问题辞职的。

尽管遭到诽谤，但艾登明确表示，他无意脱离保守党领导层。事实上，他在选区发表一场引人注目的演讲之前，把自己的讲话内容提交给了内阁大臣以获得批准——正如他的传记作者 D. R. 索普（D. R. Thorpe）所指出的那样，这几乎不是"一个反叛者为了制造麻烦而采取的行动"①。然后，他带着妻子去法国南部度假，这次旅行持续了近两个月。艾登是一位"精明的政治家，不会断了自己的后路"②，奇普斯·钱农在 1938 年 2 月底的日记中写道，"已经有传言说他会回政府就职"。

1938 年 3 月 12 日，在艾登辞职后不到一个月，希特勒的军队迈着正步进驻奥地利，这位前外交大臣却在享受他的假期。那些指望他当领袖的人都大吃一惊。在德国接管某个主权国家时，英国就应该与德国划清界限。在莱茵兰地区军事化后，希特勒曾承诺"德国没打算……在并奥地利或缔结一项德奥合并的条约"③。在张伯伦和他的下属认清元首的贪婪之前，希特勒还有多少的背信弃义之举呢？

在伦敦街角，报童们大声喊道："德国又在行军了！"在唐宁

---

① D. R. Thorpe, *Eden: The Life and Times of Anthony Eden First Earl of Avon, 1897–1977*, London: Chatto & Windus, 2003, p. 218.

② Robert Rhodes James, ed., *"Chips": The Diaries of Sir Henry Channon*, London: Phoenix, 1999, p. 147.

③ Geoffrey Cox, *Countdown to War*, London: Hodder & Stoughton, 1990, p. 220.

街 10 号外面，紧张的人群看着大臣们匆匆进出。弗吉尼亚·考尔斯回忆说，对战争的恐惧笼罩着英国的首都，这种恐惧"像毒气一样弥漫在空中"①。年轻男子纷纷志愿加入地方自卫队，妇女和老年人则报名参加救护服务和空袭预防组织。在德奥合并几天后，数千人游行穿过海德公园并呐喊着，举着"张伯伦必须下台"的标语牌。

取代艾登担任外交大臣的哈利法克斯勋爵（Lord Halifax）身材高大，长得像白鹳，是前印度总督。他对内阁表示："公众舆论正迅速转向让国家防御更接近战争状态的方向。"② 吉姆·托马斯曾陪同艾登前往法国，罗纳德·卡特兰给托马斯写信说："自从你离开后，下议院几乎一直处于骚动之中。下午，英国政府拒绝（对奥地利采取任何行动），导致许多人在议会大堂和吸烟室里窃窃私语，策划阴谋……奥地利已经让人们动摇了。"③

张伯伦急忙结束了这种好战情绪，向内阁和同胞保证英国不会卷入最近的国际骚乱。作为进一步的保证，通常反映政府观点的《泰晤士报》刊登了一群热情的奥地利人欢迎希特勒到维也纳的照片，却没有数百名奥地利人（其中许多是犹太人）在纳粹统治初期被枪杀的照片，也没有数万人被逮捕并送往集中营的照片。同样，没有犹太人的商店和家庭被纳粹冲锋队大规模洗劫的照片，也没有纳粹强迫犹太医生、律师和教授用手和膝盖清理厕所、刷洗街道的照片。《纽约时报》驻维也纳的记者道格拉斯·里德（Douglas Reed）被众多羞辱人、恐怖的场面深深震惊了，他并没有像他效

---

① Virginia Cowles, *Looking for Trouble*, New York：Harper, 1941, p. 111.

② William Manchester, *The Last Lion：Winston Spencer Churchill：Alone, 1932 - 1940*, New York：Dell, 1988, p. 287.

③ Ronald Cartland to Jim Thomas, March 22, 1938, Cilcennin Papers.

力的报纸那样彬彬有礼。里德在给《纽约时报》主编杰弗里·道森（Geoffery Dawson）的信中写道"在最疯狂的噩梦中，我都没梦见过如此有计划、残酷、无情和嚣张的行为。当这台机器开始运转时，像蝗虫一样摧毁它遇到的所有东西。生命的毁灭会使世界大战看起来像布尔战争。"① 哥伦比亚广播公司（CBS）的记者威廉·夏伊勒（William Shirer）是发生在奥地利的纳粹暴行的另一位目击者，他宣称："在维也纳的纳粹的行为比我在德国看到的任何行为都要糟糕。这是一场虐待狂的狂欢。"②

与此同时，在费拉角，安东尼·艾登通过阅读法国报纸和收听维也纳广播，密切关注局势。在给保罗·埃默斯－埃文斯的信中，吉姆·托马斯称艾登"处于最佳状态。每天打 6 盘网球，脸被太阳晒得通红。我的脚起泡了，但安东尼很冷酷"③。艾登的支持者遗憾地指出，他的冷酷无情让他未能找回以前的政治地位。 100

德国入侵奥地利给英国人带来的危机感很快就消散了，用弗吉尼亚·考尔斯的话来说，"公众又回到舒适的和平幻想中"。但外交大臣从政府离职确实在接下来的几个月里产生了影响，这种影响逐渐增强。保守党的反绥靖主义议员们开始联手，公开支持艾登，并且拒绝支持政府反对工党发起的对首相的不信任投票。在投票中，没有多少保守党人弃权，只有大约 20 名保守党人弃权了，包括丘吉尔、麦克米伦、卡特兰、布思比、托马斯、尼科尔森、埃默斯－埃文斯、麦克纳马拉、斯皮尔斯和特里。他们的决定没有起到实际效果，保守党的多数派成功地挫败了工党的责难决议。但他们

---

① William Manchester, *The Last Lion : Winston Spencer Churchill : Alone*, *1932 – 1940*, New York : Dell, 1988, p. 281.

② Jim Thomas to Paul Emrys-Evans, March 1938, Emrys-Evans Papers.

③ Virginia Cowles, *Looking for Trouble*, New York : Harper, 1941, p. 111.

的行动标志着第一次公开反抗，张伯伦和保守党高层决心将其击退。

埃默斯－埃文斯和尼科尔森这两位前外交官，以及英国外交部的资深人士最先预感到后果。

当时 48 岁的保罗·埃默斯－埃文斯是下议院外交事务委员会主席，该委员会负责监督外交部的工作。埃默斯－埃文斯在南非长大，父亲是移居南非的英国银行家。作为哈罗公学和剑桥大学的校友，他和许多外交部同事一样，是一名退伍军人。埃默斯－埃文斯的左臂在索姆河战役爆发的第一天就断了。他在外交部门和外交部工作了 6 年之后，于 1931 年当选为议员，并加入了一个主张社会改革的、由进步保守党议员组成的小团体。尽管如他后来所说，他"肯定没有像麦克米伦那样左"①。

但他仍然对外交事务感兴趣。"希特勒在德国掌权后，我强烈地感到一场革命已经发生了，"他回忆道，"我们应该……尽一切力量牵制德国，抵抗希特勒。"在希特勒出兵莱茵兰之后，埃文斯给大卫·马杰森发了一封关于政府拒绝回应德国军事化的信，措辞严厉。"今年的事件几乎都是灾难性的，"他称，"如果想阻止腐败，就必须提供线索。政府中有太多的失败主义情绪。"②

一位熟人形容埃默斯－埃文斯"极其诚实"③，他对英国领导人未能让公众了解真实情况尤其感到愤怒。他认为，英国人民支持保守党在 1935 年选举中对意大利实施制裁的呼吁，以及他们对《霍尔－拉瓦尔协定》的愤怒，发出了一个明确的信号，即他们会

---

① Emrys-Evans to Paul Addison, June 3, 1965, Emrys-Evans Papers.
② Emrys-Evans to David Margesson, July 13, 1936, Emrys-Evans Papers.
③ Interview with Alistair Henderson.

支持更加自信的外交政策以及加强英国军备的决定，鲍德温和他的下属没有理会这个信号。埃默斯－埃文斯多年后写道："现在流行的说法是，公众倾向和平主义，以至于我们不可能重新武装或采取强有力的外交政策。"① 在他看来，这种信念是"无能和胆小的领导人对人民的诽谤。这个国家的人们从来没有被告知真相，那些试图解释世界上正在发生什么并发出警告的人却被政府、政党机器和新闻界视为危言耸听的少数派"②。

在鲍德温担任首相期间，埃默斯－埃文斯的信并没有在政府引起多少轰动。但是，当张伯伦接替鲍德温之后，这种容忍戛然而止，持不同政见的人越来越多。1938 年初，外交事务委员会发表了一份公报，敦促张伯伦对希特勒采取更强硬的态度，但马杰森出面干预，使公报的语气缓和下来。他宣称，该公报只会"激怒"希特勒。埃默斯－埃文斯不情愿地同意软化公报的措辞（尽管丘吉尔提出了抗议），因为他不想在与张伯伦的斗争中增加艾登的困难。"这是一段耻辱的插曲，"埃默斯－埃文斯后来在给艾登的信中回忆道，"而且（这表明）党鞭已经试图给后座议员施加压力。"③

艾登辞职后，这位外交事务委员会主席不想再妥协。令他感到失望的是，艾登没有因为重整军备而辞职，这位外交大臣一直在"向一个缺乏同情心的内阁施压，但没有成功"④。尽管如此，埃默斯－埃文斯还是在下议院发表了一篇直言不讳的演讲来支持艾登。他称艾登的辞职对国家来说是"一场灾难"⑤，并指责政府采取了

102

---

①　Emrys-Evans to Leo Amery, July 1, 1954, Emrys-Evans Papers.

②　Emrys-Evans to Anthony Eden, November 29, 1961, Emrys-Evans Papers.

③　Emrys-Evans to Anthony Eden, May 16, 1962, Emrys-Evans Papers.

④　Emrys-Evans to Leo Amery, August 3, 1954, Emrys-Evans Papers.

⑤　*Hansard*, February 21, 1938.

"有失尊严、惊慌失措的方法"来安抚墨索里尼和希特勒。

哈罗德·尼科尔森也加入了攻击政府的行列，他是埃默斯－埃文斯在外交事务委员会的副手。尼科尔森附和了博比提·克兰伯恩的说法，即张伯伦同意与意大利谈判，但已经屈服了。他问下议院，是否应该"微笑着拥抱一个一贯、不断、蓄意、毫无歉意地违反它曾经签署的每一项协定的国家"①？"无论我们多么软弱、分裂、糊涂，我们从来没有像现在这样冷静、有计划地为错误辩护，"尼科尔森说，"让我感到遗憾的是，那些伟大的政策原则现在已经被我们踩在脚下。"

和罗纳德·卡特兰一样，哈罗德·尼科尔森在议会也是个相对的新生代。他当议员才两年，但他在外交事务上的专业知识远远超过埃默斯－埃文斯，或者就这一点而言，几乎超过任何后座议员。哈罗德是亚瑟·尼科尔森爵士的儿子，亚瑟是一位杰出的英国大使，已经结束了作为外交次大臣的职业生涯。哈罗德童年的大部分时间在巴尔干半岛、中东、西班牙和俄罗斯的英国大使馆度过。在惠灵顿公学和牛津大学学习之后，他加入了外交部。他对中东和巴尔干地区的了解，使他很快成为外交秘书中不可或缺的人物。作为亚瑟·贝尔福的顾问，他帮助起草了《贝尔福宣言》（Balfour Declaration），该宣言表明 1917 年英国支持在巴勒斯坦建立犹太人家园。在 1919 年的巴黎和平会议上，他帮助贝尔福起草了战后和平条款，并参与了新独立国家捷克斯洛伐克的边界划定。后来尼科尔森根据他在巴黎的经历写了几本关于外交艺术的书。其中，《调停，1919》（Peacemaking 1919，1933 年出版）和《外交》（Diplomacy，1939 年出版）成为经典。

①　Hansard, February 21, 1938.

20世纪20年代，尼科尔森曾担任英国驻德黑兰公使馆参赞，后来又出任驻柏林大使馆参赞。在德国待了一段时间后，他作为大使的副手到华盛顿的大使馆任职。"他似乎注定要干一番光彩夺目的事业。"① 他的一位外交官同事评价道。20世纪30年代，在白厅（英国政府）几乎没有人怀疑尼科尔森会像他的父亲一样，最终成为一名大使。

但1930年1月，时年43岁的尼科尔森突然辞去了外交部的职务，加入了比弗布鲁克勋爵负责的《旗帜晚报》，撰写关于政治和社会八卦的每日专栏，专栏名字叫"伦敦人日记"。对于他辉煌的外交生涯来说，这是一个惊人的成就，伦敦社交圈对他辞职原因的猜测甚嚣尘上。事实上，他这样做在很大程度上是由于他的妻子维塔·萨克维尔-韦斯特。萨克维尔-韦斯特致力于写作，喜欢独立，讨厌外交官妻子的职责。她向丈夫明确表示，不会陪他去华盛顿，就像她没有陪他去德黑兰和柏林一样。在尼科尔森前两次任职位期间，萨克维尔-韦斯特的缺席勉强可以接受，但对于华盛顿的二号人物来说，配偶缺席重要活动肯定是不行的。

然而，在伊朗和德国，尼科尔森离开妻子过着悲惨的生活，这也是事实。他们的婚姻很不寻常。两人都牵涉多桩同性恋事件，萨克维尔-韦斯特最著名的同性伴侣是维奥莉特·特雷弗西（Violet Trefusis）和弗吉尼亚·伍尔夫（Virginia Woolf）。但尼科尔森夫妇在情感上相互依赖，两人都对西辛赫斯特城堡有着强烈的依恋之情。西辛赫斯特城堡位于肯特郡，是一座破旧的老庄园，萨克维

① James Lees-Milne, *Harold Nicolson: 1886 - 1929*, London: Chatto & Windus, 1980, p. 366.

尔-韦斯特在 1930 年买下了那里，就在她丈夫离开外交部几个月后。尼科尔森和萨克维尔-韦斯特在那里造出了美丽的花园，使西辛赫斯特城堡闻名于世。

比弗布鲁克勋爵提供的新闻工作带给尼科尔森一大笔钱，也让他有更多时间和萨克维尔-韦斯特以及他们的两个儿子在一起。在《旗帜晚报》的编辑看来，善于交际、温文尔雅的尼科尔森似乎是这个职位的最佳人选。他是一个才华横溢的讲述者，文笔讽刺且幽默。他在伦敦社交圈里得心应手。作为首都最好的几个俱乐部的会员，他喜欢参加没完没了的晚宴和其他社交聚会。即使聚会很无聊，他也玩得很开心。"这太奇怪了，我很享受各种聚会，"在一次聚会后，他在日记中写道，"我总是享受一切。这太可怕了。我必须振作起来，这一次我可能会感到无聊。"①

尼科尔森也是一个文化底蕴深厚的人。在外交部工作时，他写过丁尼生、史文朋、拜伦和魏尔伦的传记。因此，他发现自己写的"伦敦人日记"既琐碎又有辱人格，也就毫不奇怪了。18 个月后，他离开了《旗帜晚报》，重新开始写书，偶尔也做广播节目。20 世纪 30 年代中期，随着纳粹对欧洲和平的威胁不断升级，他错过了在外交部"处于事件中心"的机会，并由此得出结论：他的一生是失败的。他写道："我失去了所有正经的工作，牺牲了对权力的渴望，还要面对一种可怕的焦虑，那就是在这个世界上我一分多余的钱也没挣到。"②

1935 年，他有机会作为国家工党候选人参加议会选举。国家

---

① James Lees-Milne, *Harold Nicolson: 1886 - 1929*, London: Chatto & Windus, 1980, p. 92.

② Harold Nicolson, *Diaries and Letters*, Vol. 1, *1930 - 1939*, New York: Atheneum, 1996, p. 55.

工党是工党的一个小分支，它支持保守党控制的联合政府，并遵循保守党的路线。当尼科尔森被任命为国家工党西莱斯特的候选人时，他问一位政党组织者是否能说出自己的想法，而不仅仅表明政党的立场。那人惊呆了。"绝对不行，尼科尔森先生！"他喊道，"这么做真的很危险！"①

萨克维尔－韦斯特拒绝为尼科尔森助选，尽管他身边没有支持他的妻子，尼科尔森还是以微弱优势赢得了席位。在他进入下议院的最初几天里，他感到犹豫不定、没有把握，就像个新人。当他第一次走进吸烟室时，那里"充满了喊叫声和笑声，几乎看不到端庄得体的举止"②，他快步走过，"那淡定的眼神意味着'我一点儿也不害羞。我只是在急切地寻找一个非常重要的人'"。然后他听到有人喊他的名字。他转过身来，看见温斯顿·丘吉尔伸出双臂向他走来。"欢迎！"丘吉尔用低沉的声音说，把尼科尔森拉进自己一直在与之高谈阔论的议员圈子。尼科尔森在给妻子的信中写道："没有什么能像他们那样令人愉快。"

然而，尽管尼科尔森喜欢在议会任职，但和安东尼·艾登一样，他并没有在那里找到宾至如归的感觉。和艾登一样，尼科尔森是一个温和而有礼貌的人，从来没有斗争的欲望。尼科尔森在1937年底的日记中写道："我不好斗，无法把我的个性强加给下议院……1938年我将做出明确表态。目前，对于下议院的大多数人来说，我的态度还不明确。我的态度将以这样或那样的方式得到明确。"③

① Harold Nicolson, *Diaries and Letters*, Vol. 1, *1930–1939*, New York: Atheneum, 1996, p. 212.
② Harold Nicolson, *Diaries and Letters*, Vol. 1, *1930–1939*, New York: Atheneum, 1996, p. 222.
③ Harold Nicolson Diaries, December 31, 1937.

答案在 1938 年 2 月出现，就像一张化学水浴法处理的照片逐渐显现轮廓一样。当时尼科尔森发表了支持艾登的演讲，然后在谴责张伯伦的投票中弃权，他是小党派中唯一这样做的人。国家工党不认可他的行为，他被召集到选民协会的一次会议上解释自己的行为。当他的政党代理人告诉他最好在会议上什么也不要说时，尼科尔森拒绝听取他的建议："我到这里来是为了向选民解释我的行为，我会解释的。"① 他这么做了，选民们一致给他投了信任票。

但是他在下议院的保守党同僚们，在党鞭的驱使下，就没那么宽容了。1922 年委员会（所有保守派后座议员都属隶属该组织）谴责了尼科尔森和埃默斯 - 埃文斯对艾登辞职的回应，并要求他们辞去外交事务委员会的领导职务。经过几周的讨论，两人在 4 月辞职。大约在同一时间，埃默斯 - 埃文斯收到了一封措辞严厉的信，寄信人是他在南德比郡选区协会的主席。信中写道："非常坦率地说，我们不希望你骚扰政府……反对（首相）会挑起一场草率的战争。"②

对这两个人来说，第一次鸣枪示警是在一场漫长而激烈的战斗中。两人都没有退缩。虽然尼科尔森否认，但他还是发现自己有好斗的倾向。1938 年 5 月，尼科尔森在一次公开会议上遭到保守党强硬派的嘘声后，他高兴地给妻子写信："为什么当我面对 2000 名充满敌意的人大喊大叫时，感到非常高兴？我厌恶争吵，厌恶到了怯懦的地步。"③

---

① Harold Nicolson, *Diaries and Letters*, Vol. 1, *1930 - 1939*, New York: Atheneum, 1966, p. 326.

② Sir Robert Doncaster to Emrys-Evans, April 12, 1938, Emrys-Evans Papers.

③ Harold Nicolson, *Diaries and Letters*, Vol. 1, *1930 - 1939*, New York: Atheneum, 1966, p. 332.

第六章
"很显然，他说谎了"

已经过了午夜，橡木装饰的下议院图书馆几乎空无一人。① 但罗纳德·卡特兰还在说话。卡特兰已经为此努力了几个小时，他对英国正在滑向灾难的边缘，以及任何人似乎都无力阻止灾难的发生表达了自己的愤怒。如果在 1938 年 4 月 7 日的晚上，有张伯伦的支持者看到卡特兰和他的听众躲在角落里的绿色皮革扶手椅里，那么毫无疑问，这个消息会在早上传到大卫·马杰森的耳朵里。其结果多半是马杰森会再次滔滔不绝地演讲。因为此时年轻的保守党人正在和工党议员休·道尔顿（Hugh Dalton）谈话，他是为数不多的反对派领袖之一，很早就认识到希特勒的威胁以及英国重整军备的必要性。道尔顿曾在拉姆齐·麦克唐纳领导的两届政府中担任外交次大臣，他和一些工党人士一起，推动他们的政党从和平主义转向反对绥靖主义。

道尔顿曾是伦敦经济学院的教授，他以毫不掩饰对地主贵族深深的厌恶，以及对财富和特权的辛辣讽刺而著称，其中包括要求提

---

① Ben Pimlott, ed. , *The Political Diary of Hugh Dalton: 1918 – 1940; 1945 – 1960*, London: Jonathan Cape, 1986, p. 225.

高遗产税和累进所得税。他在激励保守党同僚方面的非凡才能源于他与许多保守党人有着相似的背景。道尔顿的父亲是英国国教的牧师，是未来的乔治五世和他的兄弟克拉伦斯公爵的家庭教师。公爵是道尔顿的教父，道尔顿本人曾就读于伊顿公学和剑桥大学，约翰·梅纳德·凯恩斯是他的同学。在谈到道尔顿时，工党议员艾伦·威尔金森（Ellen Wilkinson）指出："作为一名伊顿公学的校友，没有什么比在提问时面对一群以前的校友更让道尔顿高兴了……"①

然而，卡特兰并不关心他与一个被保守党领导人视为死敌的人谈话可能产生的影响。他已经因为直言不讳地发表反对绥靖政策的演讲而在保守党党鞭办公室和自己的选区协会中遇到了麻烦。卡特兰告诉道尔顿，再做一次坏事也没什么大不了的。他说，首相和他的部下想彻底粉碎保守党的反对党。任何怀疑这一事实的人都应该想想，在艾登主动辞职、保罗·埃默斯-埃文斯和哈罗德·尼科尔森被迫辞职后，他们对艾登的诋毁。保守党有了自己的领导，卡特兰继续说，张伯伦变得越来越独裁。令人惊讶的是，大多数保守党人如此盲目地追随他；令人惊诧的是，如此多的保守党人"仍然害怕共产主义者"②，很少有人意识到希特勒和纳粹对这个国家构成迫在眉睫的危险。

除了做一个满怀同情的听众，道尔顿几乎为卡特兰做不了什么。他建议这位年轻的议员，可能加入工党更舒心，并表示如果卡特兰决定转党，他会提供帮助。然而，这是不可能发生的。卡特兰仍然坚信传统的保守党价值观。此外，加入软弱的、分裂的工党，他对政策的影响更小。尽管工党要求对独裁者采取坚决的行动，但

① Ben Pimlott, *Hugh Dalton*, London: Jonathan Cape, 1985, p. 190.
② Hugh Dalton, *The Fateful Years: Memoirs 1931–1945*, London: Muller, 1962, p. 162.

在 20 世纪 30 年代的大部分时间里，工党拥护和平主义，这大大削弱了它的地位。大多数工党议员强烈反对重整军备，并投票反对每一项国防拨款。即使在 1938 年中期，工党党内仍然有一支强大的和平主义力量。

卡特兰仍将是保守党，他和一些持不同政见者必须找到一位领袖来激励和鼓舞他人。卡特兰告诉道尔顿，下议院有很多潜在的支持者。在希特勒吞并奥地利之后，约有 40 名保守党议员，对张伯伦的不作为感到非常愤怒，准备投票推翻政府——人数是艾登辞职后投弃权票人数的两倍。① 但似乎没有哪位领导人抓住时机，进一步激起人们的不满情绪，于是机会消失了。"反叛分子"的人数很快就减少了，回到原来的 20 人。

对于卡特兰和其他"反叛分子"来说，尤其令人恼火的是安东尼·艾登一直拒接电话。1938 年 3 月底，仍在法国南部自我放逐的艾登收到一封来自罗纳德·特里的紧急信件，信中警告说他这次在里维埃拉延长逗留时间，甚至受到艾登的一些反靖绥主义同僚的质疑。② 至关重要的是，艾登必须返回伦敦，公开反对希特勒对奥地利的进军及其对捷克斯洛伐克的明显图谋。几个星期后，邓肯·桑兹写信给艾登说："我本人，和许多其他人将追随你，无论你选择带领我们到哪里。我们最需要的是像你这样的人让我们团结起来。我们大多数人非常讨厌四处打独立的游击战争……只有你才能起到领导作用，使党内所有人团结起来并发挥作用。"③

但是艾登直到春季晚些时候才回到英国，当他回来的时候，明

---

① Hugh Dalton, *The Fateful Years: Memoirs 1931 - 1945*, London: Muller, 1962, p. 162.

② Ronald Tree to Anthony Eden, March 23, 1938, Avon Papers.

③ Duncan Sandys to Anthony Eden, April 28, 1938, Avon Papers.

确表示自己无意挑战张伯伦。他在给博比提·克兰伯恩的信中写道："虽然我希望指出德国重整军备的危险，但我不想扮演独裁者不可调和的对手。"①

另一位可能成为"反叛分子"领袖的丘吉尔，继续谴责张伯伦未能与希特勒正面对抗，但他仍然被冠以鲁莽和缺乏判断力的名声。即使反绥靖政策的后座议员倾向于追随他，在1938年的春夏两季，他也有很长一段时间没有出现在议会里。由于经济拮据，丘吉尔在政治斗争中退了一步，隐居在查特韦尔，撰写了一系列杂志文章，完成了《马尔伯勒》（*Marlborough*），并开始撰写他的四卷本著作《英语民族史》（*English-Speaking Peoples*）。

当希特勒造成的威胁迅速加剧时，领导权的真空尤其具有破坏性。到1938年4月，毫无疑问，德国已经选定了捷克斯洛伐克作为下一个目标。希特勒鼓励苏台德地区的居民起来反抗捷克斯洛伐克。苏台德地区是一个多山的工业区，大部分居民是日耳曼人。捷克斯洛伐克政府严防希特勒的威胁和欺凌，对自己训练有素、装备精良、全员调动时可达30~40个师兵力的军队充满信心。此外，根据捷克斯洛伐克和法国于1924年签署的共同防御条约，如果捷克斯洛伐克与德国发生对抗，法国军队有义务向捷克斯洛伐克提供援助。

德国入侵捷克斯洛伐克是希特勒的真正意图，这对英国和欧洲大陆造成的可怕后果将远远超过德国吞并奥地利。捷克斯洛伐克是东欧唯一的民主国家。它是该地区工业化程度最高的国家，也是拥有世界上最强大的武器装备的国家之一。如果德国击败捷克斯洛伐克，它将控制捷克斯洛伐克的军火、工业产能和自然资源。此外，德国对捷克斯洛伐克的征服将对东欧和中欧其他国家构成严重威

---

① Anthony Eden to Bobbety Cranborne, June 8, 1938, Avon Papers.

胁，这将意味着对波兰的三面包围，并威胁到匈牙利和石油资源丰富的罗马尼亚。

但对于仍决心避免军事对抗的内维尔·张伯伦来说，捷克斯洛伐克的战略重要性毫无意义。他拒绝在捷克斯洛伐克独立受到威胁时向捷克斯洛伐克领导人提供支持。相反，在整个 1938 年的春夏两季，他和哈利法克斯勋爵与英国受条约约束的捷克斯洛伐克和法国玩起了猜谜游戏。虽然张伯伦不承诺在捷克斯洛伐克受到攻击时提供援助，但他在 1938 年 3 月底宣布，也不排除提供援助的可能性。[1]

在这一关键时期，另一位在其漫长的议会生涯中担任过多个内阁要职的著名保守党高级官员，开始在这场愈演愈烈的绥靖政策辩论中，站到了持不同政见者的一边。起初，虽然利奥·埃默里的参与受到了"反叛分子"的欢迎，但这似乎不太重要，这种情况很快就会改变。

乍一看，埃默里决定与一群自由派的保守党人结盟，这似乎有些奇怪。人们普遍认为这位身材矮小、戴着眼镜的议员是右翼保守派。近 30 年来，他一直是张伯伦的朋友和支持者，而且自就读哈罗公学以来，他就一直是丘吉尔的对手。同丘吉尔一样，埃默里早就敦促英国加强军备。长期以来，他一直敦促英国加强军备，曾直言不讳地指出扩军的必要性，就像丘吉尔直言不讳地指出扩大英国皇家空军规模的重要性一样。多年来，埃默里一直主张政府需要"一支与我们所承诺的外交政策相匹配的军队"，即一支训练有素、

---

[1]　Andrew Roberts, *"The Holy Fox" : The Life of Lord Halifax*, London: Phoenix, 1997, pp. 95 – 96.

装备精良的大型专业部队。然而，他也坚定地认为，英国应专注于保护和加强其帝国，远离大陆争端。作为现实政治的信奉者，埃默里确信没有什么可以阻止德国重新武装，因此，与希特勒保持良好关系，并接受德国对东欧和中欧的经济统治至关重要。① 他也是与墨索里尼发展友好关系的倡导者，在意大利入侵阿比西尼亚后，他提出实施制裁，在议会中引起了轩然大波，因为他宣称"不准备为了阿比西尼亚而牺牲一个伯明翰小伙子"②。

　　希特勒进军奥地利是促使他转变的催化剂。毫无疑问，64 岁的埃默里是一个正直、值得尊敬的人——丘吉尔曾称他为"参与公众事务中最正直的人"③ ——他在奥地利所看到的一切，尤其是纳粹对该国犹太人的残酷迫害，令他感到恶心。他在给《泰晤士报》的一封信中说，不可能再与许多德国人讨论"和解"④。"和平的最大希望，"他补充道，"现在在于告诉德国，如果它入侵捷克斯洛伐克，我们会强烈反对。"

　　埃默里没有告诉下议院的同僚，他对几乎所有认识的人都保密的是，他自己是半个犹太人。⑤ 他母亲是匈牙利犹太人，在君士坦丁堡长大，后来在英国定居。他的父亲是一名低级别的英国林业部官员，职业生涯的大部分时间在印度度过，埃默里在那里出生。当利奥·埃默里还是孩子的时候，查尔斯·埃默里就抛弃了他

　　① 　John Barnes and David Nicolson, eds. , *The Empire at Bay: The Leo Amery Diaries 1929 - 1945*, London: Hutchinson, 1980, p. 370.

　　② 　L. S. Amery, *My Political Life*, Vol. 1, *England Before the Storm 1896 - 1914*, London: Hutchinson, 1953, p. 175.

　　③ 　William Roger Louis, *In the Name of God, Go !: Leo Amery and the British Empire in the Age of Churchill*, New York: Norton, 1992, p. 39.

　　④ 　L. S. Amery, *My Political Life*, Vol. 3, *The Unforgiving Years 1929 - 1940*, London: Hutchinson, 1955, p. 23.

　　⑤ 　Amery obituary, *Manchester Guardian*, September 17, 1955.

的家庭，利奥的母亲搬回了英国，她在那里过着节衣缩食的生 111
活，为了攒够钱让儿子接受正统英国绅士的教育，她住在寄宿公
寓和廉价旅馆里。

从进入哈罗公学的那天起，利奥·埃默里就专心致志地学习，
决心不辜负母亲的期望。作为一名优秀的学生，他获得了一个又一
个奖项，并在入学第二年年底成为学校的尖子生。1889 年夏季学
期，15 岁的利奥·埃默里是哈罗公学的一名重要人物，他升入了
高年级——六年级。14 岁的温斯顿·丘吉尔第一次在学校的游泳
池里遇见他时，懊恼地发现了这一事实。丘吉尔在进入哈罗公学
前，已经有了"捣蛋鬼"的名声。他从心底讨厌哈罗公学的传统，
更不用说它还强调学习拉丁语和希腊语。一位丘吉尔的同学回忆
说："他总是违反老师或同学们制定的几乎所有规则，屡教不改，
而且'顶嘴'的词汇量是无限的。"①。

温斯顿在那个夏季学期为数不多的乐趣之一就是在达克游泳，
那是学校的一个大且弯曲的游泳池，坐落在青草丛生的山脚下。在
阳光明媚的日子里，他和其他男孩总爱待在达克，在混凝土的露天
平台上晒日光浴。淘气的丘吉尔喜欢偷偷溜到毫无戒备的同学
（最好是比他小的同学）身后，把他们推入游泳池，来活跃懒散的
时光。

一个炎热的下午，他发现了潜在目标，一个红头发的小男孩站
在泳池边，腰上围着一条毛巾。同样是红头发的丘吉尔悄悄爬到
"受害者"身后，抓起毛巾，把他推进了游泳池。使他吃惊和错愕
的是，那个男孩气冲冲地蹿出水面，脸上带着愤怒的表情，然后用

---

① Charles Eade, ed., *Churchill by His Contemporaries*, London：Hutchinson, 1953,
p. 19.

力向池边游去，显然决心要报复他。丘吉尔拔腿就跑，但追赶者很快就追上了他，把他扔进了达克的深处。丘吉尔爬出来时，被几个低年级的男孩子围住了。"现在你要倒霉了！"其中一个男孩喊道，"你知道你都干了些什么吗？你刚才推的人是埃默里。他上六年级。他是一家之主，也是健身房冠军，已经入选了足球校队……"① 埃默里的成就一个接一个被列举出来，丘吉尔能想到的袭击一个年长男孩会出现的各种可怕报应也一个个跳了出来。

112　　丘吉尔因恐惧和"亵渎圣物的罪恶感"而感到不知所措，他紧张地走近埃默里。"我很抱歉，"他说，"我把你错当成四年级的学生了，因为你个子不高。"埃默里的表情变得更加暴躁，丘吉尔意识到自己挖了一个更深的坑，于是很快补充道："我的父亲是个伟大的人，但他也很矮。"（事实上，这两个男孩都很矮，而且一直很矮：成年后，埃默里身高5英尺4英寸②，而丘吉尔只比他高2英寸。）令丘吉尔松了一口气的是，埃默里对他的无礼言论一笑置之，并告诉他今后要小心点。然而，尽管埃默里当时轻松地放过了丘吉尔，这次偶遇还是为他们之间的竞争关系定了基调，这种不稳定的关系在他们的余生中一直存在。

当埃默里在哈罗公学继续大出风头时，丘吉尔却从未在那里获得过荣誉。他从未成为他所谓的学校贵族的一分子。事实上，他并没有正式从初中毕业，因此也没有自己的小圈子。③ 在就读哈罗公学30多年后，丘吉尔告诉埃默里，他"一直对罪犯

---

① Winston Churchill, *My Early Life: A Roving Commission*, London: Butterworth, 1930, p. 18.

② 1英寸≈2.54厘米。——译者注

③ Winston Churchill, *My Early Life: A Roving Commission*, London: Butterworth, 1930, p. 20.

怀有最大的同情……因为我自己在英国的私立学校和公学里服了 11 年的'劳役'"①。

后来，丘吉尔去了陆军和骑兵军官学院所在地桑德赫斯特，而埃默里上了牛津大学，继续他看似毫不费力的学术生涯。在那里，埃默里获得了一等学位，能流利地说德语、意大利语和法语，还学会了几种新的语言，包括塞尔维亚语、克罗地亚语和马扎尔语。24岁时，埃默里被选为牛津大学万灵学院院士，这是英国知识界最负盛名的荣誉之一。②万灵学院是一所没有本科生的学院，由大约 50 名研究员组成，其中包括著名的学者以及艺术与公共生活领域的杰出人士，包括法官、政府部门的部长、记者和商人。当埃默里成为该学院院士时，万灵学院研究员包括首相索尔兹伯里勋爵和未来的印度总督兼外交大臣乔治·寇松。设置这一奇特机构背后的想法是在学术界和外界之间架起一座桥梁，让学者们定期与参与公共事务的人联系。几年后，《伯明翰邮报》（*Birmingham Post*）称埃默里是"他那个时代最优秀的古典学者之一"。

113

然而，尽管埃默里有学术才能，但他不是象牙塔里的知识分子。他是一个热情、善于交际的人，喜欢运动和冒险。他一生都热衷于滑雪和登山，曾多次攀登马特洪峰。1929 年，在担任自治领和殖民地的国务秘书期间，他攀登了加拿大落基山脉的一座 11000 英尺高的山峰，后来该山以他的名字命名为埃默里山。离开牛津大学后，他进入了新闻业。他在《泰晤士报》的记者生涯几乎和丘吉尔早期的职业生涯一样丰富多彩。

布尔战争前夕，《泰晤士报》派埃默里去南非，他负责在报纸

---

① Martin Gilbert, *Winston S. Churchill*, *Companion*, Volume V, *1922–1939*, Part 2, London: Heinemann, 1981, p. 34.

② Amery obituary, *Birmingham Post*, September 17, 1955.

上报道当地的冲突情况。这位敢于冒险的年轻记者，领导《泰晤士报》的 20 多个通讯员和特约记者，设法说服布尔军队的首领，让他在布尔人的队伍中报道这场战争，但是战斗真正开始的时候，他无法留在布尔人的队伍中。几周后，在纳塔尔前线，埃默里遇到了正在为《晨邮报》（Morning Post）撰稿的丘吉尔。他们两人在埃斯特科特火车站附近共用一个帐篷，一支小规模的英国军队紧张地准备迎击布尔人的攻击，不时派一辆英国装甲列车去莱迪史密斯执行侦察任务。由于没有更好的事可做，埃默里和丘吉尔决定乘坐装甲列车开始下一段旅程。①

　　但是当那一天到来的时候，下起了瓢泼大雨，埃默里确信列车不会准时发车，于是就待在睡袋里，丘吉尔则去车站，想弄清楚究竟发生了什么事。不久之后，远处的枪声把埃默里从睡梦中惊醒。他爬出睡袋，和另一名英国记者顺着铁轨朝枪声方向跑去。不久，他们看到列车的车头向他们驶来，英国士兵紧抓着列车的两侧铁杆。士兵们告诉记者们发生了什么：列车正点出发，丘吉尔也在车上，他们遭到了 5 英里外的布尔人的伏击。士兵们描述了丘吉尔如何挥舞着手枪，大喊"伙计们，保持冷静"②，还有"这对我的报道来说会很有意思"。他帮忙把脱轨的车厢从铁轨上清理掉，并把受伤的英国士兵扶上了车头，不知怎么回事，车头开了出来。丘吉尔返回伏击现场帮助其他伤员，被布尔人抓获。他在袭击事件中的英勇事迹，以及随后从布尔监狱大胆越狱的事，成为世界各地的新闻头条，并使他在英国成为名人。

　　许多年以后，丘吉尔和埃默里在一次你来我往的言语交锋中，

① L. S. Amery, *My Political Life*, Vol. 1, *England Before the Storm 1896 - 1914*, London: Hutchinson, 1953, p. 117.

② Brian Roberts, *Churchills in Africa*, London: Hamish Hamilton, 1970, pp. 173 - 174.

就早起的利弊进行了辩论。埃默里说，他们在南非乘坐列车的经历证明，"早起的虫儿容易被捉到"[①]。丘吉尔很快就怼了回去："如果我没有早到，就不会被抓。如果我没有被抓，就不会越狱。监禁和越狱为我提供了演讲的素材，我还因此出版了一本书，这本书让我挣了足够的钱。而且，这段经历使我在 1900 年进入议会，比你早了 10 年。"

事实上，直到 1911 年，埃默里才被选为议员。为了进入政界，他拒绝了《泰晤士报》让他担任编辑的邀请。他的选区在内维尔·张伯伦的家乡伯明翰，张伯伦的支持对他当选议员至关重要。埃默里在自己的日记中写道："我能当选议员要归功于内维尔……他见了很多人，说服了许多人……"[②] 在接下来的 25 年里，埃默里在政治上与张伯伦家族结盟，特别是与内维尔的父亲约瑟夫结盟。实际上，埃默里很快就成了下议院中的帝国特惠制的倡导者，这是约瑟夫·张伯伦提出的一项保护主义计划，旨在将英国和它的帝国团结在一个经济共同市场中，并对来自非帝国特惠制国家的进口商品征收高额关税。"温斯顿·丘吉尔曾经说过，我父亲似乎认为大英帝国是他的私有财产，"埃默里的儿子朱利安（Julian）说，"这些批评有一定道理。英联邦的统一与强大是我父亲一生最关心的事。"[③] 对帝国特惠制的立场，让埃默里与丘吉尔走上了对立的道路。丘吉尔对自由贸易政策的支持促使他在 1904 年脱离了奉行保护主义的保守党。在接下来的几年里，两人在下议院就这一问题

---

① L. S. Amery, *My Political Life*, Vol. 1, *England Before the Storm 1896 – 1914*, London: Hutchinson, 1953, p. 117.

② John Barnes and David Nicholson, eds., *The Leo Amery Diaries 1886 – 1929*, London: Hutchinson, 1980, p. 78.

③ Julian Amery, *Approach March: A Venture in Autobiography*, London: Hutchinson, 1973, p. 44.

多次交锋。

事实证明，埃默里和丘吉尔一样好斗。《曼彻斯特卫报》评论道："在埃默里的一生中，他身上总有一种强大的力量在与不出众的外表和平庸的嗓音做斗争。他生来就是个斗士，但个子太矮，无法让这种本能发挥出来。"① 尽管如此，埃默里至少有两次打败了侮辱他的人，一次是打败了竞选中向他发难的人，另一次是战胜了议会中的议员同僚。

尽管丘吉尔和埃默里相互尊重，但他们之间的竞争一直是两人关系的标志。据罗伊·詹金斯（Roy Jenkins）说，丘吉尔认为埃默里是"半个敌人"②。埃默里无疑也有同样的感受。1924 年，作为海军部第一大臣，埃默里反对任命丘吉尔为财政大臣，并声称此举是灾难性的。他曾宣称，丘吉尔是"才华横溢的演说家和军事战略家，但坦率地说，他对金融一窍不通"③。在这一点上，他从未改变自己的想法。在下一届内阁中，埃默里先是担任殖民地事务部次官，后来又担任主管所有英属殖民地和自治领事务的大臣，他在许多问题上与丘吉尔争论不休，包括财政大臣计划削减埃默里的预算以提高大英帝国人民的生活水平。埃默里写道："我的日记几乎是一个连续的故事，记录了我与丘吉尔在内阁和跨部门事务处理上的日常分歧。"④ 斯坦利·鲍德温"曾开玩笑地说，内阁一半以上的时间被丘吉尔的演讲和埃默里的反驳占用了"。

20 世纪 30 年代初，两人还在印度的未来归属上发生了冲突，当

① Amery obituary, *Manchester Guardian*, September 17, 1955.
② Roy Jenkins, *Churchill: A Biography*, New York: Farrar, Straus & Giroux, 2001, p. 381.
③ Amery to Stanley Baldwin, April 10, 1927, Amery Papers.
④ L. S. Amery, *My Political Life*, Vol. 2, *War and Peace 1914 – 1929*, London: Hutchinson, 1953, p. 504.

时埃默里支持印度自治，而丘吉尔反对英国失去对印度的控制权。埃默里坚信，不能违背殖民地人民的意愿把他们留在大英帝国内。他说："我从小就对印度的艺术展很感兴趣，对英国统治时期的历史也很自豪。但是关于自治领问题，我相信，对自治的要求做出让步要比把安全阀拧紧明智得多。总有一天，印度只能作为平等的伙伴留在英联邦。"①

　　丘吉尔在与埃默里在印度问题上的交锋显示出了相当大的优势，当埃默里能够从更有演讲天赋的丘吉尔那里获得修辞上的加分时，他非常高兴。1933 年 6 月，丘吉尔指责时任印度事务大臣、负责制定《印度政府法案》的塞缪尔·霍尔爵士严重侵犯了议会特权。这一指控被提交给下议院特别委员会，该委员会的裁决对霍尔有利。丘吉尔没有屈服，在下议院对霍尔发起了另一次尖刻的攻击。对此埃默里给予了回应，指责他的老同学试图削弱政府。知道丘吉尔厌恶拉丁语，而且尽其所能避免在哈罗公学学习拉丁语，于是埃默里在演讲的最后一句插入了一个拉丁语短语，宣称"不惜一切代价"②，丘吉尔"必须忠实于他的座右铭 [Fiat justitia, ruat caelum（即使天塌地陷，也要伸张正义）]"。丘吉尔坐在他前面的长凳上，转过身来直截了当地说："请翻译一下。"埃默里兴高采烈地说："没想到我的鱼那么贪婪地吞下了苍蝇。"他咧嘴一笑，随意翻译道："如果我扳倒塞缪尔，政府就完蛋了。"两院的议员们爆发出热烈的笑声，丘吉尔坐在座位上，怒目而视。那天晚上，埃默里在日记中兴高采烈地写道："我就

116

----

① L. S. Amery, *My Political Life*, Vol. 2, *War and Peace 1914 – 1929*, London: Hutchinson, 1953, p. 99.

② L. S. Amery, *My Political Life*, Vol. 2, *War and Peace 1914 – 1929*, London: Hutchinson, 1953, p. 103.

这样上床睡觉了，自从温斯顿第一次把我推进达克的游泳池，我给了他最棒的一击……"①

这样的胜利对于一个知识界的"矮脚鸡"来说，是极不寻常的。公众演讲是丘吉尔最擅长的领域之一。埃默里满怀期望地写道："如果我有温斯顿那样的议会演讲能力，我就能独立完成工作。"② 埃默里是一个精力充沛、富有远见的人，他喜欢政治上的互谅互让，喜欢完成某件事的成就感。但是，他作为一个演讲者，却有演讲沉闷、爱长篇大论的名声，这极大地妨碍了他的工作。一位议会同僚打趣道，如果他再高半头，演讲时间再缩短半小时，就有可能成为首相。③

埃默里的政党代理人是乔迪·布坎南（Geordie Buchanan），他是一位坦率的苏格兰人，曾经为埃默里列出了"你没有获得更高声誉"④ 的理由。"第一，"布坎南说，"你是矮个子。第二，你不是道格拉斯·费尔班克斯（Douglas Fairbanks）⑤。第三，你话说得很好，但太直接了。2 加 2 等于 4，但如果你说 2.5 加 1.5 也等于 4，人们都会说你真是个聪明的家伙。"

利奥·埃默里的时代还没有到来。即使他是一位具有英雄气概

① John Barnes and David Nicholson, eds., *The Leo Amery Diaries 1929 – 1945*, London: Hutchinson, 1980, p. 383.

② John Barnes and David Nicholson, eds., *The Leo Amery Diaries 1929 – 1945*, London: Hutchinson, 1980, p. 288.

③ William Roger Louis, *In the Name of God, Go !*: *Leo Amery and the British Empire in the Age of Churchil*, New York: Norton, 1992, p. 30.

④ L. S. Amery, *My Political Life*, Vol. 2, *War and Peace 1914 – 1929*, London: Hutchinson, 1953, p. 65.

⑤ 美国演员、导演与剧作家，以演出默剧而闻名，1915 年前往好莱坞发展，初期影片以讽刺喜剧为主。——译者注

的演说家，在说服英国议会反对希特勒这一问题上，他似乎也不可能比丘吉尔更成功。转眼到了 1938 年夏天，一切似乎都对保守党的反绥靖政策一派不利。他们在下议院受到阻挠，张伯伦和他的支持者不仅控制了议会，而且控制了大多数的国家媒体，"反叛分子"们发现不可能越过政党领导人，让公众相信德国的威胁日益增加。"当时英国人民普遍认为，无论是政府还是媒体都没有准备好接受危险迫在眉睫的现实，"达夫·库珀后来写道，"在他们看来，那样说似乎是不明智的、轻率的，甚至是不体面的。"①

英国著名悬疑小说家玛格丽·阿林厄姆（Margery Allingham）赞同库珀的观点。阿林厄姆和她的丈夫住在艾塞克斯郡的一个叫托尔斯亨特达奇的小村庄里。阿林厄姆回忆说，无论是张伯伦还是媒体，都没有让英国公众，包括她所在村庄的居民，有任何危险即将来临的想法。她写道："在那次让我们震惊的德奥合并事件之后，我们向政府投以焦虑的目光，却没有得到任何警告。没有那种持续的鼓声，也没有那种突然且偶然的提醒，提醒我们军队是由活生生的人组成的。什么都没有，只有对国内社会进步的坚持，正如大家所知，它表明国外一切都好……即使到了 1938 年 7 月，尽管（在托尔斯亨特达奇）没有人能够帮助人们认识到即将发生的事情，但人们的普遍印象是，战争几乎是不可能发生的，因为没有要开战的迹象。"②

当时英国报业正处在黄金时代，报纸覆盖人数比以往任何时候都多，英国人渴求对日益严重的国际危机真实的新闻报道。他们对

---

① Duff Cooper, *Old Men Forget: An Autobiography of Duff Cooper*, London: Century, 1986, p. 204.

② Margery Allingham, *The Oaken Heart*, London: Michael Joseph, 1941, p. 18.

英国重整军备的可悲状况以及英国议会对绥靖政策的分歧知之甚

118 少。① 在慕尼黑会议之前的几个月里，英国媒体从未认真讨论过针对绥靖政策的替代方案。英国广播公司和大多数报纸（除了《每日电讯报》和《曼彻斯特卫报》之外）一贯支持首相与德国和意大利谈判，并且支持首相拒绝反对两国侵略的态度。在大多数主要的报纸上，那些写给编辑，表明对报纸和政府的绥靖政策持批评态度的文章都没有刊出。② 在谈到新闻报道时，洛锡安勋爵说："真正的权力掌握在政府手中。"③ 他于 1939 年出任张伯伦驻华盛顿大使。"我们决定做什么，然后联系报社，再让它们把报纸卖给公众。"

《星期日泰晤士报》的资深政治记者詹姆斯·马加奇（James Margach）多年后评论道："从 1937 年（张伯伦）进入唐宁街 10 号那一刻起，他就试图操纵媒体，让媒体支持他姑息独裁者的政策……为了抓住权力不放，张伯伦准备滥用真理。他发表了最具误导性和最不准确的言论，他决心让这些言论公之于众，使他的政策显得可信和成功。很显然，他说谎了。"④

虽然张伯伦明确表示，他羡慕希特勒和墨索里尼有那样做的权力，但是政府没有直接审查媒体。他和他的政府所能做的就是督促媒体自我审查，他们也确实这样做了。1937 年，在与约瑟夫·戈培尔（Joseph Goebbels）的一次会晤中，哈利法克斯勋爵同意纳粹

---

① Richard Cockett, *Twilight of Truth : Chamberlain*, *Appeasement & the Manipulation of the Press*, New York: St. Martin's, 1989, p. 189.

② Robert Graves and Alan Hodge, *The Long Weekend : A Social History of Great Britain 1918 - 1939*, London: Faber and Faber, 1940, p. 432.

③ Geoffrey Cox, *Countdown to War*, London: Hodder & Stoughton, 1990, p. 66.

④ James Margach, *The Abuse of Power : The War Between Downing Street and the Media from Lloyd George to Callaghan*, London: W. H. Allen, 1978, p. 50.

宣传部门负责人的观点，即有必要防止"两国的媒体搞恶作剧"①。在德国之行后不久，哈利法克斯给英国驻柏林大使写信说："如果我们能控制两国的媒体就好了。"② 在英国，这并不是一件难事。例如，英国广播公司温顺地接受了政府的钳制。对大多数英国人来说，英国广播公司是唯一的广播新闻来源，它接受了政府资助，并最终对议会负责，但它本应该拥有编辑独立性。然而，该公司的总干事约翰·里斯（John Reith）对章程持有不同看法。他宣称："假设 BBC 是为人民服务的，政府是为人民服务的，那么 BBC 肯定是为政府服务的。"③ 基于这样的推理，政府在决定哪些政客可以参加 BBC 的广播节目时被赋予重要角色。在 20 世纪 30 年代中后期，温斯顿·丘吉尔实际上被禁止在广播中讲话，而哈罗德·尼科尔森，一位广受欢迎的电台发言人，被限制只能就一些没有争议的话题发表演讲。④

119

虽然张伯伦在举止和着装风格上可能有些老派，但事实证明，他在操纵媒体和美化事实方面远远领先于他所处的时代。他和他的新闻办公室主任乔治·斯图尔德（George Steward）半个世纪后被称为斡旋大师。从接任首相的那一天起，张伯伦就开始对新闻界施加影响，尤其是报纸的议会记者。⑤ 这些记者是有影响力的政治记

① Andrew Roberts, "*The Holy Fox*": *The Life of Lord Halifax*, London: Phoenix, 1997, p. 74.
② Richard Cockett, *Twilight of Truth*: *Chamberlain*, *Appeasement & the Manipulation of the Press*, New York: St. Martin's, 1989, p. 41.
③ Piers Brendon, *The Dark Valley*: *A Panorama of the 1930s*, New York: Knopf, 2000, p. 58.
④ Robert Shepherd, *A Class Divided*: *Appeasement and the Road to Munich 1938*, London: Macmillan, 1988, p. 112.
⑤ Richard Cockett, *Twilight of Truth*: *Chamberlain*, *Appeasement & the Manipulation of the Press*, New York: St. Martin's, 1989, p. 6.

者，有进入议会接触议员的特殊渠道。首相邀请议会记者们在圣斯蒂芬俱乐部的一系列午餐会上与他私聊，这个俱乐部是议员和政府官员在议会附近经常光顾的地方。

与此同时，斯图尔德开始限制记者进入除首相办公室外的其他政府办公室。① 他尤其关注阻止外交部泄密，众所周知，外交部的许多官员强烈反对绥靖政策。不久，所有的政府新闻发布会都集中到了唐宁街，这意味着首相和他的下属是政府新闻的主要来源。根据新闻发布会的基本规则，报社永远不能披露信息的来源，这意味着官员不能对他们发布的任何信息或他们引发的新闻负责。

詹姆斯·马加奇（James Margach）是《星期日泰晤士报》的长期议会记者，早在张伯伦成为首相之前，就认识并报道过他。马加奇指出，随着绥靖政策引发的愤怒升级，张伯伦的性格发生了戏剧性的变化。马加奇回忆说，在升任国家最高职位之前，张伯伦是"最害羞、最善良、最慷慨、最热心的人，虽然天性冷漠、内向、孤僻，但他总是待人友善、善解人意"②。然而，在成为首相的两年内，他变成了"我所认识的所有首相中最专制、最不宽容和最傲慢的一位"。

张伯伦对任何批评言论都极度敏感，他对记者提出的问题深感120　不满，认为这些问题暗示对他本人或对他的政策的批评。有时，在新闻发布会上被问到类似的问题后，他会停下来，用冷冰冰的语气问那位冒犯他的记者，他代表哪家报社。在场的每个人都意识到这

① Richard Cockett, *Twilight of Truth：Chamberlain, Appeasement & the Manipulation of the Press*, New York：St. Martin's, 1989, p. 5.
② James Margach, *The Abuse of Power：The War Between Downing Street and the Media from Lloyd George to Callaghan*, London：W. H. Allen, 1978, p. 51.

是一种恐吓。① 首相是在暗示，唐宁街对于这种厚颜无耻行为的投诉会让该记者与报社编辑和所有者陷入麻烦。在其他场合，当被问到一个他不喜欢的问题时，张伯伦会轻蔑地盯着这位责任记者，盯很长时间，然后把目光移开，大声喊道："请提下一个问题！"当被问到希特勒对犹太人的迫害，或其他纳粹暴政的例子时，他会流露出一副尖酸刻薄的表情，惊讶于这样一个经验丰富的记者竟然会天真地相信"犹太共产主义者的宣传"②。

张伯伦尤其会被有关他正在变得专制的指控激怒。有一次，他气得浑身发抖，脸色苍白。他把马加奇和其他几位高级政治记者叫到唐宁街，表示了对这类攻击事件的不满。"我告诉你们，我不是独裁者，我不偏狭，也不压倒一切！"首相连连锤打桌子，大声吼道，"你们都错了，错了，错了！我告诉你们，我是最冷静、最善解人意的人！我坚决要求你们谁也不许再说我独裁！"③

用马加奇的话来说，许多记者，尤其是议会记者认为自己是"权力机构的荣誉成员和政治体系的成员"④，他们赞同政府的绥靖政策。但其他人，包括目睹了希特勒侵略后果的外国记者，却不这样认为。作为对持不同政见者的质疑和批评做出的回应，政府官员向张伯伦献殷勤，还向国家操控的报纸的所有者和编辑示好，这些人多数本身就是政治和社会机构的成员。

---

① James Margach, *The Abuse of Power: The War Between Downing Street and the Media from Lloyd George to Callaghan*, London: W. H. Allen, 1978, p. 52.

② James Margach, *The Abuse of Power: The War Between Downing Street and the Media from Lloyd George to Callaghan*, London: W. H. Allen, 1978, p. 53.

③ James Margach, *The Abuse of Power: The War Between Downing Street and the Media from Lloyd George to Callaghan*, London: W. H. Allen, 1978, p. 59.

④ James Margach, *The Abuse of Power: The War Between Downing Street and the Media from Lloyd George to Callaghan*, London: W. H. Allen, 1978, p. 129.

因为英国的大多数报社与本国政党有密切的联系，所以政府和新闻界之间不存在美国那样的"分割线"。对英国报界来说，忠于执政党往往等同于维护国家利益。但是，政府和新闻界之间的亲密关系也因为政府官员和报纸所有者之间强大的个人和社会联系而得到121 加强——"老男孩"的关系网又启动了。20 世纪 20 年代和 30 年代，英国主要的新闻业巨头比弗布鲁克勋爵、罗瑟米尔勋爵（Lord Rothermere）、卡姆罗斯勋爵（Lord Camrose）、凯斯利勋爵（Lord Kemsley）并不都是生来就继承爵位。他们从首相那里得到了爵位以及崇高头衔带来的社会地位和福利。首相们感谢他们及其报社对当时的政府和执政党所做的贡献。除了少数媒体外，多数报社的老板和他们的高级编辑们经常和那些有政治权力的人一起用餐，还一起在乡下度周末，他们对新闻界应该监督政府的想法不赞同。

英国最具影响力的报纸《泰晤士报》的编辑杰弗里·道森和哈利法克斯勋爵之间的关系是最亲密的政府—媒体关系之一。哈利法克斯和道森是有共同背景的老朋友：他们都曾就读伊顿公学，和利奥·埃默里一样，他们都是牛津大学万灵学院的研究员。他们都住在北约克郡，而且住得很近，经常一起打猎。哈利法克斯出任外交大臣时，两人几乎每天会面，道森被认为是张伯伦政府的主要喉舌，尤其是在绥靖政策问题上。

1937 年 4 月，道森在给《泰晤士报》记者的信中写道："我夜以继日地尽最大努力，不让任何可能涉及（纳粹）敏感问题的内容出现在报纸上。我真的想不出几个月来有文章会被人们当作不公正的评论而拿出来批评。"① 除了压制批评性的社论和报道外，《泰

---

① Richard Cockett, *Twilight of Truth : Chamberlain, Appeasement & the Manipulation of the Press*, New York : St. Martin's, 1989, p. 27.

晡士报》还经常省略或断章取义地引用下议院的辩论内容。有时，道森也会在文章中插入对希特勒政权有利的评论。"我在夜里，"他对洛锡安勋爵说，"顺便写点文章安慰他们。"① 当该报著名的军事记者巴兹尔·利德尔·哈特（Basil Liddell Hart）就英国防空系统问题写了一系列文章时，道森拒绝发表它们。巴兹尔·利德尔·哈特回忆道："我敦促《泰晤士报》报社，希望它让读者至少能清楚地了解形势，对正在形成的威胁有一个清楚的认识，但我的请求总是因为这样或那样的理由遭到拒绝。"② 这不是第一次了，他补充道："当我试图从军事角度在《泰晤士报》上发表任何与现行的外交政策编辑方针相左的言论时，曾多次被堵上嘴巴。"③

122

　　虽然《泰晤士报》极力支持绥靖政策，但只有英国一家主要报纸《每日邮报》是希特勒政权不折不扣的支持者。④ 它的所有者罗瑟米尔勋爵是柏林纳粹官员的常客，他对共产主义的仇恨和恐惧几乎达到了疯狂的程度。罗瑟米尔在《每日邮报》上宣扬在东欧让希特勒为所欲为的重要性，这样他就能攻击和摧毁布尔什维克主义。《每日邮报》曾经宣称，如果希特勒不存在，"整个西欧可能很快就会吵着要这样一位捍卫者"⑤。

　　另一位支持张伯伦与德国和解的著名人物是比弗布鲁克勋爵，

① James Margach, *The Abuse of Power: The War Between Downing Street and the Media from Lloyd George to Callaghan*, London: W. H. Allen, 1978, p. 54.
② Basil Liddell Hart, *The Liddell Hart Memoirs*, Vol. 2, New York: Putnam, 1966, p. 130.
③ Basil Liddell Hart, *The Liddell Hart Memoirs*, Vol. 2, New York: Putnam, 1966, p. 197.
④ Ian Kershaw, *Making Friends with Hitler: Lord Londonderry and Britain's Road to War*, London: Allen Lane, 2004, p. 58.
⑤ Franklin Reid Gannon, *The British Press and Germany 1936 – 1939*, Oxford: Clarendon Press, 1971, p. 26.

他的 3 家报纸（《每日快报》《星期日快报》和《旗帜晚报》）的
发行量加起来超过 400 万份。当希特勒在德奥合并会议前不久，任
命里宾特洛甫为外交部长时，比弗布鲁克向里宾特洛甫保证，他将
得到比弗布鲁克负责的所有报纸的"全力支持"①。1938 年 6 月，
这位报业大亨给《旗帜晚报》的代理编辑发了一封短信："弗兰
克，谨慎对待你对里宾特洛甫的攻击。如果你（继续这样做），你
将影响目前为与德国和解而付出的巨大努力。"② 尽管比弗布鲁克
是温斯顿·丘吉尔的老朋友，但他的报纸经常批评丘吉尔是一个好
战分子，在 1938 年的春天，在丘吉尔急需收入时，比弗布鲁克自
己下令取消了丘吉尔两年前的合同，合同规定他为《旗帜晚报》
每两周写一篇文章。该报编辑告诉这个国家最著名的绥靖主义的反
对者："你对外交事务的看法以及这个国家应该扮演的角色，与我
们所持的观点完全相反。"③

　　《泰晤士报》《每日邮报》和比弗布鲁克负责的报纸都被认为
是保守党的出版物，人们期望它们支持政府的政策。但是，即使是
支持工党或自由党的报纸偶尔也会屈服于政府的压力，通常是出于
商业原因。一个典型的例子是财政状况不佳的自由派报纸《新闻
纪事报》（News Chronicle）的编辑和记者们普遍反对绥靖政策，但
由于担心受到广告商的财务影响，该报的出版商和员工都倾向于回
避对政府政策提出质疑。总的来说，报社所有者们担心来自欧洲大
陆那些令人不安的消息对英国经济来说是坏消息，从而对他们自己

① Anne Chisholm and Michael Davie, *Lord Beaverbrook：A Life*, Lord Beaverbrook：A Life, p. 348.
② Anne Chisholm and Michael Davie, *Lord Beaverbrook：A Life*, Lord Beaverbrook：A Life, p. 348.
③ William Manchester, *The Last Lion：Winston Spencer Churchill：Alone, 1932 - 1940*, New York：Dell, 1988, p. 298.

和名下的报纸也是坏消息。支持工党的《每日先驱报》编辑道格拉斯·杰伊写道："我敏锐地意识到来自（商界）权势集团和……广告商倾向于绥靖政策，最重要的是他们反对新闻界提出应该为战争做准备的任何建议。"①

报界大亨们对绥靖政策的支持在他们的报社内部造成了巨大的矛盾。许多记者和助理编辑强烈反对绥靖政策。《纽约时报》副主编罗伯特·巴灵顿 - 沃德（Robert Barrington-Ward）坦言："办公室里的大多数人反对道森和我。"② 然而，这种反对之声最终石沉大海，这一点证明尽管新闻自由在英国继续存在，但在新闻界内部几乎没有自由。正如40多年后英国一部热播电视剧中的一个角色所言："当媒体想要自由时，审查它是困难的，但如果它自愿放弃自由，那就容易了。"③

弗里特街（英国几家报社办事处所在地）"压制或'淡化'令人不快的消息的习惯"④ 一直让20世纪30年代中后期驻伦敦的美国记者感到惊讶。让美国记者同样感到困惑的是，英国人似乎很容易就接受了首相和新闻界的安抚性承诺，即战争不会爆发，而没有考虑到实际上公众对局势的真相知之甚少。

1938年6月，《柯里尔杂志》（Collier's）的记者玛莎·盖尔霍

① Richard Cockett, *Twilight of Truth : Chamberlain, Appeasement & the Manipulation of the Press*, New York: St. Martin's, 1989, p. 45.
② Richard Cockett, *Twilight of Truth : Chamberlain, Appeasement & the Manipulation of the Press*, New York: St. Martin's, 1989, p. 65.
③ A. J. Davies, *We, the Nation : The Conservative Party and the Pursuit of Power*, London: Little, Brown, 1995, p. 415.
④ Piers Brendon, *The Dark Valley : A Panorama of the 1930s*, New York: Knopf, 2000, p. 432.

恩（Martha Gellhorn）①和她的好朋友弗吉尼亚·考尔斯在英国各地
旅行，借此了解公众对日益动荡的国际局势的看法。盖尔霍恩和她
的情人欧内斯特·海明威（Ernest Hemingway）（两人1940年结
婚——译者注）报道了西班牙内战，目睹了德国飞机轰炸西班牙平
民。在盖尔霍恩看来，面对德国加快的侵略脚步，英国人表现出的
自满让她感到愤怒。

　　一天下午，这两个年轻的女人在费弗沙姆伯爵（Earl of
Feversham）在约克郡的庄园停下来喝茶，当年轻的伯爵拿她们的
调查之旅开玩笑时，盖尔霍恩变得更加愤怒了。②"真想去酒吧问
问人们的想法，"费弗沙姆慢吞吞地说，"你们两个是好战分子，
只想颠覆国家，挑起事端。"盖尔霍恩答道，她打算通过和费弗沙
姆自己的"佃农"谈话来挑起更多的事端。他扬了扬眉毛，说：
"在英国，我们叫他们农夫。"盖尔霍恩反驳道："我知道你是这么
叫他们的。"

　　在费弗沙姆的陪同下，盖尔霍恩和考尔斯步行穿过田野去采访
伯爵的佃农。费弗沙姆把这两人介绍给一位老人，告诉他："这两
个女孩一直在英国四处游荡，散布战争谣言。他们认为会有一场战
争。你不认为会有战争吧，杰夫？"

　　老人双手抓着帽子，摇了摇头，答道："哦，不，老爷，不，
老爷。"

　　费弗沙姆继续问："你认为一切都很好，是不是，杰夫？"老
人答道："是的，老爷。是的，老爷。"

　　他还问："你不认为希特勒想和英国开战，是吗，杰夫？"老人

124

① 玛莎·盖尔霍恩（1908—1998），"新闻体"小说的创始人，20世纪第一位女
战地记者。——译者注

② Virginia Cowles, *Looking for Trouble*, New York：Harper, p. 127.

说："不，老爷。"

费弗沙姆最后问："事实上，你觉得这个谈话很蠢，是不是，杰夫?"老人答道："是的，老爷。"

盖尔霍恩被费弗沙姆目空一切的态度激怒了，她转过身，在田野上跺着脚往回走。3 个月后，《柯里尔杂志》刊登了她的旅行故事——《上帝会保佑英格兰》(The Lord Will Provide for England)。世界上最恐怖的事是在英国"保持沉默"①，她写道："你忘了，在那条波涛汹涌、令人不安的海峡对面是欧洲，你只会想，'我在英国，一个美好的绿色小岛，岛外的人都是外国人，很可能让人讨厌，在这里我们会倾向于处理自己的事务，这意味着一切照旧'。"

125

---

① Martha Gellhorn, "The Lord Will Provide for England," *Collier's*, September 1938.

第七章
"我们的灵魂危在旦夕"

〜

　　1938 年 8 月下旬，歌剧《特里斯坦与伊索尔德》（*Tristan und Isolde*）① 的帷幕升起时，鲍勃·布思比在位于拜罗伊特由红砖砌成的艺术节剧院里的座位上坐了下来。接下来的 4 个小时里，他呆呆地坐着，听着瓦格纳充满激情的音乐在他耳边响起。他后来说，这是"《特里斯坦》（*Tristan*）上演以来最伟大的表演，我很幸运能观看"②。有人告诉布思比，希特勒前两天晚上去看了歌剧，离开时"情绪激动"，拒绝与任何人交谈。

　　布思比从记事起就一直在这个巴伐利亚小镇参加一年一度的瓦格纳音乐节。那天晚上，当他离开装饰着纳粹党党徽的节日大厅时，他想起了两位热爱音乐的领袖，现在正处在世界舞台的中心：内维尔·张伯伦钟情贝多芬，阿道夫·希特勒热爱瓦格纳。布思比突然想到，张伯伦要了解希特勒，就必须了解是什么吸引了元首和他的同胞们，让他们带着对德国胜利的憧憬以及对他们的神和神话

---

① 德国作曲家理查德·瓦格纳作曲并撰写德文剧本的三幕歌剧，其创作灵感主要来自 13 世纪作家戈特弗里德·冯·斯特拉斯堡改编的 12 世纪同名典雅浪漫传奇爱情故事。——译者注

② Robert Boothby, *I Fight to Live*, London: Gollancz, 1947, p. 155.

的支持，去看狂热的瓦格纳歌剧。布思比后来说，要了解德国，
"你必须从血液和骨子里感受瓦格纳"①，以及所有音乐抒发的"多
愁善感、残酷无情、激情四射和极度狂热"的情绪。他确信，英
国首相永远也做不到这一点。

布思比在捷克斯洛伐克苏台德地区的温泉小镇马里恩巴德短暂
停留，回家途中，他在拜罗伊特停留了一段时间。在参观了距离马
里恩巴德几英里远的一个村庄时，他目睹了一场受纳粹鼓动的苏台
德地区的德国人反对捷克斯洛伐克政府的示威活动。1938 年夏天，
该地区爆发了许多示威活动，苏台德地区的德国人的示威活动就是
其中之一。毫无疑问，欧洲正步履蹒跚地走向战争。随着反捷克斯
洛伐克的骚乱和示威，以及德国军队在捷克斯洛伐克边境附近宣布
军事演习，苏台德地区人们的愤怒导致危机出现。为了平息危机，
张伯伦政府敦促捷克斯洛伐克接受苏台德地区的德国人的地方自治
要求，希望此举能安抚希特勒。张伯伦和他的下属——在伦敦的德
国临时代办西奥多·科尔特（Theodor Kordt），8 月 23 日写信给柏
林："毫无疑问，他们准备尽其所能来满足我们的愿望，尽管这是
有代价的：他们希望避免用武力来解决问题……"② 迫于巨大的压
力，捷克斯洛伐克最终同意满足苏台德地区的德国人的要求。但和
平解决问题并非希特勒所求，在希特勒的催促下，苏台德地区的德
国人提高了他们的要求。他们想要完全独立，包括控制捷克斯洛伐
克的边境要塞。

科尔特是正确的。张伯伦政府确信英国不会陷入战争，因此决
心以和平的方式结束这场争端。经过 4 年敷衍了事的重整军备，英

126

---

① Robert Boothby, *I Fight to Live*, London: Gollancz, 1947, p. 155.

② Herbert von Dirksen, *Documents and Materials Relating to the Eve of the Second World War*, Moscow: Foreign Languages Publishing House, 1948, pp. 36 – 37.

国仍然没有名副其实的军队，空军也没有做好战斗的准备。这是英国参谋首长们向首相提交的一份报告的结论，该报告是在德奥合并之后立即编写的。英国的地方自卫队只有约 18 万人，领土军队中的预备役士兵又增加了 13 万人。相比之下，德国正规军的人数略高于 50 万，另有 50 万名士兵作为预备役士兵。英国的参谋长们在报告中宣称，如果英国与德国开战，可以派往欧洲大陆的正规军不超过两个师，而且这两个师都"严重缺乏现代化装备"[1]。即使派遣这么小规模的部队，也意味着无法派遣军队去其他地方增援英军。新上任的英国总参谋长戈特勋爵警告说："在这种情况下，把我们的部队派到海外去与一个战斗力一流的强国作战，那将是一场对本国子弟的谋杀。"[2]

关于两国在空中实力上比较的报告同样令人沮丧。英国皇家空军约有 1600 架飞机，而德国空军大约有 3300 架飞机可供作战。根据英国空军部的说法，至少需要 50 个战斗机中队保卫国家领空。尽管英国重整军备的预算大部分花在了战斗机指挥部上，但当时仅有 27 个中队可以被调配。英国空军只有 5 架新装备的飓风战斗机，更新式的喷火式战斗机尚在研发中。由于政府重视空中防御，轰炸机司令部几乎没有收到给英国皇家空军的钱。在 42 个轰炸机中队中，只有 10 个中队配备了重型轰炸机，其中大部分已经过时，而且没有现代化的轰炸机投入生产。英国空军部总结道，英国皇家空军"目前在任何方面还不适合在大规模战争中采取行动"[3]。

---

① David Dilks, ed., *The Diaries of Sir Alexander Cadogan 1938 - 1945*, New York: Putnam, 1971, p. 64.

② Williamson Murray, *The Change in the European Balance of Power, 1938 - 1939*, Princeton: Princeton University Press, 1982, p. 88.

③ William Manchester, *The Last Lion: Winston Spencer Churchill: Alone, 1932 - 1940*, New York: Dell, 1988, p. 293.

皇家海军一直是英国的骄傲,当时仍然是世界上最强大的海军,它带来了唯一的好消息。海军比其他军种要好得多,也大大优于德国海军。英国海军拥有 15 艘大型战舰、15 艘重型巡洋舰、7 艘航空母舰、约 50 艘潜艇和 180 艘驱逐舰。而德国没有重型战列舰(像"俾斯麦"号这样的现代战舰仍在生产中),没有重型巡洋舰或航空母舰,只有 7 艘驱逐舰和 12 艘深水潜艇。

尽管英国皇家海军很强大,但是它不能独立作战。英国其他服务机构令人沮丧的事实助长了英国政府和媒体的失败主义情绪。到 1938 年,人们有一种感觉,即"事情已经发展到如此地步,对独裁者进行武装抵抗已经毫无用处"①,《新政治家》(New Statesman)杂志的编辑金斯利·马丁(Kingsley Martin)指出,"因此,我们应该寻求最和平的方式,让他们逐渐得到想要的一切"。

但在张伯伦内阁的一些成员中,有名的达夫·库珀辩称尽管德国进行了密集的军备重整,但其本身还没有做好应对长期战争的准备。② 根据英国情报,德国经济陷入困境,该国目前的燃料、橡胶和其他重要原材料供应不会持续 6 个月。希特勒自己的将军们反对战争,宣称他们的军队不具备足够的攻击力和持久力来应对长时间的战争。尽管德国空军在数量上占优势,但还不能对英国发动空袭。当时,它的轰炸机几乎不具备从德国到伦敦的射程或携弹能力。库珀认为,不管英国军事力量的弱点是什么,最好加入法国与

128

---

① William Manchester, *The Last Lion*: *Winston Spencer Churchill*: *Alone*, *1932 – 1940*, New York: Dell, 1988, p. 308.

② Williamson Murray, *The Change in the European Balance of Power*, *1938 – 1939*, Princeton: Princeton University Press, 1982, p. 190.

德国开战。① 另一位持不同意见的内阁成员，贸易委员会主席奥利弗·斯坦利（Oliver Stanbley）警告说："在约一年内，在一场旷日持久的战争中，德国将比现在处于更加有利的地位。"② 内维尔·张伯伦对他们两人的言论都不予理睬。

与此同时，由于张伯伦政府努力保持沉默，英国人民对严峻的形势几乎一无所知。政府敦促新闻界对捷克斯洛伐克所发生的事情轻描淡写，新闻界在很大程度上对英国的准备不足和捷克斯洛伐克所面临的威胁都减少了报道。希特勒在捷克斯洛伐克边境附近举行军事演习的消息被"尽可能地记录下来……以避免造成突然的恐慌"③。报纸上也很少有关于英国向捷克斯洛伐克施压，令其屈服于希特勒要求的报道。事实上，政府内部对向捷克斯洛伐克政府施压没有任何反对意见。保守党内持不同政见的人没有发表任何抗议的场所，因为议会正处于为期两个月的休会期，而张伯伦也无意收回这一决定。

然而，并不是每个人都愿意守口如瓶。当英国广播公司警告哈罗德·尼科尔森不要在他定期的广播节目中不恰当地警告公众时，他说："我认为，公众必须被唤醒。"④ 他为 1938 年 9 月 5 日的一个广播节目所写的稿子被英国外交部给"毙"了，因为这篇稿子敦促英国支持捷克斯洛伐克。取而代之的是，一个"非常愤怒"⑤

①　John Charmley, *Duff Cooper*, London: Weidenfeld & Nicolson, 1986, p. 115.

②　Williamson Murray, *The Change in the European Balance of Power, 1938 - 1939*, Princeton: Princeton University Press, 1982, p. 190.

③　Richard Cockett, *Twilight of Truth : Chamberlain, Appeasement & the Manipulation of the Press*, New York: St. Martin's, 1989, p. 76.

④　James Lees-Milne, *Harold Nicolson : 1930 - 1968*, London: Chatto & Windus, 1981, p. 109.

⑤　Richard Cockett, *Twilight of Truth : Chamberlain, Appeasement & the Manipulation of the Press*, New York: St. Martin's, 1989, p. 112.

的尼科尔森被迫发表了一个"无伤大雅"的演讲。即便如此,仍有一位无线电工程师站在尼科尔森旁边,准备在他提到捷克斯洛伐克时中断广播。在那个月与新闻审查员的另一次交锋中,尼科尔森发表了一场由新闻摄像机录制的演讲,谴责了希特勒对捷克斯洛伐克的威胁。他说:"我们必须警告希特勒,如果他入侵,我们就会战斗。如果他说,'但你们肯定不会为捷克斯洛伐克而战',我们会回答,'不,我们会'。"① 包含他演讲片段的新闻录影带没有在影院放映。

尼科尔森在英国广播公司的广播节目播出两天后,《泰晤士报》发表了一篇社论,主张分裂捷克斯洛伐克——具体来说,就是将苏台德地区与该国其他地区分离——这正是苏台德纳粹所希望的。这篇社论发表在一家被广泛认为是政府非官方代表的报纸上,因此在伦敦政界掀起了轩然大波。它远远超出了白厅和唐宁街的官方提议。这种明显亲德的立场引发了人们的愤怒,导致英国外交部否认政府与此事有关。然而,根据杰弗里·道森的说法,哈利法克斯勋爵"自己似乎并没有对此表示异议"。没有人反对,因为《泰晤士报》这篇社论实际上代表了哈利法克斯和张伯伦的想法。

令人难以置信的是,根据哈利法克斯自己的说法,两位领导人未能理解这一想法在战略上的可怕影响,他们直到1938年9月晚些时候才意识到,捷克斯洛伐克强大的防御工事,即英国人所说的马其诺防线,主要位于苏台德地区。② 正如温斯顿·丘吉尔当时所

① James Lees-Milne, *Harold Nicolson: 1930 - 1968*, London: Chatto & Windus, 1981, p. 110.
② Williamson Murray, *The Change in the European Balance of Power, 1938 - 1939*, Princeton: Princeton University Press, 1982, p. 196.

写的那样，这一提议"会产生这样的效果：专门为捷克斯洛伐克保留的、作为国家生存重要保障的波希米亚古老边界的整条山体防线，将被移交给德国纳粹"[1]。

然而，即使张伯伦早就知道这些防御工事，他可能也不会在意。他对失去部分领土后捷克斯洛伐克未来会发生什么毫无兴趣。他只想要和平。他仍然坚信自己掌握了政府处理危机的个人控制权，他本人是英国对付独裁者最有效的武器。在此期间，他的首席顾问是霍勒斯·威尔逊爵士。习惯了幕后工作的威尔逊是一个关键人物，他向报纸和英国广播公司施加压力，要求它们支持绥靖政策，他还与德国大使馆就一项可能解决捷克斯洛伐克危机的协议展开秘密谈判。1938 年 9 月 1 日，在与西奥多·科尔特会晤时，威尔逊告诉这位德国临时代办，如果两国能够达成和解，"我们将干脆无视法国或捷克斯洛伐克可能对这一决定提出的抗议"[2]。

随着危机升级，布拉格于 1938 年 9 月 13 日宣布戒严。张伯伦得出了结论，只有他和希特勒一起才能解决问题。首相只征询了威尔逊、哈利法克斯和其他几位官员的意见，就给德国元首发了一份电报，建议自己去德国进行面对面的谈判。9 月 14 日，他向内阁通报了自己所做的一切。达夫·库珀回忆说："我们是被告知，而不是被征询。"[3] 在追求个人外交的过程中，张伯伦无视英国政府体制中公认的惯例，即把制定政策的责任委托给内阁。他没有得到内阁的同意，就准备与希特勒谈判，也没有向国王汇报。按照传

---

[1]　William Manchester, *The Last Lion ： Winston Spencer Churchill ： Alone, 1932 - 1940*, New York： Dell, 1988, p. 331.

[2]　Herbert von Dirksen, *Documents and Materials Relating to the Eve of the Second World War*, Moscow： Foreign Languages Publishing House, 1948, p. 46.

[3]　Duff Cooper, *Old Men Forget ： An Autobiography of Duff Cooper*, London： Century, 1986, p. 228.

统，首相离开英国必须获得国王批准。尽管如此，这位 69 岁的老人以前从未坐过飞机，独自出发去执行一项和平使命，张伯伦的想法激发了英国人的想象力。"英国新闻界收到了张伯伦访问德国的消息，给予了明显的肯定，"奥利弗·哈维在他的日记中写道，"（企业界）松了一口气。"①

1938 年 9 月 15 日，张伯伦在威尔逊和一位中级外交官员的陪同下，飞往贝希特斯加登，那是德国元首在巴伐利亚阿尔卑斯山的度假地。当两位领导人会晤时，希特勒要求苏台德地区实现自决，并归属于德国。张伯伦回答说，他必须与内阁和法国领导人协商。但他给希特勒留下了明确的非正式协议，那就是他的要求会得到满足。希特勒向张伯伦保证，在接下来的几天内，两人在德国举行另一次首脑会议之前，他不会对捷克斯洛伐克发动攻击。张伯伦认为希特勒很温顺，他为此感到高兴。张伯伦在给妹妹的信中写道："我的印象是，他是一个说话算数的人。"②

几位内阁成员不同意这种观点。当张伯伦回到伦敦报告他的行程时，达夫·库珀、奥利弗·斯坦利和其他几位大臣都觉得结果"很可怕"③。正如库珀所指出的："从始至终，希特勒在任何一点上都没有显示出丝毫让步的迹象。"④ 他和斯坦利在枢密院掌玺大臣德拉瓦尔勋爵（Lord De la Warr）和卫生大臣沃尔特·埃利奥特

131

---

① John Harvey, ed. , *The Diplomatic Diaries of Oliver Harvey, 1937 - 1940*, London: Collins, 1970, p. 180.

② William Manchester, *The Last Lion: Winston Spencer Churchill: Alone, 1932 - 1940*, New York: Dell, 1988, p. 336.

③ Duff Cooper, *Old Men Forget: An Autobiography of Duff Cooper*, London: Century, 1986, p. 229.

④ Duff Cooper, *Old Men Forget: An Autobiography of Duff Cooper*, London: Century, 1986, p. 230.

（Walter Elliot）的支持下，拒绝在没有进一步讨论的情况下，同意将苏台德地区割让给德国。斯坦利认为，英国应该开战，而不是向希特勒屈服。①

其他一些知名人士也加入了批评贝希特斯加登交易的行列。在华盛顿，美国总统富兰克林·D. 罗斯福会见了英国大使，告诉他分裂捷克斯洛伐克的计划是"有史以来，要求一个国家做出的最可怕、最无情的牺牲"②，而且"它将在美国引发对英国极为不利的反应"。丘吉尔宣称，如果捷克斯洛伐克被分裂，至少有 25 个德国师将被解放出来，用以威胁法国和低地国家。丘吉尔说："受到威胁的不仅是捷克斯洛伐克，所有国家的自由和民主都受到威胁。"③ 工党领袖克莱门特·艾德礼（Clement Attlee）对张伯伦说："你完全抛弃了这些人。你已经完全投降了。整个东欧都将落入希特勒的掌控之中。"④

由于下议院休会，反绥靖政策的议员们无法有组织地反对张伯伦的所作所为。作为民主的守护者，议会理应追究首相的责任。他没有征求议员的意见，违反了代议制政府的原则，视议会无足轻重。保守党中持不同政见者对自己的无能感到沮丧和愤怒，他们紧张地忙碌着，制订了一个阻止叛徒的计划。哈罗德·尼科尔森在他的日记中写道："我收到越来越多的电话留言，每个人都歇斯底

① Williamson Murray, *The Change in the European Balance of Power, 1938 - 1939*, Princeton: Princeton University Press, 1982, p. 201.
② William Manchester, *The Last Lion: Winston Spencer Churchill: Alone, 1932 - 1940*, New York: Dell, 1988, p. 338.
③ William Manchester, *The Last Lion: Winston Spencer Churchill: Alone, 1932 - 1940*, New York: Dell, 1988, p. 340.
④ Robert Shepherd, *A Class Divided: Appeasement and the Road to Munich 1938*, London: Macmillan, 1988, p. 191.

里。"① 安东尼·艾登再一次感到压力，众人让他带头，但他又一次拒绝了。他告诉尼科尔森，他"不会领导叛乱，也不会动员内阁成员辞职"②。当尼科尔森暗示由于艾登的不作为，他在这个国家失去了支持时，艾登却不同意。即使这是真的，艾登说，他仍然年轻，只有41岁，他还可以等，"直到再受到大众青睐"③。尼科尔森没有问：**这个国家怎么办？它也等得起吗？**

132

1938年9月22日，当张伯伦返回德国与希特勒进行第二次会晤时，他同时带去了法国和捷克斯洛伐克同意德国兼并苏台德地区的消息。捷克斯洛伐克的批准是通过勒索获得的。英国和法国告诉起初强烈反对德国兼并苏台德地区的捷克斯洛伐克领导人，如果他们不默许，一旦德国入侵，两个西方盟友都不会来保卫捷克斯洛伐克。捷克斯洛伐克人大吃一惊。他们的国家是莱茵河以东唯一的民主国家，而这里有两个民主国家同意将其分裂，并把它置于捷克斯洛伐克人明知最终会被德国控制的境地。

戈德斯贝格是莱茵河畔的一个小镇。在此与希特勒进行第二次会晤之前，内阁已指示张伯伦坚持苏台德地区要"公平有序"地分离，包括组建一个国际委员会监督移交，以及德国确保新捷克斯洛伐克边境的安全。但是希特勒不给他机会来概述这些条件，反而突然提高了赌注。他宣布，所有捷克斯洛伐克人必须在1938年10月1日前离开苏台德地区，届时该地区将被德国军队占领。他将于

① Harold Nicolson Diaries, September 21, 1938.

② Harold Nicolson Diaries, September 19, 1938.

③ Harold Nicolson, *Oiaries and Letters*, Vol. 1, *1930–1939*, New York：Atheneum, 1966, p. 354.

1938 年 9 月 28 日星期三定为回应通牒的最后期限。达夫·库珀后来写道，希特勒的要求"就像经过长期艰苦的战争，一个获胜且残暴的敌人会将意志强加给被征服的人民"[1]。

当这些条款被传回伦敦时，批评声如潮。哈利法克斯勋爵收到了来自丘吉尔、艾登、布思比、麦克米伦和许多其他议员的抗议信件和电话。反对派向张伯伦发出紧急电报，警告说："公众舆论似乎越来越强烈地感觉到，我们已经到了让步的极限，应该由（希特勒）做出一些让步了。"[2] 利奥·埃默里是最有力的绥靖政策反对者之一。在致捷克斯洛伐克总理的一封信中，埃默里说："据我所知，希特勒的要求是捷克斯洛伐克人……在他们有时间建立一条新的防线之前，应该放弃他们唯一的防线，并且放弃他们在被割让地区的所有朋友，让他们在政治对手的温柔怜悯下生活……他们怎么可能做出这种愚蠢和懦弱的事呢？……难道我们没有义务告诉希特勒，我们认为他的要求是不合理的，不能责怪捷克斯洛伐克人拒绝它吗？"[3]他在给《纽约时报》的一封信中，更加直言不讳："问题变得非常简单。我们要让一个自由的民族臣服于残忍的暴行吗？我们曾支持过他们的事业，但现在为了保全自己的性命而把他们丢进狼群，还是我们仍然能够勇敢地抵抗恶霸？危在旦夕的不是捷克斯洛伐克，而是我们的灵魂。"[4]

当张伯伦回到伦敦时，试图"扑灭大火"。张伯伦告诉内阁，他确信自己对希特勒产生了相当大的影响，"希特勒信任他，愿意

---

[1] Duff Cooper manuscript on Munich, Cooper Papers.

[2] William Manchester, *The Last Lion : Winston Spencer Churchill : Alone, 1932 – 1940*, New York: Dell, 1988, p. 342.

[3] Leo Amery to Neville Chamberlain, September 25, 1938, Chamberlain Papers.

[4] L. S. Amery, *My Political Life*, Vol. 3, *The Unforgiving Years 1929 – 1940*, London: Hutchinson, 1953, p. 277.

与他合作"①。他的保证毫无用处。在几个同事的支持下，达夫·库珀要求张伯伦向希特勒表明，如果他进攻捷克斯洛伐克，英国就会宣战。如果英国抛弃捷克斯洛伐克人，"甚至建议他们投降"②，库珀补充道，"我们应该为犯下历史上最卑鄙的背叛罪而感到内疚"。哈利法克斯勋爵起初赞同戈德斯贝格会议的谈判结果，但后来改变了主意，加入了反对者的行列。同时，简·马萨里克〔Jan Masaryk，捷克斯洛伐克驻伦敦大使，该国首任总统托马斯·马萨里克（Tomáš Masaryk）的儿子〕正式拒绝了希特勒的最新要求，宣布他的国家不会成为"一个奴隶国家"③。面对捷克斯洛伐克人的拒绝和可能发生的内阁重组，张伯伦做出了让步。英国外交部通知德国，英国将支持捷克斯洛伐克。

突然之间，在把电报传送到柏林的这段时间里，英国处在了战争边缘。英国人被反复告知不会发生冲突，而且对捷克斯洛伐克数月来积累的危机的严重性知之甚少，因此处于极度震惊的状态。他们现在得知，末日即将来临。玛格丽·阿林厄姆评论说，无线电台"变得歇斯底里，每隔约 45 分钟就会播报一次新闻……这一切都非常令人担忧，尽管形势看起来很危险，但是我们仍然无法相信这实际上是一场战争。政府没有给我们任何暗示，我们的双眼被蒙蔽了。正是这一点让我们觉得，肯定有不对劲的地方。说得委婉些，20 年来，我们的政客可能一直效率低下……我们从来没有想过这

---

① Williamson Murray, *The Change in the European Balance of Power, 1938 – 1939*, Princeton: Princeton University Press, 1982, p. 207.

② Duff Cooper, *Old Men Forget: An Autobiography of Duff Cooper*, London: Century, 1986, p. 239.

③ William Manchester, *The Last Lion: Winston Spencer Churchill: Alone, 1932 – 1940*, New York: Dell, 1988, p. 345.

134 个问题"①。她和她的同胞戴上了防毒面具（她称之为"猥亵的、像胎一样的"东西）②，她还发现她朋友和邻居的眼睛是如何"震惊和无助"地出现在面具的小云母窗户后，危险真的降临了。

在全国各地，就像在阿林厄姆的村庄里一样，"即将发生悲剧的感觉令人窒息……对一些人来说，当时战争似乎意味着对我们最爱的每个人和每件事宣判死刑"③。人们普遍认为，战争爆发后几周内，伦敦将会遭受毁灭性的打击。英国首都"就像电影里的噩梦"④，反对绥靖政策的初级大臣罗伯特·伯奈斯在写给妹妹的信中说道："笑声，甚至微笑都消失了。我们就像一个等待审判的民族。"在一次严肃的晚宴上，当伯奈斯试图通过讲笑话来缓解紧张气氛时，一位客人歇斯底里地喊道："该死的！你不知道我们下星期可能会死吗？"

沙袋被疯狂地堆积在政府大楼、商店和俱乐部前，探照灯也被安装起来，医院也被清理出来，以防空袭造成伤亡。人们在首都的主要公园里挖了狭长的战壕，地窖和地下室被用作防空洞。达夫·库珀主动调动了英国舰队。

接下来的几天简直是噩梦。随着时间一分一秒地过去，希特勒的最后期限越来越近，保守党内持不同政见者举行了一系列秘密会议，来决定该怎么做。一些年轻的煽动者，如麦克米伦、布思比、卡特兰等人，当时就想推翻内维尔·张伯伦政府。利奥·埃默里在

---

① Margery Allingham, *The Oaken Heart*, London: Michael Joseph, 1941, p. 32.

② Margery Allingham, *The Oaken Heart*, London: Michael Joseph, 1941, p. 37.

③ Margery Allingham, *The Oaken Heart*, London: Michael Joseph, 1941, p. 33.

④ Nick Smart, *Diaries and Letters of Robert Bernays 1932 – 1939*, Lewiston, N. Y.: E. Mellen Press, 1996, p. 78.

他的日记日写道:"在1938年9月27日的一次会议上,他们非常狂热,大声要求立即进行大屠杀,除掉内维尔。"① 早些时候,布思比曾告诉一位朋友,"内阁必须下台……它既不适合和平时期,也不适合战争时期"②。尽管埃默里加入了反对绥靖政策的阵营,但他还没有完全失去对张伯伦的信任,他当然也不赞成发动反对首相的政变。他说:"我对那种言论泼了冷水……"③

前一天晚上,埃默里、麦克米伦、尼科尔森、布思比、斯皮尔斯和劳聚集在温斯顿·丘吉尔位于莫佩斯大厦顶层的公寓里,俯瞰威斯敏斯特大教堂。出席会议的还有丘吉尔的老朋友、自由党领袖阿奇博尔德·辛克莱(Archibald Sinclair),以及几位反对绥靖政策的上议院议员。随着战争的临近,议会召开了紧急会议,这是自1938年8月初以来的首次议会会议。持不同政见者认为,他们该表明立场。尼科尔森说:"如果张伯伦再捣乱,我们就联合起来反对他。"④

1938年9月27日,张伯伦对全国的广播并没有让在丘吉尔公寓开会的人们安心。在广播中,他没有提到荣誉,没有明确界线,也没有对四面楚歌的捷克斯洛伐克人民表示同情或支持。张伯伦的声音干巴巴的,传达了完全不同的信息:"因一无所知的人在遥远的国度发生了一场争吵,我们就在这里挖战壕、试戴防毒面具,这

---

① John Barnes and David Nicholson, ed., *The Empire at Bay: The Leo Amery Diaries 1929 – 1945*, London: Hutchinson, 1980, p. 519.

② N. R. Rose, *Baffy: The Diaries of Blanche Dugdale 1936 – 1947*, London: Valentine Mitchell, 1973, p. 104.

③ John Barnes and David Nicholson, ed., *The Empire at Bay: The Leo Amery Diaries 1929 – 1945*, London: Hutchinson, 1980, p. 519.

④ Harold Nicolson, *Diaries and Letters*, Vol. 1, *1930 – 1939*, New York: Atheneum, 1966, p. 361.

是多么可怕、多么不可思议的事情啊。"①

1938 年 9 月 28 日上午，庞大而沉默的人群挤满了议会广场和附近的街道，看着议员们进入威斯敏斯特宫（又称议会大厦）参加紧急会议。如果说议会大厦外人们的情绪高涨，那么在拥挤的下议院大厅和走廊里，紧张气氛几乎是令人无法忍受的。快到下午 3 点，首相看起来筋疲力尽，他从政府长凳上慢慢站起来，把他的笔记放到面前的公文箱上。会议室里鸦雀无声。当张伯伦疲惫地开始讲述他与希特勒的会面时，《纽约时报》的记者亚瑟·贝克（Arthur Baker）认为，他从来没有听过"比这更令人绝望的演讲……"②

张伯伦讲了一个多小时，贵族画廊里，英国外交次大臣亚历山大·卡多根（Alexander Cadogan）递给哈利法克斯勋爵一张纸。③ 扫了一遍这张纸之后，外交大臣从座位上站起来，匆匆走下楼梯，来到议长席后面，把这张纸递给了张伯伦的议会私人秘书道格拉斯勋爵。道格拉斯把它递给约翰·西蒙爵士，西蒙爵士站起来把它递给了首相。张伯伦读完了纸上的内容，转身对西蒙说："我现在可以告诉他们吗？"西蒙笑着点点头。张伯伦环顾静谧的会议室，他的声音大多了。他宣布希特勒已同意将德国的动员工作推迟 24 小时，并邀请了英国、法国和意大利的领导人在慕尼黑举行更多的会谈。

开始是一片寂静。然后有人喊道："感谢上帝，有了首相！"④ 于是混乱爆发了。随着一声大吼，会议室两边的成员都站起来了。

---

① William Manchester, *The Last Lion*: *Winston Spencer Churchill*: *Alone*, *1932 – 1940*, New York: Dell, 1988, p. 250.

② Arthur Baker, *The House Is Sitting*, London: Blandford Press, 1958, p. 66.

③ John W. Wheeler-Bennett, *Munich*: *Prologue to Tragedy*, New York: Duell, Sloan and Pearce, 1948, p. 169.

④ John W. Wheeler-Bennett, *Munich*: *Prologue to Tragedy*, New York: Duell, Sloan and Pearce, 1948, p. 170.

由于保守党在下议院的席位占多数，没有足够的空间让所有的保守党议员坐在下议院政府的一边，所以哈罗德·麦克米伦和其他保守党成员经常站在反对党一侧。尽管麦克米伦是反绥靖政策一派中的最坚定的成员之一，但他还是和同事们一起欢呼雀跃。[1] 一些议员哭了，不会有战争，至少那一刻不会。麦克米伦的儿子下个月可以上牛津大学，而不是上战场。他的家和家人将幸免于难。

那天下午，麦克米伦望着对面的保守党议员席，发现并不是每个人都有同样"难以置信，几乎令人震惊的解脱"[2] 的感觉。丘吉尔欠起身，好像是要回应张伯伦，然后又带着一副严肃而坚定的表情坐了下来。出人意料，艾登公开表示异议，他站起身，走出会议室。[3] 埃默里仍然坐着，怒目而视，一言不发。尼科尔森也坐着，没有理会他身后一个议员的嘘声："站起来，你这个畜生!"[4]

其他人也喊道："起来! 起来!"当来自3个政党的成员挤在财政部的长凳上与张伯伦握手时，没有人注意到马萨里克大使已经从他的座位上站起来，离开了议院。捷克斯洛伐克的领导人没有被邀请去慕尼黑。那天晚上，马萨里克对哈利法克斯和张伯伦说："如果你们为了维护世界和平而牺牲我的国家，我将第一个为你们鼓掌。但如果不是，先生们，愿上帝保佑你们的灵魂。"[5]

[1] Harold Macmillan, *Winds of Change: 1914-1939*, New York: Macmillan, 1962, p. 506.
[2] Robert Shepherd, *A Class Divided: Appeasement and the Road to Munich 1938*, London: Macmillan, 1988, p. 217.
[3] Harold Macmillan, *Winds of Change: 1914-1939*, New York: Macmillan, 1962, p. 506.
[4] Harold Nicolson Diaries, September 28, 1938.
[5] John W. Wheeler-Bennett, *Munich: Prologue to Tragedy*, New York: Duell, Sloan and Pearce, 1948, p. 171.

会议结束后，同样在走廊里目睹了混乱场面的维奥莉特·博纳姆·卡特质问阿奇博尔德·辛克莱，为什么没有反驳张伯伦。这位自由党领袖抗议说，虽然在生理上是不可能的，但维奥莉特夫人的确"坚强如钢"①。维奥莉特夫人的朋友巴菲·达格代尔（即上文提到的布兰奇·达格代尔）目睹了这一幕。"我们曾寄予厚望的议会辜负了她。"她甚至拒绝签署批评首相慕尼黑之行的决议，因为这份决议的开头写道："虽然有普遍的解脱感……"② 维奥莉特夫人多年后写道，她没有那种解脱感。"背叛已经发生了。"

第二天，当张伯伦前往慕尼黑时，维奥莉特夫人和丘吉尔主持了核心小组的午宴。在萨沃伊酒店的皮纳福房间里，包括哈罗德·尼科尔森在内的几位反对绥靖政策的议员受邀参加了午宴。几个月来，维奥莉特夫人一直敦促她在议会的朋友们对张伯伦采取更坚决的立场。丘吉尔仍然情绪激动，她热心地同意了丘吉尔的建议，他们起草了一份电报给首相，敦促他不要再向希特勒做出任何让步，并警告他，如果他这样做了，"他回来以后就不得不在下议院战斗"③。他们对电报的措辞进行了研究，最终排除了地板打斗的可能性。他们决定让大概6位著名议会要员在电报上签字，包括丘吉尔本人，还有艾登、辛克莱和艾德礼。

电报的措辞并不具有煽动性，但当天傍晚时分，当丘吉尔在电话中把电报读给艾登听时，他拒绝在电报上署名，说张伯伦会认为这封电报充满敌意。艾德礼也不愿签字，他说他首先需要得

---

① N. R. Rose, *Baffy : The Diaries of Blanche Dugdale 1936 – 1947*, London: Valentine Mitchell, 1973, p. 107.
② Bonham Carter Notebook, "The Thirties," Bonham Carter Papers.
③ Robert Rhodes James, *Churchill : A Study in Failure 1900 – 1939*, New York: World Publishing Co. , 1970, pp. 336 –337.

到党内议员的同意。丘吉尔被他们的拒绝震惊了，他一动不动地坐在椅子上，如"泥塑一般"①。当维奥莉特夫人因艾登和艾德礼拒绝在电报上签名而恶语相向时，丘吉尔看着她，眼含着泪。"他们是什么做的？"他问，"不久的将来，我们将不得不献出生命，而不是签名。我们能活下来吗？当我们失去勇气的时候，我们有资格活下来吗？"为了让他振作起来，维奥莉特安慰道："你还有勇气。属于你的时刻会到来。不管我们跑得多快，终究还是会被抓。"

"是的，最后会被抓，独自一人，没有盟军，也没有朋友，"他回答，"到那时，我们会背叛他们所有人。"两个老朋友静静地坐了一会儿。然后维奥莉特问丘吉尔在哪里吃饭。"在这儿，在别人俱乐部，几分钟后，"他说，"我不期待今晚的到来。"

维奥莉特夫人也泪眼婆娑地回家了。在离开萨沃伊的路上，她遇到了开心的爱德华·马什，他是丘吉尔的朋友，也是别人俱乐部的成员。"这不光荣吗？"他说，"毕竟我们不会被轰炸。"② 维奥莉特夫人眯起眼睛盯着他："光荣？"她反唇相讥，轻蔑地吞掉了这个词。"你在哪里看到了荣耀？你只想着自己的安危！"她昂首阔步地往前走，留下可怜的爱德华·马什，纳闷自己究竟说了什么，竟会错得这么离谱。

尽管别人俱乐部的成员都穿着正式的服装，而且经常在一间雅致的小客厅里用餐，但他们总是以遵守俱乐部的主要规则为傲：那就是"什么都不能……影响政党政治的积怨"。但在 1938 年 9 月

① Bonham Carter Notebook, "The Thirties," Bonham Carter Papers.
② Mark Pottle, *Champion Redoubtable: The Diaries and Letters of Violet Bonham Carter 1914–1941*, London: Weidenfeld & Nicolson, 1998, p. 191.

29 日晚，爆发了一场激烈的争吵，它在很大程度上是由这个俱乐部的联合创始人引发的。

丘吉尔还在为下午发生的事感到痛心，他大发雷霆，让每个人都知道了这件事。包括布思比、布兰登·布拉肯、劳合·乔治和迪克·劳在内的大约 20 名成员，从他们端起当晚第一杯酒的那一刻起，就感受到了丘吉尔式的愤怒。但是，丘吉尔把愤怒的矛头首先对准了房间里的两名内阁大臣：卫生大臣沃尔特·埃利奥特和第一海军大臣达夫·库珀。"两位有着良好的参战记录和丰富的政府部门工作经验的可敬的人，怎么能容忍张伯伦对捷克斯洛伐克的懦弱政策呢？"丘吉尔怒吼道。难道他们没有意识到这个政策多么"肮脏和具有毁灭性的"① 吗？难道他们没有看到这是"自本尼迪克特·阿诺德以来，最恶劣的恃强凌弱、背信弃义的行为"吗？难道他们不明白，出卖捷克斯洛伐克不仅意味着牺牲荣誉，而且意味着"牺牲生命——我国人民的生命吗"？

48 岁的库珀是丘吉尔的好朋友，他的脾气也很暴躁。另一位议员称丘吉尔是"野蛮"攻击，库珀充分利用自己的脾气来反击丘吉尔。他认为这些指控极不公平。毕竟，他一直在领导内阁内部的反绥靖运动，试图说服张伯伦坚决反对希特勒，准备在必要时开战。与此同时，作为政府的重要成员，他觉得有义务在公共场合为政府的行为辩护，即使自己激烈地反对政府。

在 20 世纪 20 年代和 30 年代进入议会的年轻开明的保守党人中，库珀取得了巨大的政治成就，其政治成就仅次于安东尼·艾登。和艾登一样，库珀也是伊顿公学和牛津大学的学生和战争英雄。1918 年 8 月，在比利时阿尔伯特运河附近的盟军进攻中，他

---

① Colin R. Coote, *The Other Club*, London: Sidgwick & Jackson, 1971, p. 89.

单枪匹马俘虏了 18 名德国人，因此获得杰出服役勋章。他于 1924
年当选为议员，1935 年成为斯坦利·鲍德温的战争大臣，1937 年
成为张伯伦的第一海军大臣。

虽然达夫·库珀取得了诸多成就，但伦敦政界普遍认为，他没
有发挥出自己的潜力，如果发挥出自己的才能，他能做得更好。库
珀是出色的演说家、才华横溢的健谈者和极具天赋的作家。他在业
余时间写诗，出版了法国政治家塔列朗（Talleyrand）的传记并广受
好评。同时，他也是一位执着的享乐主义者，更看重自己的快乐，
而不是在海军部埋头苦干。他以逃避无聊的政府会议而闻名，在怀
特俱乐部和别人俱乐部里，他曾花几个小时和朋友喝酒，玩双陆棋。

《时代》（Time）杂志总是用"时髦"来形容库珀。他喜欢剪
裁考究的衣服、美酒、美食和漂亮女人。他娶了戴安娜·曼纳斯夫
人（Lady Diana Manners），她是英国最著名的社交美人之一，无论
走到哪里，她似乎都能成为新闻人物。戴安娜夫人是拉特兰郡公爵
夫人（Duchess of Rutland）及其情人哈利·卡斯特（Harry Cust）
的女儿。卡斯特曾带领一群放荡的年轻贵族后裔，他们在第一次世
界大战前和一战期间，因举办疯狂的派对、酗酒和吸毒而登上报纸
头条。戴安娜夫人仍然光彩照人，但她已成家立业，（或多或少）
成为一名合格的政治家的妻子。但这对夫妇繁忙的社交生活给库珀
招来了懒惰和轻浮的名声，许多白厅的资深人士视他为政治外行。
在库珀职业生涯早期的一次午餐会上，外交大臣寇松勋爵靠在桌子
上问他："库珀先生，在取悦你美丽妻子的间隙，你都做些
什么？"[1]

---

[1] Kenneth Young, *The Diaries of Sir Robert Bruce Lockhart*, Vol. 1, *1915-1939*, New York: St. Martin's Press, 1975, p.156.

20世纪30年代中后期，库珀的关注点是德国日益增长的实力。他认为自己是一个爱国者和追求快乐的人，他对希特勒对英国的威胁感到震惊。1933年夏天，他以初级大臣的身份访问德国，回国后发表了一篇关于纳粹主义威胁的演讲，却被比弗布鲁克勋爵的报纸斥为战争贩子。作为战争大臣，他曾多次与时任财政大臣的内维尔·张伯伦发生冲突，原因是张伯伦拒绝为一支规模庞大、装备精良的军队提供资金，而这支军队可以在德国发动进攻时派往欧洲大陆。[1]"我确信战争即将来临，"库珀回忆道，"我相信只有一种办法可以阻止它，那就是让德国人相信，如果他们发动战争，就会被打败。"[2]像往常一样，张伯伦在这场辩论中获胜。作为第一海军大臣，[3]库珀继续致力于加速重整军备。他要求加快皇家海军的建设，并谴责张伯伦和财政部对所有军种预算的限制。随着慕尼黑危机的升级，他认为与独裁者讨价还价的时代已经结束。

当库珀发脾气的时候，就像他屡次对张伯伦所做的那样，那景象真是太可怕了。他的家人和朋友称这种爆发为"暴怒"（veiners）[4]。当库珀生气时，他额头上的血管会扩张、颤动，他的脸会变紫，声音会传到好几个街区外。那天晚上，在萨沃伊，他对着丘吉尔和丘吉尔的亲密助手弗雷德里克·A.林德曼教授大喊大叫。随着时间的推移，人们喝了更多的葡萄酒和白兰地，越来越多的人大喊大叫。

库珀和布思比对周日报纸《观察家报》支持绥靖政策的编辑

① John Charmley, *Duff Cooper*, London: Weidenfeld & Nicolson, 1986, p. 97.
② Duff Cooper, *Old Men Forget : An Autobiography of Duff Cooper*, London: Century, 1986, p. 204.
③ John Charmley, *Duff Cooper*, London: Weidenfeld & Nicolson, 1986, pp. 108 – 109.
④ Duff Cooper, *Old Men Forget : An Autobiography of Duff Cooper*, London: Century, 1986, p. 9.

J. L. 加文恶语相向，加文气冲冲地离开了。① （回到家后，他写了一封脱离俱乐部的请辞信。） 后来，正如库珀记得的那样，"每个人都在侮辱别人，温斯顿最后说，下次大选时，他将在（工党的）每一个政纲上发表反对德国人的言论"②。飞来飞去的谩骂是如此极端，一名与会者对维奥莉特·博纳姆·卡特说，如果这些日子是"我们的议员要求一对一决斗，为自己辩护"③，那么他们至少会在黎明时分进行 3 场决斗。

　　约凌晨 1 点，有人看了看表，说报纸初刊一定已经在街上售卖了，上面有关于慕尼黑一事的新闻。另一个成员走了出去，几分钟后，带着一份报纸回来了。库珀从他手里夺过报纸，默默地研究了一会儿头版，然后大声朗读了其中的文章，语气"明显是愤怒和厌恶的"④。文章的具体内容不详，但毫无疑问，张伯伦和法国总理爱德华·达拉第（Édouard Daladier）已经完全向希特勒屈服了，满足了他在戈德斯贝格提出的所有要求。捷克斯洛伐克将被迫立即放弃苏台德地区以及重要的防御工事和主要的工业中心。英国和法国没有征求捷克斯洛伐克代表的意见。张伯伦和达拉第事后通知他们，还说争吵是没有用的。

　　当读完这篇文章后，库珀把报纸扔在桌子上，一言不发地走出房间。他身后一片寂静，人们都很震惊。在那个初秋的早晨，正如一位成员所说："耻辱几乎有形可觅。"⑤

141

142

①　John Charmley, *Duff Cooper*, London: Weidenfeld & Nicolson, 1986, p. 124.

②　John Charmley, *Duff Cooper*, London: Weidenfeld & Nicolson, 1986, p. 124.

③　Bonham Carter Notebook, "The Thirties," Bonham Carter Papers.

④　Colin R. Coote, *The Other Club*, London: Sidgwick & Jackson, 1971, p. 91.

⑤　Colin R. Coote, *A Companion of Honour: The Story of Walter Elliot*, London: Collins, 1965, p. 174.

第八章
"可怕、纯粹和空前的耻辱"

　　显然，别人俱乐部的成员们是少数对慕尼黑事件感到失望的人。大多数英国人听到这个消息，几乎歇斯底里地流露出如释重负和感恩之情。报纸对张伯伦大加赞赏，帮助营造了欢腾的气氛。《每日快报》的头版上赫然印着"和平"一词。[①]《泰晤士报》对首相的评价是："从战场上凯旋的征服者中，没有一个戴着比他更高贵的桂冠归来。"[②]《星期日快报》的八卦专栏作家卡斯特罗斯勋爵欣喜若狂："多亏了张伯伦，成千上万的年轻人活了下来。我也活了下来。"[③]

　　那些试图在报道中加入警告语的记者，得到的回应是文章被大量修改，内容甚至变得更糟。一篇标题为《从马德里到慕尼黑》（From Madrid to Munich）的文章，概述了希特勒征服他国的过程，被报纸的董事长从《新闻纪事报》中删除。他说既然张伯伦"受

①　Geoffrey Cox, *Countdown to War*, London：Hodder & Stoughton, 1990, p. 75.

②　John W. Wheeler-Bennett, *Munich：Prologue to Tragedy*, New York：Duell, Sloan and Pearce, 1948, p. 180.

③　Robert Graves and Alan Hodge, *The Long Weekend：A Social History of Great Britain 1918 – 1939*, London：Faber and Faber, 1940, p. 445.

到了全国人民的热烈欢迎,那么我们必须小心"①。弗农·巴特利特的文章令人震惊,② 他作为《新闻纪事报》的记者报道了慕尼黑会议,巴特利特写道,会议的结果表明各国对希特勒的彻底投降。《新闻纪事报》的负责人说,巴特利特的报道太令人沮丧了。

甚至许多相信张伯伦背叛了捷克斯洛伐克的人,也忍不住分享了这份喜悦,其中就包括工党报纸《每日先驱报》的反绥靖政策的编辑弗朗西斯·威廉姆斯。威廉姆斯后来写道:"理智上,人们知道,试图安抚希特勒只会让我们陷入更糟糕的境地。一个人可以凭自己的意志感到,即使停止绥靖意味着战争,也比不断撤退要好……但与此同时,人们在情感上拒绝接受这种逻辑为最终的结局。情感……要求人们停止抽象地思考战争,而要思考战争对所有成人和孩子的影响。"威廉姆斯的脑海中浮现出小女儿倒立和儿子骑自行车的画面,他得出结论:"这种事和其他成百上千的事——介于智慧和意志之间——让人们为了避免战争,愿意做任何事。"

1938 年 9 月 30 日下午,张伯伦乘坐飞机从慕尼黑返回时,在赫斯顿机场,数千名激动不已的民众站在暴雨中,挥舞着报纸和英国国旗,等着迎接被他们视为世界救世主的人。当首相举着他标志性的雨伞走出飞机时,人群沸腾了。似乎每个人都想和张伯伦握手,几十名骑在马上的警察费了好大劲才把汹涌的人群压住。

从赫斯顿出发,张伯伦被汽车迅速送往白金汉宫,在那里乔治国王和伊丽莎白王后等着向他表示祝贺。透过雨痕斑驳的车窗,张伯伦望向窗外,成千上万的英国人站在街道两旁,他们欢呼雀跃,

① Richard Cockett, *Twilight of Truth : Chamberlain, Appeasement & the Manipulation of the Press*, New York: St. Martin's, 1989, p. 79.

② Richard Cockett, *Twilight of Truth : Chamberlain, Appeasement & the Manipulation of the Press*, New York: St. Martin's, 1989, p. 79.

挥舞着旗帜，其中一些人兴高采烈地跳上汽车的踏板，砰砰地敲打着车窗。在宫殿里还有一大群人在等待，当张伯伦和妻子与面带微笑的国王和王后一起走到王宫的阳台上时，全场爆发出震耳欲聋的掌声。这是史无前例的，也是执政君主第一次允许一个平民在白金汉宫的阳台上得到认可。保守党议员爱德华·格里格（Edward Grigg）表示，这也是"20 世纪主权国家所犯的最大的宪法错误"①。乔治六世和张伯伦一起出现在阳台上，公开表明自己支持首相的政策，是对君主立宪制中君主政治公正性的违背。

但那天很少有人想到这些问题。张伯伦继续他的凯旋游行，最后回到唐宁街，数百人挤满了那里，他们已经在雨中等了几个小时。在首相官邸的街对面，外交次大臣助理、强烈反对绥靖政策的奥姆·萨金特（Orme Sargent）在外交部一楼的阳台上注视着人群。他转向一位同事，尖刻地说："你可能认为我们赢得了一场重大胜利，而不是背叛了一个小国。"②

达夫·库珀站在唐宁街 10 号的大厅里，望着外面的人群，在想同样的事情。他从海军部大楼走了一小段路，来到首相官邸，穿过密集的人群，"在我无法分享的幸福中感到非常孤独"③。库珀度过了一个不安的夜晚，他在考虑自己该怎么做。他喜欢担任第一海军大臣。"在政府担任的各种职务中，"他后来说，"第一海军大臣是最让我开心的一个。"④ 这份工作的薪水相当可观，库珀没有多

① Piers Brendon, *The Dark Valley: A Panorama of the 1930s*, New York: Knopf, 2000, p. 625.
② John Colville, *Footprints in Time: Memories*, London: Century, 1985, p. 63.
③ Duff Cooper, *Old Men Forget: An Autobiography of Duff Cooper*, London: Century, 1986, p. 242.
④ Duff Cooper, *Old Men Forget: An Autobiography of Duff Cooper*, London: Century, 1986, p. 207.

少钱，因而对此非常感激。这个职位还有两个极好的附带福利：一是他和妻子可以住在伦敦最豪华的住宅之———海军部大楼里；二是可以使用美丽的海军游艇"女巫"号，这艘游艇上有 100 多名船员。如果他辞职，将失去这一切。此外，他还会因为在关系密切的世界里犯下重大的罪过而感到内疚：对他的政党和首相不忠。

作为对群众欢呼的回应，张伯伦唱起了《因为他是一个快乐的好人》（*For He's a Jolly Good Fellow*），随即消失在唐宁街 10 号。当喊声、掌声和歌声没有停止的迹象时，张伯伦出现在楼上一扇开着的窗户前，手里拿着一张纸。奥姆·萨金特在办公室的阳台上看着眼前的这一幕，对同事说："只要他不说'荣誉与和平'，我什么都能忍受。"①

在张伯伦与希特勒最后一次会面时，他要求希特勒签署一份文件，表明"我们两国人民希望永远不再彼此交战"。他挥舞着那张纸，上面有他和希特勒的签名，向欢呼的人群宣布，他从德国带回了"承载着荣誉的和平"②。"我相信，"张伯伦补充道，"这是我们时代的和平。"伴随着人群的欢呼声，萨金特转身，大步走进办公室，砰的一声关上身后的落地双扇玻璃门。

达夫·库珀终于下定了决心。"我无法忍受的是'承载着荣誉的和平'。"库珀后来对朋友们说，"如果张伯伦从慕尼黑回来，对我说'和平附带着可怕的、纯粹的、空前的耻辱'，也许我会留下来。但他说'承载着荣誉的和平'！"③ 几分钟后，在讨论《慕尼黑协定》的内阁会议上，库珀辞职了。他说，张伯伦"很高兴能

145

① John Colville, *Footprints in Time : Memories*, London：Century, 1985, p. 63.

② William Manchester, *The Last Lion : Winston Spencer Churchill : Alone, 1932 – 1940*, New York：Dell, 1988, p. 358.

③ Virginia Cowles, *Looking for Trouble*, New York：Harper, 1941, p. 180.

摆脱我，就像我决心要离开一样"①。

听到这个消息后，库珀的一个熟人评论道："这是最值得尊敬的行为。戴安娜是不会满意的，她不愿意放弃海军部的房子和游艇。"② 真让这个熟人说中了。戴安娜对库珀的这个决定很不满。她很喜欢自己乘坐"女巫"号频繁旅行，她和丈夫一样喜欢海军部大楼的房子。事实上，她还张罗了一次大规模的室内装修。但一如既往，戴安娜首先忠诚于她的丈夫。他们的婚姻虽然复杂，但他们之间的关系很亲密。尽管经常被库珀的小过失激怒，包括他沉迷女色和醉心赌博，但戴安娜从未对他失去信心。戴安娜支持库珀辞职，就像支持他做的大多数事情一样。

在接下来的几天里，库珀收到了成千上万封赞扬他勇气的信。奥利弗·斯坦利的妻子写道："我认为你很了不起！"③ 她还说："我的嘴被命令封上……但我找不到足够结实的东西来封它！"当鲍勃·布思比得知库珀辞职的消息后，他写道："我的心怦怦直跳，几个月来这是第一次……（你）给成千上万的人带来了一线希望，他们至今仍相信英国公共生活的基本准则，他们已开始感到绝望。"④ 罗伯特·伯奈斯告诉库珀，他很想站在海军部大楼外面大喊："我们需要达夫·库珀！上帝保佑你，先生！"⑤ 他没有这么做，伯奈斯说，因为"人们会认为，这场危机扰乱了我的心智"。

然而，库珀最珍视的赞扬来自他指挥下的海军军官。"请允许

① Duff Cooper, *Old Men Forget : An Autobiography of Duff Cooper*, London: Century, 1986, p. 243.
② Philip Ziegler, *Diana Cooper*, New York: Knopf, 1982, p. 189.
③ Maureen Stanley to Duff Cooper, undated, Cooper Papers.
④ Robert Boothby to Duff Cooper, October 2, 1938, Cooper Papers.
⑤ Rob Bernays to Duff Cooper, October 3, 1938, Cooper Papers.

我对于您认为有必要辞职表示遗憾，但我非常钦佩您这样做。"普 146
利茅斯皇家海军基地总司令科克勋爵（Admiral Lord Cork）和奥雷
里（Orrery）上将写道，"我发现自己完全同意您的观点，遗憾的
是，我不能公开这么说。"① 英国王室的近亲、未来的第一海军大
臣路易·蒙巴顿亲王（Prince Louis Mountbatten）表示："作为一名
现役海军军官，给您写信，我认为我的行为极不正常……但我不能
袖手旁观，看着我所仰慕的人按照我希望自己有勇气践行的方式行
事，而不说一句'干得好'……您的行为激励了我。"②

　　随着库珀的辞职，很明显，张伯伦和反绥靖派之间的激烈冲
突，将成为下议院即将就慕尼黑问题展开辩论的关键。在接下来的
几天里，伦敦午餐会和晚宴上最热门的话题是，是否有其他内阁成
员曾私下公开反对首相的行为，他们会把政府交给库珀吗？一些
人，比如哈罗德·麦克米伦，认为如果发生这种情况，政府可能会
垮台。其他人说，没有什么可以动摇政府，国家对张伯伦压倒性的
支持令他无懈可击。

　　关于内阁成员可能辞职的猜测主要集中在卫生大臣沃尔特·埃
利奥特身上，他和库珀在别人俱乐部的晚宴上成了丘吉尔泄愤的靶
子。作为一名医生，埃利奥特是一位前程似锦的进步保守党人，在
社会问题上持自由主义立场，是重整军备的坚定支持者。和库珀一
样，他也曾敦促张伯伦对抗希特勒。他的许多反对绥靖政策的朋友
都敦促他辞职，并宣称现在是站队的时候了。在这一点上，没有人
比巴菲·达格代尔表现得更激烈了，达格代尔也许是埃利奥特最亲

---

① Louis Mountbatten to Duff Cooper, October 4, 1938, Cooper Papers.
② Admiral Cork to Duff Cooper, October 4, 1938, Cooper Papers.

密的朋友。出身贵族的达格代尔同她的朋友维奥莉特·博纳姆·卡特一样坚决反对绥靖政策。达格代尔几乎每天都和埃利奥特交谈，埃利奥特向她吐露心事，就像他向包括妻子在内的任何人吐露心事一样。有些人认为达格代尔爱上了埃利奥特。不管达格代尔对埃利奥特有什么感觉，在慕尼黑事件后明确表示，她希望他辞职。如果他留下来，他将"一文不值"①。

147　经过一番挣扎，埃利奥特决定不辞职。他在给达格代尔的信中写道："和达夫一样，《慕尼黑协定》的条款也让我难以释怀。当然，内维尔没有权力签署这样的协定。"② 这是"一桩巨大的罪行和丑闻"。但出于扭曲的逻辑，埃利奥特坚持认为，由于他没有因为政府对之前的莱茵兰事件、艾登辞职事件、德奥合并事件而辞职，因此他必须留在内阁，否则就会被指责为虚伪。达格代尔不甘示弱，她告诉埃利奥特，"为了我们的利益，也为了我们的过去和未来"③，他们最好分开一段时间。

埃利奥特在议会中的同僚们，甚至是那些最坚决反对绥靖政策的人，对他和其他大臣们的困境也远比达格代尔更具同情心。他们知道，对于一个政治家来说，要选择良心而不是野心和忠诚是多么困难，要挑战社会的规范是多么困难。多年后，麦克米伦写道："所有这些人都是我的朋友……我现在意识到，他们做决定时承受了巨大的压力，忠义两难的选择也使他们分心。当时，张伯伦的统治地位是如此之高，以至用辞职来抗议他的政策看起来似乎不合逻

---

① N. R. Rose, *Baffy : The Diaries of Blanche Dugdale 1936 – 1947*, London: Valentine Mitchell, 1973, p. 98.

② N. R. Rose, *Baffy : The Diaries of Blanche Dugdale 1936 – 1947*, London: Valentine Mitchell, 1973, p. 112.

③ N. R. Rose, *Baffy : The Diaries of Blanche Dugdale 1936 – 1947*, London: Valentine Mitchell, 1973, p. 109.

辑，毫无用处。"①

不管是什么原因，没有人再辞职。埃利奥特、奥利弗·斯坦利、德拉瓦尔勋爵没有辞职，战争大臣莱斯利·霍尔－贝利沙（Leslie Hore-Belisha）也没有辞职，他们都曾反对《慕尼黑协定》。1938 年 10 月 3 日，当下议院辩论开始时，达夫·库珀独自坐在传统上为退休或辞职的内阁大臣保留的席位上。大约 8 个月前，安东尼·艾登和博比提·克兰伯恩也曾坐在这里。内维尔·张伯伦站起来接受下议院的喝彩之前，不得不在政府前排的长凳上等待，聚光灯首先照在他的批评者身上。

妻子在旁听席上注视着他，库珀讲了将近一个小时的话，没有笔记。如果他同意迫使捷克斯洛伐克接受《慕尼黑协定》，"我将永远无法抬起自己的头，"他说，"我失去了很多。我放弃了一间钟爱的办公室，放弃了一份我极感兴趣的工作，放弃了一群让我引以为傲的下属……也许，我已经毁了自己政治前途。但这些只是小问题。我保留了一些对我很有价值的东西。我仍然可以昂首阔步地周游世界。"② 148

库珀的口才对全场产生了明显的影响，③④ 当张伯伦站起来发言时，全场欢呼，却没有上个星期三他宣布慕尼黑之行时的那种绝

①　Harold Macmillan, *Winds of Change : 1914 - 1939*, New York: Macmillan, 1962, p. 511.

②　Duff Cooper, *Old Men Forget : An Autobiography of Duff Cooper*, London: Century, 1986, p. 248.

③　《泰晤士报》年轻的议会记者安东尼·温写道，库珀的演讲受到了议员们的好评，但杰弗里·道森改写了这个故事。温立即辞职，他告诉道森，自己"厌恶我明显认为是愚蠢和危险的政策"，即政府操纵新闻报道。大约 4 年后，温在阿拉曼战役中阵亡。

④　Richard Cockett, *Twilight of Truth : Chamberlain, Appeasement & the Manipulation of the Press*, New York: St. Martin's, 1989, pp. 96 - 97.

对的热情。当他谈到自己对捷克斯洛伐克的"深切同情"① 时，几名工党议员高呼："可耻！"哈罗德·尼科尔森评论道，首相"显然又累又暴躁，演讲不太成功"②。奇普斯·钱农郁闷地指出，"周三的光芒已经消失了"③。

在随后 3 天的辩论中，张伯伦得到了党内许多人的支持。正如人们所预料的那样，尽管大卫·马杰森和其他保守党党鞭施压，要求保守党议员们遵守规定，但张伯伦还是遭到了一些保守党人士的强烈批评。"反叛分子"需要相当大的勇气才能站出来，抨击一个因阻止另一次世界大战而受到全国赞扬的人。已经在媒体和党内受到攻击的异见人士，被贴上了不爱国的战争贩子、国家利益叛徒的标签。麦克米伦说道，在这一点上，"质疑张伯伦的权威是叛国，否认他鼓舞人心几乎就是亵渎"④。然而，"反叛分子"还是一个接一个地谴责《慕尼黑协定》。

在慕尼黑辩论之前，理查德·劳并没有直言不讳地反对绥靖政策，但他成为保守党内最强硬的"反叛分子"之一。当张伯伦进入下议院开始辩论时，37 岁的劳仍然坐在他的位子上，而他周围的人都站起来为首相欢呼。邻座的议员们大声斥责他，还有几个人试图把他拉起来，但他"像帽贝一样紧紧抓住"⑤ 前面的栏杆不肯动。其中一个粗暴对他的人是他的一个亲密的熟人，"通常是最友

① William Manchester, *The Last Lion : Winston Spencer Churchill : Alone, 1932 – 1940*, New York：Dell, 1988，p. 365.
② William Manchester, *The Last Lion : Winston Spencer Churchill : Alone, 1932 – 1940*, New York：Dell, 1988，p. 365.
③ Robert Rhodes James, ed. , "*Chips*"：*The Diaries of Sir Henry Channon*, London：Phoenix, 1999, p. 173.
④ Harold Macmillan, *Winds of Change：1914 – 1939*, New York：Macmillan, 1962, p. 509.
⑤ 未出版的理查德·劳关于温斯顿·丘吉尔的回忆录。

好、最令人舒服的那个人"① 凸显了当天议会双方的痛苦和敌意的强烈程度。

安东尼·艾登后来说，作为第一批向下议院发表演讲的"反叛分子"之一，劳"说话时带着皈依者炽热的真诚"②。劳说，由于张伯伦向希特勒投降，英国已成为德国的"新合伙人"③，这是"世界上最残忍、最不人道的暴政"。他补充道，英国一直奉行的理想——"体面、公平和自由"——在慕尼黑被抛弃了。

在另一次猛烈的攻击中，博比提·克兰伯恩说，尽管张伯伦声称要实现"承载着荣誉的和平"，但《慕尼黑协定》没有荣誉可言。的确，给它起一个"如此高贵的名字"是一种"恶毒的嘲弄"④。克兰伯恩说："欧洲的和平实际上已经实现了……是通过把一个国家推进狼窝实现的。这个小国，在几乎无法容忍的挑衅面前显露出的勇气和尊严激励了我们所有人。"

利奥·埃默里站起来说，他对英国在"这个勇敢且热爱自由的国家的命运"中所扮演的角色感到"可怕、纯粹和空前的耻辱"⑤。他还说，《慕尼黑协定》是"侵略性恐怖主义有史以来取得的最伟大、最廉价的胜利……是以最明目张胆、最残酷的方式，取得的赤裸裸的武力胜利"。哈罗德·麦克米伦认为，"我们今天在这个国家面临的形势……比基督教文明开始以来的任何时候都更危险、更

---

① 未出版的理查德·劳关于温斯顿·丘吉尔的回忆录。
② Anthony Eden, *The Reckoning : The Memoirs of Anthony Eden Earl of Avon*, Boston: Houghton Mifflin, 1975, p. 39.
③ *Hansard*, October 3, 1938.
④ *Hansard*, October 4, 1938.
⑤ *Hansard*, October 4, 1938.

艰巨、更可怕"①。

辩论进行到第三天，会议室里的情绪开始沸腾起来。当温斯顿·丘吉尔站起来宣布"我们遭受了彻底的失败"②时，保守党议员席上爆发出嘲笑和嘘声，阿斯特勋爵夫人喊道："一派胡言!"丘吉尔猛地转过身来，厉声说道："当那位高贵的夫人喊道'一派胡言'时，她根本听不见一派胡言……首相能够为捷克斯洛伐克争取到的最大利益是……德国的独裁者没有从餐桌上抢夺食物，而是满足于把食物一道一道地端给他食用。"丘吉尔无视持续不断的喧闹声，宣布："一切都结束了。沉默、悲伤、惨遭遗弃、支离破碎的捷克斯洛伐克渐渐消失在黑暗中。由于与西方民主国家的交往，她在各个方面都饱受折磨。"用巴菲·达格代尔的话来说，丘吉尔的攻击是"一次伟大而可怕的演讲"③。

150　　但是，接下来还会有对《慕尼黑协定》更加强烈的谴责。在这3天的辩论中，哈罗德·尼科尔森和罗纳德·卡特兰、保罗·埃默斯 - 埃文斯一样，一再地站起身来，想让人看到，但议长并没理他们。卡特兰和埃默斯 - 埃文斯都没有得到发言的机会，最终，在辩论的最后一晚，尼科尔森得到了议长的首肯。作为1919年曾在巴黎和平会议上帮助划定捷克斯洛伐克边界的前外交官，尼科尔森对张伯伦在外交上的"外行式干涉"和背叛英国荣誉的做法感到愤怒。在这种愤怒的推动下，他发表了他的政治生涯中最引人注目的演讲。称《慕尼黑协定》是"在我们的历史中……最具灾难性

①　Anthony Sampson, *Macmillan: A Study in Ambiguity*, London: Pelican, 1968, p. 55.

②　William Manchester, *The Last Lion: Winston Spencer Churchill: Alone, 1932 - 1940*, New York: Dell, 1988, p. 366.

③　N. R. Rose, *Baffy: The Diaries of Blanche Dugdale 1936 - 1947*, London: Valentine Mitchell, 1973, p. 111.

的协定之一"①。尼科尔森宣称："我们不仅放弃了捷克斯洛伐克，放弃了苏台德地区的德国人，而且交出了通往欧洲的全部钥匙。"他说，他和其他反对《慕尼黑协定》的"反叛分子"被指控对党和国家不忠。"我曾经说过，假设这是一场板球比赛，在这个最受尊敬的集会上进行，你不能对自己这方不利。"

尼科尔森接着说："我知道，在当今信奉现实主义的时代，原则被认为是相当古怪的，而理想则被认为是歇斯底里的。我们这些人相信……这个国家的一项重要职能是维持欧洲的道德标准，而不是与行为明显邪恶的人交朋友……却被控秉承外交部的原则。"他停顿了一下，环顾了一下房间，接着说："感谢上帝，我秉承了外交部的原则。"

"反叛分子"演讲的激烈程度在伦敦政界和社交圈引发了关于他们下一步行动的猜测和谣言。在公开反对张伯伦之后，《慕尼黑协定》的反对者是否有勇气发动一场反对首相的真正起义？随着阴谋和反阴谋的流言四起，张伯伦的部下开始镇压叛乱。1938年10月4日，震惊的鲍勃·布思比告诉巴菲·达格代尔，他和别人都受到了"威胁"②。有人告诉他，如果他们投票反对政府，"党鞭将会停止提供支持，候选人将与他们为敌"。

151

反对派认为张伯伦计划利用自己的声望，并呼吁立即举行大选，期待保守党再次获得压倒性胜利，击败他的对手。根据英国法律，大选必须至少每5年举行一次。1938年10月，离下一次大选的最后期限还有两年。但是政府可以随时举行选举，首相的一些最

---

① *Hansard*, October 5, 1938.
② N. R. Rose, *Baffy: The Diaries of Blanche Dugdale 1936-1947*, London: Valentine Mitchell, 1973, p. 111.

亲密的顾问敦促他马上这样做。对张伯伦来说，这一前景显然是诱人的，他认为这是压制党内批评的一种方式。

1938 年 10 月 3 日深夜，就在关于《慕尼黑协定》讨论结束后的第一天，哈罗德·麦克米伦把休·道尔顿拉到一边。两人在威斯敏斯特宫一个黑暗的角落里安静地聊天。他们非常了解对方，几年前曾就经济和社会改革的建议进行过合作。道尔顿身材高大、秃顶，这位来自斯托克顿的左倾议员是为数不多的他能容忍的保守党人之一。

在交谈中，麦克米伦告诉道尔顿，"反叛分子"担心张伯伦会要求提前选举。他还提到，他们担心任何在《慕尼黑协定》问题上投了弃权票或反对票的人，"都将被列入毁灭名单，保守党的官方候选人也会与他们作对"[1]。然后他提出了一个令人吃惊的建议：道尔顿与保守党异见人士会面，讨论跨党派联盟的可能。长期以来，与保守党直接合作的想法，无论其政治倾向如何，一直是像道尔顿这样的工党中坚分子所痛恨的。事实上，就在捷克斯洛伐克危机爆发的前几周，他曾宣布工党必须拒绝"所有与其他政党组织——自由党、共产党或保守党联合的提议"[2]。但对慕尼黑事件的震惊让他对这种合作有了不同的想法。他同意陪同麦克米伦参加午夜秘密会议。它是温斯顿·丘吉尔和其他保守党"反叛分子"在北街布兰登·布拉肯家举行的秘密会议。

在那里，有人问道尔顿，如果真的进行选举，他的政党是否会考虑在其选区内支持"反叛分子"，他说他会查明的。还有人敦促道尔顿阻止工党同僚呼吁对政府进行谴责投票，因为担心这会吓跑可能想与"反叛分子"结盟的保守党人。道尔顿和保守党"反叛

---

① Hugh Dalton, *The Fateful Years: Memoirs 1931 – 1945*, London: Muller, 1962, p. 199.

② Ben Pimlott, *Hugh Dalton*, London: Jonathan Cape, 1985, p. 258.

分子"同意在不久的将来进行更多的讨论。他带着一个有趣的想法离开了秘密会议，他认为"保守党对张伯伦的大规模'反叛'"① 可能真的即将发生。

这是"反叛分子"必须做出的决定。辩论结束时，下议院将面临信任投票，"在这次投票中，下议院将批准国王陛下政府的政策，该政策在这次危机中避免了战争，并支持他们为确保持久和平所做的努力"。这项决议措辞巧妙：投反对票，甚至弃权，很可能导致不忠、好战和缺乏爱国主义的指控。持不同政见者已经被贴上了叛徒的标签。如果他们更进一步，真的投票反对首相，如果他们加入工党和自由党的反对游说团，他们的政治生涯几乎肯定会结束。在很大程度上，这些人雄心勃勃，其中一些人也有成为首相的梦想。然而，当他们在布拉肯的房子里再次碰面，决定该怎么做时，麦克米伦、劳和卡特兰想冒这个险，投出自己的良心票。丘吉尔也有同感。他们以前总是用弃权的方法来表达对张伯伦政策的不满，他认为这是一种软弱的妥协。这意味着"反叛分子""对政府的政策有一半赞同"②。

无论他们做什么，"反叛分子"都知道他们必须一起行动，安东尼·艾登和利奥·埃默里是该组织的另外两名主要成员，他们主张弃权。尽管艾登在辩论中反对《慕尼黑协定》（这是他辞职后首次在下议院发表重要讲话），但人们普遍认为他行事过于胆小和谨慎。张伯伦于1938年9月28日发表讲话后，艾登似乎对自己离开议会的鲁莽行为感到后悔。后来，他赞扬了首相为维护和平所做的

---

① Ben Pimlott, ed., *The Political Diary of Hugh Dalton: 1918 - 40*, London: Jonathan Cape, 1986, p. 247.
② Harold Nicolson, *Diaries and Letters*, Vol. 1, *1930 - 1939*, New York: Atheneum, 1966, p. 369.

努力，尽管他明确表示，自己不会支持这些努力的结果。在这场辩论中，《泰晤士报》这样评价艾登："他好像想挠痒痒，但不想杀人。"[1] 奥利弗·哈维写道，那些指望艾登当领导的人，对艾登温和的演讲"感到失望，甚至震惊"[2]。

153 埃默里也没能完全与保守党的等级制度以及他的老朋友张伯伦彻底决裂。尽管他坚定地站在持不同政见者的阵营中，但他仍然保留着哈罗公学优等生的影子，因为他被灌输了公学的忠诚观和遵从传统的观点。他承认，"内维尔在慕尼黑的表现"[3] 是"可耻的"，但重要的是要保持与其他保守党人沟通渠道的畅通，而不是"把我们从保守党主体中分离出来"。埃默里的观点影响了大多数人，1938 年 10 月 6 日，就在下议院表决前不久，他们都同意弃权。

即使如此，埃默里也曾考虑自己是否应该走得那么远，尤其是在张伯伦的演讲结束之后。这比他第一次演讲要好得多。首相承认有必要更迅速地重整军备，并承诺政府将全力加速这一进程。听到这个消息，埃默里和艾登都动摇了，他们相信张伯伦可能终于看到了曙光，并纠结自己是否应该支持张伯伦。就在投票前，在议员们的大厅里，他们告诉一些年轻的"反叛分子"，他们正在考虑投票给政府。其他人坚决不同意。他们说，重要的是，要表明大家对张伯伦在慕尼黑的行动的立场。"他们中没有人希望撤销这个决定，"埃默里后来写道，"鉴于此，安东尼和我都不认为我们能够……改变主意。"[4]

---

[1] *The Times*, October 4, 1938.

[2] Simon Ball, *The Guardsmen：Harold Macmillan, Three Friends, and the World They Made*, London：HarperCollins, 2004, p. 186.

[3] John Barnes and David Nicholson, ed., *The Empire at Bay：The Leo Amery Diaries 1929 - 1945*, London：Hutchinson, 1980, p. 526.

[4] John Barnes and David Nicholson, ed., *The Empire at Bay：The Leo Amery Diaries 1929 - 1945*, London：Hutchinson, 1980, p. 528.

张伯伦在下议院拥有绝大多数席位，很容易赢得信任投票。但大部分注意力集中在约 30 名投了弃权票的保守党议员身上。他们中的一些人，包括丘吉尔、卡特兰、尼科尔森、劳和邓肯·桑兹，在投票过程中仍然紧张地坐在自己的座位上，保守党的忠诚分子向他们愤怒地咕哝并投去轻蔑的目光。尼科尔森在他的日记中写道："弃权肯定会激怒政府，因为重要的不是数字，而是声誉。很明显，政府对此感到不安。"① 虽然"反叛分子"的行动似乎是一种温和的抗议，但张伯伦和他的部下以及伦敦政界的其他人士并不这样认为。尼科尔森是对的：这确实激怒了政府，后果很快就随之而来。

154

不过，目前张伯伦只想让那些吹毛求疵的议员们休息一下。尽管他在下议院大获全胜，但还是向妹妹抱怨："除了下议院，全世界似乎都对我赞不绝口。"② 投票结束后，张伯伦提议下议院再休会 4 个星期，直到 1938 年 11 月 1 日。尽管工党、自由党议员和一些保守党"反叛分子"强烈反对，这项动议还是通过了。

工党的议会领导人提出了他们自己的跨党派联盟的倡议。休·道尔顿再次与麦克米伦会面，并告诉他，克莱门特·艾德礼和其他重要的党内人士都有兴趣寻求建立一个由工党、自由党和保守党"反叛分子"组成的联盟，反对张伯伦的绥靖政策，并致力于加强重整军备。麦克米伦羞愧地答道："他们组织内部有一些困难。"③ 艾登似乎已经宣布不会加入任何这样的联盟，因为许多与张伯伦

---

① Harold Nicolson Diaries, October 6, 1938.

② Martin Gilbert, *Winston S. Churchill*, Vol. 5, *The Prophet of Truth, 1922 – 1939*, Boston: Houghton Mifflin, 1977, p. 1009.

③ Hugh Dalton, *The Fateful Years: Memoirs 1931 – 1945*, London: Muller, 1962, p. 201.

持不同政见者都是艾登的追随者，"他们不会比艾登走得更远、更快"①。无论如何，因为首相已经决定不立即举行大选，结盟的紧迫性已经不存在了。（张伯伦在给妹妹的信中写道，他非常希望"摆脱这个令人不安和沮丧的下议院"②，但大卫·马杰森和其他人告诉他，"我们需要几个月的精心准备，才能漂亮地赢得选举"。）

与艾登不同，丘吉尔对继续联盟的谈判很感兴趣，麦克米伦、卡特兰、布思比、劳和布拉肯也是如此。道尔顿称赞丘吉尔的进取精神（"他比艾登和其他绅士派的淡而无味有魅力得多。他是一个真正的硬汉，此刻正说出我们的心声"③），但是"鉴于其他人的拒绝，我们这边决定停止跨党联盟计划"。跨党联盟计划已经失败。在告别麦克米伦之前，道尔顿给了麦克米伦一些建议，并让他转告他那些持不同政见的保守党同僚。他说，对政府投弃权票很好，但如果他们真的想改变事态的发展，就必须鼓起勇气，"准备给政府投反对票……否则反抗的萌芽永远不会破土而出"④。

在慕尼黑事件之后，张伯伦渴望一场战斗，但不是对抗德国。尽管他向下议院承诺要加快重整军备，但他告诉内阁，虽然英国应该继续加强防御，但他仍然相信有可能与希特勒达成协议，避免战

---

① Hugh Dalton, *The Fateful Years : Memoirs 1931 - 1945*, London: Muller, 1962, p. 202.

② Neville Chamberlain to Hilda Chamberlain, December 11, 1938, Chamberlain Papers.

③ Ben Pimlott, *Hugh Dalton*, London: Jonathan Cape, 1985, p. 259.

④ Hugh Dalton, *The Fateful Years : Memoirs 1931 - 1945*, London: Muller, 1962, p. 202.

争。他说:"很多人错误地把重点放在重整军备上。"① 他还补充说,他无意开始一场新的军备竞赛。相反,他要把自己好斗的本能用在消灭那些胆敢在慕尼黑问题上反对他的人。

与此同时,在捷克斯洛伐克,德国人进军苏台德地区,控制了苏台德地区的边境防御工事、军需工厂以及其他重工业和原材料。在布拉格,一位捷克斯洛伐克著名的实业家向玛莎·盖尔霍恩概述了捷克斯洛伐克的损失。他表示:"40% 的冶金业已经消失。还有60% 的烟煤业、63% 的纺织业、57% 的玻璃工业、40% 的化学工业和63% 的造纸业也不复存在。"盖尔霍恩写道,他用一种"低沉的、实事求是的声音"讲述了这一切。在布拉格的一家咖啡馆里,她看到一群年轻人围坐在旁边的桌子,正俯身看着自己国家的地图,以同样的方式计算着自己国家在《慕尼黑协定》中的损失。突然,其中一个人站起来,大声喊道:"如果我们孤军奋战,会被击溃,情况不会比这更糟!"② 屋里的人都听见了。

欧洲其他小国意识到它们再也不能指望英国和法国来保卫自己抵御德国了,于是接受了这个暗示,发誓不做任何让德意志帝国不安的事情。尽管荷兰和比利时都采取措施保护自己免受德国的攻击,但他们拒绝与法国和英国一起讨论联盟的可能。"在英国没有准备好打仗、法国陷入混乱、德国重新武装的情况下,军事谈判可能有什么好处?"③ 荷兰外交部长在给《泰晤士报》的一封信中问道。艾登的前议会私人秘书吉姆·托马斯在一次对选民的演讲中,

---

① Martin Gilbert, *Winston S. Churchill*, Vol. 5, *The Prophet of Truth*, *1922 – 1939*, Boston: Houghton Mifflin, 1977, p. 1014.

② Martha Gellhorn, "Obituary of a Democracy," *Collier's*, December 1938.

③ Tom Shachtman, *The Phony War*: *1939 – 1940*, Lincoln, Neb.: BackinPrint.com, 2000, p. 105.

156 为自己在慕尼黑投票中的弃权行为辩护。托马斯宣称："一个月前，我们在欧洲有朋友，如果出现紧急情况，他们会站在我们这边。未来，除了法国，我们将不得不独自面对这个全新且强大的德国。我们失去了朋友。"①

在美国，至少有一个月的广播节目每半小时就被中断一次，播放有关捷克斯洛伐克局势的报道，来自慕尼黑的消息让人震惊和愤怒。英、法两国因拒绝对抗希特勒而重新联合，疏远了政府内外的美国人，这些美国人赞成让美国更多地介入日益严重的欧洲危机。与此同时，捷克斯洛伐克向敌对势力屈服，也加强了美国国会和其他地方孤立主义者的力量，他们一直在敦促罗斯福政府远离欧洲战争。安东尼·艾登 1937 年 12 月访问纽约后表示："英国政府显然已完全失去了美国人的同情。虽然我在那里，但我的大部分时间花在声明内维尔不是法西斯分子上了。"② 艾登在他的日记中写道，许多美国人认为"我们做出让步是因为我们已经丧失了勇气，没有什么比这更危险的了"。

就希特勒而言，他确信英国永远不会试图阻止他，于是制订了新的征服计划。在与张伯伦的交锋中，他对首相的评价是：不像张伯伦自诩的那样，他不是一个坚强、受人尊敬、有影响力的谈判者，而是一个软弱、自欺欺人的人，为了避免战争什么都做得出来。这位德国领导人后来这样称呼他的英、法两国对手："可怜的寄生虫。"③ 从慕尼黑回到柏林后，希特勒轻蔑地对他的同僚们说：
157 "我说了'战争'这个词，（张伯伦）就吓得发抖。"④

---

① Jim Thomas Speech to Constituents, Cilcennin Papers.
② David Carlton, *Anthony Eden : A Biography*, London: Allen Lane, 1981, p. 147.
③ Stephen Howarth, *August' 39 : The Last Four Weeks of Peace in Europe*, London: Hodder & Stoughton, 1989, p. 131.
④ Gene Smith, *The Dark Summer*, New York: Collier, 1989, p. 113.

第九章
报应

在慕尼黑事件之后的几个星期，想要摆脱内维尔·张伯伦是不可能的。在英国，无论人们走到哪里，似乎都能联想到首相和他的历史性旅程。玩具店里的特色玩具是张伯伦娃娃，[①] 他一只手拿着棍子和卷轴，另一只手拿着一个小牌，上面写着"和平使者"。糖果店出售糖伞，花店老板展示张伯伦的照片，照片装饰着鲜花，还刻着"我们为你感到骄傲"的字样。各大公司在报纸上刊登了大量赞美首相的广告，桂冠诗人约翰·梅斯菲尔德（John Masefield）还写了一首诗，把张伯伦比作希腊悲剧英雄普里阿摩斯（Priam），并宣称他"受到了神的指引"[②]。

与此同时，唐宁街 10 号也收到了大量的信件、电报、鲜花、雨伞、玩具、小饰品和其他庆贺张伯伦成就的物品。张伯伦把许多物品陈列在一个大陈列柜里，他喜欢向客人炫耀。有一天，肯尼斯·克拉克和妻子来吃午饭，张伯伦自豪地把他们领到陈列柜前，解释说这些物品"是为了庆祝《慕尼黑协定》

---

① "State of the World," *Time*, October 31, 1938.

② Robert Shepherd, *A Class Divided : Appeasement and the Road to Munich 1938*, London: Macmillan, 1988. p. 1.

而寄给我的"①。

正如约翰·科尔维尔在日记中所指出的那样，慕尼黑事件助长了这位首相的虚荣和傲慢。因为慕尼黑事件，张伯伦"几乎被封为圣徒"②。这不足为奇，维奥莉特·博纳姆·卡特冷冷地说："他开始把自己看作从天而降的救世主……"由于张伯伦的声望，张伯伦和他的部下认为，任何反对政府的行为都缺乏爱国精神，反对他的人相当于叛国，于是他们采取了相应措施。《每日快报》的驻外记者杰弗里·考克斯（Geoffrey Cox）于1938年底回到英国，他惊讶地发现，人们对任何针对《慕尼黑协定》的批评都表现得如此不能容忍："如果你认为和平是一种幻觉。《慕尼黑协定》只不过是以巨大的代价换来了一个喘息的机会，你相信战争临近，那么你就被认为想发动战争。"③最后，考克斯补充说，政府的不宽容发展成了"极权主义的弦外之音"。

最重要的是，张伯伦决心惩罚批评他的人，尤其是在慕尼黑问题的信任投票中投弃权票的保守党人，他轻蔑地把这些人比作"玷污自己巢穴的鸟"④。投票后不久，《每日邮报》的亲德老板罗瑟米尔勋爵警告称："只要内维尔·张伯伦担任首相，他的声誉就不会受到损害，他所在政党的任何成员如果挑战这一事实，都可能遭遇完败。"⑤几家报社，包括罗瑟米尔拥有的那些报社，痛斥并嘲

① Kenneth Clark, *Another Part of the Wood: A Self-Portrait*, New York: Harper & Row, 1974, p. 224.

② Bonham Carter Notebooks, "The Chosen," Bonham Carter Papers.

③ Geoffrey Cox, *Countdown to War*, London: Hodder & Stoughton, 1990, p. 80.

④ Charles Loch Mowat, *Britain Between the Wars 1918–1940*, Boston: Beacon Press, 1971, p. 623.

⑤ Martin Gilbert, *Winston S. Churchill*, Vol. 5, *The Prophet of Truth*, 1922–1939, Boston: Houghton Mifflin, 1977, p. 1009.

笑保守党中的"反叛分子",称他们是"神经紧张的人"。少数几份曾经同情"反叛分子"的报社,连同它们的观点,都受到了攻击。一位支持张伯伦的下院议员痛斥《旗帜晚报》刊登了达夫·库珀的几篇文章,指责该报发表了库珀的"连篇空话"[①],使"他的同胞们一直处于焦躁不安的期待中,不断地煽动偏见和仇恨"。

杰弗里·考克斯的雇主比弗布鲁克勋爵,在慕尼黑事件后曾向哈利法克斯勋爵承诺,他和他的报社"将尽一切努力帮助你"[②]。作为对这一承诺的部分兑现,比弗布鲁克的报纸攻击保守党"反叛分子"。《每日快报》在 1939 年初大声疾呼:"神经过敏者用颤抖的声音问希特勒是否会攻击我们……《每日快报》说:'不会!'现在我们知道,希特勒赞同《每日快报》的观点。他说他希望能有很长一段时间的和平……我们直接从希特勒口中得到了确认。1939 年英国不会卷入战争。"[③]

政府对保守党内"反叛分子"的惩罚远远超过了新闻界的攻击。关于慕尼黑事件的辩论一结束,保守党的中央办公室,还有大卫·马杰森、詹姆斯·斯图尔特和其他保守党党鞭,就开始了一场无情的运动,迫使"反叛分子"在政界变得默默无闻。记者海伦·柯克帕特里克说,中央办公室是一台政治机器,它在张伯伦的亲自指挥下负责该党的日常运作,它的强大"会让坦慕尼派(纽约市民主党组织——译者注)妒忌得眼红"[④]。1939 年初,战争大

159

① Duff Cooper, *Old Men Forget : An Autobiography of Duff Cooper*, London: Century, 1986, pp. 253 – 254.

② Richard Cockett, *Twilight of Truth : Chamberlain, Appeasement & the Manipulation of the Press*, New York: St. Martin's, 1989, p. 56.

③ Robert Kee, *1939 : The World We Left Behind*, Boston: Little, Brown, 1984, p. 99.

④ Helen p. Kirkpatrick, *Under the British Umbrella*, New York: Scribner's, 1939, p. 42.

臣莱斯利·霍尔－贝利沙告诉《泰晤士报》的记者："保守党的机器甚至比纳粹的机器还要强大。两台机器可能有不同的目标，但它们同样冷酷无情。它们会压制任何不遵守规则的人。"① 对张伯伦迅速失去信心的霍尔－贝利沙可能有点夸大其词了，但毫无疑问，在首相的领导下，保守党高层已经建立了一个复杂的网络来监视政治对手、平息异议。

中央办公室和党鞭们对地方选区协会施加了巨大压力，要求它们惩罚任性的议员。一个地方选区协会没有权力强迫其议员辞职，但它可以为下次选举选出新的候选人，在大多数情况下，这会结束失去议会席位的议员的政治生涯。

作为最受关注的"反叛分子"，达夫·库珀的日子尤其不好过。他的选区是伦敦的威斯敏斯特区，这是一个拥护张伯伦的"要塞"，在做出裁决之前，他在那里受到了保守党选区协会长达一个多小时的严厉质询。该协会承认库珀有权辞去内阁职务，但仍声明"完全同意首相的行动"②，并且主张库珀有义务支持政府，致力于党内团结。它还保留了为下次选举挑选新候选人的权利。这个警告是明白无误的。如果库珀再次越界，他就会失去议会席位。

在埃平选区，温斯顿·丘吉尔曾对保守党的"不宽容情绪"表示谴责。在詹姆斯·斯图尔特的鼓动下，在当地保守党党员的领导下，保守党几次试图打败丘吉尔，但他都以微弱的优势胜出了——这些党员曾是丘吉尔最坚定的支持者。在博比提·克兰伯恩所在的南多塞特郡选区，当地的保守党人"正在喷火、屠杀"③，克兰

① Basil Liddell Hart, *The Liddell Hart Memoirs*, Vol. 2, New York: Putnam, 1966, p. 228.
② John Charmley, *Duff Cooper*, London: Weidenfeld & Nicolson, 1986, p. 132.
③ Bobbety Cranborne to Jim Thomas, October 8, 1938, Cilcennin Papers.

伯恩告诉吉姆·托马斯："我很期待下周被石头砸死。"

克兰伯恩在给安东尼·艾登的信中写道，他对《慕尼黑协定》的尖锐批评所招致的敌意"表明你采取更温和的态度是多么明智"①。（艾登是为数不多的保守党投弃权票的人之一，他的选区没有受到任何影响。正如克兰伯恩所说，他在下议院的温和演讲可能是他的选区没有受到影响的主要原因。）

与此同时，鲍勃·布思比收到了一封来自他所在保守党选区协会执行委员会的电报，对"你不支持政府"表示极大的关注，并命令他到协会当面做出解释。布思比这么做了，但他明确表示，自己"没有留下任何忏悔书"②。他宣称，慕尼黑事件是两百多年来"这个国家遭遇的最大外交挫败"。布思比在他的选区里极受欢迎，令保守党选区协会领导们沮丧的是，该选区协会的普通成员都支持布思比。在约克郡赫尔镇，迪克·劳被"愤怒的"保守党选区协会传唤，他同样为自己进行了辩护，并告诉该协会，如果他们"不在那里，给我投信任票，我将辞去席位，争取补选"③。和布思比一样，劳也赢得了投票，尽管离全票通过还有一定差距。

其他面临强大选区协会挑战的人，包括罗纳德·卡特兰和保罗·埃默斯-埃文斯，尽管他们尽了最大努力，但都没有在针对慕尼黑事件的辩论中被点名。卡特兰在下议院发表讲话时受到了阻挠，他总是直言不讳，这导致没有人怀疑他在慕尼黑问题上的立场。卡特尔兰宣称，张伯伦在最终默许希特勒的要求之前，没有征求内阁或议会的意见，是"违反宪法的疯狂行为"④。"在政党机器

---

① Bobbety Cranborne to Anthony Eden, October 9, 1938, Avon Papers.

② Robert Boothby, *I Fight to Live*, London: Gollancz, 1947, p. 169.

③ 理查德·劳未出版的回忆录。

④ Ronald Cartland, *The Common Problem*, London: Hutchinson, 1942, p. 23.

的协助下，权力正从议会转移到行政部门和公务员手中。"这位年轻的议员在伯明翰报纸上发表了一封信，他写道："最近，首相说'民主制度允许犯错'。每个负责任的公民现在都必须扪心自问，如果我们要活下去，能否承受更多的错误。"①

和卡特兰一样，埃默斯－埃文斯谴责了他所看到的保守党对议会权威和言论自由的攻击。在南德比郡选区，他说在他看来，自己的职责是代表选区，自由地做出判断和决定。简而言之，他不是选区的奴隶。埃默斯－埃文斯被告知，议员应该"最大限度地关注"②选民的意见，他答道："我也是这么认为的，而且已经这样做了，但是……一个议员也应该把知识和判断力归于他的选民……如果我在我认为对国家安全至关重要的事情上所采取的任何行动都受到束缚，我就仅仅是代表一个外部组织的喉舌。"为了强调这一点，他向他的选区协会大声朗读了埃德蒙·伯克（Edmund Burke）在 1780 年发表的一篇著名演讲，内容是关于议员的合法角色。③伯克认为："如果人民仅根据奉承和灵活的原则来选择公仆，并且对所有公共事务完全没有自己的见解或漠不关心，那么国家将不再健全，想要挽救它将是徒劳的。"

南德比郡保守党选区协会的几位成员，包括其主席罗伯特·唐卡斯特爵士（Sir Robert Doncaster）并不认同伯克和埃默斯－埃文斯奉行的准则。唐卡斯特尽其所能把埃默斯－埃文斯赶出了办公室，包括禁止他在政党会议上发言。第二年年初，当埃默斯－埃文斯和唐卡斯特在办公室碰面时，两人发生了激

① Barbara Cartland, *Ronald Cartland*, London: Collins, 1942, p. 186.

② Paul Emrys-Evans to Sir Robert Doncaster, January 2, 1939, Emrys-Evans Papers.

③ Paul Emrys-Evans to Clement Attlee, April 24, 1957, Emrys-Evans Papers.

烈的争吵。① 唐卡斯特愤怒地命令埃默斯－埃文斯离开办公室。当埃默斯－埃文斯拒绝时，协会主席报了警。然而，在警察抵达前，唐卡斯特宣布，只要埃默斯－埃文斯代表南德比郡并辞职，"他就不会与南德比郡有任何关系"。随着主要敌人离去，针对埃默斯－埃文斯的反对之声逐渐平息下来。至少在那一刻，他是安全的。

最终，在慕尼黑事件投弃权票的人没有一个在接下来的选举中失去保守党候选人的官方地位。但他们中的大多数人被各自所在的选区协会通知：从那时起，他们的言论和行动将受到密切关注，未来任何对政党不忠的行为都将受到严肃处理。对持不同政见者的议会同僚阿索尔公爵夫人（Duchess of Atholl）的惩罚很快消除了人们对此的疑虑。

从凯瑟琳·阿索尔（Katharine Atholl）的背景和性情来看，没有任何迹象表明她在慕尼黑事件后会成为保守党中最大胆的"反叛分子"。她与阿索尔公爵的婚姻使她成为英国贵族中的高级成员。她的丈夫是英国最人的土地所有者之一，这对夫妇住在苏格兰高地的一座白色石头城堡里。他们拥有一艘加拿大邮轮"阿索尔公爵夫人"号。在她结婚之前，曾就读于伦敦皇家音乐学院，她被公认为天才钢琴家和作曲家。凯瑟琳·阿索尔身材娇小，长着一双大而富于表现力的蓝眼睛。她有教养、羞怯、不谙世故，没有兴趣引起别人对她的注意。

1921 年，英国首相大卫·劳合·乔治注意到她与地方和国家慈善机构的广泛合作，建议她竞选议员。对公爵夫人来说，这是一

---

① 　未出版的保罗·埃默斯－埃文斯的回忆录，Emrys-Evans Papers。

个令人吃惊的想法。她反对英国妇女的参政运动，对从政毫无兴趣。但在那时，并没有多少英国女性预见过自己在政坛的未来，毕竟距离她们赢得有限的选举权和代表议会的权利仅仅 3 年。在丈夫的支持下，凯瑟琳终于听从了劳合·乔治的建议，并在 1924 年以保守党党员的身份在苏格兰乡村地区的金罗斯郡和西珀斯郡赢得了选举。

凯瑟琳·阿索尔是第三位赢得下议院选举的女性，她发现自己进入了"伦敦最好的（男性）俱乐部"。在那里，她的许多男性同事（不是大多数）对女性成员的到来感到恐惧。从真实的意义上来说，女性在被选为议员之前，一直是被忽视的。[①] 直到 1917 年，女性访客还被强迫像与世隔绝的修女一样，坐在女士走廊的格栅后面。阿斯特勋爵夫人回忆说，当她成为议会的第一位女议员时，"我认识多年的男性如果在走廊从我的身边走过，都不跟我说话"[②]。温斯顿·丘吉尔就是其中之一，阿斯特勋爵夫人和丈夫经常在伯克郡乡村的克莱夫登庄园招待丘吉尔。当她问丘吉尔为什么对她如此无礼时，丘吉尔反驳道："因为我觉得一个女人闯进下议院就像闯进我的浴室一样令人尴尬，我没有任何保护自己的东西，甚至连一块海绵都没有。"[③]

到 20 世纪 30 年代末，下议院中的女性只增加了几个，仅有 9 人。沙文主义仍然猖獗，甚至在反绥靖主义的"反叛分子"中也是如此，他们中的大多数人认为自己思想自由。"（在下议院中）没有女性的位置，"达夫·库珀说道，"女人在这里的能力并不比

163

---

① Pamela Brookes, *Women at Westminster*, London：Peter Davies, 1967, p. 20.

② Pamela Brookes, *Women at Westminster*, London：Peter Davies, 1967, p. 22.

③ Christopher Sykes, *Nancy：The Life of Lady Astor*, New York：Harper & Row, 1972, p. 208.

她们在足球场上的能力更强。"① 尽管女议员有权使用下议院的所有设施，但仍有一条不成文的规定，即她们不得进入议会最排外的男性专区——议员吸烟室。② 男人们在那里喝威士忌、抽雪茄、谈生意。

凯瑟琳·阿索尔做梦也想不到自己会进入这个"圣地"，她也从未想过要挑战任何让女性安分守己的其他议会惯例。当选后，当她被告知许多男性保守党议员尚未接受女议员时，她说："如果我能为解决问题做点什么的话，我觉得我有责任去尝试。"③ 与反对传统、言辞犀利的阿斯特勋爵夫人不同，这位公爵夫人被保守党领导层和普通成员视为不具威胁性的女议员。花呢长裙、羊毛夹克，配一串珍珠项链是她一贯的装束。这也反映了她的个性：谦逊、端庄、非常传统。

鉴于后来发生的事情，这一切充满了讽刺意味。正是内维尔·张伯伦强调了凯瑟琳的可靠性，他在 1924 年向首相鲍德温建议，委任凯瑟琳一个初级大臣的职位，让她担任教育委员会的秘书。人们希望这项任命能帮助保守党赢得女性选民的支持，阿索尔公爵夫人不像阿斯特勋爵大人，她绝对不会捣乱。鲍德温也认为，阿索尔公爵夫人对党的忠诚是毋庸置疑的。因此，凯瑟琳·阿索尔成为保守党第一位担任初级大臣的女议员。

然而，10 年后，她表现出了明显的反叛迹象。她加入了丘吉尔和其他保守党强硬派的行列，反对政府法案赋予印度有限的自治权，因为在她看来，占人口多数的印度教徒将会伤害穆斯林和地位低下的少数群体。然后，在 1935 年底，她拿到一本德语原版的

---

① Duff Cooper, *Old Men Forget : An Autobiography of Duff Cooper*, London：Century, 1986, p. 251.

② Susan Pedersen, *Eleanor Rathbone and the Politics of Conscience*, New Haven：Yale University Press, 2004, p. 222.

③ Pamela Brookes, *Women at Westminster*, London：Peter Davies, 1967, p. 42.

《我的奋斗》。当她读到希特勒的政治哲学纲要时，她对其中的仇恨和偏执感到震惊，但最重要的是，对希特勒明确提出德国侵略欧洲大部分地区的蓝图感到震惊。她后来写道："从来没有一个现代政治家如此明确地向读者表达过自己的野心……"①

164　　1933 年秋，英国最著名的出版社之一哈钦森旗下的赫斯特－布莱克特出版社出版了《我的奋斗》的英译本，书名为《我的奋斗》（*My Struggle*）②。这本书是由埃德加·达格代尔翻译的，他是富有的绅士学者和翻译家，娶了巴菲·达格代尔。这本书在英国出版的几个月前，纳粹官方报纸《人民观察家报》驻伦敦记者汉斯·威廉·托斯特博士通知赫斯特－布莱克特出版社，达格代尔的译本必须得到德国政府的批准才能出版。考虑到如果不同意这个要求，可能会失去这本书的版权，赫斯特－布莱克特出版社勉强同意了柏林的要求。结果，希特勒的《我的奋斗》被删减，这本书的英译本只剩下 297 页（相比之下，德国版的《我的奋斗》有 781 页），而且一些最具煽动性的言论被删除了，尤其是他对犹太人仇恨的相关内容。

　　凯瑟琳·阿索尔把德文原版和英文译本，以及英文译本中遗漏部分的复本寄给了丘吉尔。她在随附的便条上写道："原作的好战性被英译本所掩盖。"③ 她还寄给丘吉尔一些希特勒演讲中的"极端"段落，这些段落"没有被外国媒体传播"。丘吉尔全神贯注地读着《我的奋斗》，他在回忆录中写道："没有哪本书……比它更值得仔细研究。"

---

① S. J. Hetherington, *Katharine Atholl : Against the Tide*, Aberdeen : Aberdeen University Press, 1989, p. 170.

② James J. Barnes and Patience P. Barnes, *Hitler's Mein Kampf in Britain and America*, Cambridge, U. K. : Cambridge University Press, 1980, p. 5.

③ Martin Gilbert, *Winston S. Churchill*, Vol. 5, *The Prophet of Truth*, *1922 - 1939*, Boston : Houghton Mifflin, 1977, p. 704.

对凯瑟琳·阿索尔来说，《我的奋斗》是战斗的号令。她不再是一个一心想要"平息事端"的温顺的后座议员，而是一个直言不讳的绥靖政策反对者。她再次与丘吉尔联手，这一次是为了唤醒英国民众，让他们意识到希特勒的危险和英国重整军备的必要性。和丘吉尔一样，她也从消息灵通人士那里得到了关于德国重整军备的速度和规模的机密信息，并把这些信息传递给了他和外交部的官员。① 但因为她强烈反对一切法西斯主义，而不仅仅是纳粹主义，她与丘吉尔和其他反绥靖主义的保守党分道扬镳。例如，她不同意实用政治的观点，即必须安抚墨索里尼，以免他与希特勒结盟。1936 年西班牙内战爆发时，丘吉尔和其他保守党"反叛分子"都没有对法西斯将军弗朗西斯科·弗朗哥（Francisco Franco）反抗西班牙民选共和政府的行为表示过多的关注。当希特勒和墨索里尼向弗朗哥派遣军队、飞机和提供援助时，他们也没有表态。事实上，大多数持不同政见者支持张伯伦对西班牙的不干涉政策，理由是这只是德国主要活动中附带的一个小插曲。凯瑟琳·阿索尔不同意这种观点。

在一次前往西班牙的事实调查任务中，她目睹了德国轰炸机造成的破坏：整个社区被毁，数百名平民致残、死亡。她和其他几位女议员一起，发起了一场帮助西班牙难民的运动，并批评张伯伦和他的下属们拒绝向西班牙政府出售武器。西班牙共和党人得到苏联支持的事实并没有困扰她。她长期反对共产主义，但她认为法西斯主义是当时欧洲面临的最可怕的危险。对公爵夫人来说，"不管是谁干的，暴行是残忍和不可容忍的邪恶行为"。

---

① S. J. Hetherington, *Katharine Atholl: Against the Tide*, Aberdeen: Aberdeen University Press, 1989, p. 159.

　　然而，为了支持西班牙共和党政府，她与英国共产党人、社会主义者、工会领袖以及其他被保守党所厌恶的团体结成联盟。她的选区里有许多保守党人，比选区中的贵族、有土地的乡绅和退役军官还多，这些保守党人对她的行为感到愤怒。一位公爵夫人与共产党员共享集会平台。她被认为是阶级的叛徒，一些选民公开称她为"红色公爵夫人"①。

　　首相和保守党党鞭对她同样感到愤怒。1938年4月，她写信给张伯伦，暗示由于政府对西班牙的立场，她可能不得不撤回对政府的支持。张伯伦先发制人，回信说要用鞭子抽她，意思是要把她逐出保守党。② 她可以继续做议员，但除非她的保守党党员身份得到恢复，否则她在下一次选举中就不会得到保守党的官方支持。没有其他保守党"反叛分子"受到如此严厉的惩罚。

　　在慕尼黑会议期间，凯瑟琳·阿索尔正在美国进行巡回演讲。她没有出席下议院的辩论，也没有参与投票。当她于1938年10月回国后，她的丈夫担心她会陷入更多的政治麻烦，敦促她支持该协定。但是当凯瑟琳被召集到选区协会官员面前时，她告诉他们，自己强烈反对张伯伦的所作所为。为了确保观点无疑，她还把它们印在小册子上，在自己的选区广泛散发。

　　这就是保守党党鞭所需要的。几个月来，在苏格兰处理保守党事务的党鞭詹姆斯·斯图尔特一直在敦促公爵夫人所在的选区协会为下一次选举挑选一名新候选人。现在他敦促得更加急迫了，1938年11月，选区协会照他的要求做了，选择了当地一位富有的农民威廉·麦克奈尔·斯纳登（William Mcnair Snadden）来代替公爵夫

166

----

① Susan Pedersen, *Eleanor Rathbone and the Politics of Conscience*, New Haven: Yale University Press, 2004, p. 286.

② Pamela Brookes, *Women at Westminster*, London: Peter Davies, 1967, p. 120.

人。因此，她辞去了自己的席位，并宣布将作为独立候选人参加接下来的补选。与她关系密切的几个人，包括丘吉尔和她的丈夫，恳求她不要采取如此激烈的举措。然而，对公爵夫人来说，这是一个关乎荣誉和良心的问题。她打算让补选成为对奉行绥靖主义的独裁者的全民公投，希望唤醒公众，让他们意识到这个国家所面临的危险。

　　张伯伦和他的手下也把这次补选看作对他们政策的一次全民公决，他们决心尽其所能击败公爵夫人，向其他反叛者发出一个准确无误的信息——持不同政见者是危险的。英国现代史上最卑劣、最臭名昭著的一次竞选活动就这样开始了。日复一日，内阁大臣和其他支持绥靖政策的保守党议员，来到凯瑟琳所在的选区发表反对她的言论，同时向每一位选民分发谴责她却赞扬张伯伦的小册子。① 保守党的游说者警告民众，如果他们投票给公爵夫人，"将会有一场战争，你的儿子会被杀死"②。有谣言说她从共产党那里得到了钱，还收到了署名为"斯大林"的假电报，上面写着"来自莫斯科的问候"③。据报道，在 1938 年 12 月 21 日大选前不久，该地区多处庄园的工人们在工资袋里发现了意想不到的奖金和庄园所有者的便条，敦促人们投票支持公爵夫人的保守党对手。④ 一些反对她的地主通知房客会降低租金，并附上写有"投票支持斯纳登"的卡片。这个消息传遍了当地的酒吧和其他聚会场所，那些支持凯瑟 167

① S. J. Hetherington, *Katharine Atholl : Against the Tide*, Aberdeen: Aberdeen University Press, 1989, p. 211.
② S. J. Hetherington, *Katharine Atholl : Against the Tide*, Aberdeen: Aberdeen University Press, 1989, p. 211.
③ Beverly Parker Stobaugh, *Women and Parliament 1918 - 1970*, Hicksville, N. Y. : Exposition Press, 1978, p. 12.
④ S. J. Hetherington, *Katharine Atholl : Against the Tide*, Aberdeen: Aberdeen University Press, 1989, p. 216.

琳的工人可能会因此失业。

为了对抗这种策略，凯瑟琳呼吁其他的保守党"反叛分子"来帮助她。但他们都没有帮她。当凯瑟琳最坚定的支持者之一维奥莉特·博纳姆·卡特问安东尼·艾登什么时候去苏格兰支持凯瑟琳时，艾登回答说，他根本不打算支持凯瑟琳竞选。维奥莉特夫人所在的自由党在补选中命令其候选人退出竞选，转而支持公爵夫人，她很惊讶。维奥莉特夫人后来写道，如果艾登要表现出勇气的话，"肯定应该是在那场选举中，他所属政党的一名成员为了他所支持的事业，在拿自己的政治生命冒险"①。

哈罗德·麦克米伦回应凯瑟琳的求助时写道，他太忙了，很抱歉没能帮上忙。鲍勃·布思比起初表示愿意为凯瑟琳助选，后来却羞愧地收回了提议。他写信给凯瑟琳说，詹姆斯·斯图尔特威胁说，如果他积极为凯瑟琳竞选，党鞭就要收拾他，他自己的选区协会主席早些时候曾帮助他从保守党对慕尼黑事件的愤怒中解脱出来，也威胁要辞职。②布思比说，自己很乐意发一封支持她的公开信。公爵夫人严厉地拒绝了这个提议，说布思比向纪律委员会辞职会更有帮助。

在所有保守党的"反叛分子"中，丘吉尔与公爵夫人的关系最为密切，当补选宣布时，他也考虑为公爵夫人助选。丘吉尔告诉自己选区协会的主席，如果公爵夫人愿意，自己应该支持她。但丘吉尔也承受着来自斯图尔特和自己选区内保守党中坚分子的压力，最后他决定不再发声。但他寄了一封表示支持她的信，公爵夫人的支持者们在整个选区传阅它。"毫无疑问，许多和你一样忠诚、爱

① Bonham Carter Notebook, "The Thirties," Bonham Carter Papers.
② S. J. Hetherington, *Katharine Atholl: Against the Tide*, Aberdeen: Aberdeen University Press, 1989, pp. 213–214.

国的保守党人反对你,但事实是,在我们的国土之外,你此刻的失
败将被在英国和世界各地与自由为敌的人所津津乐道……"丘吉
尔写道,"这将被广泛认为是大不列颠……再也没有勇气和意志去
对抗使这个时代变得黑暗的暴政和残酷行径。"①

缺乏对公爵夫人的积极支持显然不是"反叛分子"们的光彩
时刻。当他们写回忆录时,很少有人提到他们不愿意触怒党鞭们和
自己的选区协会去帮助她。但他们可能受到了党派压力以外因素的
影响。麦克米伦在大约同一时间举行的牛津补选中大力支持一位反
对慕尼黑事件的独立候选人。凯瑟琳·阿索尔补选失败的真正原因
是她的性别。作为一名女性,她从未加入过议会的校友关系网。她
没有被邀请加入艾登和丘吉尔的反对绥靖政策的议员圈子。简单地
说,他们并没把她当自己人。

补选当天,金罗斯郡和西珀斯郡的 2.2 万多名选民冒着大雪投
了票。当那些投票给公爵夫人的人不得不自己去投票时,由保守党
中央办公室派出的车队载着斯纳登的支持者去投票。最后,凯瑟琳
比斯纳登少 1400 票,她被击败了。考虑到保守党所花费的资源和
努力,凯瑟琳与竞选对手的票数非常接近,这很难被认为是对张伯
伦政策的有力支持。尽管如此,首相和他的支持者们还是欣喜若
狂。张伯伦写信给大卫·马杰森说,公爵夫人的失败让他"喜出
望外"②。艾弗·科博尔德是当地的一个地主,也是麦克米伦和詹
姆斯·斯图尔特的亲戚,他给凯瑟琳发了一封奚落她的电报:"我

---

① Martin Gilbert, *Winston S. Churchill*, Vol. 5, *The Prophet of Truth*, *1922 - 1939*, Boston: Houghton Mifflin, 1977, p. 1011.

② Graham Stewart, *Burying Caesar: The Churchill-Chamberlain Rivalry*, London: Weidenfeld & Nicolson, 1999, p. 338.

很高兴你出局了。希望我的……人投票反对你。"① 斯图尔特给丘吉尔打了预防针，暗示他将是下一个出局的人。"我当然告诉他，"丘吉尔在给妻子的信中写道，"要么下地狱，要么去埃平。"②

阿索尔公爵夫人退出了政坛。在和平时期的最后一年和接下来的 6 年战争中，她致力于帮助欧洲各地的难民。

保守党诽谤公爵夫人的幕后主谋是一个身材矮小、肥头大耳的官僚，名叫约瑟夫·鲍尔爵士（Sir Joseph Ball）。在担任保守党中央办公室研究部负责人之前，鲍尔曾担任英国国内情报机构——军情五处的调查主任，是公认的"生活阴暗面"③的专家。他也是内维尔·张伯伦的钓鱼伙伴和最亲密的政治顾问。鲍尔认为，他的主要职责之一就是对付那些他和张伯伦认为与首相为敌的人。他秘密控制了一份名为《真相》（Truth）的周刊，该周刊经常抨击丘吉尔和其他反绥靖的保守党人。

但鲍尔真正的专长是从事间谍活动。任职初期，他在工党总部和左倾报纸的工作人员中安插了保守党的特工。20 世纪 30 年代末，他与马杰森和其他政府党鞭合作，收集了关于保守党"反叛分子"的情报。④ 传统上，党鞭办公室收集有关议员私人和公共行为的情报，但在马杰森的任期内，这种做法被提升到了全新的高度，

---

① S. J. Hetherington, *Katharine Atholl : Against the Tide*, Aberdeen: Aberdeen University Press, 1989, p. 218.

② Martin Gilbert, *Winston S. Churchill*, Vol. 5, *The Prophet of Truth, 1922 – 1939*, Boston: Houghton Mifflin, 1977, p. 1032.

③ Richard Cockett, *Twilight of Truth : Chamberlain, Appeasement & the Manipulation of the Press*, New York: St. Martin's, 1989, p. 9.

④ Robert Rhodes James, ed., *"Chips" : The Diaries of Sir Henry Channon*, London: Phoenix, 1999, p. 180.

或者可以说，被开拓到了全新的深度。在他的日记中，奇普斯·钱农提到助理党鞭托马斯·达格代尔是"政府间谍"。他向首相或大卫·马杰森汇报每一次谈话内容，他的职责是"激励人们……（他）是主要的告密者。倾听，不冒犯任何人，然后把一切上报"。

在监控活动中，鲍尔使用了类似于 30 多年后理查德·尼克松（Richard Nixon）总统及其手下在水门事件中使用的"肮脏伎俩"①。鲍尔的主要目标之一是富有的美国人罗纳德·特里，他位于安妮女王之门的四层别墅已经成为"反叛分子"最喜欢的集会场所。房子离议会只有几个街区，是他们秘密聚会的理想场所。特里安装了一个英国议会的分组表决钟，每当下议院即将进行投票时，它就会响起。

特里家的街对面就是《白厅信报》（Whitehall Letter）办公室，这份报纸是一份批评绥靖政策的每周外交时事报纸，由记者海伦·柯克帕特里克和维克多·戈登-伦诺克斯（Victor Gordon-Lennox）编辑。《白厅信报》是 20 世纪 30 年代由个人创办的几份新闻类报纸之一，针对全国新闻界及其无条件支持张伯伦政策发出了另一种声音。② 大多数新出版的刊物是由报纸记者编辑的，他们对新闻界未能起到"看门狗"的作用感到失望。"我们指出了《我的奋斗》的内容和德国人在欧洲的所作所为。"③ 柯克帕特里克说。1939 年春天，她成为《芝加哥每日新闻》的记者。她表示，"我们清楚地看到，英国正走向与德国的战争"。

170

① James Margach, *The Abuse of Power : The War Between Downing Street and the Media from Lloyd George to Callaghan*, London: W. H. Allen, 1978, p. 102.

② Richard Cockett, *Twilight of Truth : Chamberlain, Appeasement & the Manipulation of the Press*, New York: St. Martin's, 1989, p. 101.

③ Helen Kirkpatrick Milbank oral history, Washington Press Club Foundation.

　　戈登－伦诺克斯和柯克帕特里克在外国大使馆和外交部都有很好的消息提供者，其中几人向他们泄露了有关英国军事弱点和德国实力迅速增长的信息。《白厅信报》等报纸刊登的这些材料，激怒了首相和鲍尔，戈登－伦诺克斯和柯克帕特里克都意识到，他们的办公室受到了监视。特里的房子也是如此。柯克帕特里克偶尔会看到有人在街角徘徊，密切注视着房子里的动静。然后，1939 年初，她和戈登－伦诺克斯得到了一个消息，对特里的监视远远超出了原来的监视范围。柯克帕特里克是这位议员及其妻子南希的好朋友，她立即给特里打了电话。她问特里，知道自己的电话被窃听了吗?① 特里惊呆了。在过去的几周里，当他拿起听筒时，特里注意到了奇怪的咔嗒声，但他不知道那是什么声音。他不敢相信"政府认为我们是如此危险"②。柯克帕特里克告诫他，从那以后，他不应该在电话中讨论任何反绥靖活动，也不应该提及联系人或消息提供者的姓名。③④

　　特里不是张伯伦"敌人名单"上唯一的名字。包括丘吉尔在内的其他"反叛分子"的电话，还有一些被视为反张伯伦的政府工作人员和记者的电话也被窃听了。针对慕尼黑事件的辩论结束后，张伯伦在给他的妹妹的信中写道，那些首相的批评者们，"当然，完全不知道我对他们的活动多么了解"⑤。"我不断地了解他们的行为和言论，这第 N 次证明了，只要温斯顿想，他完全可以自欺欺人。"

---

① Ronald Tree, *When the Moon Was High*, London：Macmillan, 1975, p. 76.

② Ronald Tree, *When the Moon Was High*, London：Macmillan, 1975, p. 76.

③ 几年后，在战争期间，特里说，约瑟夫·鲍尔"告诉我，他自己也应该为我的电话被窃听负责"。

④ Ronald Tree, *When the Moon Was High*, London：Macmillan, 1975, p. 76.

⑤ Neville Chamberlain to Ida Chamberlain, October 9, 1938, Chamberlain Papers.

　　首相对政敌的无情策略只是英国政府和社会因政府对希特勒和墨索里尼的政策争议而引起的深层压力和裂痕的一个侧面。尤其是慕尼黑事件，它制造了空前的仇恨，许多仇恨是如此之深，以致多年都无法消除。丘吉尔说："在保守党中，亲密接触的家人和朋友之间的分歧，达到了我前所未见的程度。长期被党派关系、社交礼节和家庭关系所束缚的男女，彼此怒目而视。"① 戴安娜·库珀回忆道："丈夫和妻子不再互相交谈，父亲和儿子对彼此说出了不可原谅的话。"② 她和丈夫认识至少 12 对夫妇对慕尼黑事件有着强烈的分歧。"在任何情况下，"达夫·库珀说，"都是丈夫支持张伯伦，妻子反对他。"③ 多萝西·麦克米伦的弟弟——德文郡的新公爵，以及他的妻子——博比提·克兰伯恩的妹妹玛丽莫不如此。爱德华·卡文迪什是张伯伦政府的成员，也是首相的热心支持者。玛丽·卡文迪什反对张伯伦的热情与爱德华支持张伯伦的热情不相上下。然而，在他们的家中并没有激烈的争吵，因为正如这对夫妇的儿子安德鲁回忆的那样，"我的母亲已经做好了压抑自己感情的准备，至少表面上看来，对我的父亲很忠诚"④。

　　他们是例外。总的来说，就像达夫·库珀和戴安娜·库珀懊恼地学会了如何相处——在这段艰难时期，传统的英国文雅和礼貌都成了稀缺的品质。库珀辞去海军部第一大臣的职务后，他的朋友和熟人都回避他。他选区里的一位老朋友甚至取消了在家里举行的政治会议，因为他不想让库珀去他家。库珀辞职的那天晚上，丈夫曾任

171

---

① Winston Churchill, *The Gathering Storm*, Boston: Houghton Mifflin, 1948, p. 324.

② William Manchester, *The Last Lion: Winston Spencer Churchill: Alone, 1932 – 1940*, New York: Dell, 1988, p. 370.

③ Duff Cooper, *Old Men Forget: An Autobiography of Duff Cooper*, London: Century, 1986, p. 251.

④ Andrew Devonshire, *Accidents of Fortune*, London: Michael Russell, 2004, p. 24.

印度总督的威灵顿夫人怒气冲冲地说："我真想把他的头捏成果酱。"①
大法官毛姆勋爵（Lord Maugham）是小说家萨默塞特·毛姆
（Somerset Maugham）的兄弟。他在一次演讲中宣称，应该"枪毙
或绞死"②温斯顿·丘吉尔和达夫·库珀这样反保守党的"战争贩
子"。一位客人说，戴安娜夫人在一次聚会上为丈夫辩护时，其他
几位客人，包括她儿时就认识的朋友，在"充满敌意的沉默"③中
听着。"他们认为达夫疯了，或者莫名其妙地傻了"。实际上，就
慕尼黑事件而言，库珀对文明礼貌也不感兴趣。他告诉利奥·埃默
里的儿子朱利安，他正在制作一种特殊的手杖，可以在里面藏一把
卷起的雨伞。库珀说，张伯伦的雨伞"已经成为绥靖政策的象征，
他死前可不愿让人看见他带着伞"④。

172　　在这段时间里，人们参加晚宴、午宴或喝茶，可能会遇到危
险——这样的聚会经常变成雷区，在激烈的争论中爆炸。在肯尼
斯·克拉克家中，一场关于绥靖政策的辩论变得如此激烈，以至于
一位晚宴上的客人——一位著名的牛津大学的教师——对另一位客
人咆哮道："我期待着用你的头骨做墨水瓶！"⑤克拉克把这两个人
都赶出了家门。在伦敦的一次午宴上，一位社交圈的女士，响应毛
姆勋爵的感受，对芭芭拉·卡特兰低声说道："那些叛徒，温斯

① Robert Shepherd, *A Class Divided: Appeasement and the Road to Munich 1938*, London: Macmillan, 1988, p. 228.
② Brian Gardner, *Churchill in His Time: A Study in a Reputation 1939 - 1945*, London: Methuen, 1968, p. 11.
③ Robert Shepherd, *A Class Divided: Appeasement and the Road to Munich 1938*, London: Macmillan, 1988, p. 228.
④ Julian Amery, *Approach March: A Venture in Autobiography*, London: Hutchinson, 1973, p. 121.
⑤ Robert Shepherd, *A Class Divided: Appeasement and the Road to Munich 1938*, London: Macmillan, 1988, p. 229.

顿·丘吉尔、你的兄弟，还有他的同类，应该被枪毙。"① 维奥莉特·博纳姆·卡特的继母玛戈特·阿斯奎斯拒绝与维奥莉特夫人及其家人共进午餐。她说："我知道你会说亲爱的内维尔的坏话，我肯定会哭的。"②

阿斯特勋爵夫人是张伯伦另一位强有力的支持者，她为了慕尼黑事件和她的侄女南希·特里（Nancy Tree）以及南希的丈夫罗纳德（Ronald）发生了激烈的争吵，以至于南希·特里从此拒绝见她的姑妈，也不允许她到迪奇里庄园来。③ 迪奇里庄园是特里在牛津郡的乡村庄园。直到战争开始后，她才改变了主意。特里夫妇还与一些曾经非常亲密的朋友断交了。他们曾指定财政部财政司司长尤安·华莱士（Euan Wallace）和他的妻子芭芭拉在他们死后成为孩子们的监护人。南希·特里说，在慕尼黑事件之后，华莱士夫妇不愿和她的丈夫说话了。④

丘吉尔的妻子克莱门汀也卷入了这场争斗。1939 年 1 月，她乘坐游艇游览巴巴多斯。这艘游艇的所有者正是丘吉尔夫妇的好朋友莫恩勋爵（Lord Moyne）。克莱门汀和莫恩的其他客人听到来自英国的短波广播，谴责反对绥靖政策的议员，其中包括她的丈夫。克莱门汀在这次航行的大部分时间里一直受到亲慕尼黑言论的影响，当其他几位客人兴高采烈地附和着广播中的观点时，她再也忍

① Barbara Cartland, *Ronald Cartland*, London: Collins, 1942, p. 185.
② Bonham Carter Notebook, "The Thirties," Bonham Carter Papers.
③ James Fox, *Five Sisters: The Langhornes of Virginia*, New York: Simon & Schuster, 2000, p. 436.
④ Robert Becker, *Nancy Lancaster: Her Life, Her World, Her Art*, New York: Knopf, 1996, p. 245.

受不了了。① 克莱门汀冲出船舱，乘汽艇上岸，订了一张第二天回英国的船票。

正如达夫·库珀与手杖的故事所暗示的那样，这种尖酸刻薄并不是单方面的。一些保守党的"反叛分子"也发动了攻势，称张伯伦为"持伞人"和"验尸官"，并以其他方式猛烈抨击批评 173 他们的人。哈罗德·麦克米伦或许是最目中无人的一个。他的一些同事认为，在慕尼黑事件后，麦克米伦与张伯伦的对峙不只是勇敢的行为，还有些鲁莽。他们可能是对的。麦克米伦仍在忍受妻子与鲍勃·布思比剪不断的婚外情所带来的耻辱。在一些人看来，慕尼黑事件之后，麦克米伦投身反绥靖斗争的激情，似乎是为了减轻痛苦。

有一次，他邀请维奥莉特·博纳姆·卡特和她十几岁的女儿克雷西达（Cressida），陪他和儿子去伦敦参加一个慈善放映会，放的是新版本的吉尔伯特（Gilbert）和沙利文（Sullivan）的《日本天皇》（*Mikado*）。在电影正片开始前放映的新闻短片中，出现了张伯伦和哈利法克斯勋爵在意大利对墨索里尼进行国事访问的片段。当带着雨伞的张伯伦出现在屏幕上时，麦克米伦用他能发出的最大音量喊道："Ombrello! Ombrello!"②③ 维奥莉特夫人不是个害羞的人，但她也对麦克米伦的大胆感到惊讶，因为他们坐在一群打着黑领带、大多支持慕尼黑事件的人中间。大约 25 年后，当她写信给麦克米伦提起这件事的时候，那晚的记忆仍然能在她脑中清晰

①　Mary Soames, *Speaking for Themselves : The Personal Letters of Winston and Clementine Churchill*, New York: Doubleday, 1998, p. 450.

②　Violet Bonham Carter to Harold Macmillan, December 23, 1965, Bonham Carter Papers.

③　意大利语，指雨伞。——译者注

地浮现出来。"我们的一些邻座吓得发抖，"她回忆道，"但我对你的勇气钦佩不已。"①

1938 年 11 月，麦克米伦更进一步，在牛津为一位反对绥靖政策的独立候选人助选，这位候选人在议会补选中与正式的保守党提名人竞争。这次竞选活动和阿索尔公爵夫人的竞选一样，是一件轰动的事，因为它涉及与国内最负盛名的大学有关的著名候选人。保守党提名的是昆迁·霍格（Quintin Hogg），一名才华横溢的亲慕尼黑的年轻律师。他毕业于牛津大学，是前大法官黑尔什姆勋爵（Lord Hailsham）的儿子。霍格的反慕尼黑事件的挑战者是麦克米伦母校贝利奥尔学院的院长亚历山大·林赛（Alexander Lindsay）。

在金罗斯郡和西珀斯思郡的选举中，保守党派了一群保守党议员为霍格助选。牛津大学有相当数量的反绥靖主义学生反对他们，其中包括大力支持林赛的哈罗德·麦克米伦和朱利安·埃默里。虽然没有公爵夫人的竞选那么肮脏，但牛津郡的选举确实有一些诽谤实例，比如"投票给霍格就是投票给希特勒"② 的口号，被写在牛津大学各处的墙上。（霍格回应道："投霍格，保平安。"③）

麦克米伦是唯一代表林赛发表演讲的反绥靖政策的保守党议员。这位独立候选人林赛也曾向丘吉尔和艾登寻求公众支持，但两人都拒绝了。大选后，霍格以微弱优势获胜，麦克米伦感受到了张伯伦手下的愤怒。他面临的威胁包括：失去党鞭支持、有可能在下

① Violet Bonham Carter to Harold Macmillan, December 23, 1965, Bonham Carter Papers.

② Julian Amery, *Approach March: A Venture in Autobiography*, London: Hutchinson, 1973, p. 113.

③ Lord Hailsham, *A Sparrow's Flight: The Memoirs of Lord Hailsham of Marylebone*, London: Collins, 1990, p. 123.

次大选中由另一位候选人接替他的位置，以及被逐出保守党的大本营——伦敦卡尔顿俱乐部。

麦克米伦处变不惊，继续对首相嗤之以鼻。这种蔑视的另一个显著表现发生在 1938 年他家人庆祝盖伊·福克斯日时。这个节日是为了纪念 1605 年挫败福克斯和其他参与阴谋者炸毁议会、杀死詹姆斯一世的阴谋。在每年的火药阴谋纪念日，全英国都会举行烟火和篝火晚会，届时盖伊·福克斯的人偶会被扔到篝火里。

在桦木林，麦克米伦位于萨塞克斯的乡间别墅，哈罗德一家、麦克米伦家族和卡文迪什家族的其他成员，以及几十名犹太人难民参加了庆祝活动。[①] 在慕尼黑事件后，这些难民逃离了捷克斯洛伐克，麦克米伦和一些邻居为他们提供了避难所。在 1938 年 11 月那个寒冷的夜晚，麦克米伦和他的孩子们，把传统的盖伊·福克斯篝火烧成了一场令人难忘的大火。火焰跃入夜空，在周围聚集的人脸上投下了可怕的阴影，麦克米伦高高举起了用稻草填充的盖伊人偶，扔进了火里。麦克米伦和多萝西夫人的几位亲戚看到这个人偶，都倒吸了一口凉气，表示不赞成。这个人偶身穿长礼服、条纹长裤、黑色长袍，拿着一把卷着的雨伞。麦克米伦对首相的嘲弄并没有让他们觉得好笑，用麦克米伦的话说，这件事引起了持续数年的"深仇大恨"。

---

① Harold Macmillan, *Winds of Change: 1914 – 1939*, New York: Macmillan, 1962, p. 520.

第十章
"等待激动人心的消息"

1939 年的某个夏日，前保守党首相之子迪克·劳与一位美国熟人坐下来，讨论如何推翻现任保守党首相。[①] 早在 5 年前，劳就与菲利克斯·法兰克福特（Felix Frankfuter）相识。当时，哈佛大学法学院教授、富兰克林·罗斯福总统的长期顾问菲利克斯·法兰克福特在贝利奥尔学院担任客座伊士曼教授。1939 年，57 岁的法兰克福特是美国最高法院的法官。

在伦敦一家俱乐部吃午饭时，身材高大、金发碧眼的劳向法兰克福特倾诉了他和其他保守党"反叛分子"深深的挫败感和沮丧。慕尼黑事件发生 6 个多月后，欧洲再次处于战争边缘。然而，尽管张伯伦的政策明显失败，但他仍然牢牢地控制着政府办公室，英国对劳和其他持不同政见者预见的那场大灾难，仍然毫无准备。正如罗纳德·卡特兰后来宣称的那样，"时间非常昂贵，它从没有像现在这样被肆意挥霍"[②]。

然而，在那几个月里，保守党"反叛分子"仍然没有对政府

---

① Richard Law to Anthony Eden, July 13, 1939, Avon Papers.

② Barbara Cartland, *The Isthmus Years*, London: Hutchinson, 1942, p. 178.

发起真正的挑战。他们签署了决议，发表了攻击张伯伦政策的演讲，作为回报，他们被亲政府的媒体、大卫·马杰森及其副手谴责为战争贩子，但他们并没有试图推翻政府。他们怎么可能奢望成功呢？自慕尼黑事件以来，"反叛分子"的人数略有增加，也不过30多人，在一个被无情控制的议会里，他们是没有权力的少数派。

过了一会儿，法兰克福特已经听够了劳的倾诉。[①] "我亲爱的迪克，"他说，"你们这些人的问题在于，行为与信念不一致。你知道这是历史的转折点之一。然而，你表现得好像是面对威尔士分裂或地方自治这样的问题。下议院里有30个意志坚定的人可以拯救世界。你不可能通过争论，甚至不可能通过事实来说服下议院，只能靠自己的信念。"

法兰克福特是对的，这一点劳是知道的。他、卡特兰、麦克米伦、布思比和其他几个"反叛分子"坚定地认为张伯伦必须离开政府。但其他人支持不那么极端的行动。保守党对他们的报复性打击达到了预期的效果，他们急于避免进一步的报复。独立议员埃莉诺·拉思伯恩是绥靖政策的坚定反对者，她在给《旁观者》的一封信中尖锐地指出，在攻击《慕尼黑协定》后，几名保守党"'反叛分子'沉默了几个月……直到党鞭的愤怒平息下来"[②]。更为谨慎的"反叛分子"还担心在国家危难之际造成不团结的状况。他们仍然希望能劝服张伯伦加强重整军备和扩充他的政府。

问题是，"反叛分子"仍缺乏领导。谁有能力让摇摆不定的议员们相信，英国的生存取决于让张伯伦下台？谁能把他们带进下议院和国家的战场？劳仍然希望安东尼·艾登能接受挑战，尽管种种

---

① Richard Law to Anthony Eden, July 13, 1939, Avon Papers.

② Eleanor Rathbone to editor, *The Spectator*, January 13, 1940.

迹象都与他的意愿相反。自从慕尼黑事件以来，张伯伦的大多数保守党对手，也就是后来被称为艾登集团（或被张伯伦手下嘲笑为"魅力男孩"）的人，经常在罗纳德·特里的市内宅第会面。其中最活跃的有埃默里、劳、卡特兰、麦克米伦、尼科尔森、特里、博比提·克兰伯恩、吉姆·托马斯、保罗·埃默斯-埃文斯、爱德华·斯皮尔斯和达夫·库珀，他们在慕尼黑事件后加入了"反叛分子"行列。艾登通常负责关照这些人，但很少领导他们。

最著名的"反叛分子"没有被邀请参加这些秘密会议。如果说人们认为艾登过于谨慎，那么温斯顿·丘吉尔则被认为过于鲁莽、极度容易判断失误，这些品质在爆发国际危机时尤其不受人们欢迎。与此同时，丘吉尔领导着一支规模小得多的队伍，成员只有布思比、邓肯·桑兹和布兰登·布拉肯。这两组人几乎没有什么关系。

对于艾登来说，他不愿与丘吉尔为伍，不仅因为他认为丘吉尔鲁莽，还因为他把这位年长的前辈视为潜在对手。1938 年秋天，当罗纳德·特里和南希·特里夫妇邀请艾登夫妇、丘吉尔夫妇等人到迪奇里庄园度周末时，艾登对丘吉尔也在被邀请之列感到不快。"罗纳德询问温斯顿的意见，我很生气。"周六在树林里散步时，艾登对南希·特里说，"我想温斯顿也想加入我的集团。"① 保罗·埃默斯-埃文斯后来回忆道，艾登集团的其他人则担心丘吉尔"会主导我们的活动，把我们和我们不想走的路线联系起来"②。

布思比也不受欢迎。他仍然公开与多萝西·麦克米伦交往，尽管他和哈罗德·麦克米伦在公开场合对彼此彬彬有礼，但麦克米伦

177

---

① Robert Becker, *Nancy Lancaster : Her Life, Her World, Her Art*, New York: Knopf, 1996, p. 245.

② Paul Emrys-Evans to Leo Amery, July 1, 1954, Emrys-Evans Papers.

尽量避免与给他戴绿帽子的人碰面。然而，艾登集团对布思比避之不及，并不仅仅因为两人碰面可能令双方尴尬。他和多萝西的风流韵事以及他和多萝西表妹的失败婚姻，使布思比的名声一直没有得到恢复。此外，他和丘吉尔一样，都被认为过于鲁莽、冲动。埃默斯－埃文斯回忆道："人们普遍认为，（布思比）在私人谈话和公开行动中都太不可靠。"①

不管他和他的小集团遭受排斥的原因是什么，被排斥的境遇都令丘吉尔深感不安。1938 年 11 月底，他在给达夫·库珀的信中痛苦地写道："我的几个朋友……希望尽可能把我与其他反对政府的保守党隔离开来。"② 十多年后，埃默斯－埃文斯对埃默里说："温斯顿对自己被排除在我们这个圈子之外非常不满，而且从来没有忘记这件事。"③

1939 年夏，欧洲即将燃起战火，迪克·劳认为，这种对抗和分裂是不可饶恕的。在与法兰克福特共进午餐后的第二天，他写了一封热情洋溢的信，对艾登说了同样的话。劳写道，是时候让艾登忘掉自己的野心和谨慎，与丘吉尔联手了，"让自己成为一场运动的领导者，推翻现任政府，建立一个新的政府"④。劳补充道，张伯伦之所以能够坚持下去，唯一的原因是别无选择。"你和温斯顿可以提供另一种选择，只有你们两个能做到。你会说，这意味着攻击首相只会让党内团结起来支持他。这就是将要发生的事，但这只是一个阶段。你必须通过这个阶段，而且你会很快通过这个阶段。

① Paul Emrys-Evans to Anthony Eden, May 16, 1962, Emrys-Evans Papers.
② Martin Gilbert, *Winston S. Churchill*, Vol. 5, *The Prophet of Truth, 1922 - 1939*, Boston: Houghton Mifflin, 1977, pp. 1022 - 1023.
③ Paul Emrys-Evans to Leo Amery, July 1, 1954, Emrys-Evans Papers.
④ Richard Law to Anthony Eden, July 13, 1939, Avon Papers.

如果你果敢的话，这个国家的舆论会助你渡过难关。这个国家急需领导……（但）到目前为止，还没有一个领导人能引起回应。"

事实上，自慕尼黑事件后不久，英国大部分地区就一直在呼吁新的领导人。一旦最初的喜悦消失，许多人的脑海中萦绕着对捷克斯洛伐克命运的羞耻感，同时他们相信希特勒无疑会再次发动进攻，并对进攻充满恐惧。1938年10月下旬，盖洛普民意调查显示，近40%的英国民众对张伯伦及其政策不满，72%的民众希望加快重整军备。① 这些数据发表在《新闻纪事报》，该报拥有盖洛普民意调查结果的独家印刷权。但另一项调查显示，86%的公众认为，希特勒说他不再有侵占别国领土的野心是在撒谎，但这一结果没有被刊登出来。《新闻纪事报》的出版人对这一数字进行了审查，并不是因为他认为这一数字不准确，而是因为正如他在给张伯伦的信中所说，"我担心如此直白地刊登英国民众对此事的看法，会更影响德国人的情绪"②。

就在几天后发生的"水晶之夜"（Crystal Night，也称碎玻璃之夜）反犹太人的疯狂行为使英国民众对德国及其领导人更加反感。1938年11月9日晚，在盖世太保的命令下，纳粹暴徒对德国犹太人发动了大屠杀，烧毁了犹太教堂，洗劫了犹太企业，破坏了犹太人的医院、住宅、学校和墓地，杀害了数十人。有3万多犹太人被捕，他们中的大多数人后来被送进了集中营。纳粹在这个"水晶之夜"和未来几天内的暴行，在英国引起了广泛的不满和愤怒，

① Richard Cockett, *Twilight of Truth : Chamberlain, Appeasement & the Manipulation of the Press*, New York: St. Martin's, 1989, p. 101.
② Richard Cockett, *Twilight of Truth : Chamberlain, Appeasement & the Manipulation of the Press*, New York: St. Martin's, 1989, p. 101.

甚至一些张伯伦最坚定的支持者也开始质疑首相是否确定希特勒是个通情达理的人，可以和他"做生意"。1937 年 10 月曾希望达夫·库珀的大脑变成果酱的威灵顿夫人，在 1938 年 11 月的一次午宴上对其他客人说，如果保守党在 1939 年初举行大选，那将是"疯狂之举"①，因为这个国家"正在变成反张伯伦的国家"。

与此同时，越来越多的人开始谈论组建一个由反对绥靖政策的议员组成的新全党派联盟，就像休·道尔顿与麦克米伦讨论过的那样。在 1938 年 10 月的盖洛普民意测验中，40% 的公众表示支持在艾登的领导下建立这样的联盟，而只有 39% 的人表示不支持。② 正如《新闻纪事报》指出的那样，这是一个重要的发现，它表明，"如果艾登先生选择担任这样一个组织的领导，他可以在这个国家赢得相当多的追随者"③。据《纽约时报》报道，"人们对张伯伦的领导能力的信心慢慢消失"④。该报估计，至少有一半的英国选民反对张伯伦及其政策。

在写给《曼彻斯特卫报》编辑的一封信中，A. L. 卢维斯（A. L. Rowse），一位万灵学院的年轻学者（晚年，他是研究莎士比亚和伊丽莎白时代的英国著名专家）说他相信全国至少有四分之三的人反对"团结在张伯伦周围、不具代表性的政府"⑤，他们想团结在艾登和一个"真正的国家政府"周围。苏格兰圣安德鲁斯大学的 3 位教授写信给《卫报》，恳求反对绥靖政策的议员们关注民众，及时向政府发起直接挑战。这些教授宣称，首相"使我们越

---

① Harold Nicolson Diaries, November 14, 1938.

② News Chronicle, October 28, 1938.

③ News Chronicle, October 28, 1938.

④ Ferdinand Kuhn, Jr., "Chamberlain Keeps His Hold on Voters," New York Times, January 22, 1940.

⑤ Manchester Guardian, October 24, 1938.

来越深地陷入混乱"①，这种混乱只有在"向德国霸权投降，（以及）放弃我们的公民和政治自由"的情况下才能结束。至关重要的是，在慕尼黑事件中投了弃权票的保守党议员必须"强有力地领导议会和国家"，与工党联手创建一个多党联合政府，"拯救民族灵魂"。

艾登收到了数以百计的信件，其中许多来自工党和自由党成员，他们发出了同样的呼吁。但他对这种全国性的情感迸发无动于衷，就像在面对议会同僚敦促他放弃谨慎的行事风格且表现出大胆的领袖风范时一样。一本很受欢迎的以照片为主的周刊《图画邮报》（Picture Post）指出，"似乎整个国家或者说大部分国人决心让艾登成为他们的领袖，而艾登却不想领导他们"②。艾登收到了著名的自由主义经济学家、社会改革家朱丽叶·里斯－威廉姆斯夫人（Lady Juliet Rhys-Williams）一封热情洋溢的信，该信长达 7 页。信中说"英格兰的命运在你手中"③，并且这封信详细阐述了他怎样才能组织一个新的全党集团。以下是艾登的全部答复："非常感谢您的来信，我对这封信很感兴趣。我知道您不指望我详细评论信的内容，我只能说，确实，我认为，我理解当前的政治困境与人们的困惑。"④

艾登辞去外交大臣职务已经一年了，在那一年里，艾登虽然在全国各地发表了关于民族团结必要性的含糊演讲，但与 1938 年 2 月相比，他与保守党和政府的关系并没有进一步破裂。在关乎英国命运的重要时刻，他不愿成为党内特立独行的人，部分原因是他害

180

---

① *Manchester Guardian*, November 8, 1938.

② Gilbert Murray, "The Life of Anthony Eden," *Picture Post*, October 7, 1939.

③ Juliet Rhys-Williams to Anthony Eden, November 29, 1938, Avon Papers.

④ Anthony Eden to Juliet Rhys-Williams, December 2, 1938, Avon Papers.

怕步阿索尔公爵夫人的后尘，这让很多人疯狂，其中包括他的哥哥蒂莫西·艾登爵士（Sir Timothy Eden）。"你是个外交专家，在关乎世界命运的问题上不能随心所欲地投票，就因为沃里克郡的某个有钱老太太或某个老糊涂的上校……你投了其他人的票会很令人恼火，真是可笑。"蒂莫西·艾登写道，"这不仅荒谬，而且是不道德的，也是错误的。如果一个人不能凭良心投票，那么自由在英国就已经死了。"① 安东尼宣称自己"实际上是政府的支持者"，他哥哥愤怒地问道："你支持（张伯伦）主张的哪些政策？你既不支持政府的外交政策，也不支持重整军备政策……你不是政府的支持者。"为了保持他"在这个国家外交事务上的领导地位"②，安东尼·艾登必须尽快提出"一些对未来积极且明确的建议"。

艾登的其他支持者也支持这一观点。"整个国家的年轻人都在等待一个激动人心的消息，"哈罗德·尼科尔森对博比提·克兰伯恩抱怨道，"而安东尼所做的就是重复优柔寡断的套路。"③ 克兰伯恩转而写信给吉姆·托马斯说："我同意安东尼走得比他目前所行的更远……"④

1938 年 11 月下旬，当艾登接受邀请，在伦敦女王大厅举行的一场大型反对绥靖政策的集会上发表重要讲话时，民众曾闪过一丝短暂的希望，希望他最终能鼓起勇气，按照支持者的意愿去行事。《泰晤士报》的军事记者巴兹尔·利德尔·哈特帮助艾登准备了一篇措辞严厉的演讲稿，抨击英国政府的外交政策。数千人把大厅挤得水泄不通，当他们站起来为艾登热烈鼓掌时，充满了期待。当艾

① Timothy Eden to Anthony Eden, November 10, 1938, Avon Papers.
② Timothy Eden to Anthony Eden, October 25, 1938, Avon Papers.
③ Harold Nicolson Diary, November 15, 1938.
④ Bobbety Cranborne to Jim Thomas, October 30, 1938, Avon Papers.

登开始演讲后，他们的热情就变成了困惑，随后又变成了愤怒。艾登放弃了利德尔·哈特所准备的演讲稿中的所有批判性内容，没有提及英国政府对捷克斯洛伐克的背叛，也没有提及政府安抚希特勒的愚蠢行为。① 相反，他就民族团结的必要性发表了"相当胆怯的总结"。听众越来越烦躁不安，讲台上，坐在艾登妻子旁边的利德尔·哈特担心大厅里听到的嘟囔和耳语很快就会变成嘘声。

维奥莉特·博纳姆·卡特迅速行动，拯救了这个夜晚。她被派去做一个简短的致辞，感谢艾登的演讲，但她利用这个机会做了艾登应该做的事：对张伯伦的外交政策提出控诉。她热情洋溢的即席演讲"挽救了这一天"②。利德尔·哈特后来写道："这是我听过的最精彩的演讲之一，它激起了冷漠的听众的热烈回应。"（又听了一次维奥莉特的反绥靖政策的讲话后，利奥·埃默里在日记中写道："如果有这种雄辩的天赋，我可能早就当上首相了。"③）但是艾登显然被维奥莉特夫人的话弄得很狼狈，他后来给一位朋友写信说："我认为，维奥莉特·博纳姆·卡特对首相的猛烈抨击，破坏了（我演讲）的效果。当然，就修辞而言，她的演讲很巧妙，但就政治而言，她这么做是不明智的，甚至让我感到有点气愤。"④

那天晚上，当维奥莉特夫人离开女王大厅时，她自己也想到了命运的讽刺。"一边是安东尼·艾登，一位广受信任和尊敬的领袖，大部分'民众'都给了他一把他不愿拔出的剑。另一边是温斯顿，

182

---

①   Basil Liddell Hart, *The Liddell Hart Memoirs*, Vol. 2, New York: Putnam, 1966, p. 211.

②   Basil Liddell Hart, *The Liddell Hart Memoirs*, Vol. 2, New York: Putnam, 1966, p. 211.

③   John Barnes and David Nicholson, ed. , *The Empire at Bay : The Leo Amery Diaries 1929 - 1945*, London: Hutchinson, 1980, p. 538.

④   Anthony Eden to Arthur Mann, December 1, 1938, Avon Papers.

他有不屈不挠的勇气和无与伦比的口才，不知什么原因，却没能赢得民众的信任。即使在政府的批评者中，安东尼也被认为是'值得尊敬的'，温斯顿则不然。"① 她想知道艾登"不冷不热、不偏不倚的态度"是否反映了他想重新得到张伯伦的赏识和内阁的支持。

事实上，她是对的。艾登正在谋求一份工作。在针对慕尼黑事件的信任投票一周后，艾登告诉哈利法克斯勋爵，他"同意张伯伦在慕尼黑问题上 90％ 的立场"②，当哈利法克斯告诉他，首相认为希特勒是一个没有吸引力的人物时，艾登完全同意张伯伦在慕尼黑问题上的立场。到与此同时，艾登急于保持自己作为绥靖政策批评者的声誉，这样一来，如果张伯伦的政府垮台，用维克多·戈登－伦诺克斯的话来说，艾登将会"为了党内领导权而漂亮地撒谎"③。这是一个高难度的杂耍表演，张伯伦很清楚这一点。他在给妹妹的信中讽刺道："我们的安东尼，正处于进退两难的境地，他非常希望我能把他拉出来。"④ 然而，尽管哈利法克斯要求建立一个民族团结政府，但张伯伦无意把艾登重新收归麾下。他说："现在的内阁已经让我够烦的了。我希望我的政策得到更多的支持，或者至少那些被不断的怀疑所困扰的人（得到更多的支持），而不希望那些不相信我的政策的人得到更多的支持。因此，我认为你不希望看到内阁有任何重大的改组或重组。"

尽管一些反对政府的人仍然对温斯顿·丘吉尔持怀疑态度，但

① Bonham Carter Notebook, "The Thirties," Bonham Carter Papers.
② David J. Dutton, "Power Brokers or Just Glamour Boys," *English Historical Review*, April 2003.
③ John Harvey, ed., *The Diplomatic Diaries of Oliver Harvey, 1937 – 1940*, London: Collins, 1970, p. 236.
④ Neville Chamberlain to Hilda Chamberlain, March 12, 1939, Chamberlain Papers.

在慕尼黑事件之后，他也开始收到大量信件，其中许多是年轻人写给他的，恳求他领导一场运动，组建一个新的国家党、一届新的政府。康沃尔郡的商人、丘吉尔的支持者托马斯·霍拉宾（Thomas Horabin）写信给丘吉尔说，当他在彭赞斯的一个大型公众集会上说，丘吉尔是未来首相的唯一人选时，500 多名群众跳起来鼓掌。霍拉宾宣称："这个国家的普通民众强烈渴望果断的领导者，他们真诚地希望得知真实情况并正视它们。"① 埃莉诺·拉思伯恩回应了这一观点，她给丘吉尔写信说："人们对领导人的渴望非常强烈，甚至那些在政治上与你的观念相距甚远的人也认识到，只有你既充分认识到我国军事的危险地位，又相信应对侵略行为采取集体国际行动。请原谅我插嘴，但作为政党的支持者和局外人……我不禁担心，你和艾登先生的沉默会被人误解。"②

阿拉斯泰尔·福布斯（Alastair Forbes）③ 是剑桥大学的学生，也是丘吉尔的儿子伦道夫的朋友。在一封长达 10 页的信中，他敦促丘吉尔领导"反叛分子"与张伯伦的斗争，但他的措辞远没有这么客气。20 岁的福布斯写道："您是否认为政治家有权吞下您的信念和理想，直到更便于提出它们的那一天。您为什么要堕落到这种地步呢？……在这个时候消除您的政治良心的刺痛就是叛国。"④如果张伯伦继续留任，绥靖政策仍会继续，"这个国家的年轻人还有什么希望？什么是信仰？到底为什么而奋斗？"

但丘吉尔和艾登一样，拒绝接受指挥棒。他的一生都有抑郁的

① Thomas Horabin to Winston Churchill, April 3, 1939, Churchill Papers.
② Martin Gilbert, *Winston S. Churchill*, Vol. 5, *The Prophet of Truth*, *1922 – 1939*, Boston: Houghton Mifflin, 1977, p. 971.
③ 福布斯出生于美国，是富兰克林·罗斯福总统的表亲，也是 2004 年民主党总统候选人约翰·克里参议员的舅舅。
④ Alastair Forbes to Winston Churchill, November 8, 1938, Churchill Papers.

倾向，他又陷入慕尼黑事件的深深阴霾中。丘吉尔的侄子回忆道："在查特韦尔，当沮丧的情绪压倒一切时，有些场合……他只能独自面对。"① 当杂志编辑 R. J. 明尼（R. J. Minney）敦促他发起另一场全国巡回演讲，唤醒公众舆论时，丘吉尔答道，发表演讲"似乎没有产生丝毫效果"②。他在回复一名年轻律师写给他的信中说："不善表达的广大选民在呼唤新的领导人和新的政党。在过去的两个月里，成百上千的人向我提出了同样的观点，但事实证明，组织和组建一个新政党的困难往往是不能克服的。"③ 哈罗德·麦克米伦是艾登集团中少数几个与这位老人保持密切联系的人之一，他担心丘吉尔"有可能重蹈自鸣得意的卡桑德拉（Cassandra）的覆辙"④。麦克米伦对休·道尔顿说，他担心丘吉尔会有这样的看法："好吧，我已经尽力了。我已经做了所有演讲。没有人注意到，我所有的预言都成真了。我曾被政府公开冷落。我还能做什么？"

184

丘吉尔不愿发起反对张伯伦的运动还有另一个原因：他和艾登一样，希望首相能邀请他加入内阁。尽管丘吉尔从未动摇过对绥靖政策的反对态度，但在过去的 4 年里，鲍德温或张伯伦似乎有可能让他进入他们的政府。在那段时间里，丘吉尔倾向于压制自己对政府的批评。"温斯顿不喜欢扮演独立评论家的角色。"维奥莉特·

① Martin Gilbert, *Winston S. Churchill*, Vol. 5, *The Prophet of Truth*, 1922 – 1939, Boston: Houghton Mifflin, 1977, p. 1006.

② Martin Gilbert, *Winston S. Churchill*, Vol. 5, *The Prophet of Truth*, 1922 – 1939, Boston: Houghton Mifflin, 1977, p. 1019.

③ Martin Gilbert, *Winston S. Churchill*, Vol. 5, *The Prophet of Truth*, 1922 – 1939, Boston: Houghton Mifflin, 1977, p. 1024.

④ Hugh Dalton, *The Fateful Years: Memoirs 1931 – 1945*, London: Muller, 1962, p. 202.

博纳姆·卡特说，"只有当他坐上权力的宝座时，他的想象力、精力和能力才能得到最好的发挥。"① 因此，尽管丘吉尔继续在下议院发表声音洪亮的反绥靖政策演讲，但在慕尼黑事件之后的几个月里，他几乎拒绝了所有公开露面的请求，把大部分时间花在了查特韦尔，撰写他的《英语民族史》。

亚历山大·卡多根在张伯伦和哈利法克斯领导的政府中，出任外交次大臣，在他漫长的一生即将结束时，他查阅了 1939 年前 3 个月的日记。他被自己的发现惊呆了。它们给人留下的印象是"一群业余爱好者在探讨无法解决的问题……我们自己的军事能力严重不足。希特勒以惊人的速度带来一连串的意外，我们被其裹挟前行"②。

1939 年 1 月，《纽约时报》在头版发表了一篇关于英国防御的文章。文中总结称，几乎没有证据表明，"英国应对潜在敌人的准备比慕尼黑事件时更充分。但拥挤的人口中心仍然存在对空袭无防御能力的危险。如果德国的轰炸机群在伦敦上空狂轰滥炸，平民还不知道该做什么，也不知道该往哪里躲"③。成千上万的小型钢制避难所建于私人住宅的花园中，而数百万英国人既没有花园，也无法进入花园，更没有建造防空洞。慕尼黑危机期间分发的防毒面具在人们的壁橱里积满了灰尘，人们在公园和其他公共场所匆忙挖出的壕沟里积满了雨水，政府为了防止路人跌倒溺水，必须雇佣保安守卫。

185

---

① Violet Bonham Carter, *Winston Churchill as I Knew Him*, London: Eyre, Spottiswoode & Collins, 1965, p. 245.

② David Dilks, ed., *The Diaries of Sir Alexander Cadogan 1938 - 1945*, New York: Putnam, 1971, pp. 166 - 167.

③ Ferdinand Kuhn, Jr., "British Still Lag in the Arms Race," *New York Times*, January 8, 1939.

丘吉尔在给妻子的信中写道："张伯伦完全缺乏动力，他一点也不知道他应该为那些疏忽负责。"珍妮特·弗兰纳（Janet Flanner）在《纽约客》（*The New Yorker*）中评论道，英国人民迫切想知道，如果明年春天或秋天战争爆发怎么办，"从目前缺乏组织的情况来看，英国人的雨伞将是他们最好的防弹工具"[①]。她补充说，张伯伦政府"似乎处于清醒的状态，在这种状态下，人们发现自己在做梦———一场奔跑却没有目的地的噩梦"。

从 1934 年相对温和的重整军备运动开始，政府就把大部分资金用于皇家空军，到 1939 年初，已经建立了一些至关重要的雷达站，飞机的产量，特别是战斗机的产量大大增加，但数量仍远低于德国制造的飞机数量，英国皇家空军仍难以获得足够的装备和人员。B. H. 李德尔·哈特（B. H. Liddell Hart）自己的报纸不愿发表他对英国防务缺陷的批评，他转向《旗帜晚报》撰文称，英国皇家空军的扩编计划一开始就不充分，且没有按计划实施。[②] 慕尼黑事件之后不久，霍勒斯·威尔逊向英国航空大臣金斯利·伍德（Kingsley Wood）解释说，皇家空军不允许将其产量"提高到相当于德国估计产量的水平"[③]，因为德国会"把它当作表明我们已经决定立即破坏《慕尼黑协定》的信号"。

至于最被忽视的陆军服役问题，在慕尼黑事件之后关键的几个月里，张伯伦持续无视莱斯利·霍尔–贝利沙和利奥·埃默里等人的恳求，其中之一是增强少得可怜的部队规模，使至少 6 个正规师

---

① Janet Flanner, *London Was Yesterday：1934 – 1939*, New York：Viking, 1975, p. 135.

② *New York Times*, January 24, 1939.

③ Martin Gilbert, *Winston S. Churchill*, Vol. 5, *The Prophet of Truth*, 1922 – 1939, Boston：Houghton Mifflin, 1977, p. 1014.

和 26 个本土防卫义勇军师可以得到适当装备。如果需要，可在战争爆发后 8 个月内将其送往欧洲大陆。到 1939 年初，经过 4 年的征兵，德国陆军拥有 52 个现役师和 51 个预备役师，总人数超过 300 万。① 英国的正规军是欧洲国家所有军队中唯一没有征兵的，仍然只有大约 18 万人，另外还有 13 万本土防卫义勇军。② 即使是这些人也急需足够的装备和训练内容。

张伯伦认为没有必要扩充军队，因为在他看来，永远不需要扩充军队。在 1939 年 2 月 21 日的下议院辩论中，首相重申了他的观点，即德国人"并不比我们更有侵略意图"③，而且"我们现在因为误会准备了这些毁灭性武器"。然而，不久之后，张伯伦终于屈服于内阁的压力，同意了一项计划，即在战争爆发时向欧洲大陆派遣 4 个正规师，并在未来几个月内派遣更多正规师。④

与此同时，英国的经济部门基本上没有储备必要物资和原材料。以 1939 年 1 月为例，当时英国政府只储备了 4 个月的小麦和食糖，只比正常储备多了一个月的量。⑤ 当埃默里、霍尔 - 贝利沙、丘吉尔和其他人要求建立一个供应部，来动员英国工业加速生产战争物资时，张伯伦拒绝了这个提议。他宣称，将工业置于政府控制之下，会像以前一样干扰商业活动。一位前政府官员向艾登集团透露，首相反对建立供应部的真正原因是，他认为这"会激怒

---

① David Fraser, *And We Shall Shock Them : The British Army in the Second World War*, London: Hodder & Stoughton, 1983, p. 16.

② David French, *Raising Churchill's Army : The British Army and the War Against Germany*, Oxford: Oxford University Press, 2000, p. 52.

③ Robert Kee, *1939 : The World We Left Behind*, Boston: Little, Brown, 1984, p. 114.

④ Graham Stewart, *Burying Caesar : The Churchill-Chamberlain Rivalry*, London: Weidenfeld & Nicolson, 1999, p. 348.

⑤ *New York Times*, January 8, 1939.

德国人"①。由于无人推动，英国的工厂继续蹒跚前行。1938 年 12
月下旬，《纽约时报》记者费迪南德·库恩问一家大型军工厂的经
理，他认为英国什么时候能为战争做好准备。那人答道："给我们
3 年时间，我们就能准备好。"② 库恩在《纽约时报》的一篇文章
中冷淡地指出："如果希特勒再等 3 年，英国的一切都会好起
来的。"

　　内维尔·张伯伦坚信战争不会爆发，因此在 1939 年 3 月 9
187　日，他召集了几位政治记者到唐宁街，告诉他们自己希望在当年
年底召开一次裁军会议。记者们不敢相信自己听到的话。张伯伦收
到的报道和他们的报社收到的不一样吗?③ 希特勒正在动员军队接
管整个捷克斯洛伐克。事实上，政府确实知道这些报道，但是首
相和他的手下根本不相信这些消息。第二天，塞缪尔·霍尔爵士
热情洋溢地谈论道，世界正在进入一个和平与繁荣的新"黄金时
代"，这个时代将通过张伯伦、希特勒、墨索里尼和达拉第总统
的合作而创造出来。5 天后，也就是 1939 年 3 月 15 日，德军挺
进布拉格。

　　随着德国占领捷克斯洛伐克，闷闷不乐的奇普斯·钱农在他的
日记中写道，张伯伦的"绥靖政策彻底失败"④。希特勒用行动证
明自己是个骗子。对震惊的英国公众来说，进一步和解的想法令他
们深恶痛绝，甚至几天前还在支持政府绥靖政策的人的数量也在不

①　Harold Nicolson Diaries, November 24, 1938.

②　New York Times, January 8, 1939.

③　Francis Williams, Nothing So Strange, New York: American Heritage, 1970, p. 146.

④　Robert Rhodes James, ed., "Chips": The Diaries of Sir Henry Channon, London:
Phoenix, 1999, p. 186.

断减少。一位名叫乔治·比德莫尔的年轻小说家若有所思地说："我十分愤怒。这个国家的其他人也很愤怒，甚至可能比我更愤怒。我认为，暴君必须被制止。"①

张伯伦仍然坚信希特勒最终会变得理智，起初他对国民舆论的巨大变化毫无头绪。他向内阁辩称，德国对捷克斯洛伐克的占领在很大程度上是"象征性的"②，而政府对德意志帝国的基本政策应该保持不变。哈利法克斯勋爵告诉他，那不再是一个选择。外交大臣使张伯伦相信，他必须谴责希特勒的行为，这个国家再也无法容忍这种行为。甚至先前支持他政策的报社也说绥靖政策结束了。最终，在 1939 年 3 月 17 日伯明翰的一次演讲中，首相谴责了德军的占领行为，尽管他似乎对自己所遭受的个人羞辱比对一个半主权国家的毁灭感到更不安。"当然，"他厉声说道，"作为《慕尼黑协定》的联合签署人，如果希特勒先生认为这项协定应该被撤销，那就按照……所规定的那样去做吧。特此声明。"③

然而，演讲已经不够了。公众要求政府采取行动，下议院对张伯伦的批评也是如此。3 月 29 日，保守党"反叛分子"向首相发起了《纽约时报》称之为"公开挑战"④ 的行动，这是自慕尼黑辩论以来，他们第一次对政府提出强烈反对。一个由丘吉尔、埃默里、麦克米伦、布思比、卡特兰、艾登、劳、尼科尔森和克兰伯恩

① George Beardmore, *Civilians at War: Journals 1938 - 1946*, London: John Murray, 1984, p. 26.

② Ian Kershaw, *Making Friends with Hitler: Lord Londonderry and Britain's Road to War*, London: Allen Lane, 2004, p. 269.

③ John W. Wheeler-Bennett, *Munich: Prologue to Tragedy*, New York: Duell, Sloan and Pearce, 1948, p. 357.

④ Ferdinand Kuhn, Jr., "British Conscription Rejected," *New York Times*, March 29, 1939.

等30多名议员组成的团体提出了一项决议，要求成立一个新的全国性全党政府，动员全国人民应对可能发生的战争。尼科尔森写道："我感觉张伯伦要么下台，要么彻底改变他的政策。"① 哈利法克斯和其他张伯伦的顾问们担心，保守党"反叛分子"即将进行一场席卷全国的"叛乱"。外交大臣警告张伯伦，如果不立即采取行动，表明政府在反对德国侵略上是"认真的"②，那么政府将陷入危机。

首相对哈利法克斯警告的反应震惊了全国。1939年3月31日，他现身下议院，宣布英国现代史上最戏剧性的外交政策逆转之一。他宣称，如果波兰遭到入侵，英国将向其提供援助，波兰是德国的下一个目标。他说："如果出现任何明显威胁波兰独立的行动，而且波兰政府……认为要全力抵抗，那么英王陛下的政府会感到有义务立即向波兰政府提供一切力所能及的支持。"首相还说，法国已经授权他代表法国做出同样的保证。

对于任何一位英国首相来说，这一承诺都是了不起的，对于一位如此热心支持绥靖政策的首相来说更是如此。历史上，没有一届英国政府承诺，向中欧或东欧国家提供军事支持。更令人吃惊的是，张伯伦的新政策实际上向波兰让步了，波兰被认为在军事力量上比捷克斯洛伐克弱得多，英国也就有了是否参战的决定权。与拥有强大的山地防御工事和庞大军火库的捷克斯洛伐克不同，波兰实际上是赤裸裸地面对敌人，其东部和西部几乎没有天然屏障。更糟糕的是，由于占领了捷克斯洛伐克，德国对波兰北部、西部和南部边境都构成了威胁。

张伯伦违背了英国最高军事领导人的建议，做出了这一承诺，

---

① Harold Nicolson Diaries, March 17, 1939.

② Basil Liddell Hart, *The Liddell Hart Memoirs*, Vol. 2, New York: Putnam, 1966, p. 229.

他们对此感到震惊，并强烈坚称英国没有履行这一承诺的能力。当霍尔－贝利沙问张伯伦是否可以向内阁其他成员传阅一份表达军方观点的文件时，张伯伦拒绝了。他说，那将"等于批评他的政策"①。

为了表明自己是"认真的"，首相又做出了一个不假思索的决定，这个决定彻底改变了现有的政策。在向波兰做出承诺的前两天，霍尔－贝利沙宣布，英国地方自卫队将增加一倍以上士兵，另外再增加 21 万名士兵。② 在与霍尔－贝利沙进行简短的谈话后，张伯伦决定扩大英国地方自卫队的规模，但他并没有就如此全面建议的实际意义征求军官们的意见。如果没有足够的装备来满足现有英国地方自卫队的需求，哪里可以找到装备、训练营和教官来满足数十万新志愿兵的需求呢？

十多年来一直敦促扩充英国军队的利奥·埃默里对此感到震惊。他知道，要想弥补一支被忽视的军队的缺陷，并使其壮大，需要时间和周密的计划。在 1939 年 4 月 6 日的一次下议院辩论中，他坚信这种凭直觉行事的做法只会导致混乱，并谴责首相的计划是"无稽之谈"③。

首相并没有被批评者吓住，他还准备了一个惊喜。1939 年 4 月 26 日，他在下议院提出了一项限量强制性军事训练计划，这是自奥利弗·克伦威尔时代以来，英国在和平时期的首次征兵措施。根据该计划，全国 20 岁的男子（总共 20 万人）将被征召参加 6 个月的

---

① Basil Liddell Hart, *The Liddell Hart Memoirs*, Vol. 2, New York: Putnam, 1966, p. 221.

② William Manchester, *The Last Lion : Winston Spencer Churchill : Alone*, *1932 - 1940*, New York: Dell, 1988, p. 422.

③ L. S. Amery, *My Political Life*, Vol. 3, *The Unforgiving Years 1929 - 1940*, London: Hutchinson, 1955, p. 311.

培训。这样的措施不算冒进，正如珍妮特·弗兰纳在《纽约客》上指出的那样，要到 1940 年 7 月才能完成最后一批应征士兵的征召。弗兰纳指出："如果希特勒不介意等到那个时候的话，纳粹可能会以
190 闪电般的速度行动，但英国人仍在背负他们传统的威严行动。"①

尽管征兵计划规模不大，但它给陆军基础设施带来了进一步的压力，这些基础设施当时正疲于应对英国地方自卫队中不断涌入的新志愿者。罗纳德·卡特兰曾担任过两年的英国地方自卫队指挥官，他手下的士兵使用的是第一次世界大战时期的老式步枪，他已经充分意识到困扰军队的装备严重短缺问题。1939 年春天，其他几位议员自愿参加军事训练时，也发现了不足之处。安东尼·艾登加入了英国皇家步枪队中的一个营，这个营没有步枪，也没有合适的训练场地，他和队伍里的其他人只能等店员们下班回家后，在牛津街一家高档商店的过道里钻来钻去。② 罗纳德·特里在索尔斯堡平原与第九骑兵队一起训练，当得知分配给他们部队的装甲车在抛锚前只能行驶几百英尺时，罗纳德非常惊讶。③ 更糟糕的是，无法安装装甲车的机枪，因为这些枪还没有制造出来。

英国的年轻人突然被政府征召入伍，但他们没有面对德国强大的军事机器时所需要的武器。如果战争真的爆发，训练不足、装备落后的英国士兵将承受政府迟迟不重整军备的后果。有个年轻人对罗纳德·卡特兰说："在我父亲所处的年代，就是那些老家伙把世界弄得乱七八糟，现在他们又要把我们这代人的世界弄得乱七
191 八糟。"④

①　Janet Flanner, *London Was Yesterday：1934 - 1939*, New York：Viking, 1975, p. 142.

②　Sir Robert Bruce Lockhart, *Comes the Reckoning*, London：Putnam, 1947, P. 238.

③　Ronald Tree, *When the Moon Was High*, London：Macmillan, 1975, p. 84.

④　Ronald Cartland, "Parliament and the People," *Headway*, May 1939.

第十一章
"这是一个测试"

由于内维尔·张伯伦对波兰的保证以及制定征兵制度，批评他的人在竞选中丧失了很多主动权。他并没有如批评者所愿，扩大政府，但他最终还是采取了反对绥靖政策的立场，命令他领导下的政府为战争做准备——即使不是全力，至少也要做一半的准备。就连温斯顿·丘吉尔也表示支持首相的政策。

但张伯伦戏剧性的转变并不是表面上看起来的那样。如果波兰陷入困境，他也不打算履行他的参战誓言。事实上，他并没有放弃通过与德国达成协议来维持和平的希望。灰心丧气的莱斯利·霍尔－贝利沙对一位熟人说，首相"似乎认为偶尔发表一次大胆的演讲就足够了"①，而且"他并没有真正打算做任何事情"。战争大臣说："内维尔仍然相信他能控制希特勒和墨索里尼，并且他们会注意到他的。"②

张伯伦的承诺是为了安抚愤怒的公众舆论，并警告希特勒谈判失败的后果。然而，德国领导人从未注意到这一警告。他为什么要

---

① Basil Liddell Hart, *The Liddell Hart Memoirs*, Vol. 2, New York: Putnam, 1966, p. 226.

② Basil Liddell Hart, *The Liddell Hart Memoirs*, Vol. 2, New York: Putnam, 1966, p. 227.

这样做？英国刚一发出对波兰的保证，就有明显的迹象表明张伯伦的坚定立场只是表演给公众看。1939 年 4 月 4 日，就在张伯伦发表关于波兰的讲话不到一周，《泰晤士报》发表了一篇社论，宣称首相并没有"要求英国必须保卫波兰现在的每一寸领土"①。这位领导人还是和 1938 年面对苏台德问题时一样，引发了一场激烈的争论。批评政府的人认为这是张伯伦放弃对波兰承诺的一个迹象。英国外交部否认政府让《泰晤士报》发表这篇社论，但张伯伦私下承认这篇社论反映了他的观点。他在给妹妹的信中写道："我们能判断（波兰的）独立是否受到威胁。"②

与此同时，政府继续向报纸和英国广播公司施压，要求他们对希特勒和德国宽容一些。哈罗德·尼科尔森 1939 年 5 月在《旁观者》杂志上写道："我们没有把当前所面临的危险程度或迫切性告知公众。"③ 他说："我认为，这时，整个国家的人民都应该感到震惊和不安。"1939 年早些时候，霍勒斯·威尔逊被提升为英国公共服务部门领导人，但他仍然是首相的得力助手。就在尼科尔森发文的同一个月，霍勒斯·威尔逊敦促英国广播公司高层，不要对希特勒的演讲进行广泛报道，声称这样的报道会使人们产生"战争心态"④。张伯伦的另一位下属告诉英国广播公司，"在像现在这样的时刻，以一种有争议的精神在广播中讨论外交政策问题绝对是不可取的"⑤。

---

① William Manchester, *The Last Lion : Winston Spencer Churchill : Alone , 1932 – 1940* , New York: Dell, 1988, p. 411.

② Martin Gilbert, *Winston S. Churchill*, Vol. 5, *The Prophet of Truth , 1922 – 1939* , Boston: Houghton Mifflin, 1977, p. 1053.

③ Harold Nicolson, "People and Things," *The Spectator*, May 5, 1939.

④ Richard Cockett, *Twilight of Truth : Chamberlain , Appeasement & the Manipulation of the Press* , New York: St. Martin's, 1989, p. 110.

⑤ Piers Brendon, *The Dark Valley : A Panorama of the 1930s* , New York: Knopf, 2000, p. 527.

192

德国官员注意到这种避免激怒希特勒的尝试。1939 年初夏，德国驻伦敦大使赫伯特·冯·德克森（Herbert von Dirksen）给柏林发电报称，尽管英国民众"对德国的敌意与日俱增，战斗意愿也变得更加明显"[1]，但首相和他的内阁更倾向于"对德国采取建设性政策"。德克森向他的上级保证："张伯伦的个性为英国不会落入无良冒险家之手提供了一定的保证。"[2]

当希特勒对波兰的要求进一步升级时，英国政府建议波兰官员与希特勒进行谈判。[3] 希特勒坚持要把《凡尔赛条约》宣布为自由城市的波罗的海港口但泽归还给德国。他还要求允许德国修建贯穿波兰走廊的公路和铁路，这条狭长地带曾是德国的领土，在 1919 年的巴黎和平会议上被割让给了波兰。在英法两国承诺提供帮助的前提下，波兰政府拒绝了希特勒的所有要求。波兰外交部长约瑟夫·贝克直言不讳地说："我们波兰人不承认不惜任何代价的和平概念。"[4] 贝克还说，与捷克斯洛伐克不同，波兰"将会战斗"。

尽管英国官员私下警告波兰，他们必须更加宽容，但这些人从未说过，一旦德国入侵，英国无意帮助波兰。结果，虽然波兰与英国就购买武器的贷款和信贷的谈判拖了整个夏天都没有完成，但是波兰人仍然继续相信盟国的承诺。"毫无疑问，这些谈判的全部目的就是武装波兰，并且是迅速武装，"休·道尔顿在 1939 年 7 月下

[1] Herbert von Dirksen, *Documents and Materials Relating to the Eve of the Second World War*, Moscow: Foreign Languages Publishing House, 1948, p. 65.

[2] Herbert von Dirksen, *Documents and Materials Relating to the Eve of the Second World War*, Moscow: Foreign Languages Publishing House, 1948, p. 66.

[3] Robert Kee, *1939: The World We Left Behind*, Boston: Little, Brown, 1984, p. 171.

[4] Lynne Olson and Stanley Cloud, *A Question of Honor: The Kosciuszko Squadron: Forgotten Heroes of World War II*, New York: Knopf, 2003, p. 37.

旬的下议院辩论中宣称，"人们也许担心波兰人一旦迅速获得太多的武器，他们就会膨胀。（是否）有某种阴险的、不为人知的目的，波兰继续软弱和犹豫不决？"① 道尔顿在日记中写道，他担心政府正准备"顺势像1938年出卖捷克斯洛伐克人一样，把波兰人也出卖了"②。

碰巧，1939年夏天在伦敦英德两国还在进行其他谈判，如果这些谈判成功，用霍勒斯·威尔逊的话来说，确实会"使英国摆脱对波兰的承诺"③。和与波兰军方官员的谈判不同，英德谈判是绝密的。德克森大使警告德国外交部："如果任何信息被泄露出去，将引发一场大丑闻，张伯伦可能会被迫辞职。"④ 不可否认，正在讨论的问题具有爆炸性：在英国人民和议会的支持下，威尔逊被授权试探德国是否有可能达成一项英德协定，该协定涉及两国间广泛的经济合作，包括为德国工业提供大量贷款。实际上，这是在贿赂希特勒，目的是说服他循规蹈矩，不要贸然与波兰开战。

参与这些谈判的德国官员是政府高级外贸专家赫尔穆特·沃尔西特博士（Dr. Helmut Wohlthat）。威尔逊向沃尔西特提出了一大堆条件：一项互不侵犯条约，根据该条约，英国和德国都将放弃单边侵略行动；一项裁军协议；解决归还德国在非洲的被《凡尔赛

194

① Lynne Olson and Stanley Cloud, *A Question of Honor: The Kosciuszko Squadron: Forgotten Heroes of World War II*, New York: Knopf, 2003, p. 38.
② Ben Pimlott, ed., *The Political Diary of Hugh Dalton: 1918–1940*, London: Jonathan Cape, 1986, p. 262.
③ Herbert von Dirksen, *Documents and Materials Relating to the Eve of the Second World War*, Moscow: Foreign Languages Publishing House, 1948, p. 71.
④ Herbert von Dirksen, *Documents and Materials Relating to the Eve of the Second World War*, Moscow: Foreign Languages Publishing House, 1948, p. 120.

条约》剥夺的前殖民地的问题；承认德国在中欧和东欧的经济利益范围。① 在与德克森的谈话中，威尔逊明确表示，在英国政府看来，缔结这样的英德协定将使英国对波兰的承诺失效。然而，英德谈判未能取得很大进展。事实上，谈判的消息确实被泄露给了英国媒体，在随之而来的公愤中，张伯伦政府悄悄终止了谈判，同时否认正在进行任何此类谈判。② 然而，谈判流产导致一个严重的后果：他们使希特勒更加坚信，张伯伦无意为波兰而战。

随着关于张伯伦最新绥靖政策逐渐扩散的谣言以及不断出现的猜测，一些保守党"反叛分子"开始相信，张伯伦准备背叛波兰。一些"反叛分子"，如麦克米伦、布思比、卡特兰和劳，对较为温和的同事们表现出的胆怯而感到愤怒。随着1939年夏初波兰危机的加深，持不同政见者之间的分歧扩大，紧张局势偶尔会导致激烈的争论。哈罗德·尼科尔森指出，"迪克·劳希望我们立即开始战斗"③，即使这意味着"我们都可能失去席位"。他补充道，麦克米伦几个月来一直主张摆脱张伯伦，"他认为我们这些'艾登派'太温和、太绅士了。我们应该大声要求张伯伦下台。历史上没有人犯过如此顽固而愚蠢的错误，我们却继续假装一切还好"④。在艾登集团的一次会议上，麦克米伦轻蔑地说："如果张伯伦说黑人就是白人，保守党会为他的才华喝彩。如果一周后他说黑人就是黑人，

① Herbert von Dirksen, *Documents and Materials Relating to the Eve of the Second World War*, Moscow: Foreign Languages Publishing House, 1948, p. 183.
② Williamson Murray, *The Change in the European Balance of Power, 1938 – 1939*, Princeton: Princeton University Press, 1982, p. 307.
③ Harold Nicolson Diaries, June 27, 1939.
④ Harold Nicolson Diaries, April 11, 1939.

他们会称赞他的现实主义。这样的奴性实属罕见。"①

尼科尔森本人也收到了鲍勃·布思比一封措辞尖刻的信，这封信指责他胆小懦弱。在令人动容的回复中，尼科尔森承认，好斗的精神对他来说不是天生的。尼科尔森在慕尼黑奥运会时表现出了相当大的勇气，但从那以后就不再直接批评政府了。他在书中写道："事实是，像我这样的老家伙们能够歇斯底里地崇拜英雄主义，却不擅长持续战斗。我的同类是那些有文学气质的人，我跟他们一样，缺乏对战争的渴望……不管怎样，你的信都令我为之一振。"②就像冲动的布思比经常做的那样，他一寄出那封措辞激烈的信后就后悔了。布思比回复尼科尔森："我从来没有怀疑过你的诚意，但我对你的态度总比你对自己的态度严肃得多……我对外交事务所知的一切，都是你教我的。总之，我真的佩服你……但不要忘记，这些人会背叛我们，我们应该警惕地监视他们……"

与此同时，罗纳德·卡特兰对所有批评慕尼黑的议员提出了指控，包括他自己在内，因为他们没有大声疾呼、反复重申自己的反对意见。他在名为《前进》（*Headway*）的时事杂志上写道，他所要的是"一场革命"③，因为他不需要别的。在卡特兰的心目中，唯一能把英国从迫在眉睫的灾难中拯救出来的人就是温斯顿·丘吉尔。虽然仍是艾登集团的成员，但卡特兰早已放弃了前外交大臣。他在自己的选区里目睹了人们对丘吉尔日益高涨的热情：当这位老人应卡特兰的邀请参观位于伯明翰的奥斯汀飞机制造厂时，工人们报以雷鸣般的掌声和欢呼声。"人们看到他都很激动。"卡特兰对姐姐说，"普通民众意识到，自 1933 年以来，丘吉尔说的每句话都

① Harold Nicolson Diaries, April 11, 1939.
② Harold Nicolson to Robert Boothby, Nicolson Diaries, June 6, 1939.
③ Ronald Cartland, "Parliament and the People," *Headway*, May 1939.

是对的。那些身居高位的人说他完蛋了，我不相信。他在英国拥有的追随者，远远超出了英国议会的想象。"① 麦克米伦和艾登集团的其他成员也转而效忠丘吉尔。而且，正如卡特兰指出的那样，这个国家的大部分地区也是如此。安东尼·艾登曾多次拒绝带头反对政府的绥靖政策，如今他彻底失去了机会。

《星期日画报》（Sunday Pictorial）是少数几家自始至终反对绥靖政策的报纸之一。1939 年 4 月，该报在头版刊登了一篇题为《为什么温斯顿·丘吉尔未入内阁?》（Why Isn't Winston Churchill in the Cabinet）的报道，报社收到了 2400 多封回信，几乎所有写信的读者都认为丘吉尔应该进入政府内阁。该报的编辑休·库德利普（Hugh Cudlipp）告诉丘吉尔，这些信件流露出一边倒的情绪，那就是"别再奉承希特勒，我们需要一个不怕事的、坚强的人"②。

注意到了《星期日画报》的报道，艾登集团的几位成员决定要求其他全国性报社发起一场运动，呼吁将丘吉尔、艾登、埃默里和库珀引入内阁。在希特勒接管捷克斯洛伐克之后，许多先前支持张伯伦的报社对政府提出了更严厉的批评，保守党中的"反叛分子"急于利用时下的这一变化。1939 年 6 月底，麦克米伦、艾登、尼科尔森和其他几位持不同政见者拜访了《每日电讯报》的老板卡姆罗斯勋爵，请他发起这场运动。当他们进入《每日电讯报》的大楼时，尼科尔森不禁觉得好笑，他注意到"安东尼害怕被认出来，他戴着一顶黑色的大帽子，一直低着头"③。

卡姆罗斯同意了"反叛分子"的要求，尽管他对艾登心存不

196

---

① Barbara Cartland, *Ronald Cartland*, London: Collins, 1942, p. 181.
② William Manchester, *The Last Lion: Winston Spencer Churchill: Alone, 1932 – 1940*, New York: Dell, 1988, p. 425.
③ Harold Nicolson Diaries, June 30, 1939.

小的怀疑。结果，当《每日电讯报》发表了一篇要求扩大内阁规模的社论时，只提到了丘吉尔。"显而易见的事实是，当人们谈到重建内阁时，首先想到的是让丘吉尔加入。"这位《每日电讯报》的负责人宣称，"（我）可以肯定的是，没有比这更能打动轴心国，使其相信，这个国家是要动真格的了。"①

《每日电讯报》也加入了英国其他报纸的行列，包括《观察家报》《曼彻斯特卫报》《晚间新闻》《每日镜报》《每日邮报》和《新闻纪事报》。各大报纸一起敦促张伯伦把丘吉尔引入内阁。这是一次服务于政府的媒体对现政府不满情绪的明显流露。只有比弗布鲁克管理的报社和《泰晤士报》报社拒绝参加此项活动。

与此同时，一些出版物呼吁将艾登和埃默里也引入内阁。《图画邮报》指出："埃默里先生拥有丰富的知识，当许多大臣疲惫不堪时，他还精力充沛。"②《曼彻斯特卫报》回应了这一观点："无论从能力还是从执政经验来看，埃默里先生都足以代替内阁中任何一位疲惫的成员。为什么他接连被鲍德温勋爵和张伯伦先生忽视，这是一个政治谜团。"③

197　此时，这场运动的核心人物并没有为战果增添任何光彩。丘吉尔仍然躲在查特韦尔，拒绝发表任何可能被解读为对张伯伦施压的言论或讲话。实际上，两个月前，丘吉尔曾要求在内阁任职。他告诉大卫·马杰森，他"强烈希望加入政府"④，说他可以与张伯伦"友好地"合作，并向首席党鞭保证他完全同意首相的新反绥靖政

① "Winnie for Sea Lord?" *Time*, July 17, 1939.
② *Picture Post*, July 29, 1939.
③ *Manchester Guardian*, July 4, 1939.
④ Roy Jenkins, *Churchill : A Biography*, New York：Farrar, Straus & Giroux, 2001, p. 541.

策。丘吉尔还在等着张伯伦的回音，他现在无意与张伯伦作对。

1939 年 7 月初的某一天，丘吉尔写了一份声明，将自己与代表他的媒体活动剥离开来。丘吉尔宣称："我没有参与扩大国王陛下政府规模的运动，在这场运动中提到了我的名字。我觉得我有责任申明，我愿意遵从张伯伦先生和哈利法克斯勋爵所宣布的政策，在张伯伦的政府工作。"① 然而，他重新考虑了这份声明，决定不发表它。

但即使他公开发表了这份声明，也几乎可以肯定，不会有什么好处。张伯伦被支持丘吉尔的运动激怒了，他确信这是媒体大亨们与保守党"反叛分子"联合策划的阴谋。对于这位首相，《时代》杂志评论道："没有什么比要求丘吉尔先生加入内阁更能违背张伯伦的意愿了……在议会里，他最不喜欢的人恐怕就是丘吉尔先生了。"② 张伯伦相信，他已经向波兰提供了担保，对自己的对手做出了足够的让步。他对同僚说，丘吉尔进入内阁将是"向柏林公开宣战的信号"③。张伯伦拒绝了报纸的呼吁，就像他对最近一项民意调查毫不在意一样。该项调查显示，60% 的英国民众希望丘吉尔进入内阁。既然在下议院拥有多数席位，张伯伦为什么要担心与丘吉尔有关的公众舆论呢？

珍妮特·弗兰纳在《纽约客》中写道："人们普遍认为，在现代议会时代，英国议会和国家从未如此分离，几乎没有机会聚在一起，也没有机会摆脱彼此。"④ 英国颇具影响力的舆情杂志《当代

① Martin Gilbert, *Winston S. Churchill*, Vol. 5, *The Prophet of Truth*, *1922 - 1939*, Boston: Houghton Mifflin, 1977, p. 1092.
② *Time*, July 17, 1939.
③ Martin Gilbert, *Winston S. Churchill*, Vol. 5, *The Prophet of Truth*, *1922 - 1939*, Boston: Houghton Mifflin, 1977, p. 1065.
④ Janet Flanner, *London Was Yesterday: 1934 - 1939*, New York: Viking, 1975, p. 136.

评论》（*Contemporary Review*）称："张伯伦一直在抵制并将继续抵制（扩大内阁），因为他知道这将意味着他个人独裁的终结……值得注意的是，他继续像现在这样控制保守党势力，但他对各种事件都冷酷无情，以狭隘的党徒式算计既不看也不承认事实。他认为在他的领导下什么事都没出过错……这似乎已经催眠了一部分人，使他们相信事实一定如此。"[1]

面对张伯伦的顽强抵抗，代表丘吉尔的媒体攻势逐渐消失。但首相对批评者的愤怒丝毫未减。"首相受不了任何批评，哪怕是最轻微的……"哈罗德·尼科尔森在 1939 年 7 月底的日记中写道，"他一直辩称，最无足轻重的询问都是对他的侮辱。"[2] 当英国驻巴黎大使告诉张伯伦，达拉第想让法国议会暂停两年的时候，首相回答说，暂停议会的想法"让我垂涎三尺[3]。他没有权力让下议院停摆两年，但从 1939 年 8 月 2 日开始，他确实度过了两个月传统的暑假，这一举动促使罗纳德·卡特兰在报纸头条上谴责张伯伦是独裁者。当丘吉尔意识到张伯伦无意让他进入内阁时，便不再沉默，开始对首相决定在夏季关闭议会的决定发起了愤怒的攻击。

下议院一关闭，张伯伦就前往苏格兰钓鱼，哈利法克斯则休会回他的故乡约克郡。政府的其他成员分散到他们最喜欢的度假地。如果战争爆发，英国远征军第三师的指挥官将前往法国，但他整个夏天都在爱尔兰钓鲑鱼，而没有为战斗做准备。与此同时，丘吉尔与爱德华·斯皮尔斯一起视察了法国的马其诺防线。虽然两人都对法国的防御留下了深刻的印象，但斯皮尔斯，这位在一战结束时领

---

① "The Parliamentary Session," *Contemporary Review*, May 1940.

② Harold Nicolson Diaries, July 31, 1939.

③ Martin Gilbert, *Winston S. Churchill*, Vol. 5, *The Prophet of Truth*, *1922 - 1939*, Boston: Houghton Mifflin, 1977, p. 1097.

导英国驻巴黎军事任务的前准将，对德国跨越边境修建的防御工事 199
表示了担忧。"一年前，德国面对法国毫无防御，"他写道，"现在
他们有了西墙，这是一面可怕的屏障。"①

与此同时，在索尔兹伯里平原，罗纳德·卡特兰正在伍斯特郡
和牛津郡的义勇骑兵队接受训练。他知道没有医生会批准他服兵
役，所以两年前他利用关系，在没有进行体检的情况下设法进入英
国地方自卫队。卡特兰18岁时，一个朋友在猎鹧鸪时不小心射中
了他的腿，伤口愈合得不好，这给他带来了很大的麻烦。但当卡特
兰的母亲对他是否适合服役表示担忧时，他答道，英国迟早会陷入
战争，"他不能让其他年轻人为他战斗"②。

随着地方自卫队展开训练，其他英国人则开始过暑假，希特勒
对波兰的谩骂变得更加尖锐。他咆哮道，波兰人扰乱了欧洲的和
平，波兰人威胁要入侵德国。接着，1939年8月23日，德国和苏
联领导人引爆了一枚外交炸弹，宣布两国签署互不侵犯条约。这项
非同寻常的条约达成的消息震惊了世界各国政府，但对英国来说，
这是一个特别惊人的打击。几个月来，他们一直在与苏联进行断断
续续的会谈，讨论建立保护波兰联盟的可能性。英国对波兰的承诺
使斯大林处于有利的谈判地位，而且，在两个对服务出价的国家
中，德国的出价要高得多。英国人能给苏联提供的最多就是为保卫
苏联古老的敌人波兰而与德国开战。相比之下，希特勒给了苏联一
个置身事外的机会。苏联和德国同意，如果对方对第三方开战，彼
此都将保持中立。更好的做法是，希特勒秘密地让斯大林控制波兰
的东半部以及芬兰、爱沙尼亚和拉脱维亚，以换取苏联的中立。

---

① Sir Edward L. Spears, *Assignment to Catastrophe*, Vol. 1, *Prelude to Dunkirk: July 1939 – May 1940*, New York: A. A. Wyn, 1954, p. 5.

② Barbara Cartland, *Ronald Cartland*, London: Collins, 1942, p. 141.

200

当苏德互不侵犯条约的消息公之于众时，没有人能够否认欧洲即将陷入战争，包括内维尔·张伯伦在内。首相采取了若干惊慌失措、孤注一掷的举措来避免这种情况。美国驻英国大使约瑟夫·P. 肯尼迪（Joseph P. Kennedy）在 1939 年 8 月下旬告知美国国务院，英国政府希望罗斯福政府"向波兰施压"①，迫使其向希特勒做出让步。约瑟夫·P. 肯尼迪向副国务卿萨姆纳·威尔斯报告说，张伯伦和他的部下"认为，鉴于他们的职责，他们不能做类似的事情，但我们可以"②。罗斯福断然拒绝了这个提议。美国国务院欧洲事务司司长杰伊·皮尔庞特·莫法特在日记中轻蔑地写道："正如我们在这里看到的，这仅仅意味着（英国人）希望我们承担起新慕尼黑事件的责任，为他们干脏活儿。"③

下议院成员被召回，所有军官和外交部工作人员也被召回。舰队奉命各就各位，海、陆、空军预备役人员也被征召入伍。地下防空洞建设加快，公园里有了更多的战壕。在白金汉宫外，哨兵们的小木屋被圆锥形的钢结构所取代，看起来就像带门的巨大铃铛。沙袋堆积在王宫和其他政府建筑周围。

下议院于 1939 年 8 月 24 日召开会议时，匆忙地通过了一项法案，授予政府史无前例的紧急权力，并批准了其他一些与战争相关的法案。议员们严肃地听取了这场就事论事的辩论，没有表现出 8

① Nancy Harvison Hooker, ed. , *The Moffat Papers : Selections from the Diplomatic Journals of Jay Pierrepont Moffat*, Cambridge, Mass. : Harvard University Press, 1956, p. 253.

② Joseph P. Lash, *Roosevelt and Churchill 1939 - 1941*, New York: Norton, 1976, p. 22.

③ Nancy Harvison Hooker, ed. , *The Moffat Papers : Selections from the Diplomatic Journals of Jay Pierrepont Moffat*, Cambridge, Mass. : Harvard University Press, 1956, p. 253.

月 2 日会议时的情绪。"不知何故,当一个人想到未来时,那一幕就不真实了。"卡特兰后来写道,"人们听到的话并没有反映出战争的恐怖。这些演讲似乎与画面格格不入,以至人们的想象如此容易和可怕地被唤起。"①

那天晚上,当卡特兰回到家时,他看到数以百计的预备役军人在奔赴部队的路上。他知道,过不了几天,他很可能就会成为他们中的一员。对这位年轻的下议院议员来说,这个消息是一种快乐而不是焦虑的源泉。"这是一个测试,"他告诉姐姐,"现在是时候了。"② 他和他那一代人必须证明自己,就像他们的父辈在法国战壕中所做的那样。他在议会中感到如此沮丧和无能为力,而他现在可以"开始过充实的生活"了。正如他母亲曾经教导他的那样,卡特兰将"从(他)父亲停止的地方开始"。

---

① Barbara Cartland, *Ronald Cartland*, London: Collins, 1942, p. 230.
② Barbara Cartland, *The Isthmus Years*, London: Hutchinson, 1942, p. 187.

第十二章
"为英国发声"

1939 年 9 月 1 日清晨，整个英格兰南部异常温暖，几乎没有一丝风。在西辛赫斯特吃过早餐后，哈罗德·尼科尔森坐在屋外的躺椅上享受阳光。他把躺椅放在门边，这样就能听见电话铃响。他躺下才几分钟，一直在听收音机的维塔·萨克维尔－韦斯特就从书房里出来，快步朝他走去。"已经开始了!"[1] 她喊道。

在博格诺海边别墅的附近，达夫·库珀打了一场早场高尔夫，试图让自己的思绪远离战争的喧嚣。[2] 但这不管用，库珀后来说，这是他打过的最糟糕的一场高尔夫。后来，他走进会所，和两个坐在酒吧的熟人喝了一杯。他们聊了一会儿赛马，其中一个人转向库珀，漫不经心地说："希特勒今天早上从波兰出发了。"然后，他又转向另一个同伴，继续谈论关于赛马的话题。库珀后来写道："我就是这样听到第二次世界大战已经爆发的消息。"[3]

---

① Harold Nicolson Diaries, September 1, 1939.

② Duff Cooper, *Old Men Forget : An Autobiography of Duff Cooper*, London：Century, 1986, p. 257.

③ Duff Cooper, *Old Men Forget : An Autobiography of Duff Cooper*, London：Century, 1986, p. 257.

　　罗纳德·卡特兰和母亲在利特尔伍德度周末。[1] 利特尔伍德是卡特兰夫人在伍斯特郡马尔文山附近的一座 16 世纪小木屋。早餐后，母亲来找罗纳德，带来了德国国防军已入侵波兰的消息。她还通过无线电听到，议会将于当晚 6 点召开会议。卡特兰匆忙换了衣服，跳上他那辆二手的奥斯汀－库珀汽车，直奔伦敦。

202

　　当议员们返回首都的时候，伦敦的孩子们正如洪水般逃离这座城市。成千上万的年轻人，连同他们的父母和老师，挤满了伦敦火车站的月台，正等待着火车把他们带到乡下，他们认为这样做是安全的。政府几个月来一直计划在 1939 年 9 月 1 日进行疏散——这本来是一次疏散演习——但当孩子们到达车站时，报摊上的标语牌上写着"波兰遭到入侵！"父母们知道这不是演习。少量的疏散人员把名牌别在衣服上或系在脖子上，戴上防毒面具。有些孩子以为这是一次大冒险，在月台上跑来跑去，兴奋地喊着。有些孩子则害怕地抓住母亲的手。火车开出时，他们从车窗里探出身子，向哭泣的父母挥手告别。成年人没有被告知孩子们要去哪里，什么时候能再见到他们。

　　约下午 3 点，巨大的银色阻塞气球懒洋洋地飘浮在伦敦上空，用来防御低空飞行的敌机。军用卡车沿街隆隆驶过，往政府大楼前运送士兵。唐宁街狭窄的死胡同里挤了数百人。人群被戴着钢盔的警察挡住了去路，人们看着大臣们从唐宁街 10 号进进出出，他们正在与首相进行磋商。一辆载着乔治六世的汽车停下，随即响起一阵激动的沙沙声和新闻摄影师闪光灯的噼啪声。当温斯顿·丘吉尔在下午晚些时候抵达时，也发生了同样的事情。他被张伯伦召见，张伯伦意识到，如果想留在政府，他最终将不得不屈服于压力，接

---

① Barbara Cartland, *Ronald Cartland*, London：Collins, p. 231.

纳他最讨厌的政治敌人。丘吉尔欣然接受了张伯伦的提议，在新的战争内阁（War Cabinet，也称战时内阁）中任大臣。

太阳下山，影子变长，议会广场上聚集了大批群众，观看议员们匆忙进入威斯敏斯特宫，那里已经被沙袋围了起来。英国议会大厦已经全面实行灯火管制，大厅和走廊里仅有的光亮来自小型电灯，它们在马赛克的地面上投下一抹蓝光。哈罗德·尼科尔森发现，从昏暗的议员大厅进入下议院，这个通常让他想起"昏暗的水族馆"的房间"相比之下过于花哨了"①。

到了下午6点，议员长凳和旁听席上都挤满了人，房间里充满了高亢的谈话声。波兰大使坐在前排著名的旁听席上，这是为希望听审判过程的公众保留的座位。就在几小时之前，华沙向外交部传达了一个信息："波兰政府决心捍卫自己的独立和荣誉，直到最后一刻，并深信根据现行条约，将在这场斗争中得到盟国即时的援助。"② 就像这个狭小而闷热的大厅里的其他人一样，爱德华·拉齐恩斯基伯爵（Count Edward Raczyński）确信，几分钟内，张伯伦就会宣布英国和德国之间进入战争状态。毕竟，英国与波兰的条约再清楚不过了：英国将"立即"向被围困的波兰提供"一切力所能及的支持"。

6点刚过，张伯伦和工党副领袖亚瑟·格林伍德一起进入议院，现场响起了一片欢呼声。首相在政府的前排长凳上就座，然后几乎是立刻起身发言。他情绪激动地告诉下议院，应该立刻采取行动，而不是发表演讲。除非他得到德国的保证，德国停止入侵并从波兰撤军，否则英国就会履行对这个不幸国家的义务。一种比之前

① Harold Nicolson Diaries, September 1, 1939.
② Edward Raczyński, *In Allied London*, London: Weidenfeld & Nicolson, 1962, p. 26.

有所减弱的欢呼回应了他的声明。议员们迷惑地面面相觑。张伯伦承诺的行动在哪里？毕竟，他只发表了一次演讲——这是"漂亮的言辞"①，在爱德华·斯皮尔斯看来，"显而易见的事实是，依据我们与波兰的条约，我们现在就应该援助它"。一些议员扫了丘吉尔一眼，想知道他是否会回应。但丘吉尔仍然坐着，闷闷不乐，一言不发。他刚刚接受了一个内阁职位，在他看来，这意味着他不能再公开质疑或批评张伯伦领导的政府。

由于没有人反驳首相，下议院晚上休会了。议员们还在进行非正式辩论，他们分散到附近的俱乐部和餐馆，争论在上帝的名义下到底发生了什么。丘吉尔与达夫·库珀、戴安娜·库珀和其他几个人在萨沃伊烧烤店共进晚餐，大家一致认为政府有必要在第二天宣战。聚会结束后，库珀夫妇走进了刚刚停电的伦敦的那一片陌生的黑暗中。此时，威斯敏斯特公爵也要离开萨沃伊，邀请库珀夫妇搭他的车。他们一跨进公爵的劳斯莱斯，公爵就开始了一场恶毒的、反犹太主义的长篇大论，大吼着萨沃伊是如何被犹太人侵扰的。库珀沉默了片刻。但是当威斯敏斯特宣布他很高兴英国还没有开战，希特勒必须知道"毕竟，我们是他最好的朋友"② 时，库珀再也不能保持沉默了。"我希望，"他厉声回答，"到明天他就会知道，我们是他最不可调和、最残酷无情的敌人。"在接下来的短暂旅程中，剩下的时间只有一片寂静。第二天，有人告诉库珀，公爵在伦敦四处散播说："如果发生战争，那完全是犹太人和达夫·库珀造成的。"

---

① Sir Edward L. Spears, *Assignment to Catastrophe*, Vol. 1, *Prelude to Dunkirk：July 1939 – May 1940*, New York：A. A. Wyn, 1954, p.16.

② Duff Cooper, *Old Men Forget：An Autobiography of Duff Cooper*, London：Century, 1986, p.259.

1939 年 9 月 2 日，星期六，天气比前一天还要暖和。伦敦天气炎热、气象沉闷，乌云密布。显然，在这一天结束之前，暴风雨就会来临。整个城市给人一种不安的感觉——等待暴风雨和战争的来临。

街道和公园都很安静，没有孩子们在夏末周末玩耍时的笑语喧哗。孩子们不见了，伦敦的其他宝贝也不见了。加冕宝座和 14 世纪珍贵的手稿《王室典籍》(*Liber Regalis*) 已从威斯敏斯特教堂被转移。皮卡迪利广场上，爱神厄洛斯的著名雕像盘旋在喷泉上空，他的箭不再瞄准围着街心转盘飞驰而过的车辆。[①] 它被转移到安全的地方，Long Room at Lord's 里珍贵的板球纪念品也是如此。那天下午，哈罗德·尼科尔森参观了国家美术馆，结果发现那里的画也不见了。他若有所思地说："这是一种奇怪的效果，大画框挂着，标签还在，但没有画。所有的画布都被取走了。"[②] 为了安全，人们将它们保存在威尔士的博物馆和乡村住宅中。

当尼科尔森到下议院参加一个罕见的周六会议时，他被带到了 14 号房间，在那里，他发现下议院的工作人员正在认真地向一群议员下达指令，告诉他们一旦伦敦遭到猛烈空袭，他们应该如何撤离。为此，他们已经制订了一个周密的计划。房间里有印刷好的手提行李和个人行李标签，还有一个收集议员行李的地方。下议院的工作人员拒绝透露新议会的地址，但传闻目的地是埃文河畔的斯特拉特福。当尼科尔森走进房间时，有人递给他一张通行证，军士在上面盖了戳。达夫·库珀也刚进来，他哼了一声，把通行证撕成了碎片。[③] 不管炸弹是否落下，他都不会离开伦敦。

205

---

① Edward R. Murrow, *This Is London*, New York: Simon and Schuster, 1941, p. 33.

② Harold Nicolson Diaries, September 2, 1939.

③ Harold Nicolson Diaries, September 2, 1939.

在波兰，"炸弹雨"已经下了超过 24 个小时。德国空军的俯冲式轰炸机和战斗机正在轰炸与扫射机场、城镇、桥梁和道路，这些地方挤满了在加入部队途中的波兰预备役士兵。与此同时，近 200 万德国军队从北部、南部和西部向波兰境内发起猛攻，数百辆装甲坦克在波兰乡间横冲直撞。波兰人英勇抵抗，但他们的陆军和空军兵力严重不足，装备简陋，波兰已经输掉了所有的前线战役。混乱仍在蔓延，波兰的两个西方盟友仍然没有任何提供援助的迹象。

华沙要求援助的呼声越来越强烈。然而，在外交部，哈利法克斯勋爵告诉拉齐恩斯基伯爵，英国还没有决定该做什么。波兰参议院已经开了一整天会，议员们发表了勇敢的演讲，拉齐恩斯基后来告诉休·道尔顿："但有一点人们没有注意到。没有一个发言人觉得能够提到我们的盟友。"[1]

在威斯敏斯特附近的顶层公寓里，温斯顿·丘吉尔"像笼中的狮子"[2] 一样在房间里踱来踱去，等待着唐宁街 10 号的电话。这个电话将会确定他的内阁职位，却一直没有打来。有一次，丘吉尔打电话给拉齐恩斯基，拉齐恩斯基对他说，尽管英国和法国有条约义务，但仍然没有决定采取行动。丘吉尔慢条斯理地说："我希望……我希望英国能坚持……"[3] 就在这时，他的声音停顿了，丘吉尔哭了。"他听起来既焦虑又羞耻。"[4] 波兰大使后来回忆说。

[1] Hugh Dalton, *The Fateful Years : Memoirs 1931 - 1945*, London: Muller, 1962, p. 268.
[2] William Manchester, *The Last Lion : Winston Spencer Churchill : Alone, 1932 - 1940*, New York: Dell, 1988, p. 521.
[3] Edward Raczyński, *In Allied London*, London: Weidenfeld & Nicolson, 1962, p. 29.
[4] Edward Raczyński, *In Allied London*, London: Weidenfeld & Nicolson, 1962, p. 29.

丘吉尔也非常生气。在与拉齐恩斯基交谈之后，他给法国大
使查尔斯·科尔宾（Charles Corbin）打了个电话。丘吉尔对他说，
如果法国像对待捷克斯洛伐克那样对待波兰，那么他作为法国人的
密友，将对法国的命运漠不关心。科尔宾声称，援助波兰的延误是
由于"技术难题"①，对此丘吉尔大呼："该死的技术难题！我想，
如果一枚德国炸弹落在一个波兰人的头上，你会称之为技术难
题吧！"

约下午 3 点，丘吉尔还没有接到张伯伦的电话，便与下议院
的同僚们会合。围绕一系列战争相关法案的辩论持续了几个小
时，议员们焦急地等待首相的消息。一些人聚集在议员休息室的
新闻播报处，查看有关波兰平民伤亡的最新报道。其他人聚集在
吸烟室里，喝了一杯又一杯酒。（"议员们的酒量太惊人了！"一
名当天去过吸烟室的内阁大臣说。②）议员们谈话的声音越来越
大。什么原因导致了政府宣战的延误？张伯伦试图在最后一刻
达成和平协议吗？这是不可能的。英国不能退缩。《纽约时报》
的一名记者当天写道，议会议员和其他英国人"已经处于战争
状态"③。

沃尔特·埃利奥特给了巴菲·达格代尔一张议员旁听席的
票。当鲍勃·布思比招呼她出去喝一杯时，达格代尔正在观看下
午那场混乱的辩论。布思比告诉她，丘吉尔已被邀请加入内阁，
但除非其他保守党的"反叛分子"也加入内阁，否则他接受邀请

①　Hugh Dalton, *The Fateful Years：Memoirs 1931 - 1945*, London：Muller, 1962,
p. 271.
②　Martin Gilbert, *Winston S. Churchill*, Vol. 5, *The Prophet of Truth, 1922 - 1939*,
Boston：Houghton Mifflin, 1977, p. 1108.
③　*New York Times*, September 3, 1939.

将是愚蠢的。达格代尔在日记中写道："鲍勃说，在这种情况下，（丘吉尔）永远都不可能获胜，他只会因为保卫政府而毁掉自己的价值。"① 达格代尔和布思比一致认为："英国的荣誉正在我们眼前消失。从德国开始入侵波兰到现在已经 36 个小时了，英国还没有兑现承诺！"

他们不是唯一对祖国的国家完整性正在消失感到愤怒和绝望的人。爱德华·斯皮尔斯后来写道："我从未见过下议院议员像那天下午那样，激情四射，他们深深地打动了我。即使是对政府最不加批判的支持者，也开始意识到，我们作为集体守护者所守护的大不列颠的荣誉岌岌可危。"②

党鞭们传话说张伯伦将在下午 6 点发言。议员们挤进会议室，内阁大臣们坐在前排长凳上，旁听席很快坐满了人。6 点前，议长从椅子上站起来，宣布会议还会有一个短暂的延迟。大臣们鱼贯而出，房间里空无一人，吸烟室里又一次挤满了人。在雪茄和香烟的烟雾中，谈话越来越激烈，喧闹声中偶尔夹杂愤怒的吼声。最后，7 点半，钟声响彻整个下议院。有些议员在下午和晚上喝了几杯威士忌，冲回会议室，期待首相宣战。用哈罗德·尼科尔森的话说，"会议室就像一个等待陪审团裁决的法庭"③。紧张的气氛笼罩在空气中。当张伯伦和格林伍德在 7 点 42 分大步走进房间时，房间里响起了喊声和欢呼声。首相在发言席前坐下，他的声音听起来又粗又哑，好像感冒了。他首先叙述了当天发生的事：英国与法国领导

207

① N. R. Rose, *Baffy : The Diaries of Blanche Dugdale 1936 – 1947*, London: Valentine Mitchell, 1973, p. 149.
② Sir Edward L. Spears, *Assignment to Catastrophe*, Vol. 1, *Prelude to Dunkirk : July 1939 – May 1940*, New York: A. A. Wyn, 1954, p. 18.
③ Harold Nicolson, *Diaries and Letters*, Vol. 1, *1930 – 1939*, New York: Atheneum, 1966, p. 412.

人的会谈、英国要求德国从波兰撤军的强硬态度，以及德国没有做出回应。

　　然而，当张伯伦喋喋不休时，议员们越来越清楚地认识到，德国还没有收到英国的最后通牒。事实上，他们真的听到了吗？首相正在谈论由墨索里尼充当中间人，与德意志帝国展开进一步谈判的可能性。张伯伦说，德国对英国的照会反应迟缓，可能是由于"考虑了意大利政府提出的一项建议"①。长期以来，首相一直坚持和平的理念，他似乎希望和平仍能出现，就像魔术表演时，从帽子里变出来兔子一样。他继续陈述枯燥的事实，没有提到在他讲话的时候，死亡和毁灭继续降临波兰。

　　张伯伦讲完话，坐了下来，全场鸦雀无声。就连他最坚定的支持者也不敢回应一句："是啊，是啊！"② 两名保守党后座议员突然离开他们的座位，跑到议员盥洗室呕吐。③ 达夫·库珀和利奥·埃默里等人的脸都因愤怒而涨得通红。"可怜的波兰人被轰炸和屠杀了整整两天，我们仍在考虑，应在什么期限内请希特勒告诉我们他是否愿意放弃猎物！"埃默里后来写道，"这一切是否预示着另一个慕尼黑事件呢？"④ 意识到民众的愤怒情绪日益高涨，大卫·马杰森向他的副手们发出信号，要求他们为可能发生的暴力事件做好准备。⑤

---

①　J. E. Sewell, *Mirror of Britain*, London：Hodder & Stoughton, 1941, p. 12.

②　Sir Edward L. Spears, *Assignment to Catastrophe*, Vol. 1, *Prelude to Dunkirk：July 1939 – May 1940*, New York：A. A. Wyn, 1954, p. 20.

③　Sir Edward L. Spears, *Assignment to Catastrophe*, Vol. 1, *Prelude to Dunkirk：July 1939 – May 1940*, New York：A. A. Wyn, 1954, p. 22.

④　L. S. Amery, *My Political Life*, Vol. 3, *The Unforgiving Years 1929 – 1940*, London：Hutchinson, 1955, p. 324.

⑤　William Manchester, *The Last Lion：Winston Spencer Churchill：Alone, 1932 – 1940*, New York：Dell, 1988, p. 524.

接着，亚瑟·格林伍德站起身，代表反对党做出回应。作为工党在下议院的副主席，瘦高的格林伍德将代替克莱门特·艾德礼发言，克莱门特刚做完前列腺手术，正在康复中。温和、单调的北方口音和陈词滥调是格林伍德的标志，即使在他表现最好的时候，也不以擅长演讲著称。这显然不是他表现最好的时候。格林伍德走进会议室，准备为首相终于宣战而鼓掌，而事情发生了意想不到的变化，他没有准备好可以依据的讲稿。格林伍德还以酗酒著称，和许多同僚一样，在首相出现之前，他在吸烟室里已经喝了几杯威士忌。当他站起来，把手放在面前的发言箱上，透过眼镜看着张伯伦的时候，身子似乎有些摇晃。①

当格林伍德面对首相时，他身后的工党议员们爆发出一阵欢呼声，令人吃惊的是，随后保守党议员们又发出了一阵欢呼声。格林伍德惊奇地瞥了保守党一眼。然后，他慢慢地犹豫着开始发言。他说："我在非常困难的情况下发表讲话，没有机会思考我应该说什么，我所说的是我此刻的心声。"②

利奥·埃默里坐在角落里，满腔怒火。内维尔·张伯伦正在把国家和人民珍视的每一项原则撕成碎片，而本应保护这些原则的议会却没有采取任何行动来阻止他！见鬼去吧，格林伍德只代表他自己和工党说话！埃默里迅速站了起来，喊道："为英国发声，亚瑟！"③

埃默里的喊声震惊了全场。张伯伦的头猛然一转，凝视着昔日

① Sir Edward L. Spears, *Assignment to Catastrophe*, Vol. 1, *Prelude to Dunkirk: July 1939 - May 1940*, New York: A. A. Wyn, 1954, p. 21.
② J. E Sewell, *Mirror of Britain*, London: Hodder & Stoughton, 1941, p. 14.
③ L. S. Amery, *My Political Life*, Vol. 3, *The Unforgiving Years 1929 - 1940*, London: Hutchinson, 1955, p. 324.

的盟友兼朋友。① 与此同时，格林伍德按埃默里的要求做了。"我深感不安，"他说，"38 小时前发生了一起侵略行为。这种侵略行为发生的那一刻，现代最重要的条约之一就自动生效了……我想知道，在英国及其所代表的一切——以及人类文明——都处于危险之中的时候，我们还准备摇摆多久。现在每一分钟的拖延都意味着生命的消逝，危及我们的国家利益……"②

在下议院的另一边，鲍勃·布思比不赞成这样的措辞，这不仅仅是国家利益受到威胁。"还有我们的荣誉！"③ 他冲着格林伍德喊道。工党副主席怒视布思比，厉声说道："让我说完，我想说的是，这将危及我们国家荣誉的根基。"④

尽管那天晚上格林伍德没展现出好口才，但他还是设法用语言表达了同僚们的心声。每个人都认为这是他一生中最伟大的演讲。爱德华·斯皮尔斯说："这篇演讲照亮了他的职业生涯，证明了他整个人生是有意义的。这并不具有戏剧性，虽然有戏剧在上演，我们都生活在其中，我们和数百万人的命运取决于人们在那个小房间里做出的决定。"⑤ 当格林伍德坐下来的时候，房子的两边都爆发出欢呼和感谢声。"气氛变得紧张起来，"哈罗德·尼科尔森说，"从那时起，首相最忠实的支持者就开始发自肺腑地为他的对手欢呼。前面凳子上坐着的人，看上去就像被人打了脸……首相现在一定知

① N. R. Rose, *Baffy : The Diaries of Blanche Dugdale 1936 - 1947*, London: Valentine Mitchell, 1973, p. 150.
② J. E Sewell, *Mirror of Britain*, London: Hodder & Stoughton, 1941, p. 14.
③ William Manchester, *The Last Lion : Winston Spencer Churchill : Alone, 1932 - 1940*, New York: Dell, 1988, p. 525.
④ William Manchester, *The Last Lion : Winston Spencer Churchill : Alone, 1932 - 1940*, New York: Dell, 1988, p. 525.
⑤ Sir Edward L. Spears, *Assignment to Catastrophe*, Vol. 1, *Prelude to Dunkirk : July 1939 - May 1940*, New York: A. A. Wyn, 1954, p. 21.

道了，整个议会的人都反对他。"①

在那一刻，内维尔·张伯伦和他的政府已经疏远了议会里几乎所有的人，很可能被推翻。他的绥靖政策已成一纸空文，看来他可能要撕毁与波兰的条约。可以想象，来自他所在政党知名人士的谴责可能会引发一场关于信任投票的呼吁。如果真是这样，在休·道尔顿和其他人看来，"张伯伦领导的政府……就会被推翻"②。

许多坐在长椅上和走廊里的人，包括维奥莉特·博纳姆·卡特，又一次满怀期待地看着丘吉尔。"温斯顿……本可以用人类和天使的语言为英国发声的，"维奥莉特夫人说，"这当然是属于他的时刻。"③ 但是丘吉尔没有动。他后来告诉朋友，他非常想在下议院发表演说，但他仍然觉得接受内阁职位是一种束缚，尽管张伯伦在提出第一份工作邀请后就对他置之不理。虽然达夫·库珀和其他几位持不同政见者早些时候发表了演讲，但艾登仍然坐着没动。没有其他人站起来，时间和机会就这样消失了。马杰森很快提出："下议院现在休会。"正如巴菲·达格代尔所指出的："我听到了熟悉的声音，看到了熟悉的身影。在过去的五年里，每天晚上马杰森都说同样的话，一切都是习惯使然。"④

晚上 8 点 09 分，会议开始大约 25 分钟后，马杰森的动议获得

210

① Harold Nicolson, *Diaries and Letters*, Vol. 1, *1930－1939*, New York：Atheneum, 1966, pp. 412－413.

② Hugh Dalton, *The Fateful Years：Memoirs 1931－1945*, London：Muller, 1962, p. 265.

③ Bonham Carter Notebook, "The Thirties," Bonham Carter Papers.

④ N. R. Rose, *Baffy：The Diaries of Blanche Dugdale 1936－1947*, London：Valentine Mitchell, 1973, p. 150.

通过，议员们涌向大厅，他们压抑已久的愤怒和沮丧情绪得到释放。"之前所有对慕尼黑事件的愤怒以及对张伯伦的怨恨又一次表现出来。"[①] 仍然是张伯伦的忠实拥护者的奇普斯·钱农评论道。但愤怒不再专属于保守党"反叛分子"。正如尼科尔森指出的那样，它甚至感染了首相最坚定的支持者。后来，当钱农走近马杰森并请求他做些什么的时候，首席党鞭耸了耸肩。"一定是战争，奇普斯，老伙计，"他慢吞吞地说，"没有别的出路了。"[②] 在首相办公室，马杰森用"最强烈的语言"[③] 对张伯伦说了同样的话。除非他第二天宣战，否则议会就会反对他。他自己的内阁成员也处于"叛变"的边缘。

当议员们离开议会时，正赶上大雨倾盆、雷声隆隆。室外和室内都下起了暴雨。那天深夜，暴雨仍在下，布思比、库珀、艾登、邓肯·桑兹和布兰登·布拉肯聚集在莫佩斯大厦丘吉尔的公寓里，公寓的窗户都被遮光的窗帘挡住了。多年后，戴安娜·库珀对这次会面做了一个生动而准确的描述："当时，空气中弥漫着'阴谋'的味道……整片天都在燃烧，仿佛引燃了某种东西，布鲁图斯和其他人在夜里密谋着什么。"[④] 布思比是主谋。[⑤] 他认为，张伯伦的失败主义政府背叛了英国及其荣誉。怎么能让它继续存在呢？大多数保守党人准备起义。温斯顿已经

---

① Robert Rhodes James, ed., "*Chips*": *The Diaries of Sir Henry Channon*, London: Phoenix, 1999, p. 213.

② Robert Rhodes James, ed., "*Chips*": *The Diaries of Sir Henry Channon*, London: Phoenix, 1999, p. 214.

③ William Manchester, *The Last Lion*: *Winston Spencer Churchill*: *Alone*, *1932 – 1940*, New York: Dell, 1988, p. 525.

④ Martin Gilbert and Richard Gott, *The Appeasers*, London: Phoenix, 2000, p. 320.

⑤ Duff Cooper, *Old Men Forget*: *An Autobiography of Duff Cooper*, London: Century, 1986, p. 260.

有能力第二天去下议院，把张伯伦踢走，代替他的位置。在任何情况下，丘吉尔都不应该接受内阁的职位。如果这么做了，他就救了首相。

但令同僚们失望的是，丘吉尔坚决拒绝听从布思比的建议。他已经向张伯伦保证过，他觉得自己已经是政府的一员了，所以不会做任何事来推翻它。在激烈的争论中，丘吉尔接到了白厅打来的电话。他接完电话，回来后告诉大家，第二天中午下议院开会时，英国将处于战争状态。张伯伦将在议会开会前向全国发表广播讲话。原来，当天早些时候投票支持英国宣战的内阁成员，在下议院大崩盘以后会见了张伯伦和哈利法克斯，并要求张伯伦和外交大臣立即 211 采取行动。首相和外交大臣终于让步了。

听到这个消息，讨论就结束了，那些筋疲力尽的潜在"阴谋家"都回家去了。但他们不想冒任何风险。桑兹在波兰大使馆停下来，看了看拉齐恩斯基伯爵。他告诉大使："他，丘吉尔，还有他们的朋友不会让步，波兰不仅可以指望工党道义上的支持，还可以指望大部分保守党人。如果张伯伦再软弱表现，他就会被赶下台。"①

1939 年 9 月 3 日，周日上午 11 点刚过，外交部条约司司长罗伯特·邓巴（Robert Dunbar）离开办公室，走下楼梯，从侧门走出，手里拿着一份白色的硬纸文件。② 他穿过皇家骑兵卫队阅兵场，向位于几个街区外卡尔顿联排的德国大使馆走去。

那是一个美丽的早晨。暴风雨已经停了，空气变得清新。当邓

---

① Edward Raczyński, *In Allied London*, London: Weidenfeld & Nicolson, 1962, p. 29.
② *New York Times*, September 4, 1939.

巴路过购物中心时，他发现几乎没有其他伦敦人在街上享受夏末的
阳光。大多数人待在教堂或家里，等着能让他们的生活天翻地覆的
消息。几分钟后，邓巴到了大使馆，那是 3 间坐落在圣詹姆斯公园
边上的摄政时期风格的城镇房屋。外面站着两名戴着锡帽的英国警
察，肩上挂着防毒面具。

　　进门后，邓巴基本没有关注大使馆宏伟的新古典主义室内设
计，这是几年前由希特勒最喜欢的建筑师阿尔伯特·斯皮尔
（Albert Speer）设计的。他立即前往西奥多·科特的办公室。两人
互致问候，然后邓巴把文件交给了科特。信上有哈利法克斯勋爵的
签名，内容很简单：今日上午 11 点，英国与德国开战。两位外交
官握了握手，邓巴向科特道别。他不得不提醒自己不要再补一句
"祝你好运"①。

　　那天早上早些时候，就在圣詹姆斯公园对面，大多数保守党
"反叛分子"聚集在罗纳德·特里的家中，收听张伯伦的广播。丘
212 吉尔的两个追随者——布思比和桑兹，第一次加入艾登集团。虽然
布思比和麦克米伦之间的关系仍然很尴尬，但已经有所缓和，在过
去的几个月里，两人开始合作，试图推翻张伯伦政府。"反叛分
子"们站在长长的、散发着花香的客厅里，随意地交谈着，阳光
透过高高的窗户射进来，照得吊灯上的水晶吊坠闪闪发光。其中一
人指出，《星期日泰晤士报》没有提到前一天晚上议会里的骚乱。②
显然，保守党高层想表现得好像这件事从未发生过一样。会议结束
后不久，有人看到张伯伦和马杰森在一起。他说，马杰森"脸色
发紫"③，而张伯伦"面色苍白"。

①　Gene Smith, *The Dark Summer*, New York: Collier, 1989, p. 272.
②　Harold Nicolson Diaries, September 3, 1939.
③　Harold Nicolson Diaries, September 3, 1939.

爱德华·斯皮尔斯站在窗前，目不转睛地望着窗外葱郁的公园，没有注意到这番话，他决心在战争爆发前尽可能地欣赏伦敦的美景。"我对我们所做的一切并不感到后悔，"他后来回忆道，"但在那一刻，我不想错过一缕阳光、一抹色彩……我太贪恋树木和美好的天气了，无法回身望向友人们分散而处的那个房间。"①

一位议员打开他的大金怀表，把它放在桌子上。② 手表嘀嗒嘀嗒地走了几分钟，特里突然想起家里没有无线电设备，于是大家疯狂地争着去找。特里的一个女仆听到一阵骚动，跑来说自己房间里有一个，大家让她赶紧去拿。就在 11 点 15 分，首相开始他的演讲时，无线电已经被调好并打开了。

张伯伦说："我现在在唐宁街 10 号的内阁会议室里向你们发表讲话。"随后，科尔特收到了一份措辞严厉的声明：德国未能对英国要求其从波兰撤军的最后通牒做出回应，"因此，这个国家与德国处于战争状态"。

就像特里家的议员们一样，在 9 月那个明媚的早晨，数以百万计的英国人聚集在他们的无线电设备周围，静悄悄地听着首相的开战宣言。利兹市的一名年轻女子听到这句决定命运的话时，瘫倒在丈夫身上，"晕过去一两分钟"③。在伦敦，作家维拉·布里顿（Vera Brittain）一边听广播一边啜泣，脑子里一直想着她的未婚夫和弟弟，他们都是在第一次世界大战中丧生的。④ 玛格丽·阿林厄姆听到这个消息时，有"一种令人窒息的感觉，夹杂着解脱和无

213

---

① Sir Edward L. Spears, *Assignment to Catastrophe*, Vol. 1, *Prelude to Dunkirk : July 1939 – May 1940*, New York：A. A. Wyn, 1954, p. 23.

② Harold Nicolson Diaries, September 3, 1939.

③ Juliet Gardiner, *Wartime Britain 1939 – 1945*, London：Headline, 2004, p. 3.

④ Gene Smith, *The Dark Summer*, New York：Collier, 1989, p. 271.

法忍受的悲伤"①。"好吧，它来了。"她想，"这就是我们的理念引领的方向……这就是当你看到可怕的事情发生时不去干涉的结果，即使那不是你的事。这毕竟是我们的命运。"②

英国广播公司的一名播音员在节目中与首相坐在一起，他认为首相看上去"憔悴、沮丧、苍老"③。当张伯伦告诉他的同胞，战争终究是无法避免的，这是他深切的悲痛时，他颤抖的声音传达出沮丧的情绪。他说："你可以想象，我为争取和平而做的长期努力都失败了，这对我是多么沉重的打击。"④ 在罗纳德·特里的房子里，保守党的"反叛分子"们面面相觑。张伯伦此刻应该号召全国人民去战斗，而不是沉溺于自怜。当然，有比他自己的失败更重要的事情要考虑。"张伯伦的痛恨自己失败的言论……让我们震惊了，"哈罗德·尼科尔森在日记中写道，"我们觉得……他不可能带领我们投入一场伟大的战争。"⑤

首相结束广播 30 分钟后，按计划他将在下议院发表讲话。特里家的几位议员决定趁着这美好的天气，在离议会不远的地方散步。然而，他们刚一离开，早晨的寂静就被一声刺耳的长鸣打破了。"在我们从无线电里听到消息之后，他们不应该这样做。人们会认为这是空袭警报。"⑥ 利奥·埃默里对走在身边的哈罗德·尼

① Margery Allingham, *The Oaken Heart*, London: Michael Joseph, 1941, p. 86.

② Margery Allingham, *The Oaken Heart*, London: Michael Joseph, 1941, p. 87.

③ Stephen Howarth, *August' 39 : The Last Four Weeks of Peace in Europe*, London: Hodder & Stoughton, 1989, p. 228.

④ Robert Shepherd, *A Class Divided : Appeasement and the Road to Munich 1938*, London: Macmillan, 1988, p. 287.

⑤ Harold Nicolson, *Diaries and Letters*, Vol. 1, *1930 – 1939*, New York: Atheneum, 1966, p. 414.

⑥ Harold Nicolson, *Diaries and Letters*, Vol. 1, *1930 – 1939*, New York: Atheneum, 1966, p. 414.

科尔森抱怨道。埃默里刚说完最后一句话，又听到了一声长鸣。"我的上帝！"尼科尔森喊道，"这是空袭警报！"男人们加快了脚步，他们试图继续在警报声中随意交谈，所有人都试图假装什么事都没发生。就在这时，斯皮尔斯的车开到了他们旁边，他的车上坐着几个同事。"上来！"他大喊。这时，焦虑战胜了尊严，散步的人们迅速挤进了车，尼科尔森坐在埃默里的腿上，安东尼·艾登坐在尼科尔森的膝盖上。[①]

214

当斯皮尔斯拐进通往议会广场的乔治大道时，他的同僚们看到数十人，其中一部分已经聚集在议会门前，跑着寻找掩护，还有许多人怀里抱着孩子。[②] 汽车缓缓地驶进王宫的院子，穿过一大群人停下来，议员们纷纷下车，像马戏团里的小丑一样穿来穿去。他们匆匆进入下议院大厅，一名警察将他们带到议会新搭建的临时防空洞，一个靠近露台的房间。

全城的人都在寻找安全的避难所。警察拦下车辆，把司机和行人赶进最近的防空洞。许多防空洞和房屋避难所是临时搭建的，位于火车站、商店、办公室、政府大楼里的地下室和其他地方。公园里的散步者冲进了慕尼黑事件后挖好的战壕里。当一名年轻女子匆忙走进伦敦北部一座新建的公共避难所时，一名防空洞管理员喊道："小心那些电线。"[③] 这让她意识到避难所仍在建设中。她说："我想知道，还有多少人没有准备好……"

当警报第一次响起时，温斯顿·丘吉尔正穿衣服准备去议会，

① Harold Nicolson, *Diaries and Letters*, Vol. 1, *1930 - 1939*, New York: Atheneum, 1966, p. 414.

② Sir Edward L. Spears, *Assignment to Catastrophe*, Vol. 1, *Prelude to Dunkirk: July 1939 - May 1940*, New York: A. A. Wyn, 1954, p. 25.

③ Juliet Gardiner, *Wartime Britain 1939 - 1945*, London: Headline, 2004, p. 7.

他爬上公寓的屋顶搜寻敌机。最后，在妻子的恳求下，丘吉尔才去寻找掩护。他抓起一瓶白兰地，夫妻俩朝着指定的避难所走去，这个避难所在附近一幢大楼的地下室里，他们大多数的邻居已经聚集在那里了。丘吉尔从门口望着外面空旷的街道，想象着"强烈的爆炸震撼着大地，建筑物在尘土和瓦砾中轰然倒塌"[1]。多年来，人们一直被警告：战争将带来世界末日，其他伦敦人也在想象着同样可怕的场景。"我们都吓坏了，"一位女士后来说，"我们知道战争是什么样子。炸弹如雨点般落下，到处是火，还有毒气，数十万人死亡。"[2]

在帕丁顿车站一间空荡荡的大棚子里，维奥莉特·博纳姆·卡特听到了警报声。[3] 帕丁顿车站是她所属的一个志愿护理部队的临时总部。维奥莉特夫人希望她的部队不会被要求处理当天早上的伤员，因为棚子里没有绷带、水盆、桌子和水龙头。她和其他护士甚至不能把受伤的人送到安全的地方，因为她们没有担架。警报响起时，维奥莉特夫人拒绝去避难所。她满脑子想的都是她的丈夫，他是一名空袭守卫，现在就在大街上，没有任何保护措施。她跑出棚子，疯狂地搜索附近的街道和广场，直到她发现他在巡逻。她在解脱之余，又夹杂着一种"奇特的兴奋和内心的平静"情绪。感谢上帝，英国现在处于战争状态。国家的荣誉得救了。看着阻塞气球在她头顶明亮的天空中舞动，她想，我们不必再感到羞愧了。

与此同时，在威斯敏斯特，在警报响起时，只有一名议员坐在下议院的房间里。那天早上，乔赛亚·韦奇伍德和其他几位议员一

① Juliet Gardiner, *Wartime Britain 1939–1945*, London：Headline, 2004, p. 7.
② Juliet Gardiner, *Wartime Britain 1939–1945*, London：Headline, 2004, p. 7.
③ Bonham Carter Notebook，"The Thirties," Bonham Carter Papers.

大早就到了下议院，为听首相的演讲争取了一个好位置。警报一响，韦奇伍德的同僚们很快就消失了，但这位坚决反对绥靖政策的工党议员还在，"他就像高卢人攻进都城时罗马元老院的议员"①，对守卫的庇护请求置若罔闻。至少，他"会在我的岗位上死去"。但空袭没发生的时候，他决定放弃他后来自嘲地形容为"表演"的行为，和其他议员一起躲进了避难所。那里还有许多记者和下议院工作人员，所有人都惊叹于希特勒对张伯伦的战争宣言的迅速反应。

过了一会儿，警报又响了，但这一次是一声悠长、平稳的警报。整件事都是一场虚惊。在张伯伦发表演说的前几分钟，一些议员悠闲地走到露台上享受阳光，并以不赞成的态度观察泰晤士河上放飞阻塞气球机组人员的努力，他们正挣扎着把被雨水浸透的气球从系着的地方升起，却徒劳无功。

事实证明，首相对下议院的演讲并不比他对全国的广播更鼓舞人心。他宣称："我为之奋斗的一切以及在公共生活中所信仰的一切都已化为乌有。"安东尼·艾登写道，张伯伦的宣战更像是"一首痛惜自己失败的人的哀歌，而不是让全国人民拿起武器的号召"②。在前一晚充满戏剧性的会议结束后，他的听众的情绪不高，只能报以"不温不火"的呼声。

然后丘吉尔站起来发言。他仍然对自己的未来一无所知，却把张伯伦无法表达的内容用语言表达了出来：为什么英国认为必须参战？丘吉尔说："我们正在战斗，为使全世界免受纳粹暴政的荼

216

① Josiah Wedgwood, Memoirs of a Fighting Life, London: Hutchinson, 1941, p. 241.
② Anthony Eden, The Reckoning: The Memoirs of Anthony Eden Earl of Avon, Boston: Houghton Mifflin, 1975, p. 73.

毒，为了保卫人类最神圣的东西。这不是统治战争，不关乎帝国扩张，也与物质利益无关，也不是一场把所有国家挡在阳光和进步之外的战争。这是一场战争……在坚不可摧的岩石上建立个人的权利。这是一场建立和恢复人类地位的战争。"①

听了张伯伦和丘吉尔的演讲后，许多保守党"反叛分子"产生了同样的想法。哈罗德·麦克米伦相信："在这个失败和失望的时刻，如果（张伯伦）能把这个重任交给更强的人，也许会更好。"② 在埃默里看来，张伯伦的声明绝非"战时领袖的讲话"③，"我想我看到温斯顿在年底的时候会脱颖而出"。布思比仍然决心让丘吉尔尽快接替张伯伦的位置，于是他写信给他的前导师："到今天下午，你眼下的任务似乎变得容易多了。他的讲话不是一个打算带领我们渡过难关的人的讲话。"④

会议结束后不久，张伯伦把丘吉尔召到他在下议院的办公室，让他担任海军部第一大臣的老职务，并在战争内阁中占有一席之地。在丘吉尔的敦促下，艾登也回到了政府，但作为自治领事务大臣，他不负责指挥战争。在张伯伦迟来的创建联合政府的努力中，他要求工党和自由党领袖加入政府，但两党都不愿意这样做。

与此同时，聚集在议会外面的人们挤满了附近的街道。当知名的议员们走出大楼时，他们热情地为之欢呼，但民众最响亮的欢呼

① William Manchester, *The Last Lion : Winston Spencer Churchill : Alone, 1932 – 1940*, New York: Dell, 1988, p. 537.

② Harold Macmillan, *The Blast of War : 1939 – 1945*, New York: Harper & Row, 1967, p. 3.

③ L. S. Amery, *My Political Life*, Vol. 3, *The Unforgiving Years 1929 – 1940*, London: Hutchinson, 1955, p. 326.

④ Robert Boothby to Winston Churchill, September 3, 1939, Churchill Papers.

声留给了丘吉尔和其他一些持不同政见者。① 麦克米伦就是其中之一，他把喧嚣抛在脑后，走回附近的家中，想起 1914 年那遥远的一天。② 当时他还是牛津大学一名 20 岁的学生，第一次得知英国对德国开战。在他和其他年轻人充满欢乐和自信的时候，"开始了一场类似于十字军东征的运动"。亲身经历了战争的恐怖，在法国所受的创伤仍让他饱受折磨，这场战争爆发的时候，麦克米伦就没有那种轻松愉快的感觉。现在他是一个 18 岁牛津大学学生的父亲，这个学生毫无疑问会像他那样去参加战斗。在那个天气晴朗的日子里，麦克米伦漫步在伦敦大街时，脑子里萦绕着一个问题：战争结束后，自己的儿子还会活着吗？

与此同时，在中部地区，一名议员已经在准备战斗。1939 年 9 月 2 日上午，罗纳德·卡特兰中尉在 King's Heath 加入了他的兵团。决定他未来命运的选区会议将不得不等等了。

217

218

---

① *New York Times*, September 4, 1939.

② Harold Macmillan, *The Blast of War: 1939 – 1945*, New York: Harper & Row, 1967, p. x.

第十三章
参战

当英国向德国宣战的消息传到波兰时，人们欣喜若狂。饱受轰炸之苦的华沙居民冲出家门，在满是瓦砾的街道上哭泣、呼喊、跳舞。他们游行到英国大使馆门前，成千上万的人挥舞着临时制作的英国国旗，唱波兰国歌，还试图唱《天佑国王》（*God Save the King*）。一位华沙居民后来说："当然，没人知道这些，但我们都尽力了。"[1] 当英国大使霍华德·肯纳德爵士（Sir Howard Kennard）出现在大使馆的阳台上时，人群中爆发出一阵欢呼。在肯纳德高呼"波兰万岁！我们将并肩作战，反对侵略和不公正"[2] 后，人们更加激动了。几个小时后，法国宣战的消息传到华沙时，成群结队的华沙人又冲到法国大使馆前庆祝。

英国和法国花了3天才下定决心，已经有很多人死于战争。但现在，波兰人确信，盟友会拯救他们。

---

[1] Lynne Olson and Stanley Cloud, *A Question of Honor: The Kosciuszko Squadron: Forgotten Heroes of World War II*, New York: Knopf, 2003, p. 58.

[2] Lynne Olson and Stanley Cloud, *A Question of Honor: The Kosciuszko Squadron: Forgotten Heroes of World War II*, New York: Knopf, 2003, p. 58.

伦敦到处都是参战的迹象。沙袋和带刺的铁丝网路障保护着政府大楼，拴在钢索上的阻塞气球飘浮在城市上空。士兵和警察守卫着桥梁和隧道，密切监视着破坏者。商店的窗户或用木板封住，或用牛皮纸条粘了起来，以防炸弹爆炸后碎裂。几天前还陈列着晚礼服的裁缝店橱窗里，如今满是军官的制服。

既然英国已经参战，英国公民就确信随后会发生大规模爆炸袭击，并为此做好准备。与此同时，他们紧张地等待着与敌人发生小规模战斗的第一次报告。《纽约时报》预测，"一两天之内"①，英国和法国军队将与德国军队陷入激战，然而什么也没有发生。大规模的军事行动是内维尔·张伯伦最不可能想到的事情。"他对战争深恶痛绝，决心尽可能少地发动战争。"② 利奥·埃默里后来写道。虽然希特勒命令他在波兰的军事指挥官"摒弃怜悯"③ 并"野蛮行事"，但英国和法国政府宣布他们"强烈的愿望"是放过德国的平民和历史遗迹，并下令他们的武装部队只攻击"最狭隘意义上的军事目标"④。

在摧毁了波兰大部分空军之后，德国飞机在波兰上空自由地盘旋，用机枪扫射在田地里挖土豆的妇女和女孩，轰炸教堂和医院，在幼儿园被炸毁后，流浪儿童被送到了安全的地方。一次突袭中，德国飞机在华沙墓地上空低空俯冲，用机枪扫射前来参加前几次空袭遇难者葬礼的悼念者。"这就像一个狩猎派对，"心烦

① Robert Kee, *1939: The World We Left Behind*, Boston: Little, Brown, 1984, p. 304.

② L. S. Amery, *My Political Life*, Vol. 3, *The Unforgiving Years 1929 – 1940*, London: Hutchinson, 1955, p. 328.

③ Lynne Olson and Stanley Cloud, *A Question of Honor: The Kosciuszko Squadron: Forgotten Heroes of World War II*, New York: Knopf, 2003, p. 55.

④ L. S. Amery, *My Political Life*, Vol. 3, *The Unforgiving Years 1929 – 1940*, London: Hutchinson, 1955, p. 329.

意乱的爱德华·拉齐恩斯基告诉休·道尔顿，"我们是鹧鸪，他们是枪。"①

在他发给外交部的几封敦促英国立即采取军事行动的紧急电报中，肯纳德大使写道："（德军）对平民使用机枪是家常便饭。"②一名在波兰执行军事任务的年轻英国军官回到伦敦，请求他的上级帮助波兰。英国政府对这些请求充耳不闻，外交次大臣拉布·巴特勒（Rub Butler）③告诉下议院，没有确凿证据表明德国人轰炸了波兰的非军事目标。

在 1939 年 9 月 4 日的战争内阁会议上，英国空军参谋长西里尔·纽瓦尔爵士（Sir Cyril Newall）反对任何让英国皇家空军协助波兰的提议。④ 他称，英国的飞机必须留着备用，以防法国或英国受到攻击。他的言论引起了新上任的海军大臣温斯顿·丘吉尔的强烈质疑，他认为内阁应该更关注眼下的袭击。丘吉尔敦促法国军队和英国皇家空军立即进攻齐格菲防线，这条防线是德国面对法国的一系列防御工事。然而，他的提议被忽视了。

除了几个轰炸德国军舰的失败尝试外，在冲突的头几个月里，英国对波兰的所有防御是在德国上空投放了数百万的传单，告知德国人民他们"无法进行持久战"⑤，而且处于"濒临边缘"。据英国的《每日电讯报》报道，一名飞行员驾驶一架传单飞机提前两

① Hugh Dalton, *The Fateful Years：Memoirs 1931 – 1945*, London：Muller, 1962, p. 275.
② Lynne Olson and Stanley Cloud, *A Question of Honor：The Kosciuszko Squadron：Forgotten Heroes of World War II*, New York：Knopf, 2003, p. 60.
③ Edward Raczyński, *In Allied London*, London：Weidenfeld & Nicolson, 1962, p. 32.
④ Lynne Olson and Stanley Cloud, *A Question of Honor：The Kosciuszko Squadron：Forgotten Heroes of World War II*, New York：Knopf, 2003, p. 60.
⑤ Robert Kee, *1939：The World We Left Behind*, Boston：Little, Brown, 1984, p. 308.

小时返回基地，报告说他已按命令飞越敌方领土，并空投了传单。他的指挥官问："你的意思是说，你把它们扔出去的时候，还是捆成捆的？"① 当飞行员说是的时候，高级军官吼道："上帝啊，老兄，你可能已经杀人了！"不管是真是假，这个故事反映了大多数英国人对传单活动的嘲笑态度。莫莉·潘特-唐斯（Mollie Panter-Downes）在《纽约客》上称之为"第三帝国每月传单俱乐部"②。

在下议院，许多议员对政府的行动感到震惊。爱德华·斯皮尔斯怒气冲冲地对空军部长金斯利·伍德说，空投传单是"可耻的"③，只不过是一场"针对毁灭整个国家的残忍敌人发动的五彩纸屑之战"。英国"组织这样的'狂欢节'是在自嘲"。这样的举动对希特勒的影响无异于"在一个杀人狂最疯狂的时候给他上了一堂关于行为举止的课"。

拉齐恩斯基给斯皮尔斯提供了一份被德国轰炸的波兰城镇和村庄名单，斯皮尔斯告诉伍德，他计划在下议院就英国对波兰人缺乏支持的问题公开发表意见。伍德建议他重新考虑，说他正在触及一个军事战略问题，因而涉及国家安全。英国的指挥官们认为，空袭对波兰人没有帮助，只会刺激德国人报复。斯皮尔斯回答说，他并不建议英国皇家空军飞到波兰。但是，攻击德国的机场和通信设施显然可以减轻波兰的压力。无论如何，斯皮尔斯厉声说道："当我们连德国都没有轰炸的时候，怎么能证明首相说过我们会立刻全力

221

---

① *Picture Post*, September 25, 1939.

② Mollie Panter-Downes, *London War Notes, 1939 – 1945*, New York: Farrar, Straus & Giroux, 1973, p. 6.

③ Sir Edward L. Spears, *Assignment to Catastrophe*, Vol. 1, *Prelude to Dunkirk : July 1939 – May 1940*, New York: A. A. Wyn, 1954, p. 31.

以赴支援波兰呢？"①

尽管如此，受到伍德国家安全观点的影响，斯皮尔斯决定不在下议院发言。尽管他不接受不采取行动的理由，但他不想冒危及英国安全的风险，不管这种风险有多小。"现在我很后悔保持沉默，"斯皮尔斯后来写道，"不管怎样，如果我们做些什么，波兰人会觉得，有人愿意冒险帮助他们。"②

当斯皮尔斯告诉利奥·埃默里他与伍德的谈话时，埃默里讲述了自己与空军部长会面时的遭遇。众所周知，德国著名的黑森林里藏有军工厂和军事设施，埃默里敦促伍德向该地区投掷燃烧弹。结果伍德惊恐地看着他。伍德喊道："你知道这是私人财产吗？怎么，你是让我下一步就轰炸埃森（鲁尔的一个工业城市）！"③ 埃默里"生气地走了"，他说，至少"我们可以……让德国人民意识到他们在打仗，而不仅仅是平静地观望希特勒的胜利"。

大约在同一时间，希特勒向他的将军们发出指令，宣布德国取得战争胜利的"最大危险"④ 是"脆弱的鲁尔地区。如果德国工业生产核心区受到打击，德国战时经济会崩溃，从而削弱军事抵抗能力"。然而，只要张伯伦继续掌权，鲁尔地区就不会受到英国轰炸的影响。

孤立无援的波兰人在德国空军和装甲部队的包围下，奋力抵抗德国的闪电战，尽其所能地对抗一场前所未有的残酷战争。1939

---

① Sir Edward L. Spears, *Assignment to Catastrophe*, Vol. 1, *Prelude to Dunkirk: July 1939 – May 1940*, New York: A. A. Wyn, 1954, p. 31.

② Sir Edward L. Spears, *Assignment to Catastrophe*, Vol. 1, *Prelude to Dunkirk: July 1939 – May 1940*, New York: A. A. Wyn, 1954, p. 31.

③ L. S. Amery, *My Political Life*, Vol. 3, *The Unforgiving Years 1929 – 1940*, London: Hutchinson, 1955, p. 330.

④ Joseph p. Lash, *Roosevelt and Churchill 1939 – 1941*, New York: Norton, 1976, p. 82.

年 9 月 10 日，波兰 8 个陆军师在华沙以西的布祖拉河对岸发起反攻。3 天里，他们击退了德国第 8 集团军，仅用一个师就俘虏了 1500 多名德国人。波兰人一直努力坚持到 9 月 17 日，也就是法国的条约义务要求对德国进行报复性攻击的那一天。那一天到来了，苏联从东部入侵波兰，法国什么也没做。波兰武装部队知道自己的国家已经在劫难逃，于是向边境进发，决心重组，然后从外部继续战斗。在 13 个德国步兵师的包围下，华沙日夜遭受炸弹和炮弹的袭击，但华沙人民仍然坚持抵抗。

与此同时，在英国，政府和媒体对波兰人民所承受的苦难表达了深深的敬意。《泰晤士报》宣称："在波兰人殉国的痛苦中，他们也许会在某种程度上得到安慰，因为他们知道，不仅他们在西欧的盟友，还有全世界所有文明人，都对他们表示同情和尊敬。"① 1939 年 9 月 20 日，英国广播公司向华沙人民播送了一则消息："全世界人民都钦佩你们的勇气……我们——你们的盟友，打算继续为恢复你们的自由而斗争。如果可以，请回复这条消息。"② 不屈不挠的华沙市长斯特凡·斯塔琴斯基（Stefan Starzynski）明确表示，华沙需要的是行动，而不是鼓励。"英法两国什么时候才能有效地帮助我们摆脱这种可怕的局面？"他问，"我们正等着呢。"③

9 月 28 日，华沙落入德国人手中，10 月 5 日，希特勒控制了波兰全境。与此同时，英国国王陛下的政府宣布，完全有意让波兰重获自由，但这个承诺直到德国最终被击败都没有实现。在给英国驻外大使馆的电报中，英国政府解释道："用数百架英国飞机来应

① Robert Kee, *1939：The World We Left Behind*, Boston：Little, Brown, 1984, pp. 315 - 316.
② Robert Kee, *1939：The World We Left Behind*, Boston：Little, Brown, 1984, p. 316.
③ Robert Kee, *1939：The World We Left Behind*, Boston：Little, Brown, 1984, p. 316.

对德国的空袭，意味着会取得巨大的成功，但（这也意味着）损失不可避免。这些飞机将更有效地应用于西部前线。"① 对许多英国人来说，这是一个无法接受的理由。"这是我国历史上一个可怕的事件，"《曼彻斯特卫报》社论称，"不管借口是什么。"②

这对于 1939 年 9 月 10 日被派往法国的英国远征军来说，也是一场虚假的冲突。由 4 个正规步兵师组成的英国远征军，在法国和比利时边境安营扎寨，阵地在马其诺防线以北，距离最近的德国部队有 100 多英里。英军指挥官没有任何进攻德军的计划。法国人也没有，他们指望马其诺防线———一个布满带刺铁丝网、碉堡和坦克陷阱的 280 英里长的地下堡垒，来阻止敌人。

"这是什么样的战争，什么样的游戏？"③ 哥伦比亚广播公司的记者威廉·L. 夏伊勒在一次播自处于和平环境的德国的广播中逼问道。夏伊勒的问题有多种答案：对英国军队来说，这是一场"无聊的战争"；对法国人来说，这是一场奇怪的战争；在美国，这场战争被称为"虚假战争"。所谓的"西部战线"，到处是一派田园风光的和平景象：牛在地里吃草，法国农民在地里收割庄稼。在指挥英国第一批装甲部队的罗杰·埃文斯少将看来，这是一种不光彩的战争方式，"与东线的伟大战斗形成了不光彩的对比，在东线，波兰虽然拼死抵抗，但被大量德国的强大武器击溃了"④。

---

① John Colville, *The Fringes of Power : Downing Street Diaries*, New York : Norton, 1985, p. 25.
② Robert Kee, *1939 : The World We Left Behind*, Boston : Little, Brown, 1984, p. 317.
③ Stanley Cloud and Lynne Olson, *The Murrow Boys : Pioneers on the Front Lines of Broadcast Journalism*, Boston : Houghton Mifflin, 1996, p. 72.
④ Ronald Lewin, *The War on Land : The British Army in World War II*, New York : Morrow, 1970, p. 15.

对于英国军团的两名指挥官艾伦·布鲁克（Alan Brooke）和约翰·迪尔（John Dill）将军来说，缺少行动是天遂人愿，因为在他们看来英国军队完全不适合作战。英国军队自 1930 年以来就没有举行过大规模的军事演习，用一位观察员的话来说，"它纯粹是一支阅兵场上的军队"①。除了训练不足外，部队所需战略物资（卡车、野战炮、无线电、重型火炮牵引车、防空炮和弹药、反坦克炮、迫击炮、机枪和运载工具，尤其是坦克）严重短缺。当德国人用他们的坦克和机械化步兵横扫波兰时，英国还没有有效的中型或重型坦克，直到 1941 年才有了大量坦克。正如伯纳德·劳·蒙哥马利（Bernard Law Montgomery）少将指出的那样，缺乏现代坦克尤其令人愤怒，因为这种坦克是英国发明的，曾在第一次世界大战中用于对抗德国人。②

布鲁克将军在战争后期受命指挥整个英国军队，10 月初，他在日记中写道，由于缺少装备且士兵训练不充分，他和迪尔"非常沮丧"③。布鲁克补充说，英国"正以三心二意的态度面对这场战争"。他的结论是，政府派远征军去法国并不是为了打仗，而是作为一种公关姿态，表明正在采取一些行动，尽管这些行动是那么微不足道。"最令人沮丧的是，盟军总司令部显然没有意识到这些

224

① Nick Smart, *British Strategy and Politics During the Phony War*, Westport, Conn.: Praeger, 2003, p. 50.

② Bernard Law Montgomery, *Memoirs of Field Marshal the Viscount Montgomery of Alamein*, London: Collins, 1958, p. 47.

③ Alex Danchev and Daniel Todman, eds., *War Diaries 1939 – 1945: Field Marshal Lord Alanbrooke*, Berkeley: University of California Press, 1998; London: Weidenfeld & Nicolson, 2001, p. 4.

困难有多大！"①

　　蒙哥马利在法国接管了陆军第三师的指挥权，他用更有力的语言描述了政府的无能，称其为"可耻的"②和"不道德的"。后来他写道："我厌恶发生的一切。当德国吞并波兰时，法国和英国裹足不前；当德国军队向西挺进时，显然准备攻击我们，我们依旧按兵不动。我们耐心地等待着被攻击，在这段时间里，还不时地用传单'轰炸'德国。如果这是一场战争，我就无法理解了。"③

　　由于英国陆军和英国皇家空军都没有参战，在战争开始的最初几个月里，只有英国皇家海军参加了真正的战斗。恰当地说，负责英国皇家海军的内阁大臣是唯一一位在战争中重组了军务的英国官员，他还要求所辖部队对敌人采取迅速而有力的行动。

　　从接受海军大臣一职的那一刻起，温斯顿·丘吉尔就表现出一种特殊的紧迫感，与仍在上午 11 点到唐宁街开始工作的外交部官员形成了鲜明的对比。约翰·科尔维尔抱怨说，他不得不在上午 9 点 30 分这个"让人讨厌的时间"④开始工作。他说，张伯伦的办公室的运转节奏与和平时期大体相同。"没有不适当的匆忙。一切工作都按照……例行程序完成。"

①　Alex Danchev and Daniel Todman, eds., *War Diaries 1939 – 1945 : Field Marshal Lord Alanbrooke*, Berkeley: University of California Press, 1998; London: Weidenfeld & Nicolson, 2001, p. 6.

②　Bernard Law Montgomery, *Memoirs of Field Marshal the Viscount Montgomery of Alamein*, London: Collins, 1958, p. 54.

③　Bernard Law Montgomery, *Memoirs of Field Marshal the Viscount Montgomery of Alamein*, London: Collins, 1958, p. 54.

④　John Colville, *The Fringes of Power : Downing Street Diaries*, New York: Norton, 1985, p. 39.

这不是丘吉尔的风格。他注意到"开战时间对海军来说可能是至关重要的"①,于是在宣战的当晚,他就履行了新职务。海军部图书馆立即变成了一个每天 24 小时运转的作战室,里面有地图和海图,标出了英国及其盟国所有军舰和商船的当前位置。丘吉尔精力充沛,每天工作长达 16 个小时,他的幕僚和军事指挥官被一大堆要求"今天采取行动"的备忘录淹没了。战争刚开始 3 天,他就命令海军舰艇护送商船,保护商船免受德军的袭击。当他发现没有一艘海军舰艇装有雷达时,立即下令部署安装雷达。他极力推动加快造船速度,宣称目前的进度"无法让人接受"②,还下令对行动迟缓的承包商处以罚款。

然而,尽管丘吉尔让海军做好了自卫的准备,但他的总体观点并不具有防御性。从开战的第一天起,他就希望英国政府大力打击德国,并动用海军来完成这一任务。例如,在开战后的第一个星期,他提议对德国在波罗的海的船只发动海上攻击,他称之为"皇家海军采取的海上最猛攻势"③。此后不久,他提出要尽一切可能阻止铁矿石从瑞典沿挪威海岸运往德国。如果不能通过外交手段来阻止运输这批德国战时急需的矿石,丘吉尔建议在挪威领海内埋设地雷,或采取其他措施。这样的策略将迫使德国的矿石运输船进入公海,在那里英国舰艇可以攻击它们。

张伯伦和其他内阁成员急于避免与德国,或像挪威这样的中立国对抗,因此认为发动进攻的时机尚未成熟。在接下来的几个

---

① William Manchester, *The Last Lion: Winston Spencer Churchill: Alone, 1932 – 1940*, New York: Dell, 1988, p. 538.

② Martin Gilbert, *Winston S. Churchill*, Vol. 6, *Finest Hour, 1939 – 1941*, Boston: Houghton Mifflin, 1983, p. 18.

③ Martin Gilbert, *Winston S. Churchill*, Vol. 6, *Finest Hour, 1939 – 1941*, Boston: Houghton Mifflin, 1983, pp. 25 – 26.

月里，愤怒的丘吉尔一再敦促首相和其他大臣继续发动袭击，结果他们的反应更加犹豫不决。从一份空军参谋部便笺上的潦草评论中，可以看出丘吉尔极度沮丧，那份便笺表明他提出的进攻计划遭到了反对。在"结论似乎是……"这句话之后，丘吉尔插了一句，"基于错误的前提和精心的设计，目的是阻碍英国的行动，同时让敌人自由"①。这句话的意思是，对德国人的报复是"无利可图的"，海军第一大臣讽刺地写道："亲爱的，别惹他们！"在他的回忆录中，丘吉尔写道："这种不激怒敌人的想法并没有让我感到满意……看来善良、正派、有教养的人在被打死之前决不应该发动袭击。"②

226　　因此，在开战的头几个月里，尽管政府中最具进攻意识的内阁大臣尽了最大的努力，却被迫负责执行一项防守任务。德国海军对进攻不感到内疚，英国在海上损失惨重。1939 年 9 月 18 日，一艘德国潜艇在南威尔士附近的布里斯托尔海峡击沉了英国最早的航空母舰之一"勇敢号"，造成 600 多人死亡。不到一个月，一艘德国U 型潜艇滑过作为反潜网的沉船和铁链，驶入了斯卡帕湾隐蔽的环礁湖。斯卡帕湾位于苏格兰北部，是英国本土舰队的海上锚地。1939 年春天，斯卡帕湾的高级军官曾警告说，基地的防御能力严重不足，但海军部对报告置若罔闻。丘吉尔上任后，下令立即采取防御措施，但这些措施未能及时落实，英国海军未能阻止德国潜艇穿透本应坚不可摧的海盆。U 型潜艇的第二枚鱼雷击沉了皇家"橡树号"驱逐舰，造成 800 多人死亡，其中包括指挥第二战斗中队的海军少将。

---

① 　Martin Gilbert, *Winston S. Churchill*, Vol. 6, *Finest Hour*, *1939 – 1941*, Boston：Houghton Mifflin, 1983, p. 91.

② 　Winston Churchill, *The Gathering Storm*, Boston：Houghton Mifflin, 1948, p. 574.

虽然这两艘船的沉没对英国是严重的打击，但德国给英国商船带来的损失对英国来说更大。当时，英国政府坚持只攻击德国的军事目标（而且攻击次数不多），德国的 U 型潜艇和突袭机绕过丘吉尔的护航系统，整天对英国和中立国的商船进行攻击。在开战的第一个星期，共计 11 艘载有 65000 吨货物的船只被击沉。两周后，被击沉的船只总数达到 26 艘，而且这一数字还在快速增长。由于德国"捕食者"的成功，英吉利海峡、泰晤士河和泰恩河曾于不同时期被暂时关闭，禁止航运。[①] 当德国用上了磁性水雷，用降落伞将它们空投到英国的海峡和港口，对英国航运造成更大的破坏时，丘吉尔想通过向莱茵河投放水雷来进行报复。在法国政府宣布这种"侵略性行动"[②] 只会"招致德国对法国的报复"之后，该计划也被放弃。

在开战的最初几个月里，英国没有发动军事进攻，原因很简单：首相认为没有必要发动军事进攻。1939 年 11 月，他的政府对德国实施了海上封锁，英国皇家海军舰艇拦截了来往德国运送食品、原材料和其他货物的船只。张伯伦相信，封锁将足以"使希特勒屈服"[③]，从而在没有太多流血的情况下结束这场冲突。他写道，他有一种"预感"，战争将在 1940 年春天结束。他说："不是因为德国人在战场上失败，而是因为德国人意识到，他们赢不了，在他们可能马上得到解脱的时候，我们不值得继续变瘦、变穷。"他的预感在现实中几乎没有依据。虽然封锁对德国经济造成了相当

227

---

① Tom Shachtman, *The Phony War: 1939 - 1940*, Lincoln, Neb.: BackinPrint. com, 2000, p. 116.

② Winston Churchill, *The Gathering Storm*, Boston: Houghton Mifflin, 1948, p. 574.

③ Martin Gilbert and Richard Gott, *The Appeasers*, London: Phoenix, 2000, p. 346.

大的损失，但它本身并不足以战胜敌人。鉴于与希特勒签订的互不侵犯条约，苏联正通过提供食品和原材料来弥补德国的部分缺口。

在德意志帝国，经济已经建立在明确的战争基础上。纳粹定量配给食物和其他消费品（导致张伯伦错误地认为他们正处于可怕的经济困境），同时加速生产军火、飞机、坦克和其他战争装备。在英国，为了响应利奥·埃默里和其他议员任命一位经济沙皇来动员国家的工业、协调国家经济的呼吁，张伯伦任命了一家大型铁路公司的主管斯坦普勋爵（Lord Stamp）为他的经济顾问。不过，这只是个临时职位，因为斯坦普勋爵觉得他必须同时经营自己的铁路公司。

在英国政府内部，很少有人热衷于将工人、工厂和原材料从消费品生产上转移到武器、飞机和其他战略物资的生产上。英国财政大臣约翰·西蒙爵士（Sir John Simon）表示，保持英国工业在和平时期的水平非常重要，这样，在战争结束后，英国就能尽快恢复正常的经济生产。[①] 然而，并不是所有张伯伦的手下都像首相和西蒙一样对未来充满期待。约翰·科尔维尔在他的日记中写道："我在内阁文件中读到我们要多久才能制造出令人满意的武器，尤其是飞机，这个结果使我感到震惊……我们的效率和能力并没有给我留下深刻印象。"[②]

出于谨防出现巨额预算赤字的考虑，张伯伦和他的顾问对实行定量配给和其他紧缩措施会激怒工会和英国公众感到紧张。尽管德国人掠夺英国商船，但直到1940年1月，英国才开始对食品进行配给。事实上，张伯伦政府嘲笑德国人的配给政策。英国政府在第

228

---

① John Colville, *Footprints in Time：Memories*, London：Century, 1985, p. 78.

② John Colville, *Footprints in Time：Memories*, London：Century, 1985, p. 48.

一个战时预算中，把标准所得税税率从每磅 5 先令 6 便士提高到 7 先令时，英国上层阶级倒吸了一口凉气（约翰·科尔维尔写道："父亲抑郁了。"①）然而，这几乎不算是征收性的增长，也没有反映出国家处于紧急状态。也没有消息说，英国的失业率自开战以来实际上已经上升了。1939 年 12 月，尽管实行了征兵制，仍有 130 多万英国人失业。

在这个经济衰退期，张伯伦和他的部下"完全缺乏紧迫感和果敢的行动"②。《芝加哥每日新闻》的驻外记者利兰·斯托（Leland Stowe）写道："唐宁街一直在玩时间游戏，指望一切都会好起来，这种心态让战时的各种准备和调整都陷入瘫痪。"斯托是在开战两周后抵达伦敦的，他对伦敦穿着便服的军龄男子"多得惊人"③ 感到震惊。他问一名官员为什么所有可用的人都没有被征召入伍时，官员答道："现在真的不需要他们……此外，他们说，即使他们被征召入伍，我们也没有足够的装备再提供给 30 万人。显然，如果你不能给他们制服，就不能把他们变成士兵。"

在开战后的头的几个星期，张伯伦勉强同意了丘吉尔和莱斯利·霍尔－贝利沙在内阁中提出的一项建议，即在 6 个月内组建 11 个师，在一年内组建 20 个师。但张伯伦政府在实施该计划上鲜有作为。事实上，军队仍然没有必要的基础设施承担已有的兵力。那些在战争开始的前几天冲去参军的人都回家了，政府无法提供足够的训练营、教练或设备，也没有迹象表明这种情况会很快改善。由于在开战第一天议会通过了一项法案，该法案规定 18 岁至 41 岁的男性有义务应征入伍，但登记征兵名单的过程很曲

———————

① 　John Colville, *Footprints in Time：Memories*, London：Century, 1985, p. 28.

② 　Leland Stowe, *No Other Road to Freedom*, New York：Knopf, 1941, p. 19.

③ 　Leland Stowe, *No Other Road to Freedom*, New York：Knopf, 1941, p. 19.

折。正如一位评论员所调侃的那样，"我们试图以大象的速度参加
德比赛马"①。1940 年春天，当战争最终在西欧爆发时，20 多岁的
男性还没有应征入伍，40 多岁的男性直到 1941 年 7 月才应征
入伍。

归根结底，内维尔·张伯伦不愿意号召全国进行全面的军事和
经济动员，就像他不愿意对德国发动任何形式的进攻一样，因为他
根本就没这个想法。就像鲍勃·布思比所说的，应该"通过斗争"
领导国家。黑斯廷斯·帕格·伊斯梅（Hastings "Pug" Ismay）将
军作为帝国国防委员会的秘书，是张伯伦关于战争的私下讨论和磋
商的知情人。② 黑斯廷斯·伊斯梅告诉约翰·科尔维尔，他确信首
相决心彻底避免战争，而不是推迟到英国有了更充分的准备才
参战。

就在战争爆发前不久，张伯伦告诉他妹妹，如果战争爆发，他
会辞职，因为他知道"下达给这么多人带来死亡、伤害和痛苦的
指示，对我来说是多么痛苦的事啊"③。但事实证明，他后来写道：
"这场战争与我预想的大不相同，我发现情况还是可以忍受
的……"④ 张伯伦没有提到的是，他决心保持现状，他向妹妹坦白
道："我从来就没打算当一名战争大臣。"⑤ 1939 年 12 月，当他访问
法国远征军时，他说"看到铁丝网、药盒、枪支和反坦克障碍物，想

① Angus Calder, *The People's War : Britain 1939 - 1945*, New York: Pantheon, 1969, p. 51.
② John Colville, *Winston Churchill and His Inner Circle*, New York: Wyndham Books, 1981, p. 165.
③ Neville Chamberlain to Hilda Chamberlain, May 17, 1940, Chamberlain Papers.
④ Neville Chamberlain to Hilda Chamberlain, May 17, 1940, Chamberlain Papers.
⑤ Neville Chamberlain to Hilda Chamberlain, October 15, 1939, Chamberlain Papers.

起它们在上次战争中的意义",这让他感到"恶心"①。在视察了蒙哥马利将军位于比利时边境附近的部队后,首相把蒙哥马利拉到一边,低声问:"我认为德国人无意攻击我们。你怎么看待此事呢?"②

张伯伦的愚钝和一厢情愿让蒙哥马利感到震惊,尤其是考虑到英国情报部门报告说,德国正在为进攻西方做越来越多的准备,蒙哥马利反驳道,袭击肯定会到来,"我们必须做好准备,等寒冷的天气过后,麻烦就会来"。

随着政府在对抗德国的问题上继续退缩,迫使张伯伦卷入战争的议员们只能沮丧地干瞪眼,无能为力。尽管议会通过让张伯伦对波兰宣战在与他的第一次交锋中占了上风,但在短暂的胜利之后,议会授予了张伯伦及其政府惊人的权力,并在此过程中失去了自己的主导权。当战争爆发时,爱国主义和忠诚的浪潮席卷全国,下议院迅速通过一系列紧急法案,给政府开了一张"空白支票",让它可以做任何想做的事情,以确保公共安全和与敌交战。

在战争期间,人身保护令等宝贵的维护自由的法令被取消。政府有权不经审判就无限期监禁任何被判定为危害公共安全的人。这种做法可以防止人们举行示威或悬挂旗帜。政府也有权征用从马到铁路等一系列工具或设施,而无须支付任何建筑物或其他财产的使用费。政府还有权告诉农民种植什么和如何处理他们的作物,以及有权未经警告或不必出示搜查令就可以进入任何人家中。一本英国法律杂志写道:"很有可能这种对(个人)权利的干涉……从来没有在议会进行充分的讨论。"③海伦·柯克帕特里克认为,英国

230

---

① Neville Chamberlain to Ida Chamberlain, December 20, 1939, Chamberlain Papers.

② Bernard Law Montgomery, *Memoirs of Field Marshal the Viscount Montgomery of Alamein*, London: Collins, 1958, p. 54.

③ E. S. Turner, *The Phoney War*, New York: St. Martin's Press, 1961, p. 143.

人民"自愿接受了一个独裁政权，这个政权就像他们正在与之斗争的独裁政权一样控制一切"①。

虽然很明显柯克帕特里克是在夸大其词，但毫无疑问，张伯伦政府已经被授予了随心所欲的独裁许可。三大政党都同意在战争期间不举行普选，因此，首相甚至不用担心被英国公众问责。《每日电讯报》的议会记者 J. E. 休厄尔（J. E. Sewell）写道："我相当有政治头脑……朋友们开始相信，如果政府变得足够强大，能够有效地指挥这场战争，下议院在这场斗争中不可能扮演重要角色。（议员们）或许能够对官僚们的行为进行某种形式的监督。在那以后，他们就不再重要了。"②

无论如何，张伯伦希望议员们尽量少出现。"我私下里觉得他
231 讨厌下议院，"奇普斯·钱农写道，"毫无疑问，他非常蔑视议会的干涉。"③ 战争爆发后，首相希望议会再次长时间休会。虽然一项要求议会每周只开 3 天会的折中提案被接受了，但来自议员们的激烈反对终结了张伯伦的这一想法。张伯伦的另一个计划是将下议院从伦敦疏散到内陆的某个地方，遭到了议员们更猛烈的攻击。当收到撤离通知时，愤怒的乔赛亚·韦奇伍德告诉大卫·马杰森他不会撤离。此外，他还说，一旦他知道议会的新址，"我会立刻告诉希特勒"④。关于议会迁址的通知，马杰森已经收到了潮水般的抗议，他疲惫地回应，除非白金汉宫被炸，否则不会撤离。在韦奇伍德和其他许多议员看来，议员根本不应该撤离。韦奇伍德在一封信

① Helen P. Kirkpatrick, *Under the British Umbrella*, New York: Scribner's, 1939, p. 357.

② J. E Sewell, *Mirror of Britain*, London: Hodder & Stoughton, 1941, p. 46.

③ Robert Rhodes James, ed., *"Chips": The Diaries of Sir Henry Channon*, London: Phoenix, 1999, p. 226.

④ Josiah Wedgwood, *Memoirs of a Fighting Life*, London: Hutchinson, 1941, p. 241.

中写道："如果有危险，我们的责任就是站在危险的岗位上，特别是因为希特勒发动的战争是反对民主的。"① 这封信被刊登在几家英国报纸上，他还写道："我个人并不认为有多危险，但我担心，撤去其他地方的建议来自那些不喜欢且鄙视议会的高层人士。"

对于那些竭力反对绥靖政策的保守党"反叛分子"来说，他们有一种特别强烈的无力感。国家处于战争状态，他们想为国家服务，但似乎没有什么人让他们这么做，他们也没有什么事可做。张伯伦当然不会让他们做什么，他迫于压力将两位最著名的持不同政见者丘吉尔和艾登请进内阁，还明确表示不想与其他人有任何瓜葛。当艾登在一次内阁会议上递给张伯伦一张纸条，建议他给埃默里一份工作时，用艾登的话说，首相"恼怒地哼了一声"②，就把纸条推开了。张伯伦不打算因为从前的朋友背叛而奖赏他。

罗纳德·卡特兰和其他一些"反叛分子"还很年轻，可以参战，但其他人大多数已经40多岁了，年纪太大，不能再回到部队。对他们中的许多人来说，这是一个沉重的打击，尤其是那些参加过第一次世界大战的人，他们还想参战。达夫·库珀就是其中之一，他把自己的旧制服换了，穿上了绑腿，系上了萨姆·布朗（Sam Brown）的皮带，试图回到掷弹兵部队。但是有人告诉他，没有部队能接纳一个49岁的少尉。他说："在第一次世界大战刚开始时，我有太多的事情要做，现在我能做的事情太少了。"③ 当一个朋友注意到希特勒经常在演讲中谴责库珀时，库珀说："希特勒是当今

① Josiah Wedgwood, *Memoirs of a Fighting Life*, London：Hutchinson, 1941, p. 242.
② Anthony Eden, *The Reckoning ：The Memoirs of Anthony Eden Earl of Avon*, Boston：Houghton Mifflin, 1975, p. 84.
③ Duff Cooper, *Old Men Forget ：An Autobiography of Duff Cooper*, London：Century, 1986, p. 260.

欧洲唯一记得我的人。"① 作为一名业余诗人，库珀在诗中描述了
自己无所事事时的不满和怨恨：

> 秋去冬来，
> 带着深沉而可怕的威胁，
> 我们坐着，玩弄着无用的拇指，
> 围着炉火喋喋不休。②

由于没有更好的办法来支持英国，库珀和他的妻子一起去了美
国，在那里的反英、反张伯伦情绪高涨的时候，他做了一系列的演
讲来为自己的国家辩护。库珀知道有些人在指责他逃避战争。但看
在上帝的份上，这是一场虚假战争，有什么可逃避的呢？

哈罗德·麦克米伦则一如既往。他的家族出版公司也是如此。
在开战的前几个星期，麦克米伦匆忙前往伦敦，一次麦克米伦出版
公司的编辑洛瓦特·迪克森（Lovat Dickson）问他，公司是否应该
像其他许多出版商那样，发布一则公告，宣布从伦敦撤离。麦克米
伦沉默了一会儿，然后拿出一叠纸，写了一两分钟。他把那叠纸递
给迪克森，说道："写点类似的话。"③ 这则公告刊登在报纸上，与
麦克米伦所写的一模一样："麦克米伦出版公司，在回应众多作
家、书商和公众人士的询问时，希望着重声明，本公司在伦敦圣马
丁街 WC2 号继续营业，直到它被征税、被投保为止……或者被炸

---

① Harold Nicolson Diaries, September 22, 1939.
② Duff Cooper, *Old Men Forget：An Autobiography of Duff Cooper*, London：Century, 1986, p. 261.
③ Lovat Dickson, *House of Words*, New York：Atheneum, 1963, p. 219.

得无影无踪为止。"

作为著名的麦克米伦出版公司的合伙人，麦克米伦至少有一个高级职位可以留作退路。但他最不想做的事就是在这段时间里把自己局限于出版业中。他的儿子莫里斯在开战的第一天就离开牛津，加入军队。麦克米伦也想跟随儿子的脚步入伍参战。然而，和达夫·库珀一样，当他试图回到自己原来的掷弹兵部队时，也遭到了拒绝。掷弹兵预备队也拒绝了他。他45岁了，年纪太大了，而且仍然承受着早期战争创伤的折磨。

对麦克米伦来说，未来看起来黯淡得令人沮丧。他的婚姻破裂了。在他和多萝西难得在一起的时候，他们彼此表现得像有礼貌的陌生人；多萝西把大部分时间花在了布思比身上，多年来一直如此。麦克米伦的政治生涯也好不到哪里去。他在议会待了15年，不像和他同时代的几位议员，他没有什么值得炫耀的政绩。尽管库珀很沮丧，但在他50岁之前，至少担任过两个高级职位。艾登30多岁时担任过外交大臣。甚至抱着"不在乎"态度的布思比也担任过财政大臣的议会私人秘书。这些事麦克米伦一件也没做过，看来他也不太可能会做。

在寻找一份有意义的工作时，他甚至请求布思比为他向丘吉尔求情。布思比照办了，在给新任海军大臣的信中写道："我过去与哈罗德·麦克米伦有过个人化的分歧和难题，但我们在政治上一直密切合作……当然，他应该被任命在新的负责经济战的部门，那里需要经济领域最高水平的建设能力。"① 可是那封信没起作用，政府里似乎没有人想要麦克米伦，即使是一个低职位也不想提供给他。既然议会"似乎不太可能在正在上演的戏剧中扮演

① Robert Boothby to Winston Churchill, September 7, 1939, Churchill Papers.

重要角色"①，那对议会还有什么可期待的呢？麦克米伦闷闷不乐地想，也许他可以自愿为库克菲尔德乡村地区议会开卡车，就在他位于苏塞克斯郡乡下的住宅附近。

与其他"反叛分子"相比，利奥·埃默里年纪要大得多，经验也丰富得多。战争爆发时，他发现自己除了读普鲁斯特（Proust）的作品，没什么更好的事可做。作为一名前内阁大臣，他对自己无法发挥作用有特别强烈的挫败感。"现在我被弃之不用，这太荒谬了，"他给杰弗里·道森的信里写道，"毕竟，在温斯顿旁边……我比（内阁中的）任何一个人都更了解战争，更不用说我对欧洲事务有更深的了解以及我在自治领方面的权威性。如果按实际年龄计算，我比温斯顿年长，但我想，生理上我可比他年轻得多……"②

65 岁的埃默里终于和他的老对手联手反对绥靖政策，他渴望和丘吉尔合作。埃默里认为，海军部第一大臣是战争内阁中唯一具有"进攻性战斗精神"③的人，如果不是正在开战，他应该负责"协调防御事务"。抛开几十年来他对丘吉尔的强烈不满，埃默里在给丘吉尔的信中写道："如果我能为你做点什么，比如撰写海军领域以外的一般政策备忘录，或者以任何其他方式为你效劳，请命令我。我非常乐意为你工作。"④ 丘吉尔答道，他怀疑张伯伦是否会赞成这样的计划，但他会努力为埃默里谋得一个可能的位置。然

---

① Harold Macmillan, *The Blast of War: 1939 - 1945*, New York: Harper & Row, 1967, p. xiii.

② William Roger Louis, *In the Name of God, Go!: Leo Amery and the British Empire in the Age of Churchill*, New York: Norton, 1992, p. 120.

③ Leo Amery to Winston Churchill, September 4, 1939, Churchill Papers.

④ Leo Amery to Winston Churchill, September 4, 1939, Churchill Papers.

而，没有任何结果。

这样也好。埃默里对战争的最大贡献是反对政府，而不是辅佐一位大臣。在慕尼黑事件之后，他曾相信张伯伦关于国家将会尽快做好战争准备的承诺。但埃默里很快就发现，这些承诺并没有兑现。从开战的第一天起，他就确信，在如此关键的时刻，首相不是领导英国的合适人选。埃默里不像许多其他同事那样，认为张伯伦是个恶棍。在他看来，他的老朋友只不过是"一个彻头彻尾的平民，头上顶着战争的帽子，被它带来的痛苦所困扰，并决心在有可能的情况下避免战争……他不知道敌人邪恶的驱动力、我们能够牺牲的程度，以及只要领导得当，我们的人民可以取得怎样的成就"①。

随着政府的混乱和惰性日趋严重，埃默里不再读普鲁斯特，也不再死气沉沉，成了一个好斗的"老拳手"。本着坚决不让张伯伦在议会横行的决心，他重新加入这场争斗。在反绥靖主义战斗中，他退居丘吉尔和艾登之后，如今已成为无可争议的保守党反对派领袖。在下议院，他继承了丘吉尔的衣钵，成了保守派政府的资深批评者，对政府在军事和经济方面都未能做好战争准备而发动了一次又一次攻击。埃默里坚信，张伯伦和他的手下应该对他们对作战行动混乱的、外行的摸索以及由此给英国带来的危险负责。

在一系列的演讲和报纸文章中，埃默里要求紧急开展人力和经济动员。他写道："我支持给每一位愿意参战的人提供培训和装备。在生死攸关的斗争中，让身体健全的男人靠政府救济金生活的想法是荒谬的。"② 和丘吉尔一样，他呼吁停止从瑞典到德国的铁

① L. S. Amery, *My Political Life*, Vol. 3, *The Unforgiving Years 1929–1940*, London: Hutchinson, 1955, p. 353.
② Leo Amery to Robert Bower, October 7, 1939, Amery Papers.

矿石运输，并在莱茵河上投放地雷。他还敦促对德国军事和工业目标进行空袭。埃默里说，英国和法国没有发动任何这类进攻，这使希特勒得以囤积汽油、石油、橡胶和其他原材料，这些是他未来发动进攻时所必需的。

《每日镜报》头版刊登了一篇关于埃默里演讲的报道，标题是《让他们战斗！》①（Make Them Fight!）他的演讲雄辩又急切，让人想起了丘吉尔战前的一些演讲。埃默里称英国是在为"我们自己的生存"而战，他警告伦敦的民众，英国政府过于乐观。"我们不要低估敌人可怕的力量，或他们的持久力，"埃默里宣称，"我不是那种为了让你们振作起来就说德国会因内部不满或饥饿而崩溃的人……只有彻底失败才能让希特勒政府垮台。"

据《图画邮报》报道，到1939年底，埃默里对政府的多次抨击引起了"极大的轰动"②，他的"言论在议会和全国都引起了人们对政府政策失误的批评浪潮"。据《西方邮报》（Western Mail）报道，"L. S. 埃默里先生是目前英国政界被谈论得最多的人"③。《曼彻斯特卫报》《每日邮报》和其他英国主要报纸再次向张伯伦施压，要求将埃默里纳入内阁。《每日邮报》评论道："埃默里仍然是（政府）之外最有能力的保守党人。为什么在本届政府执政期内，他一直被排除在外？他在智力和精力上比许多人更有能力胜任公职。"④ 张伯伦再次对报纸的呼吁置若罔闻。

他的文章和演讲一样重要，都唤起了人们对虚假战争的反抗，埃默里将在接下来的"戏剧"中扮演更加重要的角色。他接管了艾

---

① *Daily Mirror*, January 24, 1940.

② "L. S. Amery," *Picture Post*, June 1, 1940.

③ *Western Mail*, December 27, 1939.

④ *Daily Mail*, January 23, 1940.

登集团，称那些成员为"我的年轻人"（"my young man"），给他们带来了前任领导人所缺乏的活力和斗志。作为政府大臣，丘吉尔和艾登现在对张伯伦忠心耿耿，两人都没有参与接下来的"阴谋"。艾登确实参加了其中一次小组会议，会议每周在卡尔顿酒店的一间私人餐厅举行，会议期间参会人员共进晚餐。一名"反叛分子"在给朋友的信中写道，那次晚餐"相当平淡"①。"安东尼对他（政府）的同僚是如此公正（或者说毫无道理地忠诚），他的出现似乎消除了任何建设性的反对意见。"

但在该小组的其他会议上，批评之声不绝于耳。埃默里的好斗和直言不讳使一些温和派"反叛分子"更加坚定，比如哈罗德·尼科尔森，他以前一直不愿考虑对张伯伦及其部下发动任何形式的起义。在埃默里的领导下，持不同政见者认为，他们的职能，就目前而言，是"干扰政府，直到它把这次战争当作真正的战争"②。如果政府对压力不做出反应，"反叛分子"将采取更激进的行动。尼科尔森在他的日记中总结了同僚们的态度："让张伯伦（暂时）留下。但是要让他和他的部下知道，他被宽容以待，但受到最严密的监视。"③

事实上，埃默里派系并不是唯一一个追踪政府战争行为的组织。鲍勃·布思比帮助建立了一个新的跨党派组织，在接下来的几个月里，这个组织和埃默里集团一起集中表达对张伯伦的不满。丘吉尔去海军部时，把布思比留了下来，把布兰登·布拉肯作为议会 237

---

① Jubie Lancaster to Bobbety Cranborne, April 4, 1940, Cranborne Papers.

② John Barnes and David Nicholson, ed., *The Empire at Bay: The Leo Amery Diaries 1929 - 1945*, London: Hutchinson, 1980, p. 558.

③ Harold Nicolson, *The War Years: Diaries and Letters*, Vol. 2, *1939 - 1945*, New York: Atheneum, 1967, p. 50.

私人秘书带去了海军部。这对思想独立的布思比来说没问题。他不太适合做丘吉尔和布拉肯所希望的虔诚门徒。布思比一向善于反抗。

到 1939 年 11 月，这个新成立的跨党派组织（后来被称为"义务警员"①），已经吸收了超过 50 名议员，这些议员来自不同的政治派别：25 名保守党成员、16 名工党成员、8 名自由党成员和 4 名独立派人士。除了布思比，该组织其他的指路明灯还有来自威尔士的独立议员克莱门特·戴维斯（Clement Davies）、来自利物浦的独立议员埃莉诺·拉思伯恩。戴维斯是成功的律师和商人，在战争之前，他一直是张伯伦的支持者和小型的自由国民党的成员，自由国民党是一个独立的自由组织，就像尼科尔森的国家工党一样支持政府。但是，首相拒绝援助波兰，拒绝主持一场激烈的战争，这使戴维斯大失所望、愤怒不已，他退出了自由国民党，成为独立派。拉思伯恩是著名的女权主义者和社会改革家，被公认为议会中最有影响力的女性。在 20 世纪 30 年代中期以前，她主要关注国内事务。当时，她成为一个强烈反对绥靖政策的人，与阿索尔公爵夫人一道，敦促政府改变不干涉西班牙内战的政策。

尽管"义务警员"的 3 位创始成员都对张伯伦应对战争的方式持批评态度，但这个组织的目的，至少如它宣布的那样，是监督战争的进展，而不是密谋反对政府。事实上，"义务警员"邀请首相与他们会面，秘密讨论英国的战争政策。② 当张伯伦拒绝该组织时候，该组织成员开始要求政府内外的经济和军事专家向他们简要介绍当时的情况。布思比的朋友约翰·梅纳德·凯恩斯也接受了邀

① Alun Wyburn-Powell, *Clement Davies : Liberal Leader*, London：Politico's, 2003, p. 91.
② Susan Pedersen, *Eleanor Rathbone and the Politics of Conscience*, New Haven：Yale University Press, 2004, p. 308.

请。凯恩斯对政府战时的经济政策持强烈的批评态度，他宣称，政府各部门"乱七八糟，国内一片混乱"①。

虽然埃默里集团和"义务警员"彼此独立运作，但与早期的艾登集团和丘吉尔集团之间的关系不同，这两个组织有相当多的沟通、合作。例如，埃默里、麦克米伦和尼科尔森参加了"义务警员"组织的会议，埃默里偶尔会与该组织的领导人会面，交换意见。与艾登不同的是，他并不反对与批评政府的工党、自由派合作，他与克莱门特·艾德礼、休·道尔顿、阿奇博尔德·辛克莱以及其他主要反对派人物的接触日益增多，这对未来事态的发展产生了重大影响。

与此同时，"反叛分子"越来越多的活动并没有被政府所忽视。基于精密的间谍网络，张伯伦和他的手下很清楚这两个组织在做什么。奇普斯·钱农在日记里酸溜溜地写道："我注意到'魅力男孩'又开始活跃起来了。我们必须小心。"② 不久，大卫·马杰森给布思比写了一封言辞激烈的信，指责他与"义务警员"有牵连。布思比一如既往地目中无人，回击了一句同样尖刻的话："亲爱的大卫……我请你们相信，在过去的 12 个月里，我攻击政府并不是为了好玩，而是出于真诚的信念。不可逃避的真相……就是在神奇的短短 5 年内，贵政府把这个国家的世界霸权和绝对安全的地位，降到了面临致命危险的处境。罗马帝国花了一百年，在最令人愉悦的堕落中才面临同样的处境。"③

---

① Robert Skidelsky, *John Maynard Keynes：Fighting for Britain 1937 – 1945*, London：Macmillan, 2000, p. 48.

② Robert Rhodes James, ed. , "*Chips*"：*The Diaries of Sir Henry Channon*, London：Phoenix, 1999, p. 222.

③ Robert Boothby, *I Fight to Live*, London：Gollancz, 1947, p. 199.

第十四章
"无所事事的痛苦"

政府或许是在玩战争游戏，但它发出的参战宣言给人民的生活带来的巨大动荡是实实在在的。在数以百万计的城市居民中，有许多是儿童，他们于 1939 年 9 月离开家园，这是自 1665 年大瘟疫以来英国最大规模的移民。[①] 房屋被弃，家人分离，事业被毁，学校和企业被关闭。

对于这个国家的大部分人来说，这是一个充满创伤的时期。父母因失去了孩子而感到很失落，孩子们则努力适应农村的陌生人和环境，非常想念他们的亲人和家园。备受宠爱的宠物被惊慌失措的主人扑杀——主人要么将被疏散，要么担心这些动物会被炸弹攻击，不得不出此下策——在兽医办公室外，狗和猫的尸体堆得老高。为了给不存在的空袭所造成的伤亡腾出空间，医院里的病人，包括 8000 多名结核病患者，都被送回了家。[②] 住在海边旅馆的客人被政府人员赶了出来，随后政府人员没收了这些设施供政府使用。虽然议会没有迁址，但一些政府部门就没那么幸运了。数以千

---

① Peter Lewis, *A People's War*, London: Thames Methuen, 1986, p. 11.
② E. S. Turner, *The Phoney War*, New York: St. Martin's Press, 1961, p. 12.

计的公务员被迫离开伦敦的家人，因为他们供职的机构被迁到了其他地方。

　　即使对那些生活没有被彻底颠覆的人来说，心理落差也很大。加拿大外交官查尔斯·里奇评论道："朋友们要么入伍，要么躲到了乡下，要么坐船去了美国，要么在疏散学生。如果你看到一个朋友，你会紧紧抓住他。因为当他离开的时候，就会一去无踪，你不知道什么时候才能再见到他。"①《纽约时报》的记者弗雷德里克·T. 伯查尔（Frederick T. Birchall）发现，一个没有孩子和狗的伦敦令人感到沮丧。他说："你必须在一个没有孩子和宠物的小镇上生活一段时间，才能意识到这会给环境带来多大的改变。即使对一个没有孩子的男人来说，这里也成了最沉闷的地方。"② 另一名记者看着一长串孩子列队走向火车站，若有所思地说："人们觉得他们未来的日子随孩子们一起进入冬眠。"③

　　然而，尽管这些混乱令人痛苦，但在战争的最初几天，人们普遍认为这是值得的，英国重新获得了荣誉，终于站起来对付希特勒。虽然不想打仗，但这个国家还是硬着心肠接受了必要的战争，相信保卫波兰是正确而光荣的事情。正如哈罗德·尼科尔森所说，恐惧"变为决心，忧郁的期待变为欢乐的勇气"④。面对长期以来令他们恐惧的挑战，英国人放下了一些矜持，阶级差别消失了。"我们所有人都在一起"的想法扎下了脆弱的根。《国家》（Nation）杂志的所有者兼编辑奥斯瓦尔德·加里森·维拉德

① Charles Ritchie, *The Siren Years: A Canadian Diplomat Abroad, 1937-1945*, Toronto: Macmillan of Canada, 1974, p. 43.

② Frederick T. Birchall, *The Storm Breaks*, New York: Viking, 1940, p. 354.

③ *Nineteenth Century and After*, October 1939.

④ Piers Brendon, *The Dark Valley: A Panorama of the 1930s*, New York: Knopf, 2000, p. 632.

（Oswald Garrison Villard）在战争初期写道："这种合作精神真的很棒。每个人都想尽自己的一份力，每个人都很有礼貌，似乎没有必要在防空洞里张贴布告，说明什么是礼貌。"①

然而，这种团结与合作并没有比9月初阳光灿烂的日子持续得更久。大雨很快就来了，随之而来的还有幻灭。人们想知道，如果英国不打算保卫波兰，那么他们究竟为什么还在打仗？还有其他理由继续这场所谓的冲突吗？如果是这样，张伯伦政府从来没说过它是什么，尽管英联邦领导人和其他人请求，告诉他们英国的战争目标是什么。首相和他的部下们根本不知道如何解释这个问题，首相一直在试图避免战争，即使到了最后一刻，仍然决心避免战争。当哈利法克斯勋爵问亚历山大·卡多根英国的战争目标应该是什么时，卡多根答道，他认为任何可能提出的建议都存在"可怕的困难"②。"我想，人们的呼声应该是'消除希特勒主义'，"卡多根在他的日记中写道，"但如果希特勒把政权交给戈林呢？同时，操作的过程又是怎样的呢？如果德国现在静待事态发展呢？……我们该怎么办？狂热地扩充军备？扩充什么？我们能坚持到底吗？时间是站在我们这边的。与此同时，德国人在做什么？我们必须试着把这件事想清楚……"这些混乱又困惑的想法就像白厅里流传的五行打油诗一样："患痛风的政界老头被问到战争的缘由。他长叹一声才开口，'我跟我的老伙计们正为找它挠破额头'。"③

由于英国缺乏持久的使命感和集体意识，本已深刻的社会

① Oswald Garrison Villard, "Issues and Men," *Nation*, September 16, 1939.

② David Dilks, ed., *The Diaries of Sir Alexander Cadogan 1938–1945*, New York: Putnam, 1971, p. 219.

③ Sir Robert Bruce Lockhart, *Comes the Reckoning*, London: Putnam, 1947, p. 78.

分歧随着"无聊的战争"的爆发而继续扩大，形成了巨大的鸿沟。约翰·科尔维尔在他的日记中写道："这场战争并不受社会底层人士欢迎。有人怀疑这是在为富人的利益而战。"① 战争爆发的前6个月里，英国的生活成本上升了近25%，但张伯伦政府无视劳工可能发生骚乱的警告，拒绝了工会提出的提高工资的要求。（克莱门特·艾德礼抱怨道，首相"总是把我们当垃圾一样对待"②。）与此同时，政府坚称，上层阶级已经在经济方面做出了牺牲。③

没人知道那些牺牲是什么。食物方面的牺牲肯定没有。虽然工党从开战伊始就要求实行食物配给制，但政府一直拒绝实行食物配给制，认为这是一种不必要的限制，会被德国用作宣传的素材，直到1940年初英国才开始实行配给制。当艾德礼告诉张伯伦自己被要求定量配给的电报淹没时，首相的议会私人秘书道格拉斯的不屑一顾的评论是多么惊人："当一个人尽力让自己正常生活时，人们就会发牢骚……"④ 但这不是正常时期，基本食品短缺开始出现。人们普遍抱怨富人囤积居奇。伦敦东区的一家杂货店老板抱怨道："来自伦敦西区的有钱人进来拿走穷人的食物。"⑤ 一天，一对富有的夫妇和他们的司机来到他的店里。这对男女每人抱起一袋28磅⑥重的糖，他们的司机又要了两袋。"我让他们把所有东西都放

242

① John Colville, *The Fringes of Power : Downing Street Diaries*, New York：Norton, 1985, p. 116.
② Paul Addison, *The Road to 1945 : British Politics and the Second World War*, London：Pimlico, 1994, p. 61.
③ Edward R. Murrow, *This Is London*, New York：Simon and Schuster, 1941, p. 47.
④ John Colville, *The Fringes of Power : Downing Street Diaries*, New York：Norton, 1985, p. 49.
⑤ E. R. Chamberlin, *Life in Wartime Britain*, London：Batsford, 1972, p. 75.
⑥ 1磅≈0.45千克。——译者注

回去，给了他们每人 3 磅糖。"杂货店老板说，"我认为那么做是不对的……他们不给穷人机会。"

中产阶级和下层阶级不得不应付糖、培根、火腿、黄油甚至煤等食品的短缺时，富人的生活与以往几乎没有什么不同。南希·特里在宣战后的第一个周末就发现了这一点。她和她的丈夫被邀请去卡姆罗斯勋爵的乡间别墅参加一个射击聚会。特里夫妇以为聚会因战争而取消，就没去赴宴。"让我震惊的是，"南希·特里后来说，"我收到了卡姆罗斯夫人的电话留言……问'你们什么时候到？'他们在等我们，还没有我们的消息，他们还在玩射击。我不得不写信道歉，'我以为战争叫停了一切'。"① 约翰·科尔维尔在他的日记里描述了卡姆罗斯勋爵家里举办晚宴时的情景，卡姆罗斯勋爵的哥哥也是《星期日泰晤士报》的老板："我们谁都没穿正式礼服（表明这是战争时期），但在其他方面，可能与战前的聚会无异——那里有一大群仆人，晚餐丰盛可口，酒如水般流淌。在这个时期，这么做也许庸俗，但人们肯定是愉快地回到了以往的富足时代。"②

许多上层社会的人搬离了伦敦的大房子（他们在离开前举办了被称为"房屋冷却"的派对），住进了城里的豪华酒店。但他们仍然在最好的餐馆里吃熏鲑鱼和鱼子酱，那里的物资不短缺，也没有定量供应。戴着高顶礼帽的门卫仍然在多尔切斯特和萨沃伊（Dorchester and Savoy）的正门增光添彩，尽管萨沃伊酒店的总经理在战争爆发时脱下了高顶礼帽和礼服，并在整个战争期间

① Robert Becker, *Nancy Lancaster*：*Her Life*，*Her World*，*Her Art*，New York：Knopf，1996，p. 246.

② John Colville, *The Fringes of Power*：*Downing Street Diaries*，New York：Norton，1985，p. 42.

都穿着西装、戴着圆顶礼帽，他仍震惊了在场的客人。康诺特酒店（Connaught）的下午茶仍供应草莓和奶油，皮卡迪利大街（Piccadilly）的斯科特餐厅（Scott's restaurant）的菜单上有 8 种不同的牡蛎。在战争初期，伊夫林·沃（Evelyn Waugh）想找一份与战争相关的工作，但花了一个上午还是徒劳无功。① 在圣詹姆斯俱乐部，他就着半瓶白葡萄酒和半瓶波尔多葡萄酒，吃了半打牡蛎、半只松鸡和整只鹧鸪以后，精神振奋。大约在同一时间，奇普斯·钱农带着妻子和一些朋友去丽兹酒店吃午餐，正如他在日记中所写的那样："那里已经变得非常时尚……在战争时期，丽兹酒店总是很热闹，因为我们都不做饭。"②

　　在英国宣战时关闭的电影院和其他娱乐场所在没有炸弹袭击的情况下迅速重开。像使馆俱乐部、巴黎咖啡馆和四百俱乐部这样受欢迎的夜总会都挤满了人。这些娱乐场所所有者对战争的唯一让步就是不再要求人们正式着装，许多顾客穿着制服。在伦敦劳斯莱斯展厅的橱窗里，一块不起眼的小牌子上写着"一切如常"③。初次参加上层社会社交活动的少女们仍然在舞会上跳舞，乡下的一些绅士们仍然骑马去打猎，尽管据说政府已经为军队征用了所有的猎马。狩猎爱好者坚称他们是爱国的，一位猎狐大师在写给《马与猎犬》（Horse and Hound）杂志的信中说，如果完全停止狩猎，"纳粹将会欢呼，因为证明这里的情况不太好"④。

① Michael Davie, ed., *The Diaries of Evelyn Waugh*, London: Weidenfeld & Nicolson, 1976; New York: Little, Brown, 1977, p. 446.
② Robert Rhodes James, ed., *"Chips": The Diaries of Sir Henry Channon*, London: Phoenix, 1999, p. 221.
③ Edward R. Murrow, *This Is London*, New York: Simon and Schuster, 1941, p. 42.
④ S. Turner, *The Phoney War*, New York: St. Martin's Press, 1961, p. 164.

然而，尽管上层社会一如既往地举办活动，但当那些他们认为不如自己的下层阶级试图加入派对时，一些上层社会成员却表示反对。在《旁观者》中，哈罗德·尼科尔森描述了一个"小兵团的少校"① 如何把一个男人从伦敦一家豪华餐厅赶出去，因为那个男人穿着一件普通二等兵的制服。在给编辑的一封信中，剧作家圣约翰·欧文（St. John Ervine）忽略了对隐私的轻视，转而攻击尼科尔森，因为他居然胆敢说有个"小兵团"。

244 　　然而，富人并没有完全摆脱与没有特权的同胞的接触。由于战争开始时，大量的儿童从城市中撤离，贵族和乡绅们发现，他们需要为来自伦敦东区和其他大城市贫民窟的年轻人提供住所。温斯顿和克莱门汀·丘吉尔、罗纳德和南希·特里、阿索尔公爵和公爵夫人、康诺特公爵、阿斯特夫人、比弗布鲁克勋爵都和这些年轻的撤离者分享他们的乡间庄园。对于许多上层社会的人来说，这是一次大开眼界的经历，迫使他们直面英国的极度贫困，而他们中的大多数人此前是被保护起来的。奥利弗·利特尔顿是一位富商，也是哈罗德·麦克米伦在伊顿公学的同学。他回忆说，31 个来自城市的孩子被安置在威尔特郡宽敞的乡下居所时，他是多么震惊。他写道："我做梦也没想到，英国的孩子们完全不知道最简单的卫生规则，他们把地板和地毯当作合适自己便溺的场所。"②

---

① Harold Nicolson, *The War Years：Diaries and Letters*, Vol. 2, *1939 – 1945*, New York：Atheneum, 1967, p. 57.

② Angus Calder, *The People's War：Britain 1939 – 1945*, New York：Pantheon, 1969, p. 41.

在英国的乡村豪宅和乡下中产阶级的房子里，其他人被来自贫民窟的孩子们吓坏了。临时病房中的孩子们的卫生习惯很差，他们说话粗俗、无视餐桌礼仪、尿床，肮脏的身体上满是虱子。一些成年人认为这些孩子的行为是对自己的侮辱，没有意识到许多孩子之前住在没有卫生间或浴室的公寓，也不习惯使用它们。然而，尽管家里的情况可能很糟糕，但大多数撤离者由于失去父母很失落，渴望回到城市。罗纳德·特里谈到住在他位于牛津郡的乡间别墅里的学龄前儿童时说："他们中的大多数人从来没有看过这个国家。他们被它的寂静吓坏了，即使是最平静的母牛也让他们害怕。他们也非常想念家人和朋友。"① 剧作家兼小说家伯纳德·科普斯几十年后回忆起，当妹妹和他被从伦敦东区带到乡下时，妹妹罗斯（Rose）是怎么对母亲尖叫的："我想和你在一起！我要和你一起死！"② 伯纳德说："罗斯从来没有离开过家，也从来没有离我妈超过6英寸。"

尽管出发点是好的，但疏散孕妇和带小孩的母亲的政府的疏散计划是一大败笔。在战争爆发前一年多里，官员们一直在为大规模疏散民众的可能性做准备，但所有的计划都是秘密进行的。政府希望在1939年9月3日前避免发生冲突，希望不会出现一个国家准备开战的局面。因此，议会和媒体从未就撤离计划进行过辩论，也没有人质疑这种史无前例的疏散计划的潜在问题。在他们的准备工作中，官员们把注意力集中在如何让撤离人员安全离开城市的机制上。几乎没有人考虑到妇女和儿童离开后会发生什么。在开战前的几个月，被选为接待地区的农村城镇和村庄曾向政府申请资金，为

245

---

① Ronald Tree, *When the Moon Was High*, London: Macmillan, 1975, p. 91.
② Juliet Gardiner, *Wartime Britain 1939–1945*, London: Headline, 2004, p. 20.

撤离人员的涌入做准备。直到 1939 年 8 月下旬政府才拨付这笔资金，而且几乎没有制订严密的计划。①

这种随意、草率的做法导致了混乱。在很多情况下，当孩子们登上火车或公共汽车逃离城市时，他们、他们的父母和组织者都不知道他们最终会在哪里落脚。当孩子们到达目的地时，兄弟姐妹们经常被当地的疏散官员分开。学生们也一样，他们和老师作为一个整体出行，希望在新的环境中重建他们的学校。伦敦一所男校的学生最后被分散安置在方圆 50 平方英里的各个村庄，他们的老师花了好几天时间才找齐他们。②

在大多数接待区，没有安排儿童与临时监护人配对的程序，也没有检查临时监护人是否适合做代理父母。年纪小的撤离者在旅程结束后，经常被带进村庄的礼堂，在那里，当地居民聚集在一起做出他们的选择。一位观察家评论说，这一幕"让人想起早期罗马奴隶市场和塞尔弗里奇廉价商店"③。一名当时 5 岁的撤离者说，她感觉自己像"赶集日里的一只羊"④。彬彬有礼、干净整洁、穿着漂亮的孩子通常最先被带走，年龄较大的男孩和女孩也是如此，他们看起来可以在寄宿的农场或家里帮忙。组织者让那些没有被选中的孩子们按高矮排成队，挨家挨户地走，催促居民们收留其中一个或多个孩子。

偶尔，配对组合也很成功。许多撤离者对他们的监护人越来

① Angus Calder, *The People's War, Britain 1939 – 1945*, New York: Pantheon, 1969, p. 39.
② Angus Calder, *The People's War, Britain 1939 – 1945*, New York: Pantheon, 1969, p. 38.
③ Angus Calder, *The People's War, Britain 1939 – 1945*, New York: Pantheon, 1969, p. 40.
④ Ben Wicks, *The Day They Took the Children*, Toronto: Stoddart, 1989, p. 39.

依恋，战后多年里他们一直保持着密切的联系。然而，在许多情况 246
下，有些撤离者的经历是不愉快的。对于他的监护，一个来自伦敦
东区的男孩说："他们养我只是想要我的生活费。所有的食物都给
了他们的孩子。情况变得如此糟糕，当妈妈出去时，她会用一根细
绳量那条面包。"① 一位来自伯明翰的女孩被迫为收留她的老妇人
做饭和打扫卫生，她后来回忆道："我感到孤独、恐惧、屈辱、愤
怒，我不断地被告诫……我经常给家里写信，恳求父亲来接我，如
果他来的话，我会亲吻伯明翰的街道。"②

即使临时监护人像他们中的许多人那样，以同情和友好的态度
接待撤离者，让完全陌生的人在他们的房子里连续住上几个月，这
种压力几乎不可避免地导致了善意被侵蚀。一位老师和她的学生被
送到赫特福德郡的一个村庄，她给家里写信说："我们受到了最热
烈的欢迎。不过，现在新鲜劲儿过去了，孩子们不再那么像天使
了，女主人也不再像圣人了。"③ 最后，因为自己想解脱，许多监
护人急于摆脱撤离者。一位住在牛津郡罗纳德·特里和南希·特
里家附近的著名大律师，经常走在村里的街道上，给那些想返城
的撤离者发钱。④ 伊夫林·沃讽刺地说，在《打出更多的旗帜》
(*Put Out More Flags*) 一书中，其中一个主要角色是乡绅的妻子，
"她从事宿营官的志愿工作，4 个月后，她从农村最受欢迎的女
性之一变成一个恐怖人物。当看到她的车驶近时，人们会通过隐
蔽的撤退路线，穿过侧门和坚固的院子，逃到雪地里，藏到随便

---

① Ben Wicks, *The Day They Took the Children*, Toronto: Stoddart, 1989, p. 8.
② Ben Wicks, *The Day They Took the Children*, Toronto: Stoddart, 1989, p. 97.
③ Oswald Garrison Villard, "Issues and Men," *Nation*, October 7, 1939.
④ Ronald Tree, *When the Moon Was High*, London: Macmillan, 1975, p. 90.

什么地方来躲开她的劝说，'但你肯定还能再收留一个孩子'"①。

然而，到 1940 年 1 月，人们不需要逃亡了。对于大多数早期的疏散计划的参与者来说，这一史无前例的社会实验已经走到了终点。由于没有炸弹落在城市里，大多数撤离者决定回家。但当许多孩子回来后，发现自己的学校关闭了，一些学校被政府征用，另作他用。尽管他们的父母向当地教育委员会提出请求，但许多青少年整个学年都没有接受任何教育。结果，在一些城市里，一群不守规矩的孩子在街上游荡了好几个月，除了惹麻烦之外，几乎无事可做。

英国参战后的第一个冬天是一段黑暗、阴郁的时期。1939 年 12 月雨下个不停，接着到 1940 年 1 月，一场强烈的寒流侵袭了这个国家。事实上，这是 20 世纪以来最寒冷的冬天。泰晤士河有 8 英里的河段被冻得结结实实，大雪使旅行变得危险。村庄和城镇数日无法与外界联系，水管冻裂，煤炭严重短缺。

停电使情况更糟，用一位史学家的话说，这场战争最令人憎恶的破坏是"比这场战争的任何其他单一特征，更彻底地改变了生活条件"②。在虚假战争时期，夜间在伦敦街头行走比上法国前线危险得多。到 1939 年底，只有 3 名英国士兵在战争中丧生，而在英国国内，交通事故夺去了 4000 多人的生命，其中三分之二是行人。③ 一位著名外科医生在《英国医学杂志》（*British Medical*

---

① Evelyn Waugh, *Put Out More Flags*, Boston: Back Bay Books, 2002, pp. 95 - 96.
② Angus Calder, *The People's War*, *Britain 1939 - 1945*, New York: Pantheon, 1969, p. 63.
③ Juliet Gardiner, *Wartime Britain 1939 - 1945*, London: Headline, 2004, p. 52.

Journal）上宣称，德国通过恐吓英国政府采取封锁政策，在没有派出一架轰炸机的情况下，成功地每月杀死 600 多名英国人。[1] 盖洛普民意调查显示，截至 1939 年 12 月底，近五分之一的英国人曾卷入与停电有关的事故。[2]

英国政府规定，路边石、尖角、路灯柱、台阶和汽车的踏板都要漆成白色，而树干则要漆上 3 个白色的圆环。但是，即使采取了预防措施，成千上万的人还是继续在这陌生、危险的黑暗中摔倒或绊倒在障碍物上。《纽约客》的作家莫莉·潘特－唐斯说："人在实行灯火管制的时候出来就像掉进一口漆黑的井里。"[3] 作家乔治·比尔德莫尔（George Beardmore）每天晚上在漆黑的夜里步行回家时，都会想起鼠疫肆虐的年代。"所有街道都空无一人，仿佛瘟疫来袭，运尸车每天收集遇难者的尸体。没有孩子玩耍，没有人倚靠灯柱，没有声音……这一切似乎都是非常丢脸的，因为我畏缩着等待死亡从天而降。"[4]

批评者认为，停电造成了巨大的人员伤亡，降低了工作效率，打压了公众的士气，却没有带来任何好处。例如，他们说，德国轰炸机不需要伦敦的灯光来确定城市的位置，因为泰晤士河将伦敦一分为二，夜晚从空中俯瞰，泰晤士河像条银色的缎带一样闪闪发光。（战后，一名德国飞行员也认为灯火管制并不是一种有效的保护措施："如果没有其他东西可以看，那么无论是一

248

---

[1] Juliet Gardiner, *Wartime Britain 1939–1945*, London: Headline, 2004, p. 52.

[2] Angus Calder, *The People's War, Britain 1939–1945*, New York: Pantheon, 1969, p. 63.

[3] Mollie Panter-Downes, *London War Notes, 1939–1945*, New York: Farrar, Straus & Giroux, 1973, p. 27.

[4] George Beardmore, *Civilians at War: Journals 1938–1946*, London: John Murray, 1984, p. 42.

盏灯，还是一组灯，对驾驶飞机都没有任何帮助。"无论如何，由于探照灯密集，即使在很远的地方，飞行员也很容易发现伦敦的大致位置。)①

温斯顿·丘吉尔是对灯火管制最尖锐的批评者之一，他一再敦促内阁放松对照明的限制。政府最终做出了一些让步。到 1940 年底，某些交叉路口和十字路口恢复了昏暗的街道照明，商店和旅馆的开门和入口标志被允许微微亮起，行人被允许携带袖珍手电筒，以便在空袭中关闭。但人们在伦敦和其他主要城市的街道上夜游，仍然是一件危险的事情，不仅是因为潜在的交通事故，还因为强奸和抢劫的威胁。

因此，在漫长的冬夜，大多数英国人待在室内，每天都要用厚重的深色窗帘或其他覆盖物遮住窗户，这是一项令人厌烦、耗时的日常工作。那些穷得买不起窗帘的人经常把窗户漆成黑色。然而，窗户被遮住了，甚至连一点新鲜空气都无法进入房间，这就导致了阴暗、闷热的居家之夜。美国战地记者本·罗伯逊（Ben Robertson）写道："窗户上的黑色窗帘让你感到沉重，它们压迫着你。我从来没有意识到光和空气对一个房间意味着什么。"②哥伦比亚广播公司的记者爱德华·R. 默罗的妻子珍妮特·默罗再次称，他们伦敦公寓的空气因丈夫吸烟而变得非常有害，她几乎无法忍受。③

一首流行歌曲的歌词写道："没有一个地方比得上家，但我们

---

① Stuart Hylton, *Their Darkest Hour: The Hidden History of the Home Front*, Stroud, U. K.: Sutton, 2001, pp. 84 – 85.

② Ben Robertson, *I Saw England*, New York: Knopf, 1941, p. 10.

③ Stanley Cloud and Lynne Olson, *The Murrow Boys: Pioneers on the Front Lines of Broadcast Journalism*, Boston: Houghton Mifflin, 1996, p. 94.

现在看得太多了。"①

新年前夜，爱德华·R. 默罗向美国广播电台的听众谈了他对英国在这场所谓的战争中前 4 个月的表现的评价：

> 疏散造成房屋被毁……许多生意完蛋了。物价继续上涨。1939 年没有明亮的灯光，今晚午夜也不会有警报器或喇叭声响起，以免与空袭警报混淆……1939 年 9 月战争爆发时，我几乎有种如释重负的感觉。等待的悬念已经结束，但等待还没有结束。不确定性依然存在，生活还很无聊。②

默罗低估了公众的情绪。到新年的时候，很多英国公民，即使不是大多数，也已经受够了这场所谓的战争。他们的生活被严重破坏了，但是他们为什么过这种生活？有什么意义呢？这些动荡和匮乏如何帮助英国赢得一场根本没有打过的战争？起初，他们接受了自己可能很快会死的事实，但他们从未意识到战争可以如此微不足道。

在这场斗争中，没有任何有意思或让人兴奋的事人来减轻无聊感，抵消人们"无法忍受的烦恼"，没有乐队、旗帜、爱国集会，也没有游行队伍的欢呼，取而代之的是"沙袋、卡其布、防空洞、防毒面具以及英国广播公司优雅而谨慎的播音员的声音"③。莫莉·潘特-唐斯写道，对许多人来说，战争只不过是一件"烦人的琐事"④。

① Angus Calder, *The People's War, Britain 1939 – 1945*, New York: Pantheon, 1969, p. 63.

② Edward R. Murrow, *This Is London*, New York: Simon and Schuster, 1941, p. 63.

③ Charles Ritchie, *The Siren Years: A Canadian Diplomat Abroad, 1937 – 1945*, Toronto: Macmillan of Canada, 1974, p. 45.

④ Mollie Panter-Downes, *London War Notes, 1939 – 1945*, New York: Farrar, Straus & Giroux, 1973, p. 19.

　　"伦敦人一直在等，一直在等，"一位名叫西奥多拉·菲茨吉本的年轻女士抱怨说，"等消息，等公交车，等火车。等从未落下的炸弹……最糟糕的是排着队等，等食物，等填表，等那些永远不会发生的事情。经历无所事事的痛苦，等别人告诉我们该做什么。"① 伦敦北部一家酒吧的一名男子问道："他们为什么不开始打？这是一场战争吗？每个人都在失去信心。"②

　　普遍性抑郁甚至蔓延到日常的社交活动中。默罗告诉哥伦比亚广播公司的听众："伦敦人的谈话内容发生了一些变化。人们的谈话内容变少了……没什么是重要的，连天气也不重要。机智、快乐、礼貌和交流逐渐消失。谈话即将成为牺牲品。"③ 对查尔斯·里奇来说，伦敦是"沉闷荒凉的废墟"④；在作家兼资深外交官罗伯特·布鲁斯·洛克哈特爵士看来，伦敦正在承受着"灵魂的坏疽"⑤ 的折磨。《芝加哥每日新闻》的利兰·斯托刚到英国不久，在他看来，德国肯定会发动进攻，因此他对英国继续无动于衷感到震惊。"前景比我们这些记者希望报道或允许自己表达的，都要阴暗和令人沮丧得多。"他写道，"虚伪的领导除了能引发虚假战争，还能引发什么？英国人难道看不见吗？"⑥ "1939 年 11 月，伦敦充满了不祥和不断增长的愤怒，"斯托在他的日记中写道，"我越来越认为，英国的国家象征应该是一只乌龟或一只鸵鸟，而不是狮子。"⑦

250

---

①　Theodora FitzGibbon, *With Love: An Autobiography 1938 - 1946*, London: Pan Books, 1983, p. 30.

②　Philip Ziegler, *London at War*, New York: Knopf, 1995, p. 79.

③　Edward R. Murrow, *This Is London*, New York: Simon and Schuster, 1941, p. 39.

④　Charles Ritchie, *The Siren Years: A Canadian Diplomat Abroad*, *1937 - 1945*, Toronto: Macmillan of Canada, 1974, p. 45.

⑤　Sir Robert Bruce Lockhart, *Comes the Reckoning*, London: Putnam, 1947, p. 72.

⑥　Leland Stowe, *No Other Road to Freedom*, New York: Knopf, 1941, p. 32.

⑦　Leland Stowe, *No Other Road to Freedom*, New York: Knopf, 1941, pp. 32 - 33.

1940 年初，信息部长约翰·里斯爵士向内维尔·张伯伦报告说，"被动、消极、冷漠和无聊的情绪"① 在英国蔓延。里斯说："总是感觉个人在战争中不起作用。"肯尼斯·克拉克在战争初期曾在部队里工作过，他说道："英国人的士气比任何人都低……但显然我们对此无能为力，只能寄希望于奇迹，让我们能赢得几场战斗。"②

具有讽刺意味的是，信息部的工作是促进和维持平民的士气，结果却使战争变得更糟。新成立的信息部位于伦敦大学布卢姆斯伯里校区的高层建筑内，它迅速发展成一个臃肿、笨拙的官僚机构。了解内情的达夫·库珀回忆道："新成立的部门是一个怪物……庞大、臃肿且无形，没有一个人能应付得了它。"③ 自 1940 年 5 月起，他不到一年就成了信息部的第三任部长。该部门对数量庞大的员工招聘很随意，主要是通过牛津大学和剑桥大学的社交网完成的。学术界和文化艺术界的数十位信息部工作人员——博物馆馆长、历史学家、作家、艺术家、哲学家、人类学家、电影制片人——在各自的领域里非常成功，但大多数人在宣传、传媒或大众心理学方面没有任何专业知识。肯尼斯·克拉克在国家美术馆没什么事可做，负责电影部，尽管事实上"我没有资格做这份工作，对电影领域一无所知，甚至不知道制片人、分销商和参展商之间的区别"④。他最

① Peter Lewis, *A People's War*, London: Thames Methuen, 1986, p. 5.
② Ian McLaine, *Ministry of Morale : Home Front Morale and the Ministry of Information in World War Two*, London: Allen & Unwin, 1979, p. 10.
③ Ian McLaine, *Ministry of Morale : Home Front Morale and the Ministry of Information in World War Two*, London: Allen & Unwin, 1979, p. 17.
④ Kenneth Clark, *The Other Half : A Self-Portrait*, New York: Harper & Row, 1977, p. 10.

终得出结论，对他"令人费解"的任命是基于这样一个事实：在那个时代，电影通常被称为图片，而作为英国主要艺术博物馆的馆长，他在某种程度上被视为图片方面的权威。

在为提高公众士气而进行的头脑风暴中，信息部工作人员提出了一些讨人喜欢的简单建议。在德国入侵波兰的当天，信息部的国内宣传部门开会，讨论了在遭遇空袭时可能采取的应对公众恐慌的行动。一位名叫格里格（Grigg）的女士是该部门的成员之一，她说："最令人欣慰的事情，至少对女性而言，是喝茶，聚在一起讨论事情。"① 根据会议记录，"大家一致认为，这是一项最有价值的建议，也作为行之有效的手段……被考虑过。我们决定……应该呼吁房主在空袭期间或空袭之后，向附近需要茶的人供应茶。"

虽然一杯茶似乎不足以应对广泛传播的恐慌情绪和恐怖气氛，但至少这是一个实际的想法：可以在困难时期安慰公众。然而，更常见的情况是，该部门提出的鼓舞公众士气的建议是傲慢和居高临下的，是由出身伊顿公学和牛津大学的人提出的，他们对自己应该为之工作的英国公众一无所知。一群议员和其他局外人被要求就公众士气向信息部提建议，这些人称"一切都很好，而且很可能会一直很好，真正让公众感到恼火的是，他们觉得自己被毫无必要地蒙在鼓里，被当作孩子对待"②。

252

政府宣传海报上出现了一首打油诗，呼吁人们在停电期间保持良好行为，这说明外界的建议并没有被政府采纳：

---

① Ian McLaine, *Ministry of Morale*：*Home Front Morale and the Ministry of Information in World War Two*, London：Allen & Unwin, 1979, p. 27.

② Francis Williams, *Press*，*Parliament and People*, London：Heinemann, 1946, p. 7.

比利·布朗有自己的公路法规,

因为停电的意思是"别上路",

他永远不会走出来,

迎上一辆进站的公交车。

他不会在晚上挥舞手电筒,

却挂个白色的东西在他的公交车上当"旗"。

他从不在排队时推搡,

就等着轮到他。你呢?[1]

　　另一份早期的政府海报,旨在安抚和鼓舞英国人民,却受到了潮水般的批评。海报以鲜红色为背景,最上面有一顶王冠,上面写着:"你们的勇气、决心和坚定信念将带给我们胜利。"它的创作者认为这是"一个团结的战争口号,它将……让我们立刻处于一种攻击性情绪中"[2]。公众认为这是冒犯,好吧,他们注意到"你们"和"我们"之间的对比,并从中解读出"下层阶级的决心将为少数特权阶级带来胜利"的含义。这张海报最终被撤回,但政府还发布了许多其他劝诫性的海报,在接下来的几个月里它们被安装在火车站、商店、酒吧、工厂、图书馆和公共汽车上。其中的人物就像比利·布朗那样令人恼火,举几个例子,比如"漏口小姐"(Miss Leaky Mouth)、[3]"茶杯耳语小姐"(Miss Teacup Whisper)和"郁闷锅先生"(Mr. Glumpot)。英国人民每天都面临着这样的警告:"自由岌岌可危——尽你们的全力去捍卫它","我们要看透

---

① E. S. Turner, *The Phoney War*, New York: St. Martin's Press, 1961, p. 69.

② Ian McLaine, *Ministry of Morale: Home Front Morale and the Ministry of Information in World War Two*, London: Allen & Unwin, 1979, p. 31.

③ Juliet Gardiner, *Wartime Britain 1939 - 1945*, London: Headline, 2004, p. 130.

它"，"一切取决于我"，"不要帮助敌人——漫不经心的谈话可能会泄露机密"①。

大多数英国人对这些海报不屑一顾，就像对待他们收到的没完没了的政府传单一样，这些传单要求他们在窗户上贴上胶带，晚上不要在街上抽烟，不要随地吐痰。《图画邮报》登出令人反感的评价——"官僚主义横行"②。《旗帜晚报》宣称："我们在莱茵河上与大希特勒作战，并不是为了在这里培养小希特勒。"③ 查尔斯·里奇若有所思地说："住在伦敦就像住在感化院里一样。无论你去哪儿，都会遇到一些为保护人们而设计的规则。政府就像一个学校的女舍监，钥匙在她的腰间叮当作响……只有严重的人身危险才能让这样的政权变得可以忍受。"④

显然没有严重危险，公众也厌倦了假装有危险。英国人没有遵守政府的命令，随时携带防毒面具，⑤ 也没有参加避难演习。他们对空袭监督员的命令充耳不闻，监督员被视为干涉性的、政府主管部门的化身。这些戴着可笑的锡帽的人，好管闲事，因为防毒面具和停电问题骚扰人们。

1939 年的深秋，维奥莉特·博纳姆·卡特写信给她的亲戚说："我认为，如果不尽快采取行动，激发公众的勇气和想象力，公众

① Ian McLaine, *Ministry of Morale : Home Front Morale and the Ministry of Information in World War Two*, London: Allen & Unwin, 1979, p. 54.
② *Picture Post*, October 28, 1939.
③ *Evening Standard*, October 14, 1939.
④ Charles Ritchie, *The Siren Years : A Canadian Diplomat Abroad, 1937 - 1945*, Toronto: Macmillan of Canada, 1974, p. 45.
⑤ Robert Mackay, *Half the Battle : Civilian Morale in Britain During the Second World War*, Manchester, U. K. : Manchester University Press, 2002, p. 56.

的情绪就会低落……没有希望、社交,没有精神食粮,最重要的是没有消息!"[1] 对维奥莉特女士和其他一些英国人来说,这场虚假战争最糟糕的不是停电、食品配给制或摆出恩赐态度的政府监管,而是民众对正在发生的事情缺乏了解。政府以国家安全的名义,对有关战争的所有信息实行令人窒息的审查制度,结果导致几乎没有关于战争是如何进行的消息。甚至非军事新闻也被压制,例如,由于担心向敌人泄露过多的天气信息,媒体被禁止报道冬天的严寒天气。信息部再一次因为这个问题而受到指责。毕竟,它负责发布政府信息。在这次事件中,不幸的信息部被广泛认为是"不能直接开枪的团伙",但它是无辜的,至少在军事新闻中是这样。

军队不愿意放弃任何与战争有关的信息,信息部也没有权力强迫他们公开他们想要保密的信息。温斯顿·丘吉尔领导下的皇家海军是最严重的违法者。丘吉尔后来写道:"如果海军部可以随心所欲的话,它宁愿完全沉默。"[2] 由于这不是一个现实的选择,他的退路是海军的重要或有趣的消息只能由他来宣布。作为海军大臣,后来的首相,很少有英国领导人像丘吉尔这样团结英国民众,他赞同英国军队的想法,认为"平民的工作就是不问任何问题,纳税以维持军队武装力量,当军旗列队经过时,平民要脱帽"[3]。

254

① Mark Pottle, *Champion Redoubtable : The Diaries and Letters of Violet Bonham Carter 1914 - 1941*, London: Weidenfeld & Nicolson, 1998, p. 206.

② Ian McLaine, *Ministry of Morale : Home Front Morale and the Ministry of Information in World War Two*, London: Allen & Unwin, 1979, p. 36.

③ Ian McLaine, *Ministry of Morale : Home Front Morale and the Ministry of Information in World War Two*, London: Allen & Unwin, 1979, p. 2.

　　直到战争开始一个多月后，英国和美国的记者才被禁止在法国报道英国远征军。当一小群记者最终获准访问不存在的前线时，他们的报道通常被政府限制在新闻官员的吹风会上，"向我们灌输军队的士气有多高涨……以及英国和法国军队如何抵御所有攻击"①。政府对英国皇家空军的限制更严格，禁止所有电台的记者与飞行员或地勤人员交谈。没有一个军种允许新闻摄影师拍摄部队的照片。

　　当美国记者约翰·冈瑟（John Gunther）要求军方审查员提供一份入侵波兰后不久扔在德国上空的传单时，他被以这个解释回绝了："我们不允许透露对敌人有价值的情报。"② 冈瑟竭力控制自己的情绪，指出敌人已经看到了传单。这不是重点吗？这位官员眨了眨眼睛，结结巴巴地说："是的，那一定出了什么问题。"

　　记者们试图通过从其他渠道获取信息，来规避军事机密。但是当他们这么做的时候，他们的报道就被压下，即使这些报道没有任何安全风险。英国和外国记者都被这种"琐碎、荒谬、专制"③的审查制度激怒了。《图画邮报》登出了一张大照片，上面写着："禁止入内！这是一场私人战争。陆军部、海军部、空军部和信息部都在与纳粹作战。他们不应被打扰。没有什么是可以拍的。任何人都不能靠近它们。"④《图画邮报》开战了，它的编辑们说："我们满怀希望，因为我们觉得有工作要做……我们觉得可以向英国人民展示他们的战斗部队在做什么，向世界展示英国对这场战争的反应。有几个星期，我们知道会发生混乱。但是现在，战争开

---

①　"The Seventh Week," *Picture Post*, November 4, 1939.

②　Harold Nicolson Diaries, September 13, 1939.

③　Ian McLaine, *Ministry of Morale: Home Front Morale and the Ministry of Information in World War Two*, London: Allen & Unwin, 1979, p.40.

④　"The Seventh Week," *Picture Post*, November 4, 1939.

始两个月后，我们有 20 张照片，它们都展示了德国战争的一面，而展示英国的只有一张。这是战争吗？这是民主吗？这是常识吗？"

毫无疑问，正如《图画邮报》指出的，德国正在轻松地赢得这场宣传战，就像它击败波兰一样轻而易举。英国小说家格雷厄姆·格林（Graham Greene）在《旁观者》杂志上写道，虽然由约瑟夫·戈培尔建立的尖端宣传机器制作了大量德国在波兰取得胜利的戏剧性照片和新闻短片，但英国的观众仍在观看"金钥匙、剪彩和选美皇后"[①] 等千篇一律的新闻短片。为了展示战争正在进行，王室成员偶尔会出现在屏幕上"检查着什么"，伴随着播音员一成不变的评论："王后从没这么漂亮过。"《纽约时报》指出："拥有世界上最好例子的英国人在展现国家形象上远不如拥有最坏例子的德国人。"[②] 来自美国和其他中立国家的记者被英国和法国的审查制度激怒，纷纷前往柏林报道战争新闻。因此，美国和其他地方的报纸和杂志充斥着反映德国对这场战争观点的报道。

因为英国人可以收听从德国传来的一系列英语广播节目，所以纳粹的宣传人员在英国也获得了加分。英国公众对新闻是如此渴望，以至于数以百万计的英国人经常收听德国的电台。事实上，根据一项全国性的民意调查，超过 600 万的英国人，接近总人口的 20%，经常收听最受欢迎的纳粹宣传者——哈哈大人的节目。[③] 哈哈大人是爱尔兰叛徒威廉·乔伊斯（William Joyce）的笔名，他在

① Fiona Glass and Philip Marsden-Smedley, eds., *Articles of War: The Spectator Book of World War II*, London: Grafton, 1989, p. 59.

② "Lag in Propaganda Disturbs British," *New York Times*, November 19, 1939.

③ Angus Calder, *The People's War, Britain 1939 – 1945*, New York: Pantheon, 1969, p. 65.

柏林进行广播。"我们几乎总是在 9：15 准时收听他的广播，试图搜集一些信息部没告诉我们的消息。"① 一名男子告诉私人社会研究组织"大众观察"（Mass Observation）的代表。信息部的一份报告警告说："哈哈大人极其阴险，英国广播公司和政府都低估了这种危险，它们没有充分认识到这种宣传的可信度。"②

256

1940 年初，自由党议员理查德·阿克兰爵士（Sir Richard Acland）总结了普通英国公民对这场战争的看法："我们什么都没听说。我们什么都不知道。似乎没有人需要我们，我们希望（政府）能很快结束这场战争。"③ 随着这场虚假战争的持续，冷漠、愤世嫉俗、对政府的失望以及对国家军事力量弱点的恐惧开始侵蚀许多人的决心。用哈罗德·麦克米伦的话来说，"空气中弥漫着和平的气息"④。

主张与希特勒谈判解决问题的人，尤其是长期亲德的英国上层人士，虽然是少数，但他们的声音越来越大。巴克卢公爵告诉张伯伦的议会私人秘书道格拉斯勋爵，英国迟早要和德国讲和。为什么不在"造成的损害相对较小，还有时间避免经济崩溃"⑤ 的时候采取行动呢？威斯敏斯特公爵宣称，这场战争是犹太人和共济会破坏基督教文明的阴谋的一部分，应该被终结。这番言论激怒了他的朋友温斯顿·丘吉尔，后者警告他不要"鼓吹失败主义"⑥。比弗布鲁克勋爵

---

① Peter Lewis, *A People's War*, London：Thames Methuen, 1986, p. 5.

② John Lukacs, *Five Days in London：May 1940*, New Haven：Yale University Press, 1999, p. 101.

③ J. E Sewell, *Mirror of Britain*, London：Hodder & Stoughton, 1941, p. 89.

④ Francis Williams, *Nothing So Strange*, New York：American Heritage, 1970, p. 155.

⑤ John Colville, *The Fringes of Power：Downing Street Diaries*, New York：Norton, 1985, p. 83.

⑥ Martin Gilbert, *Winston S. Churchill*, Vol. 6, *Finest Hour, 1939 - 1941*, Boston：Houghton Mifflin, 1983, pp. 27 - 28.

敦促温莎公爵在英国发起一场和平运动,并承诺自己会支持他。① 与此同时,贝德福德公爵正在执行个人的②和平使命,前往中立的爱尔兰,向都柏林的德国外交官提出解决问题的倡议。

亚历山大·卡多根在英国政府宣战后不久拜访了乔治六世,据他说,甚至国王也"有一点软弱无力"③。卡多根认为,国王对战争的沮丧源于他与约瑟夫·P. 肯尼迪大使的一次谈话。肯尼迪坚称,英国无法抵抗军事力量占优势的德国,英国应该在还能坚持的时候与德国达成协议。

右翼贵族并不是唯一敦促结束战争的人。1939 年深秋,一群工党议员签署了一份声明,呼吁召开国际会议,尽快达成停战协议,几个工会也通过了反战决议。④ 在左翼杂志《新政治家》的一篇文章中,萧伯纳要求英国与希特勒讲和,"而不是在这个过程中制造更多的恶作剧,毁灭我们的人民"⑤。

然而,最著名的左翼和平倡导者正是 1918 年领导英国胜利的人。1939 年 10 月 3 日,前首相大卫·劳合·乔治在下议院敦促政府与希特勒进行和平谈判。⑥ 他的建议在会议室里引起了人们震惊的低语和愤怒的嘟囔。达夫·库珀气得面红耳赤,从座位上猛地站

257

---

① Anne Chisholm and Michael Davie, *Lord Beaverbrook : A Life*, New York : Knopf, 1993, p. 371.

② David Cannadine, *The Decline and Fall of the British Aristocracy*, New Haven : Yale University Press, 1990, p. 623.

③ David Dilks, ed. , *The Diaries of Sir Alexander Cadogan 1938 - 1945*, New York : Putnam, 1971, p. 215.

④ Angus Calder, *The People's War*, Britain 1939 - 1945, New York : Pantheon, 1969, p. 58.

⑤ Robert Skidelsky, *John Maynard Keynes : Fighting for Britain 1937 - 1945*, London : Macmillan, 2000, p. 49.

⑥ Duff Cooper, *Old Men Forget : An Autobiography of Duff Cooper*, London : Century, 1986, p. 267.

起来，指责劳合·乔治在鼓吹投降。库珀称，劳合刚给德国带来了一场声势浩大的宣传攻势，纳粹可以说，上一次战争的胜利者已经在这场战争中认输了。在后来与一位报纸编辑的谈话中，劳合·乔治这样回答库珀和其他批评者："人们叫我失败主义者。但我对他们说：'告诉我，我们怎样才能赢。'"[1] 他指出，英国没有名副其实的军队，并补充道，如果英国继续对这场战争无动于衷，它肯定会走向失败。

劳合·乔治在下议院演讲 3 天后，希特勒出现在德国国会大厦前亲自呼吁和平，劳合声称如果法国和英国把控制东欧的权利让给德国，并同意恢复德国在非洲的前殖民地，德国就会提出结束战争。张伯伦拒绝了希特勒的建议，但私下里，他和他的政府仍在寻求和平解决问题的可能性，就像战争开始前他们所做的那样。

英国官员仍决心不激怒德国人，他们敦促英国广播公司和印刷媒体不要播出或印刷纳粹大规模屠杀犹太人以及在德国控制下的其他国家公民的报道。哈罗德·尼科尔森在日记中写道："我们有大量证据表明，波兰和德国存在暴行。这两个国家都发生了骇人听闻的暗杀事件，但是（信息）部不允许发布这些消息，因为害怕对暴行的报道会引起德国舆论的反感。我开始相信……我们真的是在为安排好的和平而战。"[2] 英国外交部曾鼓励《新政治家》刊登萧伯纳的和平要求，这一消息的披露更火上浇油。这位剧作家说他对此并不感到惊讶："我敢肯定，如果我说出了他们想说但又不敢说

---

[1] Cecil H. King, *With Malice Toward None: A War Diary*, London: Sidgwick & Jackson, 1970, p. 13.

[2] Harold Nicolson Diaries, September 27, 1939.

的话，他们肯定会站起来称颂我。"①

张伯伦则坚持认为，在考虑和平之前，希特勒必须先摆出姿 258
态。(约翰·科尔维尔认为，"被希特勒欺骗后虚荣心受损的因素"
是张伯伦提出这种需求的基础。②) 但首相和哈利法克斯勋爵愿意
考虑，与不包括希特勒在内的德国政府打交道的可能性。哈利法克
斯在 1939 年 11 月初对战争内阁表示，"我们不应该完全关闭和谈
大门"③。政府正在与一名瑞典商人进行磋商，此人据称是希特勒副
手赫尔曼·戈林（Hermann Göring）的中间人，赫尔曼·戈林被吹
捧为德国领导人可能的继任者。根据哈利法克斯的说法，外交部告
诉瑞典人，"除非希特勒不再担任可以影响事态发展的职位"④，否
则英国永远不会与新的德国政府达成协议。丘吉尔对任何有关与德国
谈判的谈话感到震惊，他私下警告哈利法克斯，这样的信息将被解释
为"我们准备接受德国政府为希特勒保留一个具有仪式感和荣誉的职
位，这将与我们的公开声明的整个基础背道而驰"⑤。他补充道："这
些秘密通信存在极大的危险。比如，如果你说的都是你建议的，德国
人就会用它来削弱法国对我们的信心，甚至可能造成致命的影响。"

尽管如此，英国政府仍继续寻求一种非武力的方式来结束这场
战争。在白厅和唐宁街的支持下，两名英国情报人员在荷兰会见了
几名持不同政见的德国将军，讨论是否有可能摆脱希特勒，以及英

① Robert Skidelsky, *John Maynard Keynes : Fighting for Britain 1937 - 1945*, London: Macmillan, 2000, p. 49.
② John Colville, *Footprints in Time : Memories*, London: Century, 1985, p. 35.
③ William Manchester, *The Last Lion : Winston Spencer Churchill : Alone, 1932 - 1940*, New York: Dell, 1988, p. 559.
④ Martin Gilbert, *Winston S. Churchill*, Vol. 6, *Finest Hour, 1939 - 1941*, Boston: Houghton Mifflin, 1983, p. 72.
⑤ Winston Churchill to Lord Halifax, November 3, 1939, Churchill Papers.

国是否能与以戈林为首的政府达成协议。^① 不幸的是，这些持不同政见的将军原来是纳粹的双重间谍，他们诱骗英国情报人员进入陷阱，然后迅速将他们送往德国的监狱。

当然，组建新德国政府的想法是一种幻想。希特勒完全控制了局面。与他的西方敌人不同，希特勒完全专注于发动战争。当英法两国步履蹒跚地重整军备时，德国却充分利用了这场虚假战争带来的平静。德国军工厂未受英国炸弹影响，正全力运转，捷克斯洛伐克的斯柯达工厂也是如此，其规模仅次于德国的克虏伯兵工厂。虽然英国正在生产新的飓风战斗机和喷火战斗机，但是德国的战斗机产量仍然超过同盟国，战斗机在不列颠之战中很快就被证明是至关重要的。飞机、坦克和武器被从德国的装配线上大量生产出来。此外，由于德国占领了捷克斯洛伐克，德国还拥有1500多架捷克斯洛伐克战斗机、500门高射炮、450辆坦克、43000支机枪、100万支步枪和价值2900多万美元的捷克斯洛伐克黄金，以帮助应对德国军事开支的爆炸性增长。

1940年4月，同盟国的一项战略研究指出，由于英国和法国的军事不作为，德国处于有利地位："在战争的前6个月里，德意志帝国似乎没有遭受多少损失，这主要是由于盟军的封锁。"^② 与此同时，它也利用这段时间，提高了陆军和空军的装备水平，扩充了军官力量，完成了部队的训练，并在已有的战地部队基础上增加了更多的师。

这场虚假战争爆发不到一个月，希特勒的和平提议遭到拒绝，

① David Dilks, ed. , *The Diaries of Sir Alexander Cadogan 1938 - 1945*, New York: Putnam, 1971, p. 230.

② Williamson Murray and Allan R. Millett, *A War to Be Won: Fighting the Second World War*, Cambridge, Mass. : Belknap/Harvard University Press, 2000, p. 62.

于是他开始策划下一次闪电战。希特勒向他的将军们宣布了横扫西欧的计划，接着是对英国发动海空战争。无论西方同盟国是否愿意，它们都将被迫卷入一场激烈的战争。"我们必须对付它们，"希特勒说，"越快越好。"①

1939 年 11 月下旬，在西辛赫斯特的家里，哈罗德·尼科尔森望着窗外，"凉风习习，晚云蔽月"②。他的思绪像天气一样不稳定，他想："所有那些在德国和罗马的魔鬼都在密谋，密谋如何让我们在春天毁灭。"

260

---

① Williamson Murray and Allan R. Millett, *A War to Be Won: Fighting the Second World War*, Cambridge, Mass.: Belknap/Harvard University Press, 2000, p. 54.

② Harold Nicolson Diaries, November 26, 1939.

第十五章
"他绝对忠诚"

战争开始3周后，罗纳德·卡特兰走进下议院，静静地坐在他的老位置。自从德国入侵波兰那天起，他就再没有参加过下议院的辩论。对他来说，回到这间屋子很奇怪，好像觉得自己不属于那里了。①

卡特兰正忙于准备即将到来的战斗，他刚刚在距离英吉利海峡不远的肯特郡完成了一个小型武器训练课。他像往常一样投入训练中，只离开过一次，当时是和一位战地军官同事，在距离他们营地几英里远的乡间小屋度周末。小屋是鲍勃·布思比租来的。布思比和两个年轻的军官在附近的草地上野餐，度过了一个漫长而悠闲的下午。天气很好，野味派美味可口，勃艮第酒味道浓郁，大家的谈话也很愉快。布思比和卡特兰以风趣著称，那天下午他们就来来回回地开了好几个小时的玩笑。多年后，布思比回忆那个下午"美好的友谊和纯粹的幸福"时，写道："在那短暂的一刻，我们抛开了所有烦恼。"② 然而，在这种乐趣背后，却是"一种灾难迫

---

① Barbara Cartland, *Ronald Cartland*, London：Collins, 1942, p. 232.

② Robert Boothby, *I Fight to Live*, London：Gollancz, 1947, p. 197.

在眉睫的感觉"。布思比总结道:"我们的欢乐中有一丝绝望。"

对卡特兰来说,趁着休假回到伦敦和下议院,只会加重他的这种灾难迫近的感觉。就在几天前,他还在学习杀死敌人的最有效方法。现在他又回到了那些似乎认为根本没有敌人的人身边了。他对姐姐说,战争是不能单凭愿望就结束的。它就要来了。希特勒目前正在等待时机,但当他出击时,"将会出现我们做梦也想不到的灾难,英格兰必须清醒过来,否则就会被消灭"①。

他知道,这场战争将是历史上独一无二的。它不仅涉及海军、飞行员和遥远战场上的士兵,而且将席卷全国。不管人们喜不喜欢,每个人都上前线。如果英国想要获胜的机会,它的公民就必须从倦怠中被唤醒,动员起来,为未来的战斗做准备。但是,如果领导人比他们还无精打采,他们又怎么能被唤醒呢?

在他休假期间的一个晚上,卡特兰与哈罗德·尼科尔森以及其他几位议会同僚共进晚餐。所有人都被这些通常快乐的朋友所表现出来的"异常悲观"②震惊了。卡特兰告诉他们,内维尔·张伯伦和大卫·马杰森应该被"挂在灯柱上,我们每个部门都严重缺乏弹药,事实上,我们没有陆军、海军或空军"。

卡特兰坐在第二排的长凳上,看着张伯伦站起来发表每周关于战争进展的讲话。当首相开始干巴巴地背诵最新的真实情况和数字时,距离卡特兰几英尺的哈罗德·尼科尔森,感到"议员们的信

261

---

① Barbara Cartland, *Ronald Cartland*, London: Collins, 1942, p. 250.
② Harold Nicolson, *The War Years: Diaries and Letters*, Vol. 2, *1939–1945*, *New York: Atheneum, 1967*, p. 36.

心和精神被一寸一寸地拖垮"①。和张伯伦以往的每周讲话一样，这次讲话也"闷得像滩死水"②。张伯伦本人就像是"一个殡葬公司的秘书，在宣读上次会议的记录"。显然，尼科尔森准备把首相往坏处想，但在这种情况下，他的观点得到了张伯伦的一些忠实拥护者的赞同。前内阁副秘书长托马斯·琼斯（Thomas Jones）在旁听了张伯伦的讲话后说："首相总是吝啬辞藻、沉闷乏味，用最低俗的语气谈论忍耐和胜利。"不少议员睡着了。当首相最后讲完时，只听到零星的、微弱的欢呼声。

接着，温斯顿·丘吉尔站起来。他大步走向发言箱，把笔记放在上面，开始第一次向下议院报告海上战争的情况。丘吉尔两手拇指竖起，紧握着马甲。他谈到了英国皇家海军成功建立了护航系统，摧毁了德国潜艇，以及英国商船损失稳步减少。但同时警告说，这些乐观的消息不应导致自满，"人们不应过分关注这些让人安心的数字，因为战争充满了令人不快的意外"③。

他的演讲内容并不特别令人难忘，至少按照丘吉尔的标准来看是这样。他因擅用鼓舞人心的言辞而闻名，这次却没有使用任何此类语言。可是谁也没有打盹。整个会议室里，议员和访客都在全神贯注地听着，许多人身体前倾，努力听清每一句话。当丘吉尔讲话时，尼科尔森"能感觉议员们的情绪不断高涨"④。

262

---

① Harold Nicolson, *The War Years: Diaries and Letters*, Vol. 2, *1939 - 1945*, New York: Atheneum, 1967, p. 37.

② Martin Gilbert, *Winston S. Churchill*, Vol. 6, *Finest Hour, 1939 - 1941*, Boston: Houghton Mifflin, 1983, p. 46.

③ Martin Gilbert, *Winston S. Churchill*, Vol. 6, *Finest Hour, 1939 - 1941*, Boston: Houghton Mifflin, 1983, p. 45.

④ Harold Nicolson, *The War Years: Diaries and Letters*, Vol. 2, *1939 - 1945*, New York: Atheneum, 1967, p. 37.

唤醒了听众的不是这位海军大臣的演讲内容，而是他的演讲方式。用一位旁观者的话来说，丘吉尔那种斗志昂扬、坚定的态度，加上坚毅、机智和自信，"带来了春天早晨沿着悬崖散步时的兴奋感"[1]。他兴致勃勃地讲述海军的英勇事迹，流露出一种伊丽莎白时代的高度冒险精神，这与张伯伦和其他大臣们呆板的风格截然不同。当丘吉尔讲完时，会议室两侧的议员都起立欢呼。其中就有卡特兰，他的情绪突然好转了。"对于那些一直在悄悄地说岁月已经摧残了他们的批评家，温斯顿狠狠地打了他们的脸。"卡特兰在给姐姐的信中写道，"他向议员们展示了他军械库中体现卓越领导力的所有的武器。我知道国家现在不会让他走的……"丘吉尔演讲后的第二天，《每日电讯报》报道称："近年来，很少有部长级的报告能像丘吉尔先生的那样，在议会激起如此巨大的热情……海军大臣偷走了首相的下午。"[2]

1939 年 10 月 1 日，在他作为海军大臣的首次全国广播中，丘吉尔给全国注入了活力，就像他几天前震动了下议院一样。他宣称，英国皇家海军正处于进攻状态。它的船只正"日夜不停地"[3]搜捕德国 U 型潜艇，"我不能说毫无怜悯之心，因为上帝不允许我们与它分离，但我们至少是满怀热情，而不是毫无兴致"。他猛烈抨击希特勒"和他身边那一小撮邪恶的人，他们的双手沾满了鲜血，政府很腐败"，并承诺英国作为"文明和自由的捍卫者"，将战斗到底。

263

---

① J. E Sewell, *Mirror of Britain*, London: Hodder & Stoughton, 1941, p. 35.

② "Fourth Week," *Picture Post*, October 14, 1939.

③ Martin Gilbert, *Winston S. Churchill*, Vol. 6, *Finest Hour, 1939 - 1941*, Boston: Houghton Mifflin, 1983, p. 50.

这是一次大师级的表演，在德国也引起了注意。威廉·夏伊勒在柏林对哥伦比亚广播公司的听众们说："当地对和平的热情因丘吉尔昨晚的广播而有所减弱。"① 与张伯伦不同的是，丘吉尔的内心充满了激情。他不但没有在战斗中退缩，反而似乎渴望更多。《新政治家》的编辑金斯利·马丁说，在这次演讲中，正如后来向全国广播的一样，这位第一大臣"用生动的语言描述了这场战争的现实情况"②。在一次演讲中，丘吉尔轻蔑地谈到了"纳粹匪徒"，并描述了他们如何感受到"英国海上力量的长臂压在他们肩上"。在另一篇文章中，他声称英国已经准备好"忍受希特勒和他手下最毒的恶意"。正如《新政治家》的编辑所指出的，愿意迎接挑战和内心充满希望的丘吉尔可以让充满怀疑和恐惧的民众兴奋起来。"我们谈过，讨论过，争执过，也犹豫过，"马丁写道，"我们……看到自己的错误，因顾忌而裹足不前……在丘吉尔先生身上，我们看到了一个实干家，他把这一切抛在一边，并提醒我们，无论我们是什么样的人，或者自认为是什么样的人，我们生来就是英国人。现在，我们英国人正面临生死存亡。"

即使是在陈述海军遭受挫折和失败时，丘吉尔还是设法用一种不可抑制的乐观情绪来陈述坏消息——他经常这样。在讲述了皇家橡树号驱逐舰沉没的悲惨故事后，他警告说："一定有持续的损失。任何时候我们都无法保证不遭受损失。我们会受苦，而且会一直受苦……"③ 不过，他补充道："我毫不怀疑，最终我们会让他们心碎。"

---

① Brian Gardner, *Churchill in His Time: A Study in a Reputation 1939 - 1945*, London: Methuen, 1968, p. 23.

② Kingsley Martin, *Picture Post*, June 1, 1940.

③ Martin Gilbert, *Winston S. Churchill*, Vol. 6, *Finest Hour*, *1939 - 1941*, Boston: Houghton Mifflin, 1983, p. 77.

与此同时，只要有好消息，他就尽可能地利用它。1939 年 12
月，德国袖珍战舰格拉夫·斯比号先被 3 艘英国巡洋舰击毁，后被
船员们凿沉。① 海军大臣命令船员们回家，并举行了盛大的公众庆
祝活动，以纪念国家的新英雄们。他决心要鼓舞英国人的士气，为
了达到这个目标，他会不惜一切代价，甚至会"玩弄"真相。例
如，在海军部内部，众所周知，他向议会宣布的德国军舰和潜艇的
损失往往被极度夸大。当反潜作战指挥官对这些数字提出疑问时，
丘吉尔告诉他："在这场战争中有两个人击沉了 U 型潜艇，塔尔博
特。你把它们沉到大西洋，我把它们沉到下议院。问题是你下沉的
速度只有我的一半。"②

　　无论用什么方法，丘吉尔都成功地实现了他的目标，甚至赢得
了更多。他不仅振奋了英国人的精神，而且让他们更好地理解了为
什么要打这场仗。在这个过程中，他成了全英国最受欢迎的公众人
物。在这场虚假战争中，只要他出现在新闻影片中，观众就会报以
热烈的掌声，而张伯伦和其他内阁大臣出现时，观众通常沉默以
对。③ 在他每次广播之后，伦敦西区剧院的上座率都戏剧性地提
升。剧院经理们得出结论，丘吉尔的活力已经感染了观众，市民们
决定离开自己挡着黑色窗帘的公寓和房子，度过一个晚上。④ "我
们多么期待丘吉尔的广播，"乔治·比尔德莫尔在他的日记中写

264

---

①　1939 年底，格拉夫·斯比号与英国皇家海军的 3 艘巡洋舰遭遇，接着两者在瑞
　　夫普拉塔河出海口发生了激战，结果双方互有损伤，各自退出了战斗。该舰驶
　　入瑞夫普拉塔河，到达中立国乌拉圭的蒙得维蒂亚港，请求避难和维修。然
　　而，英、德外交代表和乌拉圭方面经过激烈的外交谈判，乌拉圭方面接受折中
　　方案，允许该舰在港停留 3 天，至 12 月 17 日，该舰离开了港口，驶向大海深
　　处，英国舰员们凿沉了这艘著名的军舰。

②　Paul Addison, "Winston Churchill," *Dictionary of National Biography*.

③　Philip Ziegler, *London at War*, New York: Knopf, 1995, p. 80.

④　"Blackouts and the Theatre," *New York Times*, March 24, 1940.

道，"人人都崇拜他。"①

但并不是所有人都崇拜他。张伯伦、哈利法克斯和大多数内阁成员肯定不在其中，他们认为丘吉尔在试图盖过首相的风头，让自己负责这场战争。一位海军官员回忆说："每个人都意识到，丘吉尔的同僚都认为他试图接管战争，他们对此相当敏感。"② 事实是，丘吉尔性情多变，无法集中精力管理自己的部门，尽管这是一项至关重要的任务。作为英国海军大臣，在第二次世界大战的前几个月，他表现得就像第一次世界大战时期的海军大臣一样，把涉及战争的事都视为他应该关心的事，并向张伯伦和其他内阁成员抛出了一连串似乎无休止的问题和意见。为了使其他内阁成员感受到同样的紧迫感，他一再表示，他担心飞机和坦克的短缺，也担心军队在充分补充兵力方面有所拖延。他最担心英国不能对敌人采取任何重大的进攻行动。他写信给一位高级海军上将："你意识到我们可能正在走向失败吗？"③

毫不奇怪，丘吉尔的大多数内阁同僚对他的干预的反应是愤怒

265 和沮丧。丘吉尔在一次广播中指责欧洲中立国家没有勇气对抗希特勒，哈利法克斯非常恼火，他写信给丘吉尔："如果你以后要特别谈到外交政策，可以先让我看看你想说什么吗？你认为我这么问没道理吗？"④

---

① George Beardmore, *Civilians at War: Journals 1938–1946*, London: John Murray, 1984, p. 49.

② Martin Gilbert, *Winston S. Churchill*, Vol. 6, *Finest Hour, 1939–1941*, Boston: Houghton Mifflin, 1983, p. 156.

③ Roy Jenkins, *Churchill: A Biography*, New York: Farrar, Straus & Giroux, 2001, p. 567.

④ Martin Gilbert, *Winston S. Churchill*, Vol. 6, *Finest Hour, 1939–1941*, Boston: Houghton Mifflin, 1983, p. 139.

　　然而，丘吉尔不可能保持沉默，尤其是在他看来，英国和欧洲其他国家的命运岌岌可危的时候。1940 年 1 月 27 日，在曼彻斯特，他发表了可以说是他关于这场虚假战争最引人注目的演讲。他号召全体国民动员起来，全力以赴投入战争。他说，英国所有的劳动力都必须为战争做好准备，工会和工业界必须在这项至关重要的事业中合作。在面向全国广播的演说结束时，他最后呼吁："来吧，让我们肩负使命，投身于战斗，竭尽全力，每个人都站在自己的岗位上，各司其职。我们在充实军队，统治空域，倒出弹药，摧毁 U 型潜艇，扫平地雷，开垦土地，建造船舰，守卫街道，救助伤员，鼓舞消沉的人，尊重勇敢的人。让我们一起前进，在帝国的各个地方，在全岛各地。一星期、一天、一小时都不能浪费。"①

　　这有力的战斗口号使人们激动不已。许多人认为，这也是首相早就应该发表的讲话。如果说丘吉尔在曼彻斯特的讲话起了什么作用，那就是助长了伦敦政界的一种情绪，即张伯伦必须下台，海军大臣必须接替他的位置。卡特兰、布思比、麦克米伦、劳和其他人已经推动这个想法好几个月了。但是现在，甚至一些张伯伦的支持者也开始思考以前不可想象的事情。听完丘吉尔在下议院的一次讲话之后，尼科尔森写道："就连张伯伦的支持者都在说'我们现在找到了我们的领袖'。"② 听了丘吉尔的广播后，约翰·科尔维尔认为，海军大臣将在战争结束前担任首相，尽管科尔维尔并不一定对此感到高兴："从他之前不可靠和不稳定的行为来看，他可能会把

① Martin Gilbert, *Winston S. Churchill*, Vol. 6, *Finest Hour, 1939 - 1941*, Boston: Houghton Mifflin, 1983, p. 143.
② Harold Nicolson Diaries, September 26, 1939.

我们引向最危险的道路。"①

266　　在伦敦，越来越多的人谈论丘吉尔领导了一场"内阁政变"，利用他在人民中的声望发动叛乱，推翻张伯伦和他的政府。这些谈话没有实质内容。在这场虚假战争中，丘吉尔明确表示，他不会参与任何推翻张伯伦的阴谋，就像他在英国政府宣战前一天拒绝那样做一样。虽然他认为国家处于极大的危险之中，并且他对政府的惰性感到沮丧，但他不会做任何伤害首相的事。布思比比大多数保守党"反叛分子"更了解丘吉尔，他在这段时间写道："与人们的普遍看法相反，丘吉尔非常看重个人忠诚……我认为，那些把希望寄托在丘吉尔领导下的真正的国家政府上台的人是在妄想。他不会采取任何行动来取代那个在最后一刻给予他信任、把他安排在一个他喜欢的部门的人。"②

　　正如布思比所观察到的，在经历了这么多年的政治狂乱之后，丘吉尔已经如鱼得水，他的注意力集中在管理海军和指挥战争上。维奥莉特·博纳姆·卡特说，尽管忧心忡忡，但他"心情愉快，因为这是他最喜欢待的地方，在这里他能行动起来，充分施展才能"③。在早期出版的一本书中，丘吉尔写了他做过的一些决定："我根据自己的感觉行事，不必费心使这种行为与思想的结论相一致。"④ 维奥

①　John Colville, *The Fringes of Power: Downing Street Diaries*, New York: Norton, 1985, p. 29.

②　Robert Rhodes James, *Robert Boothby: A Portrait of Churchill's Ally*, New York: Viking, 1991, p. 237.

③　Violet Bonham Carter, *Winston Churchill as I Knew Him*, London: Eyre, Spottiswoode & Collins, 1965, p. 34.

④　Winston Churchill, *My Early Life: A Roving Commission*, London: Butterworth, 1930, pp. 113 – 114.

莉特夫人认为这些话"深刻地反映了他的真实想法"①。她说，丘吉尔有用心思考的习惯。在这种情况下，他对首相让他回到行动中心的感激之情多过他对张伯伦领导下的英国可能走向失败的担忧。

　　事实上，在这场虚假战争中，丘吉尔没有公开批评政府的政策，即使是在保守党党鞭和张伯伦的其他支持者散布谣言，意在损害他的利益时。爱德华·斯皮尔斯在日记中提到了一些他在下议院吸烟室和大厅里听到的关于丘吉尔的"耳语"："他很累，身体不好，感觉自己老了。"② 然而，这种含沙射影的言论并没有影响丘吉尔对首相的忠诚。在回应休·道尔顿关于英国未能对德国发动真正战争的质询时，丘吉尔说如果他不在内阁，他将对这个问题"有很多话要说"③，但"我已经参加这次'航行'，所以我现在什么都不能说"。

　　丘吉尔曾多次成为张伯伦最有力的捍卫者之一。当维奥莉特夫人在海军部拜访他，谈到政府的"老绥靖者"时，丘吉尔为首相进行了一场充满活力的辩护，宣称："没有人比他更执着，更一心一意。他有钢铁般的意志。"④（维奥莉特夫人很克制，没有指出张伯伦也许是在用这些品质追求错误的目标。）一天午餐时，丘吉尔的一个孩子开了张伯伦的玩笑，他对他怒目而视，咆哮道：

267

----

① Violet Bonham Carter, *Winston Churchill as I Knew Him*, London: Eyre, Spottiswoode & Collins, 1965, p. 34.

② Sir Edward L. Spears, *Assignment to Catastrophe*, Vol. 1, *Prelude to Dunkirk: July 1939 – May 1940*, New York: A. A. Wyn, 1954, p. 88.

③ Hugh Dalton, *The Fateful Years: Memoirs 1931 – 1945*, London: Muller, 1962, p. 278.

④ Brian Gardner, *Churchill in His Time: A Study in a Reputation 1939 – 1945*, London: Methuen, 1968, p. 21.

"如果你要对我的上级发表无礼的言论，你就得离开餐桌。我们为了一项共同的伟大事业团结在一起，我不准备容忍对首相的这种言论。"①

丘吉尔的支持者认为，这种忠诚虽然令人钦佩，却大错特错，国家的生存比张伯伦政府的生存更重要，但这种观点毫无意义。布兰登·布拉肯在这一点上尤为激动，他宣称："事情已经变糟了，而且越来越糟。我们没有赢得这场战争，我们正在走向失败。"②他和丘吉尔激烈地争辩，说丘吉尔已经坚持忠诚到了荒唐的地步。丘吉尔让他少管闲事。

与此同时，张伯伦继续奉行他为战争制定的非对抗性路线，他相信自己不会遭到丘吉尔的公开反对。"温斯顿，尽管暴力、冲动，但对富有同情心的处理方式反应敏捷。"他在给妹妹的信中写道，"就我个人而言，他绝对忠诚于我，我经常从其他人那里听到他对我表示钦佩。"③

除了张伯伦，"反叛分子"还有什么其他选择呢？选择安东尼·艾登吗？他曾是保守党内持不同政见者和英国大部分人的希望之光。由于之前的谨慎和犹豫，艾登已经失去了影响力，成了政府里一个无足轻重的人物，被困在自治领办公室里。对于一名前外交大臣来说，这个不属于战争内阁成员的新职位是一种耻辱。他越来越沮丧，越来越不耐烦，他参加了大多数战争内阁会议，但只是个

① Virginia Cowles, *Winston Churchill: The Era and the Man*, London: Hamilton, 1953, p. 311.
② Charles Edward Lysaght, *Brendan Bracken*, London: Allen Lane, 1979, p. 170.
③ Martin Gilbert, *Winston S. Churchill*, Vol. 6, *Finest Hour, 1939-1941*, Boston: Houghton Mifflin, 1983, p. 203.

旁观者。"他无法忍耐自己不安分的精力，无法忍受这个奇怪时期 268
的无所事事，"艾登的一个下属回忆说，"他给人一种肤浅的印象，
对联邦的问题不感兴趣。"①

1940 年 3 月，《每日镜报》的出版商塞西尔·金采访艾登后，
在日记中这样描述："他最迷人，也最聪明，但作为未来的领导
人，却相当可悲。"②《每日镜报》是少数公开反对张伯伦指挥战争
的报纸之一。"艾登没有独立的观点，显然也无意打破现有的政治
状态，在时事面前，他实际上只是一棵墙头草……"金写道，"真
的，当我离开他走下白厅的时候，我几乎要哭了。"

1940 年初，当利奥·埃默里及其所在党的党内大多数持不同
政见者决定张伯伦必须下台时，一如克莱门特·戴维斯和鲍勃·布
思比的治安维持会，挑战依然存在：如何放松首相对下议院的控
制，并说服多数保守党人推翻他。③ 尽管公众对张伯伦的领导能力
越来越不满，但推翻他的障碍似乎并不亚于以前。英国著名宪政学
者沃尔特·白芝浩（Walter Bagehot）曾写道，公众的不满理应导
致政府更迭："议会与众不同的特点……就是，在公开事务的每个
阶段，都有讨论；公众参与讨论；可以通过议会选出一个不按照自
己意愿行事的政府，也可以选出一个按照自己的意愿行事的政
府。"④ 但是张伯伦把这种宪法理论当耳旁风。由于他在下议院拥
有绝大多数席位，他相信自己可以安全地无视公众舆论，而大卫·

① David Carlton, *Anthony Eden: A Biography*, London: Allen Lane, 1981, p. 160.
② Cecil H. King, *With Malice Toward None: A War Diary*, London: Sidgwick & Jackson, 1970, p. 27.
③ Harold Macmillan, *The Blast of War: 1939 – 1945*, New York: Harper & Row, 1967, p. 52.
④ W. L. Burn, "The Renaissance of Parliament," *Nineteenth Century and After*, April 1940.

马杰森和他的副手们则尽最大努力消除下议院的异议。迪克·劳讽刺地说："人们所做的一切都是为了压制独立的判断力，无论它在哪里露出那'丑恶'的脑袋。"①

269　　对张伯伦的支持等同于在战争时期对军队和国家的支持。甚至像《每日电讯报》这样在战争开始前不久对政府持强烈批评态度的报纸，也呼吁国家团结，并宣称议员不得发表可能危及政府的言论。《每日电讯报》的所有者卡姆罗斯勋爵告诉一位朋友，他对任何一位政府部长都没有什么话可说，但他认为在目前的危急时刻，说任何有损政府名誉的话都是错误的，尤其"不想说任何反对首相的话"②。在一些人的心目中，在战时推翻政府的想法无异于叛国。

　　像许多在伦敦的美国记者一样，利兰·斯托不理解这种观点。他无法理解为什么反对张伯伦的议员们会如此犹豫。"你为什么不马上把张伯伦、威尔逊、霍尔和其他绥靖派除掉呢？"斯托向一位年轻的保守党"反叛分子"问道："你怎么能相信这样的人会为你赢得这场战争？"③议员摇了摇头，他说，在英国政坛上，情况并非如此。现在做任何事都是不可能的。不仅是因为保守党占多数，而且持不同政见者甚至不确定工党是否会加入推翻张伯伦的行列。在考虑了跨党派联盟的想法后，大多数议会领导人放弃了这个想法。事实上，保守党最近开除了一名主要成员——斯塔福德·克里普斯爵士，因为他一直坚持需要将所有反政府力量联合起来。这位保守党议员告诉斯托："推翻（政府）的唯一途径是在一个大问题

① Richard Law to *Daily Telegraph*, April 1, 1940, Emrys – Evans Papers.

② Richard Cockett, *Twilight of Truth : Chamberlain, Appeasement & the Manipulation of the Press*, New York: St. Martin's, 1989, p. 169.

③ Leland Stowe, *No Other Road to Freedom*, New York: Knopf, 1941, p. 31.

上，要唤醒所有国民。"① 这个问题将在他自己的政党和反对党中激起反对张伯伦的情绪。这可能会迫使对首相发起信任投票，使其下台。

1940 年 4 月 4 日下午，利奥·埃默里来到了阿灵顿街 21 号，这是一处豪宅，位于丽兹酒店的转角处。② 埃默里被领进了客厅，房子的主人索尔兹伯里勋爵和其他 20 多个人都在那里等着他，他们都是下议院或上议院的保守党议员。78 岁的勋爵像往常一样衣着整洁。在公共场合，他仍然穿着礼服外套，戴着大礼帽，他是伦敦上流社会中最后一批这样打扮的人物之一。但是索尔兹伯里勋爵并不是一个优雅、逝去时代的不合时宜的人。他是前首相的儿子，上议院前领袖博比提·克兰伯恩的父亲，也是塞西尔家族的首领。和大多数塞西尔家族成员一样，他以钢铁般的正直和荣誉感而闻名。人们仍然密切关注着他说的话。他认为，内维尔·张伯伦的政府必须进行彻底的改革，同时对战争采取更具对抗性的态度。他邀请在场的人与他一起敦促首相达成这些目标。

尽管索尔兹伯里勋爵的音量远不及他的儿子，但他也是绥靖政策的强烈反对者。他曾公开反对慕尼黑事件，是早期征兵的倡导者，和儿子一样，他对政府与德国作战时的惰性感到震惊。战争开始后，他给哈利法克斯勋爵和其他政府官员发出密函和备忘录，敦促他们更积极地处理这场冲突。他对政府的行动迟缓的担忧并没有因为张伯伦在 1940 年初的两次战争危机中的行动而得到缓解。长期以来，人们一直敦促首相改革内阁，使其更具攻击性。但在 1940 年 1 月，

270

① Leland Stowe, *No Other Road to Freedom*, New York: Knopf, 1941, p. 32.
② L. S. Amery, *My Political Life*, Vol. 3, *The Unforgiving Years 1929–1940*, London: Hutchinson, 1955, p. 355.

张伯伦反其道而行之：解雇了战争大臣莱斯利·霍尔-贝利沙，他向敌人开战的愿望和在公众中的声望方面仅次于丘吉尔。

在陆军部工作的 3 年里，霍尔-贝利沙一直努力使墨守成规的英国军队现代化，扩大其规模。把阶级看得重于功绩，业余绅士胜过职业战士，这种情况已经在军队里持续了几个世纪。战争大臣解雇了 3 名高级将领，换成了年轻人。他提高了普通士兵的工资和津贴，为他们建造了新营房，并给予他们成为军官的机会。（在此之前，陆军军官几乎全部来自上层阶级。）在战争开始前的一年多时间里，他一直敦促张伯伦实行征兵制。

霍尔-贝利沙的民主改革很受公众欢迎，但遭到军方高层的鄙视，他们认为他是个急进派，还说服了张伯伦把他除掉。这种对犹太人霍尔-贝利沙的敌意带有强烈的反犹太主义色彩，他背后被称作霍利伯-以利沙（Horebi-Elisha）。英国战争大臣的免职引发了政治危机，虽然这场危机还不足以引发信任投票，但足以进一步削弱政府在英国人民心目中的地位。

1939 年 11 月，张伯伦对苏联入侵芬兰的反应，以及这个小国对侵略者的英勇斗争，使张伯伦政府受到的损害更大。在英国，就像在美国一样，公众和媒体呼吁给芬兰提供盟军部队、飞机、武器和弹药。回想起来，在没有足够的人员、飞机和武器支援法国前线、保护英国的情况下，向芬兰派遣英国军队并提供物资的想法并没有很好的战略意义。但是在 1940 年 1 月，张伯伦承诺向芬兰提供援助，宣称芬兰人"可以放心，我们的行动将不仅仅是形式上的"①。

面对压倒性的优势，芬兰被迫在 1940 年 3 月初向苏联投降。几天后，张伯伦告诉下议院，英国政府曾协助芬兰打了一场败仗，然

---

① *Time*, January 22，1940.

后列出了一长串已送去的武器和物资清单时，哈罗德·麦克米伦跳了起来，实际上，他骂首相是个骗子。在芬兰3个月的抵抗期间，麦克米伦在那里待了一个星期。他说芬兰人请求英国援助，"这种请求一开始几乎完全被忽视，最后英国给芬兰的物资总是数量太少或来得太迟"①。然后，他宣读了芬兰官员给他的清单上的数字，表明事实上芬兰人收到的给养和武器的数量与首相说的不符。

自1939年9月以来，麦克米伦多次在下议院发表演讲，抨击政府在战争中的行为。但他之前的演讲都没有他对芬兰的重新评价那么有影响力。他后来写道，这是一次难得的经历，"他们最初是一群怀有敌意的听众，随后我把他们争取到我这边来"②。即使是政府的支持者也承认麦克米伦的批评对张伯伦造成了打击。迪克·劳当天也发表了一场近乎要求首相辞职的演讲。他在给朋友的信中写道："我仍然不明白，哈罗德为什么不把政府赶下台。也许他已经这样做了，我们很快就会知道。"③ 但即便事实证明这不是真的，劳说，他也相信"我们应该继续下去，我真诚地相信，我们越是削弱政府，就越能巩固英格兰"。

麦克米伦和劳是1940年4月4日出席索尔兹伯里勋爵会客厅聚会的两位保守党议员。索尔兹伯里邀请了他们、埃默里和其他人加入他所谓的监察委员会。勋爵说，该委员会的目的是"监督政府……在适当的时候'骚扰'大臣们"④。

① Harold Macmillan, *The Blast of War: 1939–1945*, New York: Harper & Row, 1967, p. 44.
② Harold Macmillan, *The Blast of War: 1939–1945*, New York: Harper & Row, 1967, p. 42.
③ Richard Law to Paul Emrys-Evans, April 1, 1940, Emrys-Evans Papers.
④ Nick Smart, *British Strategy and Politics During the Phony War*, Westport, Conn.: Praeger, 2003, p. 205.

保守党议员中有一半以上来自上议院。埃默里称他们为"好孩子"①，他们大多是支持张伯伦的，虽然他们开始质疑政府对战争的管理，但大体上还是支持首相的。除了"好孩子"还有"坏小子"，他们中的几个人在慕尼黑会议之前就坚决反对绥靖政策：埃默里、麦克米伦、劳、尼科尔森、爱德华·斯皮尔斯、达夫·库珀和保罗·埃默斯-埃文斯，后者被任命为新小组的秘书。（在此期间，博比提·克兰伯恩生病了，没有积极参与监察委员会的活动。）监察委员会并不像埃默里的组织或"义务警员"那样激进。顾名思义，监察委员会是一个监督组织，试图促使张伯伦引进更多有活力的大臣，以更强的斗志对抗德国。然而，其温和的基调和其成员名单中包含了保守党当权派的几大骨干，使对张伯伦的任何批评都更容易被接受，就像它赋予了埃默里和其他"坏小子"的行为一定程度的尊重一样。

反过来，被任命为该组织军事小组委员会主席的埃默里，也用自己的斗志感染了监察委员会的委员们。更重要的是，他成为反抗张伯伦的催化剂，历史学家大卫·达顿（David Dutton）称他为反对首相的各个机构间的"关键纽带"②。整个4月，他花了大量时间参加监察委员会、"义务警员"和他自己的保守党叛军组织的一个又一个会议。

反抗精神在蔓延。现在，它所需要的只是一个"大问题"来使星星之火变成熊熊烈火。具有讽刺意味的是，这个问题最终来自张伯伦对德国采取进攻行动的决定。温斯顿·丘吉尔在不知不觉中点燃了导火索。

---

① John Barnes and David Nicholson, *The Empire at Bay: The Leo Amery Diaries 1929 – 1945*, London: Hutchinson, 1980, p. 585.

② Dutton, "Power Brokers," *English Historical Review*, April 2003.

1940 年 3 月 28 日，在监察委员会第一次会议的前一周，张伯伦终于签署了丘吉尔自战争开始就提出的计划：阻止从瑞典沿挪威海岸向德国运送铁矿石。7 个月来，内阁成员就这一想法的各种变化进行了争论，包括开采挪威水域，拦截德国船只，甚至控制瑞典的矿场。1940 年 1 月，英国差点做出决定，通知挪威和瑞典，英国正在考虑采取军事行动阻止铁矿石的运输。但在这两个国家强烈抗议后，这个想法暂时被放弃了。2 月，作为援助芬兰的远征行动的一部分，英国人曾计划占领瑞典的矿区和几个挪威港口，但这一行动也被取消了。不久之后，愤怒的丘吉尔写信给哈利法克斯："我觉得我应该让你们知道，我非常关心这场战争的走向。它之所以那么致命，并不是因为它是无声的……我们能假设（德国人）没有考虑过该怎么做吗？他们当然有计划，可我们没有。除了等待有事发生之外，我们看不到任何行动。"①

据约翰·科尔维尔所说，经过了数月的犹豫和拖延，张伯伦在 1940 年 3 月决定停止开采铁矿石，倒不是因为他改变了对抗德国的主意，在很大程度上是因为他认为应该"偶尔向公众示好"②。首相与法国领导人一致同意一项在挪威领海布雷的计划。行动被推迟了 3 天，终于确定下来。4 月 8 日星期一的黎明时分，英国船只将开始在挪威水域布雷。盟军终于控制了战争。

至少他们是这么想的。

274

① Martin Gilbert, *Winston S. Churchill*, Vol. 6, *Finest Hour*, *1939–1941*, Boston: Houghton Mifflin, 1983, p. 189.
② John Colville, *Footprints in Time: Memories*, London: Century, 1985, p. 97.

第十六章
"拿国家的命运作赌注"

1940 年 4 月初，伦敦对严冬的记忆正在迅速消失。天气温暖，鸟儿们像往常一样叽叽喳喳地唱着春天的歌，水仙花和郁金香到处都是。白天越长，人们躲在遮光窗帘后面的时间就越少，人们尽可能长时间待在户外，享受这珍贵的好天气。公园里挤满了人，商店、餐馆和夜总会也是如此。似乎每个人都想忘掉这场战争。弗吉尼亚·考尔斯回忆道，在那段短暂的平静时光里，"连报纸的头条都不令人担忧"①。

春天成了内维尔·张伯伦的"补药"。他又充满了信心和活力，拒绝让任何事情打扰他，甚至是英国情报机构关于德国战舰移动、敌军集结、通信中断的报告也不行。他写信给妹妹说："越来越多的证据表明（西方）即将发动袭击，这令人生畏……然而我无法说服自己它会来。"②

迪克·劳已经成为保守党中最直言不讳的"反叛分子"，对他来说，宜人的天气并没有让他的身心愉悦。与首相不同的是，他确

---

① Virginia Cowles, *Looking for Trouble*, New York: Harper, 1941, p. 336.

② Williamson Murray and Allan R. Millett, *A War to Be Won: Fighting the Second World War*, Cambridge, Mass.: Belknap/Harvard University Press, 2000, p. 63.

信这意味着德国即将发动进攻。他在给博比提·克兰伯恩的信中写道："我很清楚，除非有改变，否则我们将输掉这场战争。"① 劳的朋友说他已经"痴迷"摆脱张伯伦。他回答说，如果是这样的话，这种痴迷"不仅在这个国家，而且在全世界都很普遍"。

275

1940 年 4 月 4 日，保守党的管理机构——中央委员会在威斯敏斯特大厅举行会议，对首相及其政府表达信任时，劳决定出席会议反对该决议。他觉得自己像身处狮穴中，紧张地走上讲台发表演讲。当他从讲台上望向坐在面前的保守党的忠实信徒时，劳确信自己会"被撕成碎片"②。然而，令他吃惊的是，他对政府在战争中表现迟钝的尖锐评论却得到了后来被他描述为"热烈的掌声"的回应。当张伯伦本人走进大厅时，劳的演讲进行到一半，而当张伯伦发表讲话时，劳坐了下来。

张伯伦向与会者保证，英国正在与德国斗争，人们没有什么可担心的。他承认，当战争爆发时，德国为冲突准备的口粮"远远超过了我们自己的"③，他表示，从那时起，这个国家已经能够"消除我们的弱点……它极大地增强了我们的战斗力，使我们能够沉着镇定地面对未来，不管未来会发生什么"。他补充道，与战争开始时相比，他"对胜利的信心增加了十倍"。他是如此自信，以至于忍不住又说了几句话，比如"我们这个时代的和平"，这些话最终成为他余生的梦魇，被载入史册。关于希特勒，张伯伦说，"有一件事是肯定的，他错失了良机"。

---

① Richard Law to Bobbety Cranborne, March 22, 1940, Lord Cranborne Papers.
② 理查德·劳未出版的回忆录。
③ Raymond Daniell, "Chamberlain Feels '10 Times' More Sure of Stifling Reich," *New York Times*, April 5, 1940.

据劳说，张伯伦的讲话只得到群众"冷淡的"[①] 回应。首相离开大厅后，劳继续攻击政府。它产生了效果：一项信任决议获得通过，但修改后的版本，对首相的赞美远不如原版本。

当张伯伦骄傲地宣布希特勒错失良机时，他知道，而他的听众不知道，第二天，一支特种海军部队将离开斯卡帕河，穿越北海，在挪威水域布下水雷。但他不知道的是，就在他发表讲话时，曾把瑞典铁矿石运往德国的商船正满载藏在船舱里的士兵和装备返回挪威。德国军队秘密乘坐空船前往挪威的行动已经进行了近两个星期。由于没有被英国情报机构发现，这些船在各种各样的借口的掩饰下停泊在挪威港口，船上的士兵等待着发动袭击的命令。

1939 年底，希特勒得出结论，英国打算在挪威登陆，并决定"我要先于他们到达那里"[②]。1940 年 2 月 16 日，一艘英国驱逐舰在挪威海域拦截了一艘德国补给船阿尔特马克号，进一步加深了德军对英国真实意图的怀疑。阿尔特马克号上载有大约 300 名英国商船水手，他们是在船只沉没后被俘的，在一场短暂的小规模冲突后，英国水手登上阿尔特马克号，并营救了他们的同胞。

4 月 9 日清晨，也就是英国军舰在挪威南部海岸布雷的第二天，数千名德国步兵和空降部队士兵，在军舰和数百架飞机的支援下，对丹麦和挪威发动了闪电攻击。丹麦在 12 小时内被占领，德国军队占领了挪威首都奥斯陆和该国所有的主要港口。

德国空中和海上的绝妙军事行动使张伯伦政府完全措手不及。和整个国民一样，他最初的反应是困惑、怀疑和震惊。下议院安排

---

① 理查德·劳未出版的回忆录。
② Basil Liddell Hart, *The Liddell Hart Memoirs*, Vol. 2, New York: Putnam, 1966, p. 278.

了一场辩论，1 月初被派往法国的罗纳德·卡特兰获准回国参加辩论。他回到伦敦后，决心在下议院里大发雷霆。他确信，德国在挪威发动的闪电战很快就会在法国打响。他的士兵以及其他被派去支援英国远征军的本土防卫义勇军部队，在面对敌人时毫无准备。他们没有得到适当的训练，仍然没有足够的装备，甚至没有足够的医疗服务。"这里有无数丑闻，"他在回英国前不久给一个朋友的信中写道，"我们需要另一个南丁格尔小姐，另一个劳合·乔治，和我交谈过的每个士兵都希望丘吉尔代替验尸官。"①

回到伦敦后，卡特兰与迪克·劳、吉姆·托马斯、鲍勃·布思比、保罗·埃默斯－埃文斯以及其他议会同僚进行了几次漫长而阴郁的会谈。他说要退出议会，要彻底退出政治舞台。"我确信再也不会支持保守党了，"他在一周前写给埃文斯的信中说，"除非你摧毁政党的核心人物，否则你永远无法拯救英格兰的灵魂。"②

最终，卡特兰被剥夺了在下议院陈述自己观点的机会。1940年 4 月 12 日，也就是他到达伦敦两天后，早报刊登了德国军队在比利时边境附近的调动情况，于是他决定返回法国。回到部队后，他给母亲写了一封信，表明自己已经恢复了一点往日的热情。他仍然认为英格兰的未来"难以想象"③。然而，他补充道："无论我说什么，我都永远无法置身于公共生活之外。战争结束后，如果张伯伦还在位的话，这对我来说就是一场革命，为拯救英格兰做最后一次不顾一切的尝试。"

盟军用了将近一个星期才对德国入侵挪威做出反应，而且从一

① Ronald Cartland to Sybil Colefax, March 30, 1940, Colefax Papers.
② Ronald Cartland to Paul Emrys-Evans, April 1, 1940, Emrys-Evans Papers.
③ Barbara Cartland, *Ronald Cartland*, London: Collins, 1942, p. 251.

开始这就是一次拙劣的行动。在仓促集结、准备不足的英国远征军中，至少有一半是本土防卫义勇军，其士兵对战斗知之甚少。在赶路的过程中，指挥官没有充分考虑部队必须在崎岖多山的地形上战斗。挪威依旧被严冬包裹，厚厚的冰雪覆盖了这个国家的大部分地区，但几乎没有任何部队准备好雪地靴或滑雪板。士兵没有接到在如此寒冷的条件下作战的指令。

1940 年 4 月 13 日，也就是德军入侵挪威 5 天后，英国、法国和波兰军队开始在挪威最北部的纳尔维克登陆。英国军队还在挪威中部相距数百英里的两个小渔港纳姆索斯和安道尔尼斯登陆，命令士兵对挪威古代首都特隆赫姆发动钳形攻势。在大多数情况下，英国人缺乏足够的装备（火炮、防空武器、通信设备、战斗机）、医疗设备、食物，甚至是他们所在的作战区域地图。

与此同时，新一批德国军队没有受到英国炸弹的干扰，正涌入

挪威增援已经在那里的德国部队。一位德国上校对一位美国记者说："幸运的是，英军总姗姗来迟。"[1] 直到 4 月 11 日，英国飞行员才获准攻击德国控制的挪威机场。[2] 即使在那时，他们的攻击也仅限于使用机枪而不是炸弹。《纽约时报》报道了一个事例，一架英国皇家空军侦察机发现丹麦一个机场挤满了德国军用运输机。[3]当空军部要求飞行员轰炸战场时，战争内阁对这一要求进行了 3 天的辩论。轰炸许可终于被批准了，当英国的轰炸机接近轰炸目标时，那些运输机连同德国军队已经潜入挪威。

---

[1]　Leland Stowe, *No Other Road to Freedom*, New York: Knopf, 1941, p. 151.

[2]　L. S. Amery, *My Political Life*, Vol. 3, *The Unforgiving Years 1929 – 1940*, London: Hutchinson, 1955, p. 332.

[3]　James Reston, "The British Character: Test by War," *New York Times Magazine*, May 12, 1940.

这种拖延和混乱是惯例，而不是例外。命令下达了，然后又撤销了。被派往一个前线的英国军队在最后一刻被调遣到另一个前线去了。"高级军官在询问下级军官下一步该做什么，"一位曾在挪威的年轻军官在给索尔兹伯里勋爵的信中写道，"绝对是混乱统治。"①

在一次需要英国3个军种最大限度合作的行动中，各军种首长和大臣之间争论不休，缺乏默契。没有一个政府官员被授权对挪威的行动做出最终决定，并付诸实施。1940年4月底，布兰登·布拉肯向利奥·埃默里和他的"叛军"抱怨说："绝望的苏联目前已经安定下来了，或者还没能确定我们的战略。他们3个副手充当参谋长，这6个人，还有其他人，一起举行秘密会议，由温斯顿或内维尔担任主席，但没有人真正决定该怎么做。"② 张伯伦曾在4月初要求丘吉尔接任战争内阁军事协调委员会主席一职。这项新任务加重了丘吉尔本已沉重的责任，但令他极为沮丧的是，他并没有任何实权，因为他无法独自做出或执行任何决定。

与此同时，德国人在决策上就没有这样的问题。他们也不像英国人那样对空中打击敌人感到内疚。在这场噩梦般的战争中，驻扎在挪威的英军不仅要与训练有素、装备精良的德国国防军作战，还要与德国空军无情的扫射和轰炸做斗争。这不是一场势均力敌的战斗。一名本土防卫义勇军中尉向利兰·斯托喊道："我们已经被屠杀了！单纯地被屠杀！"③ 纳姆索斯附近的一场战斗以英军的溃败告终。利兰·斯托是为数不多的进入挪威的西方记者之一。"我们

279

---

① 索尔兹伯里勋爵收到的匿名作家的机密备忘录，April 1940，Salisbury Papers。

② John Barnes and David Nicholson, *The Empire at Bay：The Leo Amery Diaries 1929 - 1945*, London：Hutchinson, 1980, p. 588.

③ Leland Stowe, *No Other Road to Freedom*, New York：Knopf, 1941, p. 143.

没有飞机！德国佬一直在轰炸我们……太可怕了！"在长达4天的战斗中，英国中尉营的600人中有200多人被打死或受伤。抬担架的人试图把伤员抬到安全的地方，但通常会遭到德国俯冲轰炸机的机枪扫射。

斯托采访了这位年轻的英国军官，他和其他幸存者沿着一条通往北方的道路撤退时，已经筋疲力尽，满身是泥。"我们没有适合在山里穿的衣服，"中尉说，"我们没有白色的斗篷。德国佬在雪地里能看到我们。他们刚刚干掉了我们的人。我告诉你……一切都怪那个该死的张伯伦！"[1] 他告诉斯托："我很高兴你是一名记者。看在上帝的份上，告诉张伯伦和他的手下我们必须要有飞机和防空炮！把我们说过的话都告诉他们！"在采访其他几名战斗中的幸存者时，斯托发现政府没有对士兵进行适当的训练和提供保护就把他们送到了挪威，他感受到士兵们的痛苦和怨恨。"伦敦的人怎么了？"一个下士喊道，"如果我们能除掉那个该死的老内维尔·张伯伦，也许我们在这场战争中还有机会。"[2]

斯托在给《芝加哥每日新闻》的快讯中，照那位代中尉的要求做了。他讲述了他全部的所见所闻：英军如何发现自己受到德国空军的摆布，他们是如何"被扔进挪威的深雪中。没有一支高射炮，没有一架支援飞机，也没有一门野战大炮"[3]。他的快讯相当于对他所说的"军事历史上最昂贵、最令人费解的失误之一"进行了猛烈的控诉，在美国和世界其他许多地方的报纸上都有转载。

---

① Leland Stowe, *No Other Road to Freedom*, New York：Knopf, 1941, p. 144.

② Leland Stowe, *No Other Road to Freedom*, New York：Knopf, 1941, p. 149.

③ Philip Knightley, *The First Casualty*, New York：Harcourt Brace Jovanovich, 1975, p. 227.

报纸对英国错误的报道只会坚定许多美国人的想法，即美国应该远离这场战争。"太少、太迟似乎是张伯伦政府的典型表现。" 280 《新共和国》（New Republic）宣称，"有一件事越来越确定。美国人坚信，即使出于其他理由，也应该反对希特勒主义，但打着这个旗号参军将是致命的。这个信念不断强化了美国的孤立主义。没有理由相信这样的领导能够赢得战争或和平。"①

与此同时，英国人听到的是一个完全不同的关于挪威的故事。一天晚上，斯托和他的一位摄影师同事躲在一间农舍里，房子的主人为说英语的客人播报 BBC 新闻。"英国远征军正从他们在挪威各个登陆点稳步向前推进，" BBC 播音员用低沉的声音报道，"德军在铁路沿线的抵抗已经被粉碎。在纳姆索斯地区，英军和法军正成功地向特隆赫姆挺进。"② 摄影师困惑地盯着斯托。"天呐，那些傻瓜怎么了？"他脱口而出，"他们疯了吗？"

那些"傻瓜"没疯，只是被严重误导了。挪威的战争爆发得如此之快，几乎没有英国记者在现场报道。因此，英国的媒体和公众不得不依靠陆军、海军和空军来了解发生了什么事。根据服务部门向报纸和 BBC 提供的早期报告，英国军队取得了一次又一次的胜利。"英国海军已经开始了一项光荣的事业，"《每日邮报》盛赞道，"希特勒被我们海陆空的铁锤重击得心惊胆战。"③ 一些报社禁不住在文章中添油加醋，渲染那些已经似是而非的军事胜利的报道。《每日快报》发表了一篇关于英军猛烈袭击纳尔维克的文章，该事件尚未发生，他们却声称这次行动敲响了"伊丽莎白时代的

① "Can the British Tories Win?," *New Republic*, May 6, 1940.
② Leland Stowe, *No Other Road to Freedom*, New York: Knopf, 1941, p. 147.
③ William Manchester, *The Last Lion: Winston Spencer Churchill: Alone, 1932 - 1940*, New York: Dell, 1988, p. 634.

钟声"①。张伯伦和丘吉尔向下议院提交的报告只不过增强了一种信心，即一切都在按照英国的方式进行。在德国入侵挪威两天后，丘吉尔告诉下议院，在他看来，"希特勒犯了一个严重的战略错误。我们从斯堪的纳维亚半岛发生的事情中获益匪浅"②。

281 这正是英国人民想听到的。经历过 8 个月的不存在的战争，等待和厌倦都结束了。英国军队和水兵最终与敌人发生了冲突，而且，在大多数情况下，他们做得很好。宽慰取代了人们最初对德国入侵挪威时的震惊。自由党议员珀西·哈里斯说："这个国家正遭受着不可救药的乐观情绪的折磨。"③

但随着 4 月的过去，早期的乐观情绪被日益增长的不安情绪所取代。各军种大臣们提交的关于英国成功的新闻简报越来越少。事实上，他们几乎没有发布关于挪威的信息。与此同时，几家英国报纸开始根据利兰·斯托的报道，报道纳姆索斯附近的溃败。陆军部认为斯托的报道"明显扭曲了事实"④，但这些报道以及其他来自中立国家的消息源对英国失败的描述都让人们觉得事情出了很大的问题，信息被压制了。"毫无疑问，这个国家的媒体和电台对来自挪威新闻的处理……已经破坏了相当一部分英国公众对其新闻来源的真实性和可信性的信心。"爱德华·R. 默罗在 1940 年 4 月 22 日对美国听众报告中说，"战斗部队仍然掌握着指挥权，显然不关

① William Manchester, *The Last Lion : Winston Spencer Churchill : Alone*, *1932 – 1940*, New York: Dell, 1988, p. 634.

② William Manchester, *The Last Lion : Winston Spencer Churchill : Alone*, *1932 – 1940*, New York: Dell, 1988, p. 630.

③ Sir Percy Harris, *Forty Years in and out of Parliament*, London: Melrose, 1947, p. 148.

④ Laurence Thompson, *1940*, New York: Morrow, 1966, p. 57.

心，或者不知道，从国外涌入这个国家的令人不安的言论和谣言。"①

1940 年 5 月 2 日，张伯伦在下议院宣布了一个令人震惊的消息：在安达尔斯和纳姆索斯登陆的英国军队被迫撤退。首相承认，派往挪威的部队装备不足，没有得到可靠的战斗机掩护，也没有足够的高射炮。② 此外，他还说，敌人的增援部队以比预期更快的速度涌入。这种对失败的承认是毁灭性的，给整个国家带来了巨大的震动。在玛格丽·阿林厄姆看来，这种震惊"或多或少归结为一个突然令人麻痹的消息——张伯伦是一个虚荣的老人，袖子里没藏锦囊妙计"③。正如阿林厄姆郡埃塞克斯村的一名警察辛酸地吐露："我们还以为他会继续（抗争）。相反，这个老家伙在混日子。"④

和许多同胞一样，英国 Tolleshunt D'Arcy 的民众曾希望政府在虚假战争期间表现出的惰性是一种幌子，张伯伦和他的部下利用这几个月的无所作为来"建立一个巨大的战争机器"⑤，即使没有公开的迹象。阿林厄姆也确信，"政府正在像恶魔一样为毁灭性的春季进攻做准备，很可能是在北方，我认为我们的装备非常好，特别是空军装备，比我们原来的要好"。1940 年 4 月 4 日，张伯伦调侃希特勒"错失了良机"，这使阿林厄姆更加坚信大举进攻迫在眉睫。阿林厄姆和身边的其他人都把这句话解读为对英国人民的一种暗示，"这是（所有人）期盼许久的一种鼓舞人心的个人行为"⑥。这个狡猾的暗示表明英国将会"关照"希特勒。当张伯伦在 1940

282

① Edward R. Murrow, *This Is London*, New York: Simon and Schuster, 1941, p. 89.
② "Postmortem," *Newsweek*, May 13, 1940.
③ Margery Allingham, *The Oaken Heart*, London: Michael Joseph, 1941, p. 165.
④ Margery Allingham, *The Oaken Heart*, London: Michael Joseph, 1941, p. 165.
⑤ Margery Allingham, *The Oaken Heart*, London: Michael Joseph, 1941, p. 157.
⑥ Margery Allingham, *The Oaken Heart*, London: Michael Joseph, 1941, p. 166.

年5月2日承认事实并非如此时，德国已经在挪威打败了英国，阿林厄姆突然感觉自己像一个乘客，坐在一辆公共汽车上，从一条狭窄蜿蜒的山路上疾驰而下，使她感到恐怖的是发现司机"有点紧张，怎么看也不是一把好手"。他要把车开到悬崖边上吗？阿林厄姆写道："我这辈子从来没有这么害怕过。"

令人震惊的是，世界上最大的海上力量被德国令人畏惧的空中力量羞辱了——"希特勒证明了他的能力，"用爱德华·斯皮尔斯的话说，"几乎一夜之间就在我们眼皮底下吞下了整个国家"① ——在全国范围内引发了一波又一波的愤怒和恐惧。乔治·比尔德莫尔在日记中愤怒地写道："我们……被重创，溃不成军。像我这样的人所能理解的是，德国已经得到了它想要的每一个国家。"②

然而，没有人比利奥·埃默里更愤怒。他一次又一次地警告政府，不愿面对敌人轰炸机场、工厂和其他经济和军事目标只会导致灾难。他写道："如果德国空军的总兵力因6个月的持续战斗被削弱，而大部分的兵力不得不保留，用以保卫其基地和工厂，那么挪威的战役会有不同的结果……"③ 1940年5月2日，就在首相发表讲话后不久，埃默里打电话给新任航空大臣塞缪尔·霍尔爵士，大声喊道："这届政府必须下台！"④ 这位保守党"反叛分子"的领袖对朋友说，"公开作战"的时候到了。

283

---

① Sir Edward L. Spears, *Assignment to Catastrophe*, Vol. 1, *Prelude to Dunkirk: July 1939 - May 1940*, New York: A. A. Wyn, 1954, p. 111.

② George Beardmore, *Civilians at War: Journals 1938 - 1946*, London: John Murray, 1984, p. 51.

③ L. S. Amery, *My Political Life*, Vol. 3, *The Unforgiving Years 1929 - 1940*, London: Hutchinson, 1955, p. 332.

④ William Manchester, *The Last Lion: Winston Spencer Churchill: Alone, 1932 - 1940*, New York: Dell, 1988, p. 641.

来自挪威的坏消息终于点燃了"反叛分子"的抗争之火。但是，挪威事件并不是 4 月激励持不同政见者的唯一问题。英国军方发布的一份报告显示，至少在一年内，军队不会配备现代化的坦克。约翰·西蒙爵士公布的新预算显示，英国未来一年在战争方面的支出将比德国少近 40%。埃默里宣称政府是在"拿国家的命运作赌注。我们不能再这样悠闲地生活下去了"[1]。

埃默里集团的大多数成员准备反抗。"义务警员"组织成员也准备反抗。整个 4 月，他们花了大量时间试图决定如何将计划付诸实施。一个温暖的星期天早晨，迪克·劳、吉姆·托马斯和罗纳德·特里等一群人，正坐在特里一家乡间别墅草坪上的躺椅上，密谋着。正在剪花的南希·特里从他们旁边走过，无意中听到了他们的讨论内容。"为什么要说这些？"她慢吞吞地说，"你们都知道自己应该做什么，现在就去做吧。"[2]

没错，但"反叛分子"必须小心谨慎。如果想使计划有机会取得成功，他们需要获得尽可能多的保守党人的支持。在德国入侵挪威后的最初几天，索尔兹伯里勋爵的监察委员会的一些成员，包括索尔兹伯里本人，仍然坚持认为必须给张伯伦一个机会，改组政府并调整战争策略。德国入侵挪威后的第二天，索尔兹伯里去唐宁街 10 号见张伯伦。索尔兹伯里警告说："挪威的失败将对政府造成致命的后果。"[3] 他要求首相改组政府，缩减战争内阁的规模。这位年长的同僚还敦促政府对战争进行更有力的打

[1] L. S. Amery, *My Political Life*, Vol. 3, *The Unforgiving Years 1929 – 1940*, London：Hutchinson, 1955, p. 356.

[2] Robert Becker, *Nancy Lancaster：Her Life, Her World, Her Art*, New York：Knopf, 1996, p. 261.

[3] Ian Kershaw, *Making Friends with Hitler：Lord Londonderry and Britain's Road to War*, London：Allen Lane, 2004, p. 317.

击，特别是对德国的军事目标进行全面轰炸。尽管张伯伦表现友
好，但他还是拒绝了索尔兹伯里的所有提议。索尔兹伯里在给博
比提·克兰伯恩的信中写道，张伯伦似乎"丝毫没有考虑组建一
个真正的战争内阁的想法，也没有考虑到这些事需要更有活力、
更有时间观念的领导人"①。首相告诉索尔兹伯里，"如果人们不
喜欢现任政府，可以改变它"②。

284　　与此同时，伦敦的政治圈充斥着有关将首相拉下马的阴谋，以
及如果阴谋奇迹般地成功了，谁将接替他的传言。有人提到了劳
合·乔治，甚至还有埃默里，但两个最有可能的候选人是温斯顿·
丘吉尔和哈利法克斯勋爵。尽管受到绥靖政策的影响，但众所周
知，哈利法克斯勋爵支持一个多党联合政府，而且他对战争的态度
比张伯伦更坚决。埃默里和戴维斯集团的大多数成员想推选丘吉
尔，他们非常担心挪威的惨败会影响到他获胜的概率。毕竟，他既
是进攻挪威的设计师，也是将对皇家海军在挪威的失利负责的内阁
大臣。但这位海军大臣对张伯伦的坚定忠诚是另一个令人担忧的原
因。哈罗德·麦克米伦和其他"反叛分子"知道，很明显"丘吉
尔的忠诚和责任感将确保他坚定地站在内维尔·张伯伦一边，并且
丘吉尔敦促他控制多数票，这样就能继续战斗"③。

　　然而，他的忠诚几乎没有得到回报。在那些谣言四起的日子
里，张伯伦和他的副手们也在策划自己的阴谋，包括想通过让丘吉
尔成为挪威事件的替罪羊来除掉他。1940 年 4 月底，道格拉斯勋

---

①　Lord Salisbury to Bobbety Cranborne, April 13, 1940, Salisbury Papers.

②　Ian Kershaw, *Making Friends with Hitler: Lord Londonderry and Britain's Road to War*, London: Allen Lane, 2004, p. 317.

③　Harold Macmillan, *The Blast of War: 1939 – 1945*, New York: Harper & Row, 1967, p. 53.

爵问奇普斯·钱农:"温斯顿会灰心丧气吗?他应该离开海军部吗?"① 钱农在日记中写道:"显然这些想法都在内维尔的脑子里。"大约在同一时间,哈罗德·尼科尔森说:"党鞭们说这全是温斯顿的错,他又一次失败了。"② 张伯伦手下的一些人陷入了自己的阴谋中,他们不相信丘吉尔真的像他看上去那样忠于他的上司。钱农就是其中之一,他注意到传言丘吉尔已经"摘掉他的面具"③,并正在起草一个替代张伯伦的计划。约翰·科尔维尔听说,虽然丘吉尔本人是忠诚的,"但他的跟班们(如达夫·库珀、埃默里等)在尽其所能制造恶作剧和敌意"④。事实上,尽管布兰登·布拉肯正在进行他自己的私下活动,包括会见保守党"反叛分子",但没有证据表明丘吉尔参与了这一行动。

无论如何,丘吉尔没有时间谋划。他太忙了,忙于应付挪威的灾难,他担心这次灾难会损害他的声誉,就像达达尼尔海峡的失败一样。他在海军部履行职责,担任内阁军事协调委员会主席,显然已筋疲力尽,在他的一些朋友看来,他已经失去了以往的激情和活力。在听完丘吉尔在下议院的演讲后,尼科尔森忧心忡忡地写道,他很少看到海军大臣"状态不好……他犹豫了一下,弄错了笔记的顺序,戴错了眼镜,摸索着找了一副对的……一个接一个的表现令人遗憾"⑤。

285

---

① Robert Rhodes James, ed., "*Chips*": *The Diaries of Sir Henry Channon*, London: Phoenix, 1999, p. 242.

② Harold Nicolson Diaries, April 30, 1940.

③ Robert Rhodes James, ed., "*Chips*": *The Diaries of Sir Henry Channon*, London: Phoenix, 1999, p. 242.

④ John Colville, *Footprints in Time: Memories*, London: Century, 1985, p. 116.

⑤ Harold Nicolson, *The War Years: Diaries and Letters*, Vol. 2, *1939 – 1945*, New York: Atheneum, 1967, p. 70.

　　与此同时，这个被认为是丘吉尔首相一职主要竞争对手的人却给人留下了更坏的印象。1940 年 4 月 29 日，索尔兹伯里勋爵和一个包括埃默里、埃默斯－埃文斯和尼科尔森在内的监察委员会代表团拜访了哈利法克斯勋爵，这是他们说服政府改变其战争策略的最后一次尝试。索尔兹伯里警告哈利法克斯，如果希特勒成功地征服了挪威，"对中立国家的影响将是非常严重的"。为了反击这场军事和宣传政变，英国必须在其他地方掌握主动权，最好是对敌人的军事目标发动轰炸。哈利法克斯的反应和张伯伦一样，对索尔兹伯里的提议不予接受。埃默斯－埃文斯在给博比提·克兰伯恩的信中说："哈利法克斯明白这个职位的危险，但似乎没有任何应对的办法。"[1] 会议结束时，索尔兹伯里严厉地看着外交大臣。"哈利法克斯勋爵，"他厉声道，"我们对你的决定不满意。"[2] 在同事们的陪同下，他大摇大摆地离开了房间。

　　对索尔兹伯里和其他大多数监察委员会成员来说，与哈利法克斯的这次会面是压垮他们的最后一根稻草。他们现在和其他持不同政见者一样认为，如果张伯伦不立即被赶下台，英国很可能会输掉这场战争。英国迫切需要一个真正的国家政府——一个由保守党、工党和自由党组成的联合政府。换言之，人们迫切需要劳资合作。3 个持不同政见团体中的所有人几乎都在一条船上，保守党的"反叛分子"们开始制订摊牌计划。

　　1940 年 5 月 1 日，在卡尔顿酒店的晚宴上，埃默里集团同意张伯伦及其政府必须"尽早"下台。[3] 有些成员想公开表示支持丘

---

[1] Paul Emrys-Evans to Bobbety Cranborne, May 5, 1940, Cranborne Papers.
[2] Paul Emrys-Evans diary, April 29, 1940, Emrys-Evans Papers.
[3] L. S. Amery, *My Political Life*, Vol. 3, *The Unforgiving Years 1929–1940*, London: Hutchinson, 1955, p. 358.

吉尔接替张伯伦，但埃默里犹豫不决。并不是所有的"反叛分子"都同意丘吉尔的观点，他们必须在议会其他成员面前形成统一战线，彼此之间没有任何分歧。"最重要的是改变。"① 埃默里告诉其他议员。一旦张伯伦执政政府被推翻，就可以决定他的继任者。但是他们如何说服其他保守党人反对首相呢？

第二天，张伯伦宣布军队撤离挪威，这给了他们答案。就在出现在下议院的几个小时内，埃默里会见了克莱门特·戴维斯，讨论如何利用这一枚"重磅炸弹"。他们决定利用已经安排在下周举行的为期两天的议会辩论，以全面摆脱现任政府。② 因一年一度的圣灵降临节假期休会，1940 年 5 月 7 日至 8 日的辩论在假期休会之前举行，这对"反叛分子"来说是完美的，因为议会假期前的休会辩论可以被用作就重大问题进行广泛讨论的借口。因此，"本院现在休会"的动议将成为对政府和战争起诉不受限制的审查工具。在一些"反叛分子"看来，这场辩论是对议会的初步考验。如果议员们不能有效地表达对国家的关切，罗纳德·特里给博比提·克兰伯恩的信里写道，下议院"将不再起作用，而且各地人民将对议会的权力失去信心"③。

辩论一确定，"反叛分子"领袖就与克莱门特·艾德礼及其他反对党前座议员进行了会谈，以确定是否"有足够的可能性就撤换张伯伦的行动达成一致"。这两派相互提防：保守党认为工党软弱且过于谨慎，而工党领袖不相信保守党"反叛分子"这次会奋

① John Barnes and David Nicholson, *The Empire at Bay : The Leo Amery Diaries 1929 - 1945*, London: Hutchinson, 1980, p. 590.

② L. S. Amery, *My Political Life*, Vol. 3, *The Unforgiving Years 1929 - 1940*, London: Hutchinson, 1955, p. 358.

③ Ronald Tree to Bobbety Cranborne, May 2, 1940, Cranborne Papers.

起迎接挑战，真的投票反对首相。与艾德礼和亚瑟·格林伍德关系密切的克莱门特·戴维斯向两人施压，敦促利用这场辩论，对张伯伦进行不信任投票。在与其他工党高层讨论过这个想法后，艾德礼决定不这么做，至少目前是这样。他说，这太冒险了。如果张伯伦赢得了投票，他在首相职位上的地位将大大提升。

与此同时，政府终于意识到它可能面临巨大的麻烦。奇普斯·钱农在 1940 年 5 月 3 日写道："大卫·马杰森称，我们正处于自 1931 年国家经济紧急状态以来最严重的政治危机前夕。"① 张伯伦利用手中掌握的一切资源进行反击。他暗中监视对手，想弄清他们的计划，至少有一次，让他们知道他在做什么。自由党领袖阿奇博尔德·辛克莱在一次演讲中批评张伯伦后，首相给他打电话抱怨，然后告诉他他的电话通话被窃听了，为了证明这一点，又向他重复了辛克莱和一位同事最近的电话通话内容。②

像往常一样，政府在国家危机时期让 BBC 和全国报社团结在首相周围的努力取得了预期效果。即使是那些抨击英国在挪威的惨败、呼吁政府改组的报社，也小心翼翼地不去谴责张伯伦本人，也不要求政府下台。③ "自满情绪显然将在下议院赢得另一场胜利，"罗伯特·布鲁斯·洛克哈特在 5 月 6 日星期日写道，"从上周五开始，新闻界和英国广播公司就一直在准备，更不用说部长级的发言人了……今晚，下议院的（保守党）成员在广播中重申，除非他

① Robert Rhodes James, ed., "Chips": The Diaries of Sir Henry Channon, London: Phoenix, 1999, p. 244.
② Sir Percy Harris, Forty Years in and out of Parliament, London: Melrose, 1947, p. 149.
③ Paul Addison, The Road to 1945: British Politics and the Second World War, London: Pimlico, 1994, p. 93.

们知道所有的事实，否则任何人都无权批评政府。"①

张伯伦和他的同僚们知道他们在接下来的两天将会很艰难。但他们有信心成为胜利者。约翰·科尔维尔在 1940 年 5 月 6 日承认，这场辩论将是"尴尬的"②，但"显然政府会赢"。他的评价得到了许多人的认同，包括像爱德华·默罗这样的记者。"张伯伦政府没有直接的危险，"默罗在辩论前一周在哥伦比亚广播公司报道，"英国人没有因为军事失败而推翻政府的习惯。"③

288

---

① David Freeman, "Who Really Put Churchill in Office," The Churchill Center (www. winstonchurchill. org).

② John Colville, *Footprints in Time: Memories*, London: Century, 1985, p. 117.

③ Edward R. Murrow, *This Is London*, New York: Simon and Schuster, 1941, p. 93.

第十七章
"看在上帝的份上，走"

1940 年 5 月 7 日清晨，议会广场上已经聚集了一群人。约下午 3 点，人们涌向大乔治街和议会街。拎着菜篮子、推着婴儿车的妇女们站在士兵和戴圆顶礼帽的商人旁边，静静地看着载着议员、记者、大使和其他尊贵客人的汽车和出租车，从宏伟的哥特式复兴建筑的大门缓缓驶入。① 人群的情绪低落，甚至有些焦虑。在那个明媚的春日里，几乎没有人谈笑风生。

在大厅和吸烟室里，几十名议员转来转去，低声交谈。空气中弥漫着猜测和不确定。② 在两天的辩论结束后，工党会改变主意，敦促对政府进行信任投票吗？如果是这样，有多少保守党人会鼓起勇气，不顾马杰森和其他党鞭的威胁、哄骗，投票反对政府呢？幕后会有哪些承诺或提议？谁会发声？

就连最后一个问题的答案也不确定。辩论前，预计发言的只有张伯伦和温斯顿·丘吉尔。张伯伦将在开场发言中为政府在挪威战役中的行为辩护，丘吉尔将发表政府的最后论据。首相和他的部下

---

① "Warlord for Peacemaker," *Time*, May 20, 1940.

② Harold Macmillan, *The Blast of War: 1939 – 1945*, New York: Harper & Row, 1967, p. 54.

们终于认识到,把挪威缺乏装备归咎于一个 5 年多来一直殷切要求 289
全面重整军备的人是愚蠢的。此外,在这场对张伯伦权力的关键考
验中,他们迫切需要丘吉尔的演讲技巧。

在过去的 5 天里,"反叛分子"们一直在疯狂集结反对首相。
治安委员会的首领克莱门特·戴维斯已经 3 个晚上没睡了。[①] 作为
制造业巨头联合利华(Unilever)的董事,他把上午的时间花在了
日常工作上,处理牙膏和肥皂产品问题。下午和晚上,他把精力集
中在推翻张伯伦政府上。但当戴维斯和其他持不同政见者在同僚中
四处走动,进行最后的游说时,他们知道成功的概率很低。紧张的
鲍勃·布思比在争取其他保守党人支持的空隙,和多萝西·麦克米
伦、巴菲·达格代尔一起在议员茶室喝茶。布思比对女士们说,他
担心政府不会发生变化,"政府如此混乱,灾难是可以预料的……
太可怕了,播种恶果,必定恶有恶报"[②]。几天前,张伯伦曾写信
给他妹妹:"我不认为敌人这次能逮住我。"[③]

当首相走进下议院时,会议室里挤满了人。马杰森发出了紧急
通知,要求所有保守党成员出席会议。他向在军队中服役的几十
名保守党人派遣了一名特别的纪律委员,敦促他们尽一切可能参
加。尽管许多人,比如罗纳德·卡特兰,效力于法国的英国远征
军,不能离开岗位,但有 20 多人听从了号召。结果,许多保守党
的后座议员,穿着制服,紧紧挤在长椅上。正如爱德华·斯皮尔
斯所说,至于"附近的胳膊和腿是谁的,还存在一些不确定的地

---

① Alun Wyburn-Powell, *Clement Davies: Liberal Leader*, London: Politico's, 2003, p. 99.

② N. R. Rose, *Baffy: The Diaries of Blanche Dugdale 1936 - 1947*, London: Valentine Mitchell, 1973, p. 168.

③ Neville Chamberlain to Hilda Chamberlain, May 4, 1940, Chamberlain Papers.

方，抽筋是最好的迹象，表明这条腿确实是你的"①。那些在长椅上找不到位置的人要么坐在议员席上，要么聚集在过道上，要么聚集在议长的椅子周围。

"错失了良机！" 150 多名工党议员发出嘘声。在将近下午 4 点时，张伯伦从座位上站起来，把笔记放在他面前的公文箱上。他显得紧张和沮丧，开始长篇大论地讲述 4 月在挪威发生的事。他没有像一些议员所预测的那样，呼吁建立一个真正的全国性政府，只是为一场无法辩解的军事惨败提供了蹩脚的理由。② 他对英国军队的失败轻描淡写，他说，毕竟政府只部署了相对少量的士兵，这些士兵正在撤出挪威，他还声称德国人也遭受了重大损失。张伯伦呼吁国家团结，强调英国面临的严重危险。他争辩道："现在不是争吵的时候，我们应该团结起来。"③ 他说，辩论中提出的任何对政府的批评都是对敌人的安慰。

面对他一生中最大的政治挑战，内维尔·张伯伦未能挺身而出。奇普斯·钱农认为，首相"说话结结巴巴，没有充分说明问题。事实上，他语无伦次，似乎既疲惫又尴尬"④。当他讲话时，议员们变得越来越焦躁不安，反对党的嘲笑声、嘘声，还有"错失了良机"的喊叫声越来越大。⑤ 海伦·柯克帕特里克在新闻发布会上指出，张伯伦"无法不间断地讲完一个完整的句子"⑥。哈罗

---

① Sir Edward L. Spears, *Assignment to Catastrophe*, Vol. 1, *Prelude to Dunkirk：July 1939 - May 1940*, New York：A. A. Wyn, 1954, p. 123.

② Harold Macmillan, *The Blast of War：1939 - 1945*, New York：Harper & Row, 1967, p. 55.

③ J. E Sewell, *Mirror of Britain*, London：Hodder & Stoughton, 1941, p. 154.

④ Robert Rhodes James, ed., *"Chips"：The Diaries of Sir Henry Channon*, London：Phoenix, 1999, p. 244.

⑤ "House Is Hostile," *New York Times*, May 8, 1940.

⑥ Helen Kirkpatrick, *Chicago Daily News*, May 8, 1940.

德·麦克米伦虽然是张伯伦坚定的死敌，但他认为这种打断粗鲁而不公平，"不适合这样一个重大场合"①。利奥·埃默里坐在过道下面第三排政府长椅上，静静地听着。

埃默里想，张伯伦完全误判了下议院的气氛。②他没有从英国在挪威的失败中吸取教训，也没有召集下议院和全国人民一起去战斗，而是再次用蹩脚的借口为失败辩解。但随着英国与德国走到全面战争的边缘，人们再也不能容忍失败。"为英国发声！"8个月前，埃默里曾催促亚瑟·格林伍德。现在，他已经决定做那个为国家发声的人。

毫无疑问，张伯伦在挪威事件辩论会的演讲是他政治生涯中最重要的一次演讲。埃默里深知，这次演讲对他同样重要。他痛苦地意识到自己是一个乏味的演说家，为此他花了好几个小时研究自己计划要说的内容，研读书籍，记下想法，仔细推敲自己的措辞。作为英国议会史的狂热分子，埃默里对奥利弗·克伦威尔时代特别感兴趣，并熟悉克伦威尔的许多演讲。那天早些时候，他坐在伊顿广场（Eaton Squarc）家中布满藏书的书房里，特别仔细地研究着1653年克伦威尔在议会发表的一篇演讲。他在笔记本上抄下了一个特别的句子。它是一块"难啃的骨头"③，可以给他的演讲提供一个有力的结论，但他不确定是否会使用这个句子。毕竟，他讲话的目的是要扳倒政府，要做到这一点，他需要下议院的支持。引用克伦威尔的话是否过于有力？这会不会只引起议员们的反感？他决

① Harold Macmillan, *The Blast of War: 1939 - 1945*, New York: Harper & Row, 1967, p. 55.
② L. S. Amery, *My Political Life*, Vol. 3, *The Unforgiving Years 1929 - 1940*, London: Hutchinson, 1955, p. 359.
③ John Barnes and David Nicholson, *The Empire at Bay: The Leo Amery Diaries 1929 - 1945*, London: Hutchinson, 1980, p. 592.

定等到他演讲时再决定是否引用它。

张伯伦结束演讲后，克莱门特·艾德礼站了起来，对政府处理挪威事件的方式进行了不温不火的抨击，有人称之为"一次政客的演讲，意欲伤害，却又不敢攻击"[①]。其他的演讲接踵而至，要么为张伯伦辩护，要么反对张伯伦。当天下午的一大亮点是英国保守党议员、一战英雄、海军上将罗杰·凯斯（Roger Keyes）的讲话。1918年，凯斯因指挥了一次在比利时一个港口对德国潜艇基地的大胆突袭而名声大噪。在达夫·库珀的催促下，那天，身材瘦小的凯斯穿着海军上将的制服来到会议室，身上戴着6行绶带和奖章，袖子上还衬着一大串金色的穗带，用迪克·劳的话说，"它好像一直到腋窝"[②]。凯斯用虚弱而颤抖的声音对政府发动了毁灭性的攻击，他认为政府缺乏勇气，没有对特隆赫姆的德军发起海上进攻。"事实上，他紧张得语无伦次，这让他的话更有力量，"劳说，"一战的英雄正在谴责这次战争的领袖。"

对利奥·埃默里来说，张伯伦演讲后的几个小时是一段"痛苦不安"[③]的时间，因为他一边听着"似乎永远不会结束"的演讲，一边思考自己想要表达的观点。"这一次，"埃默里后来写道，"我知道我要说的话很重要……我急切地希望它能产生应有的效果。"然而，当他站起来让人们认出他时，下议院议长爱德华·菲茨罗伊爵士却没有点他的名。作为枢密院顾问和前内阁成员，埃默里比其他保守党后座议员更有优先权，按照传统，他应该是最早得到许可的发言人之一。但是菲茨罗伊有权决定埃默里什么时候向下

---

① J. E Sewell, *Mirror of Britain*, London：Hodder & Stoughton, 1941 p. 158.
② 理查德·劳未出版的回忆录。
③ L. S. Amery, *My Political Life*, Vol. 3, *The Unforgiving Years 1929 - 1940*, London：Hutchinson, 1955, p. 359.

议院发表演说。瘦高的菲茨罗伊戴着白色假发、穿着黑色丝质长袍，他的目光一次又一次地越过埃默里，仿佛他不在那里。

议长虽然是政府党的成员，但理应公正地主持下议院。但是埃默里知道菲茨罗伊是同情张伯伦的，他也意识到议长知道"我是来捣乱的"①，很可能直到晚餐时间才会点到他，那时几乎所有的人都出去吃饭了。黄昏时分，下议院的人越来越少，埃默里越来越担心。如果周围没有人听他讲话，他怎么能影响这场辩论呢？当菲茨罗伊终于屈尊注意到他的时候，已经是晚上8点了，会议室里只有十几个人。沮丧的埃默里想知道他是否应该坐下，第二天再试一次。

就在这时，克莱门特·戴维斯溜到了埃默里身后，在他耳边低声说，他必须说话，自己会确保他有听众。② 独立议员戴维斯离开了会议室，去召集吸烟室、大厅和图书馆的议员，而埃默里则对之前的演讲做了一些评论，为自己争取时间。当他终于讲到演讲的核心部分时，大厅里几乎坐满了人。

"首相为我们的失败给出了一个合理却有争议的理由，"埃默里说，"每次失败后都可以这样做。提供理由和打赢一场战争不是一回事。战争的胜利不是靠事后解释，而是靠深谋远虑、明确决断和迅速行动。我承认，我觉得首相的讲话中没有一句话……表明政府预见到了德国的意图，或做出了明确的决定……或在整个可悲的事件中迅速或一致地采取行动。"③

对张伯伦声称德军损失惨重的说法，埃默里表示不屑，他指出，

① L. S. Amery, *My Political Life*, Vol. 3, *The Unforgiving Years 1929–1940*, London: Hutchinson, 1955, p. 360.

② L. S. Amery, *My Political Life*, Vol. 3, *The Unforgiving Years 1929–1940*, London: Hutchinson, 1955, p. 360.

③ L. S. Amery, *My Political Life*, Vol. 3, *The Unforgiving Years 1929–1940*, London: Hutchinson, 1955, p. 360.

敌人损失了 20 艘运输车、几艘战舰和几千名士兵，这"对德国来说不值一提"①。德国得到了挪威，"德国的战略优势大于损失"。

在这场辩论中，埃默里告诉他的同僚们，他们和议会受到的审判和首相及其手下受到的审判一样多。"如果我们输掉这场战争，"埃默里说，"那将不是这个或那个短暂政府，而是作为一个机构的议会将因未能履行职责而受到谴责。"② 他明确表示，这项职责就是推翻现政府。"我们不能再这样下去了，"他说，"必须有所改变。"必须建立一个小而强大的战争内阁，内阁成员有权监督战时工作。必须把这 3 个政党都纳入政府，联合起来，利用所有的资源和全体人民的能力。

293

埃默里说，新一届政府的领导人不能是"不适合打仗的和平时期的政治家"，他瞥了一眼坐在下议院前排的人。"妥协和拖延是人的天性……对和平时期的政治领袖来说，它们可能无伤大雅，但它们在战争中是致命的。远见、大胆、迅速和果断才是赢得胜利的关键。"

埃默里环顾房间，他的声音变小了。"无论如何，"他接着说，"我们必须成为在战斗精神、战斗勇气、战斗决心和对胜利的渴望上能与敌人匹敌的政府官员……要找到这些人可能并不容易。只有通过试炼，无情地抛弃所有失败者，才能找到他们……但我们必须找到他们，因为今天我们是在为我们的生命，为我们的自由，为我们所有的人而战。"③

埃默里停顿了一下。大厅里一片寂静，他的同僚们全神贯注地

① L. S. Amery, *My Political Life*, Vol. 3, *The Unforgiving Years 1929 - 1940*, London: Hutchinson, 1955, p. 361.

② L. S. Amery, *My Political Life*, Vol. 3, *The Unforgiving Years 1929 - 1940*, London: Hutchinson, 1955, pp. 361 - 362.

③ L. S. Amery, *My Political Life*, Vol. 3, *The Unforgiving Years 1929 - 1940*, London: Hutchinson, 1955, p. 364.

听着每一个字。他想起了那天早上草草记下的奥利弗·克伦威尔的话。他现在必须做出决定。他应该读出这句话吗？这句话言辞尖刻，甚至残酷。但当埃默里当晚研究了同僚们的表情后，他知道他可以指望他们，还能让下议院的议员站到他这边。[1] 他"极不情愿"[2] 地说："因为我说的是我的老朋友和老同事，但我认为这些词适用于当前的形势。"

埃默里低头看了看笔记。"当克伦威尔认为议会不再适合管理国家事务时，他对议会这样说，"他的声音变得强硬起来，目光紧盯着那些坐在前排长椅上的内阁成员，"你在这儿坐得太久了，对你所做的任何事都没有好处！走吧，我说，让我们了断后离开！"[3]

"看在上帝的份上，走！"

埃默里的话像子弹一样划破了空气。大臣们的脸色变了，大厅里一片嘈杂的喘息声。显而易见，人们很震惊。惊呆了的哈罗德·麦克米伦认为埃默里最后说的话是"我听过的最可怕的攻击……"[4] 在麦克米伦看来，埃默里的"富有逻辑、充满力量、令对方哑口无言"的讲话"以罕见的技巧，将每个听众心中正在形成的想法融入引文的框架中"。爱德华·斯皮尔斯说："就好像埃默里在政府的玻璃屋内投掷和自己一样大的石头……"[5] 虽然听不

294

---

[1] L. S. Amery, *My Political Life*, Vol. 3, *The Unforgiving Years 1929 – 1940*, London: Hutchinson, 1955, p. 365.

[2] L. S. Amery, *My Political Life*, Vol. 3, *The Unforgiving Years 1929 – 1940*, London: Hutchinson, 1955, p. 365.

[3] L. S. Amery, *My Political Life*, Vol. 3, *The Unforgiving Years 1929 – 1940*, London: Hutchinson, 1955, p. 365.

[4] Harold Macmillan, *The Blast of War : 1939 – 1945*, New York: Harper & Row, 1967, p. 56.

[5] Sir Edward L. Spears, *Assignment to Catastrophe*, Vol. 1, *Prelude to Dunkirk : July 1939 – May 1940*, New York: A. A. Wyn, 1954, p. 120.

到玻璃的碎裂声，但效果抵得上一连串震耳欲聋的爆炸声。《每日电讯报》的记者 J. E. 休厄尔从记者席上往下看，意识到政府刚刚遭受了"自战前以来最具破坏性的攻击"①。

在下议院晚上休会很久之后，议员们挤满了吸烟室、大厅、酒吧和威斯敏斯特宫的其他受欢迎的集会场所，他们都在谈论埃默里激动人心的演讲。② 很明显，埃默里说服了一些之前没有公开反对张伯伦的保守党人，让他们相信了张伯伦应该辞职。③ 但在国家危机时刻，他们是否敢投票反对本党执政府，仍是个未知数。也就是说，即使工党真的决定举行信任投票，仍不能确定结果是什么。正如休·道尔顿和其他工党领袖反复指出的那样，如果有机会罢免张伯伦，相当一部分保守党人将不得不放弃对政党的忠诚，转而与工党、自由党一起投票。反对派领导人必须决定是否冒险要求投票。

具有讽刺意味的是，当工党的主要议员们第二天早上开会讨论该怎么办时，结果是道尔顿最不愿意要求进行投票。他确信，尽管许多保守党人可能会弃权，但真正鼓起勇气投票反对政府的人不会超过 12 人。④ 马杰森的控制力太强了，党派忠诚的拉力太大了。道尔顿认为，投信任票是一场可怕的赌博。如果事与愿违，促使保守党成员团结起来支持张伯伦，将使这位相信失败主义的首相在英国面临历史上最大危险的时候继续掌权。但是埃默里的演讲说服了

295

① J. E Sewell, *Mirror of Britain*, London: Hodder & Stoughton, 1941, p. 164.
② Harold Macmillan, *The Blast of War: 1939 – 1945*, New York: Harper & Row, 1967, p. 58.
③ L. S. Amery, *My Political Life*, Vol. 3, *The Unforgiving Years 1929 – 1940*, London: Hutchinson, 1955, p. 365.
④ Hugh Dalton, *The Fateful Years: Memoirs 1931 – 1945*, London: Muller, 1962, p. 305.

艾德礼和其他人去冒险。① 他们不顾道尔顿的反对，决定在当晚深夜辩论结束时要求分组投票。亚瑟·格林伍德说，如果赌博失败，保守党将承担责任。"任何改变的责任都不在我们，"格林伍德说，"这是保守党的责任，他们的责任远远大于我们。"

大约在当天上午的同一时间，索尔兹伯里勋爵的监察委员会的成员们正在他位于阿灵顿街的豪宅里开会，决定他们自己的行动计划。索尔兹伯里的言论很难让道尔顿和其他工党领袖放心。他认为，如果工党要求分组投票，保守党"反叛分子"应该通过弃权来表达他们对政府的不满。② 然而，监察委员会的大多数其他成员得出的结论是，弃权作为一种抗议太无力了。"埃默里的话在我们耳边回响。"③ 哈罗德·麦克米伦回忆道。

与此同时，政府被埃默里演讲的影响震惊了。一夜之间，张伯伦和他手下的自信消失了，取而代之的是日益增长的焦虑和恐慌。"今天早上，每个人都处于低潮，比我所见过的低潮还要低落。"④ 约翰·科尔维尔写道。当天下午，当下议院再次开会时，赫伯特·莫里森（Herbert Morrison）宣布，工党在辩论结束时要求分组投票，实质上是对首相发起信任投票，使张伯伦的支持者变得更加不安。"当时我们就知道这将是一场战争。"⑤ 钱农写道。

莫里森刚说完，张伯伦就跳起来，脸涨得通红。前一天晚上，

① John Barnes and David Nicholson, *The Empire at Bay : The Leo Amery Diaries 1929 – 1945*, London: Hutchinson, 1980, p. 593.
② Paul Emrys-Evans Diary, May 8, 1940, Emrys-Evans Papers.
③ Harold Macmillan, *The Blast of War: 1939 – 1945*, New York: Harper & Row, 1967, p. 59.
④ John Colville, *Footprints in Time : Memories*, London: Century, 1985, p. 118.
⑤ Robert Rhodes James, ed. , *"Chips" : The Diaries of Sir Henry Channon*, London: Phoenix, 1999, p. 245.

他以前的朋友埃默里的讲话震惊了他，也激怒了他，他决心要进行反击。"我并不想逃避批评，"他厉声说道，"但是我要告诉我在下议院的朋友们——我在下议院也有朋友——除非得到公众和议会的支持，否则任何政府都无法有效地发动战争。"[1] 面对保守党议员，首相激动地宣布："我接受这个挑战。我对此表示欢迎。至少我会看到谁支持我们，谁反对我们，我呼吁我的朋友们今晚在大厅里支持我们。"

296

张伯伦采用他熟悉的战术，要求他的"朋友"，即忠诚的保守党议员投票支持政府，还直接威胁了那些打算不这么做的人。以前这种做法起作用：威胁、欺凌、坚持对政党和首相的忠诚胜过其他任何考量。再一次，就像处理慕尼黑事件的余波和战争爆发时一样，他似乎只关注自己。他又一次把关乎国家最高利益的问题变成了纯粹的个人问题。"他把这个生死攸关的重大问题变成了谁是他的朋友、谁不是他朋友的问题，这是极度顽固、极度致命的性格。"[2] 维奥莉特·博纳姆·卡特评论道。

张伯伦的挑战只会加剧议会各方的敌意和愤怒，演讲者越来越多地被对手的嘘声和嘲笑声打断。达夫·库珀站起来谴责首相，宣布他计划投票反对政府。大卫·劳合·乔治即将年满80岁，他对自己的宿敌发起了猛烈抨击，称首相在战争中无所作为，使下议院陷入了一片混乱。他说："这不是谁是首相朋友的问题，而是一个更大的问题。"[3] 注意到张伯伦呼吁牺牲，劳合·乔治轻蔑地把笔记本扔到面前的桌子上，说："首相应该树立牺牲的榜样，因为在这场

---

[1] William Manchester, *The Last Lion : Winston Spencer Churchill : Alone, 1932 – 1940*, New York: Dell, 1988, p. 653.

[2] Bonham Carter Notebook, "The Thirties," Bonham Carter Papers.

[3] Martin Gilbert, *Winston S. Churchill*, Vol. 6, *Finest Hour, 1939 – 1941*, Boston: Houghton Mifflin, 1983, p. 293.

战争中，没有什么比他牺牲官职的封印更能促进胜利了。"

像库珀和张伯伦的大多数敌人一样，劳合·乔治采取了一种微妙的平衡手段，试图把张伯伦和他的政府赶下台，同时试图保护温斯顿·丘吉尔不受其影响。"我认为海军大臣不应该为在挪威发生的所有事情负责。"[1] 劳合·乔治说，但丘吉尔跳起来，宣布他"对海军部所做的一切负全部责任"。劳合·乔治告诫丘吉尔，这样的忠诚是错误的。海军大臣不能"让自己变成一个防空洞，防止炸弹碎片击中他的同僚"。

随着整个下午和晚上的演讲不断进行，会议室外的阴谋和游说活动变得更加疯狂。奇普斯·钱农评论道："这些'魅力男孩'的嘴唇在动，但我们尚不清楚他们的全部实力。"[2] 在张伯伦的领导下，马杰森和其他的政府党鞭无情地向保守党议员施压，交替警告投票反对张伯伦的个人后果，并承诺如果首相赢得信任投票，将对政府进行全面改革。[3]

就在丘吉尔即将发表演讲之前，埃默里的反叛组织成员聚集在下议院委员会的一个房间里，与"义务警员"成员召开秘密会议。这是两个共有约80名议员的团体首次在一起开会。他们联合起来，指定埃默里为领袖，同意投票反对首相。从两年多前艾登辞职开始，在经历了犹豫不决和投票弃权之后，"反叛分子"终于采取了明确的立场。

会议结束后，麦克米伦在吸烟室停了下来，他发现海军大臣正

---

① Martin Gilbert, *Winston S. Churchill*, Vol. 6, *Finest Hour*, *1939 – 1941*, Boston: Houghton Mifflin, 1983, pp. 293 – 294.

② Robert Rhodes James, ed., *"Chips"*: *The Diaries of Sir Henry Channon*, London: Phoenix, 1999, p. 244.

③ Harold Macmillan, *The Blast of War*: *1939 – 1945*, New York: Harper & Row, 1967, p. 59.

在那里点雪茄。丘吉尔示意他过去，麦克米伦走过去祝他好运，但表示他对政府的辩护不会太有说服力。丘吉尔问道："为什么不呢？"① "因为，"麦克米伦答道，"我们必须有一位新首相，而这位首相一定是你。"海军大臣咆哮道，他已经"签约出航，并将继续留在船上"。但是，麦克米伦后来写道："我不认为他真生气了。"

几分钟后，丘吉尔大步走进会议室，布兰登·布拉肯紧随其后。用迪克·劳的话来说："丘吉尔的眼睛里冒着火，下巴像战舰的撞角一样凸出。"② 丘吉尔在张伯伦身旁坐下，和他商量了一会儿。接着，他站起来为首相和他的政府进行了一场好斗的辩护，但没有发表任何自战争初期以来他私下里对内阁同僚提出的批评。具有讽刺意味的是，这位战前最有影响力的评论家现在充当了政府最热情的捍卫者。"一眼就能看出他很想和人吵架，他情绪激动而且乐在其中……他发现自己的处境是：保护他的敌人和他不相信的事业。"③ 奇普斯·钱农写道。然而，钱农有一点是错的。尽管丘吉尔可能不同意张伯伦指挥战争，但他并不认为首相是敌人。就在几天前，他还感谢张伯伦对他的信任，并答应以完全忠诚为回报，并说他会尽最大努力"让一切进展顺利"④。

在下议院，丘吉尔否认他对战争的看法与其他内阁成员不同，要求他的议员们"消除这些错觉"⑤。他把演讲的大部分时

---

① Harold Macmillan, *The Blast of War: 1939 - 1945*, New York: Harper & Row, 1967, p. 61.

② 理查德·劳未出版的回忆录。

③ Robert Rhodes James, ed., *"Chips": The Diaries of Sir Henry Channon*, London: Phoenix, 1999, p. 246.

④ Nick Smart, *British Strategy and Politics During the Phony War*, Westport, Conn.: Praeger, 2003, p. 229.

⑤ J. E. Sewell, *Mirror of Britain*, London: Hodder & Stoughton, 1941, p. 177.

间花在为政府对挪威战役的处理方式辩护上。在埃默里看来，尽管是用“他最有说服力的方式”来讲述，但这“是一个相当令人费解的说法”①。海军大臣继续附和张伯伦呼吁国家团结，并重申了首相的主张，指出对政府的批评将正中德国下怀。丘吉尔转身怒视保守党“反叛分子”，他们中的大多数人想让丘吉尔做首相，丘吉尔“呼吁放下战前的宿怨和个人恩怨”②。他耸起肩膀，噘起下唇，宣布：“让我们保持对共同敌人的仇恨。忽视党派利益。”③

约翰·派克（John Peck）是丘吉尔在海军部的一名年轻下属，他听海军大臣演讲时感到“莫名的不安”④，觉得“听起来不完全是真的”。维奥莉特·博纳姆·卡特认为，丘吉尔的“演讲结尾听起来措辞谨慎，丘吉尔很勉强，他不能全身心投入做这件事”⑤。其他人则指出，丘吉尔小心地将自己局限于对挪威远征的辩护中，并没有在政府是否适合领导战争这一整体问题上花太多时间，毕竟这才是辩论的真正焦点。“关于挪威战役只是辩论中的一部分，主要问题仍然没有得到回答。”⑥ J. E. 休厄尔说。

工党和自由党成员不同意丘吉尔的讲话。他们如此无情地诘

① Graham Stewart, *Burying Caesar: The Churchill-Chamberlain Rivalry*, London: Weidenfeld & Nicolson, 1999, p. 412.

② Sir Edward L. Spears, *Assignment to Catastrophe*, Vol. 1, *Prelude to Dunkirk: July 1939 – May 1940*, New York: A. A. Wyn, 1954, p. 128.

③ Martin Gilbert, *Winston S. Churchill*, Vol. 6, *Finest Hour*, *1939 – 1941*, Boston: Houghton Mifflin, 1983, p. 298.

④ William Manchester, *The Last Lion: Winston Spencer Churchill: Alone*, *1932 – 1940*, New York: Dell, 1988, p. 656.

⑤ Mark Pottle, *Champion Redoubtable: The Diaries and Letters of Violet Bonham Carter 1914 – 1941*, London: Weidenfeld & Nicolson, 1998, p. 210.

⑥ J. E. Sewell, *Mirror of Britain*, London: Hodder & Stoughton, 1941, p. 177.

问，结果丘吉尔终于发脾气了，冲反对党议员席愤怒地大喊大叫，而工党和自由党则予以回击。在这场口角之争中，休厄尔得出结论，丘吉尔的"听众不会被他的言辞所影响"①。后来他写道："他的讲话，无论是在事前还是事后，都没有给人留下什么印象。"②

299

在这场可以说是英国议会历史上最重要的辩论中，最终对英国命运产生最持久影响的是利奥·埃默里的雄辩，而不是温斯顿·丘吉尔的演讲。

丘吉尔在晚上11点前结束了演讲。保守党"反叛分子"们为之努力的时刻终于到来了。议长命令道："清空大厅！"看门人按响了门铃。警察在外面的走廊里喊："分组投票。"他向所有不在议会厅的议员发出提醒，告诉他们即将进行投票。

多年后，保守议员们回忆说，接下来的几分钟是他们一生中最紧张、最痛苦的时刻之一。有一小会儿，甚至一些持不同政见者对投票反对政府的想法也产生了动摇。③"反叛分子"们知道，如果他们反对张伯伦，如果政府获胜，他们在政治上将注定失败。在辩论中，他们还不得不与张伯伦和丘吉尔提出的问题角力：在战争时期、在冲突的特别关键时刻，投票反对他们的政府是否正确。

当议员们从长椅上站起来的时候，晚上的紧张气氛升级成了怨恨和相互指责。曾经是密友的议员们互相辱骂。"卖国贼！"④ 亲张

① J. E. Sewell, *Mirror of Britain*, London: Hodder & Stoughton, 1941, p. 177.
② J. E. Sewell, *Mirror of Britain*, London: Hodder & Stoughton, 1941, p. 177.
③ Sir Edward L. Spears, *Assignment to Catastrophe*, Vol. 1, *Prelude to Dunkirk: July 1939 – May 1940*, New York: A. A. Wyn, 1954, pp. 124 – 125.
④ Robert Rhodes James, ed., *"Chips": The Diaries of Sir Henry Channon*, London: Phoenix, 1999, pp. 246 – 247.

伯伦的议员们对那些明确表示计划投票反对首相的人大喊大叫。①
"应声虫!""反叛分子"喊道。奇普斯·钱农表示,议会厅一片混
乱。政府的党鞭们一直在游说,直到最后一刻。当保守党人涌向会
议室的后面时,他们催促党员们再一次投票给政府,承诺张伯伦第
二天会同意他们重建政府的要求。查尔斯·泰勒(Charles Taylor)
是张伯伦的支持者,曾决定投票反对政府,他回忆起当时马杰森曾
给他"可怕的压力"②,要求他改变主意。"你知道温斯顿·丘吉尔
今晚会支持内维尔·张伯伦吗?"马杰森问道。"他当然会的,"泰
勒回答,"他必须支持,他是海军大臣。"

300

　　事实上,议员们出现了分化,支持政府的议员们右转,进入表
示"赞成"的大厅;反对张伯伦的议员们左转,进入表示"反对"
的大厅。丘吉尔和安东尼·艾登都是政府的支持者,他们都向右
转。加入政府支持者行列的还有他们的议会私人秘书布兰登·布拉
肯和吉姆·托马斯。但这两个年轻人是迫于压力才这么做的。他们
都急于投票反对张伯伦,但他们的上级和一些持不同政见者提醒他
们,如果他们这么做,他们的投票将被解读为反映了丘吉尔和艾登
的个人观点。"这是一个悲哀的结局,(从1938年艾登辞职以来)
我就一直在等待这一天,"托马斯后来在给因病无法参加辩论的博
比提·克兰伯恩的信中写道,"我仍然不确定我们是对的。"③

　　大厅与其说是房间,不如说是长廊,议员们排成一列,等着轮

---

①　张伯伦的支持者使用了"叛徒"一词,这个词一个月前才开始使用,就在挪威
　　法西斯领导人维德孔·基斯林(Vidkun Quisling)与德国合作,使其入侵并占
　　领他的祖国后。

②　Martin Gilbert, *Winston S. Churchill*, Vol. 6, *Finest Hour*, *1939 - 1941*, Boston:
　　Houghton Mifflin, 1983, p. 299.

③　Andrew Roberts, *Eminent Churchillians*, New York: Simon and Schuster, 1994,
　　p. 139.

到他们穿过大厅。他们一进大厅，就把自己的名字报给每个大厅的两名部门职员，然后他们在名单上打钩。议员们随后穿过大厅，从半掩着的两扇门离开。大门两侧有两名同事担任计票员，他们在每个议员离开时清点人数。

利奥·埃默里神情严肃地大步走进表示"反对"的大厅。迪克·劳和保罗·埃默斯－埃文斯紧随其后，再后面是哈罗德·麦克米伦、罗纳德·特里和哈罗德·尼科尔森。保守党人不断涌现：鲍勃·布思比、杰克·麦克纳马拉、邓肯·桑兹，甚至还有一些张伯伦以前的支持者，如对他的战争行为不再抱有幻想的阿斯特勋爵夫人。

爱德华·斯皮尔斯跟着达夫·库珀进入了表示"反对"的大厅，看到大卫·马杰森是门口的计票员之一。对斯皮尔斯来说，这是痛苦的时刻。在第一次世界大战中，他曾和马杰森一起服役，尽管他们在政治上有分歧，但斯皮尔斯仍然把政府的首席党鞭当作朋友。他看着马杰森带着"无法平息的怨恨"[1] 看了库珀一眼，库珀向他微微鞠了一躬（这是神秘的分组投票仪式的一部分），马杰森宣布了"151"，这是反对首相的最新票数。于是，斯皮尔斯向马杰森鞠了一躬，当党鞭马杰森淡淡地宣布"152"时，他快步走出门去。斯皮尔斯写道，在对挪威事件的辩论中投票反对政府，"比我在第一次世界大战中经历的任何事情都要困难得多"[2]。然而，他相信这是国家生存的必要条件。他的投票以及其他"反叛分子"们的投票是"我们对战争的贡献，是我们战斗的方式"。

但对当晚等待投票的20多名议员来说，战斗不仅仅意味着参

[1] Sir Edward L. Spears, *Assignment to Catastrophe*, Vol. 1, *Prelude to Dunkirk: July 1939–May 1940*, New York: A. A. Wyn, 1954, p. 129.

[2] Sir Edward L. Spears, *Assignment to Catastrophe*, Vol. 1, *Prelude to Dunkirk: July 1939–May 1940*, New York: A. A. Wyn, 1954, p. 129.

与议会的激烈辩论，尽管这至关重要。他们是陆军、皇家海军、皇家空军的现役军人，是被党鞭召集来参加这场辩论的。与参加过第一次世界大战的英国年轻人不同，他们有机会影响政府对战争的处理方式。他们中的大多数人是保守党，是张伯伦坚定的支持者。但他们几乎所有人都投票反对张伯伦。

有些人，比如女王皇家团的陆军中校罗伊·怀斯（Roy Wise），就被卷入了挪威的惨败。"我刚从纳姆索斯回来就投票反对政府。"怀斯告诉休·道尔顿，"我代表我的战友投票。我们遭到了德国飞机的轰炸，没有任何可以回击的武器，甚至连机枪都没有。"① 另一位从挪威战场撤退的年轻人长期以来都是张伯伦的崇拜者，默默地走进反对派的大厅，泪流满面。② 刚愎自用的道尔顿环顾大厅，发现自己也在哭，"似乎到处都是穿着卡其色制服、海军制服和空军制服的年轻保守党成员——他们中的许多人投了最后一票，支持他们的国家，反对他们的政党"③。

一个被道尔顿发现的年轻军官是下议院的新人，25 岁的约翰·普罗富莫（John Profumo），他刚在北安普敦郡的一次补选中当选为议会议员。这位牛津大学毕业生在张伯伦政府的支持下，获得了候选人的资格。他从他在埃塞克斯郡的部队获准休假，参加辩论，尽管他的同僚们怀疑贪玩的普罗富莫会去夜总会放松而不是去下议院。④ 但普罗富莫恪尽职守地出现在会议室，受到了反对张伯

① Hugh Dalton, *The Fateful Years: Memoirs 1931 – 1945*, London: Muller, 1962, p. 343.
② Duff Cooper, *Old Men Forget: An Autobiography of Duff Cooper*, London: Century, 1986, p. 279.
③ Ben Pimlott, ed., *The Political Diary of Hugh Dalton: 1918 – 1940*, London: Jonathan Cape, 1986, p. 342.
④ Roy Jenkins, *Churchill: A Biography*, New York: Farrar, Straus & Giroux, 2001, p. 582.

伦的"反叛分子"的观点的影响，决定履行职责：为了国家和军
302　团的利益，投票反对政府。

　　时间一分一秒地过去，几名保守党人仍坐在座位上，表示他们
打算投弃权票。但还有一位年轻的保守党议员还没有决定该怎么
做。自从 1938 年末在牛津的补选中获胜以来，奎尼汀·霍格
（Quintin Hogg）就被认为是绥靖政策的代表。他仍然是张伯伦坚定
的支持者，战争开始后不久，他就加入了英国地方自卫队并被派往
林肯郡接受训练。像罗纳德·卡特兰和许多其他自卫队军官一样，
霍格很快发现政府似乎没有兴趣让他和他的士兵备战。他后来说：
"9 个月来，我一直在……一支部队，既没有装备，也没有训练，
还没有交通工具来从事野外作业。"[1] 霍格和他的战友没有野外训
练，没有足够的武器（除了一把 0.45 口径的柯尔特手枪和发给霍
格本人的 3 颗子弹外），也没有与坦克部队或英国皇家空军进行协
作演习。

　　霍格从林肯郡来到伦敦时，"心情非常糟糕"[2]。经过两天的辩
论，他仍在为如何投票而苦恼。他坚定地忠诚于保守党，但他也认
为政府在应对战争时"完全没有勇气"[3]。他的上级告诉他投政府
的票，如果他做不到，就投弃权票。正如他后来所说，"这届政府
必须被推翻"。他在板凳上坐了近 6 分钟，这是分配给一个部门的时
间。就在看门人准备动手锁大厅门之前，奎尼汀·霍格从座位上站起
来。他毅然大步走到会议室后面，左拐进了表示"反对"的大厅。

---

① Lord Hailsham, *A Sparrow's Flight：The Memoirs of Lord Hailsham of Marylebone*, London：Collins, 1990, p. 135.

② Lord Hailsham, *A Sparrow's Flight：The Memoirs of Lord Hailsham of Marylebone*, London：Collins, 1990, p. 136.

③ Lord Hailsham, *A Sparrow's Flight：The Memoirs of Lord Hailsham of Marylebone*, London：Collins, 1990, p. 136.

分组投票结束后，议员们纷纷回到议会厅等待结果，所有人都"非常紧张"①，斯皮尔斯记得，"他们看起来就像绷紧的电线在颤动"。房间里又挤满了人。议员们挤在过道上，簇拥在议长的椅子周围，旁听席上的每个座位都坐满了人。在漫长的等待之后，4个计票员走进来，在议长面前站定，按惯例鞠躬。大卫·马杰森站在右边，这意味着政府赢了。但是赢了多少票呢？大厅里鸦雀无声，人们的注意力集中在政府首席党鞭那瘦高的身影上。马杰森用平静、平和的声音读出了票数：赞成，281票；反对，200票。议员们倒吸了一口凉气，寂静消失在一片混乱之中。张伯伦的得票数由通常的250或更多减少到81票！42名保守党议员投了反对票，超过40人故意弃权，以示对政府的不满。总共有超过20%的保守党后座议员公开反对他们的首相。大家都很清楚张伯伦表面上的胜利实际上是一场令人震惊的失败。

工党和自由党的议员们，连同哈罗德·麦克米伦和其他一些保守党的"反叛分子"，一跃而起，欢呼，叫喊，挥舞着他们的议事日程表，而张伯伦的支持者们则目瞪口呆地坐在座位上。"辞职"和"看在上帝的份上，走"的喊声回荡在空气中。乔赛亚·韦奇伍德唱起了英国皇家海军军歌《不列颠万岁》（*Rule，Britannia*），坐在他旁边的麦克米伦也一起唱。② 在一片狂乱之中，张伯伦突然站起来，脸色苍白。当马杰森指示保守党的忠实支持者们站起来为这位地位不稳的首相欢呼时，张伯伦跨过前排长凳上同僚的脚，走出了会议室。他的妻子，身穿黑色外套，戴着黑色礼帽，佩戴着一束

① Sir Edward L. Spears, *Assignment to Catastrophe*, Vol. 1, *Prelude to Dunkirk：July 1939 – May 1940*, New York：A. A. Wyn, 1954, p. 129.

② Harold Macmillan, *The Blast of War：1939 – 1945*, New York：Harper & Row, 1967, p. 62.

紫罗兰，从旁听席上看着，"无限怆然"①。

　　对于在场的几乎每一个人，甚至是那些为了这一天而努力工作数月甚至数年的人来说，这是一个痛苦的时刻。利奥·埃默里在舷梯下面的座位上看着，他并不后悔自己的致命一击——他坚信这是必需的——但他为自己给老朋友造成的个人伤害感到遗憾。鲍勃·布思比站在议长的椅子旁边，望着张伯伦驼背的身影，张伯伦看起来"非常悲伤和可怜"②，他的身影慢慢地走进椅子后面的黑暗走廊，消失在他的视线中。布思比想起了慕尼黑事件后凯旋的张伯伦，周围人潮涌动，不禁"在他倒下的这一时刻，为他感到非常遗憾"③。

　　然而，首相的铁腕支持者对保守党的同僚们却没有这种宽宏大量，他们认为这些人对张伯伦的羞辱负有责任。当天晚上下议院休会后，财政部财务长尤安·华莱士（Euan Wallace）没有进入议员的大厅，因为他后来说，如果他进去了，就会把20年前他在加拿大的副官麦克米伦干倒。④ 那些冒险进入大厅的议员们目睹了几次对峙。一位亲张伯伦的议员轻蔑地对一位保守党"反叛分子"说，他和他的朋友们就像"穿着保守党制服降落在我军后方的敌军空降队"⑤。罗纳德·特里被几位忠于政府的人围攻，他们指责他投票反对政府。"你已经得到了你一直努力想得到的东西，"一个人

304

①　Robert Rhodes James, ed., "Chips": The Diaries of Sir Henry Channon, London: Phoenix, 1999, p. 369.

②　Sir Edward L. Spears, Assignment to Catastrophe, Vol. 1, Prelude to Dunkirk: July 1939-May 1940, New York: A. A. Wyn, 1954, p. 130.

③　Robert Rhodes James, Robert Boothby: A Portrait of Churchill's Ally, New York: Viking, 1991, p. 244.

④　Simon Ball, The Guardsmen: Harold Macmillan, Three Friends, and the World They Made, London: HarperCollins, 2004, p. 212.

⑤　Andrew Roberts, Eminent Churchillians, New York: Simon and Schuster, 1994, p. 145.

咆哮道,"我只希望你会后悔一辈子。"① 事实上,首相的一些支持者已经下决心要让他真的后悔。特里曾被提名为英国皇家赛艇舰队的会员,但在投票后的第二天,他的提名被否决了。后来有人告诉他,前一天晚上他离开家时,无意中听到一个党鞭在说:"我会好好把握修理特里的机会。"② 特里称这种拒绝让他加入俱乐部的行为是"孩子气的报复"。这当然是报复。事实很快证明,特里并不是唯一被报复的保守党异见人士。

投票反对首相的年轻军官也受到威胁和指责。投票后的第二天早上,大卫·马杰森对约翰·普罗富莫进行了猛烈的抨击,指责他背叛了他当选时所支持的每一个原则。"我可以告诉你,你这个卑鄙的小混蛋,"马杰森吐了一口唾沫,接着说,"在你余生醒来的每一个早晨,你都会为昨天晚上的所作所为而感到羞愧。"③ 多年后,普罗富莫指出,首席党鞭大错特错。

在回林肯郡的路上,一位同为保守党议员的同僚给了奎尼汀·霍格类似的威胁,霍格反驳道:"6 个月后再对我说这些!"④ 他重新加入了他的步枪队,直到后来才知道,在投票后的几天里,他家收到了数百封来自政府支持者的恐吓信。妻子没有把这些信转寄给他。

6 个月后,霍格和他的部队在中东与德国人作战。他的保守党同僚从未回应他的挑战。

305

① Ronald Tree, *When the Moon Was High*, London:Macmillan, 1975, p. 114.
② Ronald Tree, *When the Moon Was High*, London:Macmillan, 1975, p. 114.
③ Roy Jenkins, *Churchill:A Biography*, New York:Farrar, Straus & Giroux, 2001, p. 583.
④ Lord Hailsham, *A Sparrow's Flight:The Memoirs of Lord Hailsham of Marylebone*, London:Collins, 1990, p. 139.

第十八章
"不惜一切代价夺取胜利"

1940 年 5 月 8 日午夜，下议院休会，有人问兴高采烈的休·道尔顿接下来会发生什么。道尔顿答道："这位老人必须前往白金汉宫（递交辞呈）。"① 然而，感谢温斯顿·丘吉尔，张伯伦做出了不同的决定。

事实上，投票一结束，首相就把丘吉尔召到他在威斯敏斯特宫的办公室，告诉他自己要辞职，必须组建一个新的国家政府。但丘吉尔的慷慨和忠诚又一次战胜了他。令人惊讶的是，他敦促张伯伦为保住职位而战斗："这是一场具有破坏性的辩论，但你已经赢得了绝大多数人的支持。别把这件事放在心上。"② 在丘吉尔的支持下，张伯伦决定坚持下去。他去了王宫，告诉国王他计划继续执政并重组政府。

张伯伦在议会的反对者们被这个消息和丘吉尔在其中所起的的作用震惊了。一位保守党的异见者尖刻地说，首相"就像一块粘

---

① Hugh Dalton, *The Fateful Years: Memoirs 1931 - 1945*, London: Muller, 1962, p. 306.

② Winston Churchill, *The Gathering Storm*, Boston: Houghton Mifflin, 1948, p. 661.

在椅子腿上的被嚼过的口香糖"①。他怎么能认为自己还能继续掌权
呢？他的反对者集结起来阻止这种情况发生，而他和他的支持者们
同样不遗余力地努力确保他不被反对者围攻。在接下来的两天里，
议会和唐宁街充斥着窃窃私语和秘密会议、阴谋诡计和计中计。

　　张伯伦被告知，一些在前一晚投了弃权票或反对他的保守党人
正在改变主意，他从 1940 年 5 月 9 日一大早就打电话，试图安抚
那些犹豫不决的人。在与一些议员的谈话中，他提出，如果内阁成
员同意支持他留任，他将开除内阁中的主要绥靖者，包括塞缪尔·
霍尔、约翰·西蒙和金斯利·伍德。② 在那天的某个时刻，在霍勒
斯·威尔逊的怂恿下，张伯伦邀请利奥·埃默里到自己的办公室，
在同样的条件下，让他挑选内阁中的任一高级职位，包括外交大臣
和财政大臣。③ 埃默里拒绝了张伯伦的提议，他在日记中指出，
"内维尔的顾问们"④ 似乎认为个人晋升与否是反对者批评和反对
他的唯一动机。

　　埃默里和其他反对派议员迅速采取行动阻止首相的竞选活动。
那天早上，监察委员会通过了一项决议，宣布张伯伦必须辞职，并
选择哈利法克斯或丘吉尔组成一个全党政府。⑤ 几个小时后，埃默
里的团队和"义务警员"组织，以及其他投票反对政府的议员们

①　Hugh Dalton, *The Fateful Years : Memoirs 1931 – 1945*, London: Muller, 1962, p. 308.
②　Hugh Dalton, *The Fateful Years : Memoirs 1931 – 1945*, London: Muller, 1962, p. 308.
③　Hugh Dalton, *The Fateful Years : Memoirs 1931 – 1945*, London: Muller, 1962, p. 308.
④　John Barnes and David Nicholson, *The Empire at Bay : The Leo Amery Diaries 1929 – 1945*, London: Hutchinson, 1980, p. 612.
⑤　L. S. Amery, *My Political Life*, Vol. 3, *The Unforgiving Years 1929 – 1940*, London: Hutchinson, 1955, p. 370.

会面，得出了类似的结论。他们决定支持任何能够组建真正国家政府的首相，"根据功绩而不是根据党鞭的命令来任命，并组建一个真正的战争内阁"① ——换句话说，就是由丘吉尔或哈利法克斯任首相。

和以前一样，麦克米伦、布思比、克莱门特·戴维斯和其他几个人也敦促"反叛分子"站出来支持丘吉尔，反对哈利法克斯。② 但是时任主席的埃默里再次表示反对。他说，现在的焦点必须是除掉张伯伦。许多在前一天晚上投票反对首相的人，包括艾德礼、道尔顿和其他工党成员，以及相当数量的保守党成员，更倾向于支持哈利法克斯，而不是丘吉尔。索尔兹伯里勋爵、监察委员会的大多数同僚，以及国王也是如此——自从他在慕尼黑事件后与张伯伦一起在白金汉宫的阳台上露面以来，他对政府政策的支持就一直很明确。这些人都对海军大臣心存疑虑，尤其在他们看来，丘吉尔冲动、轻率，他在挪威事件中的表现几乎无法消除人们的疑虑。

埃默里说，"党鞭们非常活跃"③，张伯伦对不满的保守党议员"做出了大量安抚的承诺"。时间至关重要。埃默里认为，必须首先把张伯伦的防御行动扼杀在萌芽状态，然后才能关注他的继任者问题。其他持不同政见者最终同意了他的观点，布思比被派去告诉工党和自由党的领导人已经做出的决定。"反叛分子"和工党之间的接触始于哈罗德·麦克米伦和休·道尔顿在慕尼黑事件后的秘密

---

① L. S. Amery, *My Political Life*, Vol. 3, *The Unforgiving Years 1929 - 1940*, London: Hutchinson, 1955, p. 371.

② Harold Macmillan, *The Blast of War: 1939 - 1945*, New York: Harper & Row, 1967, p. 63.

③ Harold Nicolson, *The War Years: Diaries and Letters*, Vol. 2, *1939 - 1945*, New York: Atheneum, 1967, p. 81.

会晤，现在终于有了结果。

布思比在安妮酒吧（Annie's Bar）找到了道尔顿，这是一个很受欢迎的聚会场所，离下议会厅不远。① 布思比问道尔顿，"反叛分子"的决定是否有助于支持工党领袖反对张伯伦。道尔顿肯定地回答他，"我们党的任何成员都不会在张伯伦手下任职"，并同意让新闻界知道保守党"反叛分子"和工党让首相下台的共同决心。几分钟后，道尔顿在大厅里看到布思比，布思比周围都是记者，正在记下他的话。

然而，尽管布思比、戴维斯和丘吉尔的其他拥护者继续策划推翻首相，但他们并没有停止推动海军大臣的竞选，也没有停止摧毁哈利法克斯的企图。尤其是戴维斯，以布思比在蓓尔美尔街的公寓为基地，坚持不懈地努力推动丘吉尔的事业。② 这位独立议员是艾德礼和格林伍德的密友，他利用这些关系试图削弱工党长期以来对丘吉尔的反感。罗伯特·罗兹·詹姆斯指出："任何级别的工党领袖都不会把丘吉尔视为朋友，甚至不会同情他的事业。"③ 工党的敌意不仅源于丘吉尔多年来对工党的野蛮批评。（他曾宣称，工党政府在英国的选举是"一场严重的民族不幸"，就像在战争中失败一样。）许多工党党员还认为，1910 年，时任内政大臣的丘吉尔曾派兵镇压威尔士汤尼潘帝煤矿工人罢工引发的骚乱。这不是真的。事实是暴乱结束后，丘吉尔派军队帮助维持治安。尽管如此，汤尼潘帝煤矿工人罢工事件仍然影响了丘吉尔后半生的政治生涯。

308

---

① Ben Pimlott, ed., *The Political Diary of Hugh Dalton : 1918 - 1940*, London : Jonathan Cape, 1986, p.343.

② Robert Rhodes James, *Robert Boothby : A Portrait of Churchill's Ally*, New York : Viking, 1991, p.245.

③ Robert Rhodes James, *Churchill : A Study in Failure 1900 - 1939*, New York : World Publishing Co., 1970, p.331.

1940 年 5 月 9 日一整天，戴维斯都在为丘吉尔游说艾德礼和格林伍德，提醒他们想起哈利法克斯曾支持绥靖政策，还宣称丘吉尔是唯一有精力和干劲领导英国熬过战争的人。傍晚时分，他已经取得了相当大的进展，他告诉布思比，工党领导人现在"无法在 P. M. 和哈利法克斯之间选择，也不准备在后者手下任职"①。布兰登·布拉肯也在劝说艾德礼和格林伍德，他坚信丘吉尔不会为哈利法克斯工作，并敦促他们不要拒绝在丘吉尔手下任职。②

当丘吉尔得知布拉肯所说的话后，他愤怒地指责他的议会私人秘书，宣称自己确实愿意在哈利法克斯，或任何有能力指挥战争的大臣手下任职。③ 尽管如此，如果张伯伦不继续留任，丘吉尔依旧被认为是接替首相的不二人选。那天下午，在张伯伦在唐宁街召集的一次会议上，他明确地表达了自己的观点，但并没有坚持自己的观点。首相向丘吉尔、哈利法克斯和大卫·马杰森承认，工党必须加入政府。④ 他表示，如果工党领袖拒绝加入他的内阁，他准备辞职。当然，接下来的问题是谁来接替他的位置。

丘吉尔知道张伯伦想要哈利法克斯做他的继任者。当天早些时候，当张伯伦提出接替他的问题时，金斯利·伍德敦促海军大臣不要同意在哈利法克斯手下任职。⑤ 伍德说，事实上，当

① Robert Boothby to Winston Churchill, May 9, 1940, Churchill Papers.

② L. S. Amery, *My Political Life*, Vol. 3, *The Unforgiving Years 1929 – 1940*, London: Hutchinson, 1955, pp. 371 – 372.

③ John Barnes and David Nicholson, *The Empire at Bay : The Leo Amery Diaries 1929 – 1945*, London: Hutchinson, 1980, p. 595.

④ David Dilks, ed., *The Diaries of Sir Alexander Cadogan 1938 – 1945*, New York: Putnam, 1971, p. 280.

⑤ Robert Rhodes James, *Anthony Eden*, London: Weidenfeld & Nicolson, 1986, p. 226.

问题出现时丘吉尔什么也不应该说，布拉肯显然也提到了这一点。考虑到伍德一直是张伯伦最坚定的支持者之一，在最后一刻他却转而支持丘吉尔，这似乎有些奇怪。他的决定可能与张伯伦一整天都在告诉其他人，为了自己，他愿意丢下伍德和其他内阁成员有很大关系。

　　无论如何，丘吉尔还是按照伍德和布拉肯的建议去做了。他在会上保持沉默，让哈利法克斯主持谈话。尽管哈利法克斯早些时候告诉外交次大臣拉布·巴特勒，他确信自己能胜任首相的工作，但他并没有成为政府首脑的野心。① 与丘吉尔不同的是，他对军事事务和战争策略知之甚少，也不太关心。如果他成为首相，他将不得不任命丘吉尔为国防大臣，从而使温斯顿在战争期间成为政府的关键人物。哈利法克斯花了很长时间来对付不可压制的海军大臣丘吉尔。他确信，如果让丘吉尔负责所有的战争行动，他将难以驾驭他。而且，由于哈利法克斯是上议院议员，他与丘吉尔不同，在下议院没有发言权。但哈利法克斯对首相一职缺乏热情，可能也反映出他意识到保守党党员及其盟友发起的支持丘吉尔的运动日益高涨。的确，马杰森在会议中指出，公众已经开始"偏向"② 丘吉尔。

　　因此，当张伯伦告诉其他人，他认为哈利法克斯是最合适的首相人选时，这位外交大臣明确表示，他不愿意接受这个职位。"我说过这将是个无望的位置，"哈利法克斯告诉亚历山大·卡多根，

---

①　M. Andrew Roberts, "*The Holy Fox*"：*The Life of Lord Halifax*, London：Phoenix, 1997, p. 199.

②　David Dilks, ed., *The Diaries of Sir Alexander Cadogan 1938 - 1945*, New York：Putnam, 1971, p. 280.

"如果我不指挥战争并且不领导议会，我就是个无足轻重的人。我认为温斯顿是更合适的首相人选。温斯顿没有表示异议。哈利法克斯待人和蔼，彬彬有礼，但表现出他认为这是正确的解决办法。"①

当天晚些时候，张伯伦会见了艾德礼和格林伍德，并询问他们的政党是否会加入他的政府。② 丘吉尔也在场，敦促艾德礼和格林伍德同意张伯伦的提议。艾德礼一开始显得优柔寡断，但格林伍德说他确信答案是否定的。两人告诉首相，他们将征求工党全国执行委员会的意见，并于次日在伯恩茅斯举行会议，获得确认。

因此，随着 1940 年 5 月 9 日柔和宜人的下午渐入黄昏，丘吉尔第二天将被任命为首相似乎已成定局。许多先前支持哈利法克斯的人，包括索尔兹伯里勋爵，都表示支持丘吉尔。在那天晚上与麦克米伦的谈话中，布兰登·布拉肯"被监视着……但似乎很高兴"。然而，张伯伦再一次重新考虑辞职问题，使事情变得复杂起来。这一次，促使他改变主意的动力来自阿道夫·希特勒。③

1940 年 5 月 10 日，星期五。天刚破晓，阳光明媚，天气令人心旷神怡，又是一个看似永无止境的灿烂春日。这是圣灵降临节假期前的最后一个工作日，英国人对假期都充满期待。然而，那些一

310

---

① David Dilks, ed. , *The Diaries of Sir Alexander Cadogan 1938 - 1945*, New York：Putnam, 1971, p. 280.

② David Dilks, ed. , *The Diaries of Sir Alexander Cadogan 1938 - 1945*, New York：Putnam, 1971, p. 280.

③ Harold Macmillan, *The Blast of War：1939 - 1945*, New York：Harper & Row, 1967, p. 63.

大早就打开无线电的人，却从放松的心情中惊醒了。英国广播公司宣布，德国军队自黎明前就开始涌入比利时、荷兰和卢森堡。炸弹像雨点一样落在低地国家和法国的城镇、村庄。经过在波兰和斯堪的纳维亚的考验后，纳粹的闪电战现在正横扫西欧的心脏地带。那一天，正如《图画邮报》后来所说的，英国人民"意识到全面战争终于降临到我们头上了"[1]。圣灵降临节假期被取消，政府要求所有公民恢复戴防毒面具，空袭防范人员再次做好准备，唐宁街10号外聚集了大批人群。

下议院已经休会放假，但许多议员仍留在伦敦，等待张伯伦辞职的消息。哈罗德·麦克米伦精疲力竭，整个上午都待在自家的出版公司里，试图处理积压的工作，但发现在世界一片混乱的情况下，自己很难专注于编辑事务。[2] 然后，布拉肯打电话给他，告诉了他一个更令人沮丧的消息。由于德国的入侵，张伯伦决定他必须继续担任首相。在国家的危急时刻，政府更迭会带来太多的困难和混乱。他计划要求工党领导人支持他的政府，而工党同意他的要求的谣言已经铺天盖地。布拉肯和麦克米伦、张伯伦的其他对手一样愤怒。"这老头儿真是个无可救药的无赖，"休·道尔顿气冲冲地说，"他总是尝试新把戏，让自己能站稳脚跟。"[3]

首相的敌人又采取了行动。保罗·埃默斯-埃文斯和迪克·劳见到了索尔兹伯里勋爵，索尔兹伯里勋爵告诉他们："我们必须坚

---

[1] "Invasion," *Picture Post*, May 20, 1940.

[2] Harold Macmillan, *The Blast of War: 1939 – 1945*, New York: Harper & Row, 1967, p. 64.

[3] Ben Pimlott, ed., *The Political Diary of Hugh Dalton: 1918 – 1940*, London: Jonathan Cape, 1986, p. 344.

持自己的观点，即温斯顿应该在一天之内担任首相。"① 在布思比的公寓工作的克莱门特·戴维斯，在工党领导人抵达伯恩茅斯参加他们的行政会议后与格林伍德进行了交谈，并确保格林伍德否认了工党支持张伯伦的谣言。② 索尔兹伯里和格林伍德都立即向媒体发布声明。

　　然而张伯伦仍然相信他已经躲过了失败。在他的内阁成员看来，来自低地国家的消息似乎让他深受鼓舞，甚至"兴奋"③ 起来。事实上，尽管金斯利·伍德当天早些时候曾告诉他必须辞职，他却表现得好像埃默里对他发动的毁灭性攻击和下议院灾难性的投票从来没有发生过一样。内阁会议进行到一半时，一名助手走进内阁会议室，把一张纸递给霍勒斯·威尔逊。威尔逊看了一眼，脸上没有任何表情，隔着桌子把那张纸递给了张伯伦。④ 这是一封来自艾德礼和格林伍德的信，通知张伯伦，工党决定不加入他的政府，这预示着首相继续掌权的疯狂企图终结了。内阁会议休会，不到一小时，首相就启程前往白金汉宫。

　　乔治六世勉强接受了张伯伦的辞职，表达了对首相反对者的愤怒。国王回忆说："我告诉他，我认为他受到的待遇是多么不公平，我对发生这样的争议感到非常抱歉。"⑤ 当他说他认为哈利法

---

① Harold Nicolson, *The War Years: Diaries and Letters*, Vol. 2, *1939－1945*, New York: Atheneum, 1967, p. 82.

② John Barnes and David Nicholson, ed., *The Empire at Bay: The Leo Amery Diaries 1929－1945*, London: Hutchinson, 1980, p. 613.

③ William Manchester, *The Last Lion: Winston Spencer Churchill: Alone, 1932－1940*, New York: Dell, 1988, p. 672.

④ William Manchester, *The Last Lion: Winston Spencer Churchill: Alone, 1932－1940*, New York: Dell, 1988, p. 673.

⑤ Martin Gilbert, *Winston S. Churchill*, Vol. 6, *Finest Hour, 1939－1941*, Boston: Houghton Mifflin, 1983, p. 313.

克斯应该取代张伯伦时,首相告诉他应该是丘吉尔。

那天傍晚,一位不热情的君主把温斯顿·丘吉尔召到白金汉宫。他离开时成为首相。虽然希特勒不知道,但他刚刚遭受了第一次重大失败。多年后,丘吉尔在他的回忆录中写道:"考虑到我在(挪威灾难)中扮演了重要角色……我能坚持下来真是个奇迹。"①如果没有保守党"反叛分子"以及工党、自由党和独立盟友们的帮助,他不可能坚持下来,当然也不可能成为首相。

作为民主卫士,议会终于取得了胜利。

在担任国家领导人的第一天,温斯顿·丘吉尔就向英国人民、德国和世界其他国家明确表示,绥靖政策终于结束了,英国要参战了。"你们问我们的目标是什么?"1940 年 5 月 13 日,丘吉尔向下议院宣布,"我可以用一个词来回答,那就是:胜利。不惜一切代价夺取胜利,不顾一切牺牲和恐怖夺取胜利。不论道路多么漫长,多么崎岖,一定要夺取胜利!因为如果我们不能取胜,就不能生存。"②听着这些话,利奥·埃默里笑了。"这是我们在那漫长、压抑、沮丧的几个月里一直在等待的。"他后来写道,"对我来说,这是我自己努力争取的理由,就是为了在这样的场合拥有当之无愧的领导权。"③

多年后,在他的回忆录中,埃默里回忆了他那个桀骜不驯的学生时代的朋友,如何转变为一个应时而生的人:"最重要的是,(丘吉尔)相信他自己,相信他的同胞。他一生都在为伟大的事业

312

---

① Winston Churchill, *The Gathering Storm*, Boston: Houghton Mifflin, 1948, pp. 649 – 650.

② William Manchester, *The Last Lion: Winston Spencer Churchill: Alone*, *1932 – 1940*, New York: Dell, 1988, p. 678.

③ L. S. Amery, *My Political Life*, Vol. 3, *The Unforgiving Years 1929 – 1940*, London: Hutchinson, 1955, p. 375.

而奋斗。现在，他占着天时地利，可以乘机而上。"① 许多人以前认为丘吉尔的品质有严重的缺陷——他的战斗精神、浮夸的言辞、高涨的浪漫主义、自我中心——在这些灾难性的日子里变成了基本美德。"这一次，"埃默里评论道，"民主找到了一位领袖，他不仅能表达民主精神，而且还是伟大的战争大师。"他带着可以理解的自豪感补充道："我想我在促成这件事上起了很大的作用。"②

1940 年 5 月 10 日，丘吉尔就职的几小时内，唐宁街和白厅的大部分部门被迫摆脱了井井有条、悠然自得的日常工作。新首相"像喷气式火箭一样抵达现场"③。一直担任丘吉尔私人秘书的约翰·科尔维尔回忆道："他的步伐变得狂躁……他提问后，几分钟内就希望得到答复，稳重的官员们实际上开始跑起来，铃声响个不停。"④ 参谋长和他们的规划委员会几乎一直在开会，一些政府办公室夜以继日地工作，对大多数高级官员来说，再也没有悠闲的乡村周末了。"我们意识到，"科尔维尔说，"我们处于战争状态。"随着丘吉尔的加入，人们也不再谈论如果伦敦遭到轰炸，议会或白厅关键部门将撤离的问题。丘吉尔宣布，在任何情况下，高级别政府机构都不会离开英国首都。⑤

传统的看法是，在丘吉尔掌权时，英国人民陷入了昏沉的状态，新首相只是在紧要关头把他们从昏迷中惊醒。正如以赛亚·伯

---

① L. S. Amery, *My Political Life*, Vol. 3, *The Unforgiving Years 1929 – 1940*, London: Hutchinson, 1955, p. 400.

② L. S. Amery, *My Political Life*, Vol. 3, *The Unforgiving Years 1929 – 1940*, London: Hutchinson, 1955, p. 376.

③ John Colville, *Footprints in Time : Memories*, London: Century, 1985, p. 75.

④ John Colville, *Footprints in Time : Memories*, London: Century, 1985, pp. 75 – 76.

⑤ Sir Percy Harris, *Forty Years in and out of Parliament*, London: Melrose, 1947, p. 155.

林（Isaiah Berlin）所说，"丘吉尔把懦夫变成勇者"①。事实上，英国人从来没有得到过表现勇敢的机会。许多英国人，即使不是大多数，已经迫不及待地要投入战斗。几个月来，他们一直渴望有人领导他们。在就挪威事件辩论前不久，一位驻伦敦的美国外交官告诉《纽约时报》的记者詹姆斯·雷斯顿（James Reston）："这个国家需要的只是一首主题曲。英国人需要一个伟大的领袖，来给他们鼓劲儿呐喊。如果他们能做到这一点，他们就有了赢得战争的人力和勇气。"②

313

英国社会研究组织"大众观察"也赞同这一观点。"各地的人们都在急切地等待指示，"该组织的一份报告称，"他们渴望有事情做。"③ 丘吉尔接任后，一位年轻女性对一位"大众观察"的研究人员说："不可否认，这个国家蕴藏着巨大的能量，恨意汹涌，群情激昂。我真的希望丘吉尔……将宣布调动我们的资源，人们对此非常渴望。"④

当新首相在1940年5月13日宣布："来吧，让我们团结一心，共同前进。"他的同胞们欣然接受了动员。在英国政府号召组建地方志愿军抵御德国侵略者的几天内，就有超过25万名男子参加了志愿服务。⑤ 到6月底，已有超过50万人应征加入地方志愿军。

① Lynne Olson and Stanley Cloud, *A Question of Honor: The Kosciuszko Squadron: Forgotten Heroes of World War II*, New York: Knopf, 2003, p. 95.

② James Reston, "The British Character: Test by War," *New York Times Magazine*, May 12, 1940.

③ Robert Mackay, *Half the Battle: Civilian Morale in Britain During the Second World War*, Manchester, U. K.: Manchester University Press, 2002, p. 61.

④ Robert Mackay, *Half the Battle: Civilian Morale in Britain During the Second World War*, Manchester, U. K.: Manchester University Press, 2002, p. 61.

⑤ Robert Mackay, *Half the Battle: Civilian Morale in Britain During the Second World War*, Manchester, U. K.: Manchester University Press, 2002, p. 61.

与此同时，随着许多工人自愿采用每周 7 天工作制和 10～12 小时轮班制，经济迅速得到了调动。劳资纠纷急剧减少。

丘吉尔上任后不久抵达伦敦的美国记者本·罗伯逊说："街道上、报纸上和其他地方都弥漫着抵抗情绪。"[1] 一位住在伦敦南部的老妇人告诉他，她的邻居们都准备与德国人作战。"我自己有一把屠刀，"她说，"我要跟德国人同归于尽。"[2]

在接下来的几个星期里，随着关于欧洲大陆的坏消息接踵而至，英国人民的决心和意志经受了第一次真正的考验。在被德国入侵 5 天之内，荷兰就被摧毁了，比利时也差点投降。100 多万德国军队和 1500 辆坦克包围了被大肆吹嘘的马其诺防线（"现代史上最大的欺诈"，据说《图画邮报》称之为不可逾越的防御链），穿过阿登森林，横渡默兹河，在法国乡间纵横驰骋。无法与南部法国军队联系，比利时和法国北部的英、法军队寡不敌众，发现自己进入了一个陷阱，敌人就要把笼子门关上。除了投降，他们唯一的选择就是向西北撤退，撤退到敦刻尔克的海滩，他们希望能够撤离。

正如丘吉尔、埃默里和其他绥靖政策的反对者多年来所预言的那样，英国正因前几届政府未能为战争做好准备而自食其果。"我们当时准备不足，"多年后，最坚定的绥靖主义者之一比弗布鲁克勋爵承认，"我们面临的危险让人无法理解。"[3] 当听到 1940 年 5 月 13 日德国轰炸鹿特丹的消息时，利奥·埃默里想起了张伯伦在

---

① Ben Robertson, *I Saw England*, New York：Knopf, 1941, p. 17.

② Ben Robertson, *I Saw England*, New York：Knopf, 1941, p. 67.

③ John Lukacs, *Five Days in London：May 1940*, New Haven：Yale University Press, 1999, p. 210.

这场虚假战争中坚决拒绝轰炸任何德国非军事目标，也不愿意轰炸任何军事设施、飞机、卡车或船只。埃默里写道："从希特勒用战火把毫无防备的鹿特丹烧成灰烬，以显示他对'人道主义'空中休战的看法时，有什么比能够不受干扰地使用铁路、公路、运河和河流等来发动这场浩劫更称德国人的心呢？"[1]

英国皇家空军最终被派往法国对抗敌军，但几乎立即被德国空军的优势力量击溃。经过 10 天的战斗，被派去帮助保卫法国的 135 架英国轰炸机中，超过 80% 被击落或歼灭。[2] 英国皇家空军战斗机飞行员的伤亡情况和飞机的损耗情况几乎同样严重，据报道，在战斗的前 3 周里，有 300 多名飞行员死亡或失踪。"从英国皇家空军的角度来看，法国之战是一场彻底的混乱。"[3] 一名英国飞行员后来回忆说："我们没有情报，通信不畅，一切似乎都是临时的。"英国军队的作战行动也是如此。

到 1940 年 5 月的最后一周，德军似乎势不可当。英军开始向敦刻尔克撤退，在德军的追击和俯冲轰炸机的扫射下，英军沿着尘土飞扬的大路和小路逃向敦刻尔克港口。在法国的其他地方，成千上万的法国军队正在投降。正是在这个关键时刻，丘吉尔的外交大臣哈利法克斯勋爵提出了与希特勒进行和平谈判的可能性。

5 月 26 日，当战争内阁开会讨论最近从法国前线传来的一连串灾难性消息时，哈利法克斯认为这场战争是无法取胜的。前一

① L. S. Amery, *My Political Life*, Vol. 3, *The Unforgiving Years 1929 – 1940*, London: Hutchinson, 1955, p. 332.
② Nick Smart, *British Strategy and Politics During the Phony War*, Westport, Conn. : Praeger, 2003, p. 162.
③ Lynne Olson and Stanley Cloud, *A Question of Honor : The Kosciuszko Squadron : Forgotten Heroes of World War II*, New York: Knopf, 2003, p. 102.

天，意大利大使告诉他，墨索里尼愿意充当同盟国和希特勒的中间人，讨论和平条款。哈利法克斯敦促政府接受墨索里尼的提议。为了维护英国的独立和自由并且保住大英帝国，外交大臣准备承认希特勒对欧洲大陆的统治。

对丘吉尔来说，德国在控制欧洲其他国家的同时允许英国自由的想法是一种荒谬而极其危险的幻觉。他说："我们会成为一个奴隶国家。"[1] 在战争内阁进行了 4 天的辩论，他扼杀了绥靖主义和失败主义的最后一丝气息。1940 年 5 月 28 日，首相会见了全体内阁成员，并向欢呼的大臣们发誓，无论敦刻尔克发生什么，"我们都将奋战到底"[2]。意识到自己被打败了，哈利法克斯让步了。历史学家约翰·卢卡奇（John Lukacs）写道，丘吉尔"当时拯救了英国、欧洲和西方文明"[3]。

5 月 10 日，张伯伦辞职和丘吉尔就职的消息让罗纳德·卡特兰非常高兴，此时他和他的部队刚刚越过法国边境，加入了在比利时的战斗。他匆匆给母亲写了一张便条："我想，这是一个伟大的新政府。我太高兴了……现在证明我们做对了。而温斯顿，我们的希望，他也许还能拯救文明。"[4] 然而，卡特兰几乎没有时间去考虑政府更迭的后果。他是一名少校，指挥着第 53 反坦克团皇家炮兵连，这个炮兵连正处于战斗最激烈的时期。尽管战争带来了混乱

① Ben Pimlott, ed., *The Second World War Diary of Hugh Dalton: 1940 – 1945*, London: Jonathan Cape, 1986, p. 28.

② Ben Pimlott, ed., *The Second World War Diary of Hugh Dalton: 1940 – 1945*, London: Jonathan Cape, 1986, p. 28.

③ John Lukacs, *Five Days in London: May 1940*, New Haven: Yale University Press, 1999, p. 2.

④ Barbara Cartland, *Ronald Cartland*, London: Collins, 1942, p. 252.

和屠杀，但卡特兰发现自己喜欢当兵，而且事实证明他非常擅长当兵。"他热爱军队，"迪克·劳回忆说，"他对自己的成功有一种孩子般的喜悦。"① 丘吉尔任首相消除了卡特兰对未来的悲观情绪，他天生的乐观情绪和生活情趣再次得到充分展示。他在给朋友的信中写道："我非常健康，也非常桀骜不驯——总之，我亲爱的吉尔伯特，我一如既往。"②

随着比利时的崩溃，卡特兰和他的部队像其他英国远征军一样，被命令撤回法国。关于这次向西飞行，这位年轻的议员在给一位女性的信中写道："天气很好，这个国家看起来很美。花草和花园都处于最佳状态。"③ 但他也告诉她，他看到烧焦的尸体、燃烧的房子，"战争的所有恐怖都变成了现实……炸弹落下，我听到德国飞机的嗡嗡声。他们在追我们……我们的（高射炮）太令人失望了"。

与此同时，他的心思仍然集中在伦敦的新政府上。交接两周后，他迫不及待地想了解更多的情况。"没有信和文件，"他在给母亲的信中写道，"我几乎不知道哪些人是新内阁的成员，也不知道部长和副部长是谁——当然我想知道很多。据我所知，温斯顿的表现是一流的。对此我感到很高兴——我终于可以全心全意地支持政府了。"④

在5月的最后一个星期，卡特兰所在的炮兵连被派去保卫卡塞尔，这是一个中世纪的小山城，敦刻尔克距此向北大约19英里，

① Richard Law, letter to *The Times*, January 7, 1941.
② "Tribute to Ronald Cartland," February 9, 1941.
③ Ronald Cartland to Sybil Colefax, May 23, 1940, Colefax Papers.
④ Barbara Cartland, *Ronald Cartland*, London: Collins, 1942, p. 254.

在这里可以俯瞰一条通往敦刻尔克的主要道路。① 卡塞尔拥有法国北部绿色和金色原野的壮观景色，这也许是英国远征军最高指挥官匆忙组织一条 60 英里长的逃生走廊最重要的优势。在这条狭窄的通道内，成千上万的英国军队向北方海岸撤退。卡特兰所在的炮兵连和第 145 步兵旅的任务是利用他们的山顶位置，尽可能长时间地阻挡成群结队的德军装甲部队和追击英军的部队。

1940 年 5 月 27 日清晨，敌人大举进攻了卡塞尔。② 坦克、大炮和迫击炮轰击了这座城镇，同时一波又一波的斯图卡式俯冲轰炸机席卷而下，机枪吐着火焰。尽管遭受了沉重的打击，该城的守军还是成功地击退了德军，在此过程中摧毁了敌方超过 25 辆坦克。据卡特兰手下的一名士兵说，在进攻过程中，卡特兰少校"无处不在"③，他帮助部队保持士气、转移被打坏的枪支，还亲自拿起一支布伦枪对抗德国人。卡特兰所在部队的一名中尉后来形容他的上级军官在战斗中"表现出色"，并补充说，自己"不认识比罗尼更勇敢的人"。

卡塞尔的部队又坚守了两天，抵挡住了德国的第二次进攻，并期待英法联军随时反攻。④ 他们不知道盟军的抵抗几乎已经完全瓦解。5 月 28 日早晨，他们自己也接到了撤退到敦刻尔克的命令。然而，英国远征军的通信网络一片混乱，直到 24 小时后——5 月 29 日早晨——他们才收到给卡塞尔的消息。这时，德军增援部队已经来了，卡特兰所在的炮兵连被包围了。德国空军的飞机在镇上

① D. R. Guttery, "The Queen's Own Worcestershire Hussars 1922 – 1956," www.ph012b2086.pwp.blueyonder.co.uk/harry/cassel.htm#guttery.

② Brig. Gen. N. F. Somerset to *Daily Telegraph*, February 19, 1948.

③ Barbara Cartland, *Ronald Cartland*, London: Collins, 1942, p. 256.

④ D. R. Guttery, "The Queen's Own Worcestershire Hussars 1922 – 1956," www.ph012b2086.pwp.blueyonder.co.uk/harry/cassel.htm#guttery.

到处散发传单，呼吁英军投降，因为"你们的将军们都走了"[1]。

卡塞尔的防御者无意这么做。那天深夜，他们摧毁了重型枪支和车辆，只携带步枪和其他小型武器，设法悄悄徒步溜出了燃烧的城镇。在黑暗的掩护下，他们分头向东北的敦刻尔克进发。第二天早晨8点半，卡特兰和他炮兵连里的50多人，在离敦刻尔克只有几英里远的地方，半隐半露地走在路边的水沟里。[2] 从拂晓开始，浓雾一直在为他们提供掩护，但浓雾逐渐消失。他们前面是开阔的乡村，在远处，大约半英里的地方，他们看到德国坦克正在向另一支英军部队开火。

他们还没来得及隐蔽就被发现了，也遭到了猛烈的火力攻击。卡特兰从沟里稍稍站起，开始侦察。就在他这么做的时候，他的头部中了一枪。卡特兰当场死亡，他是第一个在二战中被杀的议员。他的士兵蹲在几码外，随后被押往德国人的集中营。尽管他们使数不清的英国军队能够到达敦刻尔克，但实际上，卡塞尔的士兵无一人到达海滩。[3]

由于卡特兰部队的其他人都被俘虏了，他的命运几个月来一直是个谜。1940年6月6日，他的母亲接到陆军部发来的两份电报，通知她，罗纳德和她的小儿子托尼——林肯郡团的一名28岁的上尉，在行动中失踪。在应对法国的溃败和敦刻尔克撤退期间，温斯顿·丘吉尔给玛丽·卡特兰打了三次电话，问她是否得到了罗纳德的进一步消息。[4] 在一次通话中，他告诉她，如果她儿子回来，他

318

---

[1] Brig. Gen. N. F. Somerset to *Daily Telegraph*, February 19, 1948.

[2] Barbara Cartland, *Ronald Cartland*, London: Collins, 1942, p. 258.

[3] Brig. Gen. N. F. Somerset to *Daily Telegraph*, February 19, 1948.

[4] Martin Gilbert, *Winston S. Churchill*, Vol. 6, *Finest Hour*, *1939 – 1941*, Boston: Houghton Mifflin, 1983, p. 463.

计划给他一个内阁大臣职位。丘吉尔还给她写了一封慰问信，在玛丽表示感谢后，他给她发了一封电报，只有简单的一句话："我常常思念他。"①

直到1941年1月4日，这种不确定性才结束。玛丽·卡特兰收到了一封信，是罗纳德手下一个下级军官的母亲写来的，她刚收到儿子的信，这位母亲的儿子已是德国战俘了。在信中，这位年轻的军官详细描述了卡特兰的死。消息公布后，玛丽和芭芭拉·卡特兰收到了500多封吊唁信。②"我非常悲痛地获悉，您已收到罗纳德阵亡的消息。"丘吉尔在给卡特兰夫人的信中写道，"请接受我最深切的同情，您失去了如此杰出、卓越的儿子，如果他不是这么骄傲地为祖国献出了生命，他的非凡才能将使他获得更大发展。"③

一位有着巨大潜力的青年男性或女性的死亡，几乎总能唤起人们在考虑那些永远无法实现的承诺、希望和梦想时深切的痛苦和无力。但在罗纳德·卡特兰的例子中，痛苦的倾泻、岁月的蹉跎，以及认为他的死给英国带来了巨大损失的看法，都是值得注意的。迪克·劳在写给利奥·埃默里的信中说："我越想这件事，就越清醒地意识到这是国家的损失。"④ 劳补充道："政治是一项阴暗而痛苦的事业，像罗纳德这样的人给它投下了一抹光辉，让它变得可以忍受。一想到我们的道路曾经相通，即使只是片刻，我也常常欢喜。你不觉得吗？"

319

---

① Barbara Cartland, *The Isthmus Years*, London: Hutchinson, 1942, p.176.
② 一个月后，玛丽·卡特兰得知托尼在1940年5月29日被杀，也就是罗纳德死的前一天。托尼·卡特兰和他的连队在鲁汶附近守着一条后防战壕，当时他们被包围并被命令投降。托尼·卡特兰拒绝了，继续向敌人开火，直到被自动步枪射杀。
③ Winston Churchill to Mary Cartland, January 6, 1941, Churchill Papers.
④ Richard Law to Leo Amery, January 8, 1941, Amery Papers.

议员们一次又一次把卡特兰说成他那一代政界的有前途的年轻人，说他有一天可能会实现他少年时代的目标，成为首相。"罗纳德的前途一片光明，"安东尼·艾登说，"我们都确信战后他将在世界上扮演重要的角色……在我认识的所有年轻人中，他的前途是最光明的……他是最能扛起责任的人。"① 鲍勃·布思比呼应了这一观点，他写道："罗尼会成为建设者之一。他的去世所造成的损失难以估计。"② 劳后来说："要充分描写罗纳德是不可能的。我永远认为他是我所认识的真正伟人之一。"③

当听到卡特兰的死讯时，埃默里用了一个上午仔细阅读英国议会议事录，并阅读了从 1936 年首次发表演讲以来，罗纳德在下议院的所有演讲。④ "我既被它们所蕴含的勇气，也被它们极具建设性和前瞻性的观点所打动。"埃默里告诉劳。在写给《泰晤士报》的信中，埃默里指出，他所说的罕见的和光辉的勇气在卡特兰为社会正义而进行的激烈斗争和他反对绥靖政策的斗争中得到了充分体现。⑤

在《旁观者》中，哈罗德·尼科尔森宣称死亡是"罗纳德·卡特兰唯一能做的投降"⑥。对尼科尔森和其他反绥靖主义的"反叛分子"来说，卡特兰"不仅是一个榜样，也是一个教训……他体现了一个令人惊叹的现象：第一次世界大战后那一代年轻人真正相信自己。他给了我们信心"。当听说卡特兰被杀的消息后，尼科尔森像他的许多议会同僚一样，回想起不到一年前这位年轻议员的

① Barbara Cartland, *Ronald Cartland*, London: Collins, 1942, p. 11.
② Robert Boothby to Leo Amery, January 12, 1941, Amery Papers.
③ Barbara Cartland, *Ronald Cartland*, London: Collins, 1942, p. 13.
④ Leo Amery to Richard Law, January 7, 1941, Amery Papers.
⑤ Leo Amery to *The Times*, January 6, 1941.
⑥ Harold Nicolson, "Marginal Comment," *The Spectator*, May 1, 1942.

演讲。他当面称张伯伦为独裁者，预言很快"我们可能会战斗，可能会死"。尼科尔森写道："我们将永远记得他当时的样子，他不屈不挠，忠诚可靠，富有献身精神，勇敢无比。"

　　1941 年 2 月 18 日，德国空军开始夜间空袭伦敦 6 个月后，人们在离特拉法加广场不远的田野中的圣马丁教堂为罗纳德·卡特兰举行了悼念仪式。① 教堂南面的窗户在一次突袭中被炸毁，教堂已经被挤得水泄不通。布兰登·布拉肯代表首相，还有许多反绥靖政策的"反叛分子"——哈罗德·尼科尔森、利奥·埃默里、迪克·劳、哈罗德·麦克米伦、罗纳德·特里、爱德华·斯皮尔斯、邓肯·桑兹、保罗·埃默斯 - 埃文斯也出席了追悼会。

　　埃默斯 - 埃文斯听着悼词，回忆起 1939 年初一个寒冷的日子，他和卡特兰在离威尔士边境不远的什罗普郡的埃文斯庄园附近徒步旅行。② 当他们沿着小路散步时，卡特兰开始谈论他对祖国的热爱和对未来的忧虑。他确信战争即将来临，而且"所有旨在防止战争的善意努力都会失败"。与此同时，他说，他相信英国和英国人民最终会取得胜利。卡特兰停了一会儿，朝窗外望去，威尔士的群山在冬日灰蒙蒙的天空的衬托下显得格外苍翠。他转向埃文斯，一本正经地说，自己"不会在那里看到这些事情发生"，就像他一直在谈论天气一样。

　　追悼会结束时，来自卡特兰母校查特豪斯公学的唱诗班，演唱了赞美诗《啊，勇敢的心，荣耀来到了》③：

---

① 1941 年 2 月 18 日，某剪报，Cartland scrapbooks。
② Barbara Cartland, *Ronald Cartland*, London: Collins, 1942, p. 201, and interview with Carline Henderson.
③ 1941 年 2 月 18 日，某剪报，Cartland scrapbooks。

你安静地躺着，证明了你骑士的美德，

在你热爱的土地上，你的记忆是神圣的。

说完，这位年轻议员的朋友和同事们离开了教堂，回到被炸弹炸毁的伦敦街头，回到威斯敏斯特大教堂，回到白厅，回去处理战争事宜。

321

第十九章
忠诚的问题

1940 年 6 月 4 日，当英军从敦刻尔克海滩撤离时，法国即将沦陷，预计不久之后，德军将入侵英国。温斯顿·丘吉尔在下议院宣布："我们将一直坚持到底……我们将保卫我们的国家，无论付出什么代价……我们永远不会投降。"[①] 在接下来的 5 年里，丘吉尔未动摇过战斗至死的决心。不管怎样，在丘吉尔政府成立的前几天，他就任命了一些人担任重要的政府职位，这些人竭尽全力阻止国家发动战争，即使已经宣布参战。实际上，几乎每个被认定为绥靖派的重要人物，要么在丘吉尔政府中保住了原来的职位，要么被委以新职，包括张伯伦本人、哈利法克斯、金斯利·伍德、约翰·西蒙、霍勒斯·威尔逊和大卫·马杰森。（塞缪尔·霍尔是少数几个没有获得高级职位的人之一。他作为英国大使被派往西班牙。）除了首相和其他几位大臣之外，新政权的构成似乎与它所取代的政权非常相似。一位不满的保守党"反叛分子"说："政府里都是些老面孔。"[②]

---

① Roy Jenkins, *Churchill: A Biography*, New York: Farrar, Straus & Giroux, 2001, p. 611.

② Andrew Roberts, *Eminent Churchillians*, New York: Simon and Schuster, 1994, p. 153.

事实上，1940 年 5 月 10 日丘吉尔接任首相后不到两小时，他对张伯伦的忠诚就有可能引发一场重大的政治危机。丘吉尔需要把工党纳入新的多党政府，但是在没有征求工党领袖意见的情况下，丘吉尔向他的前任张伯伦提供了财政大臣和下议院领袖的重要职位，以及战争内阁的一个席位。实际上，这项提议本来会使张伯伦成为副首相。张伯伦在当晚作为首相的告别广播中宣布了自己的新职位。

322

许多听众惊呆了，尤其是艾德礼和格林伍德。他们不情愿地接受了张伯伦加入战争内阁，但他们不能容忍任命张伯伦担任其他职位。竭尽全力将张伯伦赶下台的保守党人也同样感到震惊。5 月 10日早些时候，最初最不愿除掉张伯伦的监察委员会认为，丘吉尔任首相时，必须将张伯伦开除出政府。[1] 索尔兹伯里勋爵被委派将委员会的观点告诉丘吉尔，但没机会了——新首相已经让张伯伦知道，他希望张伯伦留在政府的核心圈子里。

5 月 11 日，布思比、麦克米伦、埃默斯－埃文斯和劳在埃默里家会面，讨论如何才能避免这场被他们视为全面爆发的政治灾难。克莱门特·戴维斯也加入了他们，戴维斯说艾德礼和格林伍德严重怀疑工党到底是否应该加入丘吉尔政府。[2] 在讨论进行到一半时，博比提·克兰伯恩打电话问发生了什么事。当埃默里告诉他新的危机时，克兰伯恩让他的父亲接了电话。每个人都知道丘吉尔尊敬索尔兹伯里并听取他的意见。索尔兹伯里承诺会立即打电话给新首相，转达他们和工党对张伯伦任命的强烈反对。根

① Simon Ball, *The Guardsmen : Harold Macmillan, Three Friends, and the World They Made*, London : HarperCollins, 2004, p. 213.

② L. S. Amery, *My Political Life*, Vol. 3, *The Unforgiving Years 1929 - 1940*, London : Hutchinson, 1955, p. 374.

据埃默里的说法，索尔兹伯里的介入"改变了一切"[1]。丘吉尔让步了。张伯伦被任命为枢密院议长，而不是财政大臣和下议院领袖。枢密院议长在很大程度上是一个受人尊敬的职位，尽管可能会对政府产生影响，但取决于任职者的政治重要性。（20 世纪30 年代初，斯坦利·鲍德温和保守党在幕后操纵拉姆齐·麦克唐纳政府时，曾是上议院议长。）但张伯伦将留在小型战争内阁，该组织的其他成员还包括丘吉尔、哈利法克斯勋爵、艾德礼和格林伍德。

323　　在接下来的几天里，随着宣布更多的部长任命，工党领袖和保守党的"反叛分子"们发现，其中多项任命几乎和张伯伦的留任一样令人不安。确实，工党的一些人物，包括休·道尔顿、欧内斯特·贝文（Ernest Bevin）和赫伯特·莫里森，被授予了高级职位。道尔顿出任战争经济事务大臣，贝文任劳工大臣，莫里森任供应大臣。然而在 1940 年 5 月 15 日公布的 36 个部长职位中，21 个被授予了曾在张伯伦手下服务的人。[2] 哈利法克斯不仅继续担任外交大臣，而且政府中最积极的绥靖政策支持者之一，拉布·巴特勒也继续担任外交次大臣。用历史学家安德鲁·罗伯茨（Andrew Roberts）的话来说，巴特勒采取绥靖政策时，"带着一种邪恶的喜悦，这种喜悦是德奥合并后没有被外交部的任何人分享过的。他对自己政党成员的极端党派偏见、对幕后交易的嗜好，以及对丘吉尔近乎狂热的反对，让他看起来完全没有吸引力"[3]。

---

① John Barnes and David Nicholson, *The Empire at Bay：The Leo Amery Diaries 1929 – 1945*, London：Hutchinson, 1980, p. 614.

② Angus Calder, *The People's War, Britain 1939 – 1945*, New York：Pantheon, 1969, p. 86.

③ M. Andrew Roberts, *"The Holy Fox"：The Life of Lord Halifax*, London：Phoenix, 1997, p. 140.

　　丘吉尔还希望劳合·乔治在内阁中担任农业大臣，并试图说服张伯伦不要反对这项任命。在首相的巨大压力下，不情愿的张伯伦最终同意了。劳合·乔治是丘吉尔的密友，多年来却在许多政策和政治问题上反对丘吉尔。最终劳合拒绝了这个职位，他拒绝加入任何一个包括张伯伦和哈利法克斯在内的政府。

　　霍勒斯·威尔逊被逐出唐宁街办公室，但仍保住了文官长和财政部常务秘书长这一有影响力的职位。约翰·西蒙成为大法官，担任上议院领袖和英国司法大臣。金斯利·伍德接替西蒙担任财政大臣，他曾是张伯伦忠实的朋友，也是著名的绥靖派。作为空军部长，他发动战争是靠投放小册子，而不是炸弹。胖乎乎、戴着眼镜的伍德对财政一无所知，在支持张伯伦和反对张伯伦的政治圈子里都流传着这样的话：他之所以被授予这个极其重要的职位，是对他在关键时刻转投丘吉尔的奖励。

　　但最令保守党"反叛分子"不满的任命是，丘吉尔让大卫·马杰森继续留任政府首席党鞭。① 在差不多两年中，马杰森、詹姆斯·斯图尔特和其他保守党党鞭（他们中的大多数人也是由丘吉尔留任的），尽其所能让"反叛分子"的日子变得很悲惨。这些人暗中监视他们，鼓动其他议员排斥他们，试图在政治上打压他们。持不同政见者不相信丘吉尔会允许马杰森继续留任，尤其是丘吉尔自己也曾遭受过类似的粗暴对待。丘吉尔也许能够原谅和忘记马杰森的所作所为，但他的妻子不能。克莱门汀·丘吉尔对马杰森的连任非常愤怒，在一次会面中，她把自己对马杰森的看法一清二楚地告诉了首席党鞭本人。② 成为首相后不久，丘吉尔邀请马杰森在海

324

---

① Ronald Tree, *When the Moon Was High*, London：Macmillan，1975，p. 116.

② Exchange of letters between David Margesson and Clementine Churchill, June 1940, Margesson Papers.

军部大厦共进午餐，克莱门汀出去散步，拒绝出席。①

　　关于马杰森，还有更令人痛心的消息：丘吉尔在应对法国灾难的过程中，没有时间处理较低级别的部长级任命，所以他把任命权交给了首席党鞭，还有一直担任丘吉尔议会私人秘书的布兰登·布拉肯。在正常情况下，会考虑让年轻的保守党"反叛分子"担任这些职位。但正如布拉肯警告麦克米伦和其他人的那样，尽管丘吉尔对马杰森很慷慨，但马杰森对持不同政见者并非如此。

　　当丘吉尔接任首相时，以及后来在回忆录中，他都辩称自己别无选择，只能让张伯伦和他的同僚留在政府中，因为自己在下议院保守党多数派中的地位仍然不稳固，其中许多人仍然认为张伯伦是他们的领袖。在丘吉尔看来，英国处于如此严重的危险之中，他不能与议会中占主导地位的政党对立。他担心，如果他不安抚张伯伦、哈利法克斯和其他人，他们可能会利用他们的多数席位把他赶下台。

　　这种态度反映了丘吉尔性格中诸多复杂因素之一。越来越多的人意识到这是英国历史上最黑暗的时刻，丘吉尔对自己领导国家的能力充满信心，但至少在担任首相之初，当涉及在下议院与自己的政党打交道时，他缺乏自信。在两次换党之后，丘吉尔政治生涯中的大部分时间是议会中的"独行侠"，无论是在保守党、工党还是自由党，他都不受大多数同僚的欢迎，也很少能为自己重要的政策和立场争取到太多的支持。就议会相关的问题上，他有明显的弱点。"下议院过去常常吓唬他……也许一直到

---

① Ronald Tree, *When the Moon Was High*, London: Macmillan, 1975, pp. 116 – 117.

战争爆发。"① 布兰登·布拉肯后来说。

然而，丘吉尔的想法也是正确的，许多保守党人并不甘心接受他作为张伯伦的继任者，尽管他在这场虚假战争中对保守党的领袖一直忠心耿耿。许多人公开表示敌意。约翰·科尔维尔后来称："很少有首相能在当权派对这个选择如此怀疑并准备好让自己的怀疑合理化的情况下就职。"② 1940 年 5 月 13 日，丘吉尔首次以首相的身份出现在下议院（发表了他那高歌猛进的"不惜一切代价夺取胜利"的演讲）时，他受到了大多数保守党后座议员的冷落。③ 当丘吉尔进来时，他们静静地坐在那里，但当张伯伦在新首相旁边就座时，他们跳起来，热烈欢呼。丘吉尔只赢得了保守党"反叛分子"、工党和自由党的欢呼。

尽管如此，在丘吉尔的许多支持者看来，他夸大了自己在政治上的弱点，并通过让声名狼藉的绥靖派继续执政，向整个国家和世界发出了错误的信号。即使是那些同意他必须提防保守党多数派的人也认为，对英国现在所处的糟糕境地负有责任的人，几乎都被他保留在高位上，这么做太过分了。"内阁是可悲的，似乎完全由党派的急切需求所左右。"维奥莉特·博纳姆·卡特写道，"当然，温斯顿管理它，但是其他人连做让人动心的表面文章都不能。"④

---

① Lord Moran, *Churchill: The Struggle for Survival: Taken from the Diaries of Lord Moran*, Boston: Houghton Mifflin, 1966, p. 793.

② William Manchester, *The Last Lion: Winston Spencer Churchill: Alone, 1932 – 1940*, New York: Dell, 1988, p. 677.

③ Andrew Roberts, *Eminent Churchillians*, New York: Simon and Schuster, 1994, p. 144.

④ Mark Pottle, *Champion Redoubtable: The Diaries and Letters of Violet Bonham Carter 1914 – 1941*, London: Weidenfeld & Nicolson, 1998, pp. 212 – 213.

　　《经济学人》（*The Economist*）谴责了丘吉尔对政府职位的大部分任命，尤其是对金斯利·伍德的任命，称之为"一场灾难"①。《星期日画报》以《感谢上帝保佑丘吉尔》（Thank God for Churchill）为标题，称："让我们也祈祷吧，为政治游戏的结束和张伯伦先生危险政权的结束而祈祷。给我们一个可以信赖的内阁！世人将看到最坚强的国家正处在它最辉煌的胜利时刻！"②《星期日画报》及其姊妹报《每日镜报》属于战前少数几家一贯反对绥靖政策、强烈支持丘吉尔及其观点的报纸。塞西尔·金，英国镜报集团的负责人，曾就让张伯伦、哈利法克斯和其他人留在政府的愚蠢行为，向丘吉尔提出抗议，但没有成功。"丘吉尔在这个国家足够强大，如果不是保守党成员，可以把他们全都赶出去，让他们见鬼去。"金在他的日记中写道，"在我看来，时代和民族都如此明显地反对保守党后座议员，丘吉尔可以公然反抗他们，并侥幸逃脱惩罚。"③ 一本名为《十九世纪及之后》（*Nineteenth Century and After*）的文学和时事杂志对此表示赞同。"保守党领袖丘吉尔有什么用？"它表示，"国家把他安置在了现在的位置上。他不是在任何愠怒的保守派默许下出席会议的。"④ 那年夏天的一项盖洛普民意调查显示，四分之三的英国公众希望张伯伦离开政府。⑤

　　这些对丘吉尔来说都无关紧要。因为除了他对自己政治基础的

---

①　"National Inquest," *The Economist*, May 18, 1940.

②　*Sunday Pictorial*, July 7, 1940.

③　Cecil H. King, *With Malice Toward None：A War Diary*, London：Sidgwick & Jackson, 1970, p. 48.

④　H. Boardman, "Conservatism, Its Future and Mr. Churchill," *Nineteenth Century and After*, August 1940.

⑤　John Barnes and David Nicholson, ed., *The Empire at Bay：The Leo Amery Diaries 1929 - 1945*, London：Hutchinson, 1980, p. 602.

担忧外，他决定挽留张伯伦而不是其他人，还包含强烈的感情因素。因为他相信自己和前任在这场虚假战争中建立了亲密的友谊，所以决定不管其他人怎么说或怎么想，都要对他的朋友保持忠诚。"丘吉尔的性格中有一种天真的气质，"哈罗德·麦克米伦后来评论道，"他讨厌怀疑别人。"① 1940 年 5 月底，首相写信给劳合·乔治说："我从张伯伦那里得到了很多帮助。在我们的新关系中，他对我的友善和礼貌使我感动。我与他携手并进，必须完全忠诚地行事。"②

　　然而，丘吉尔很快就发现，要保住慕尼黑事件参与者的政治地位是要付出代价的：他不得不花费宝贵的时间和精力扑灭绥靖政策的"战火"。丘吉尔上任初期，达夫·库珀就警告过他："慕尼黑精神在这个国家并未消亡。"③ 库珀说，一些官员仍然相信，"你可以用友好的言辞和礼貌打败你的敌人"。张伯伦就是其中之一。尽管他支持丘吉尔在 1940 年 5 月底与哈利法克斯就和平谈判进行斗争，但他并没有放弃温和对待敌人的做法，在辞职两天后，张伯伦向战争内阁宣布，不应轰炸德国的炼油厂和工厂。④

　　与此同时，拉布·巴特勒也近乎不忠。仲夏时，他在伦敦对一位瑞典高级外交官说，如果"能达成合理的条件"，就"绝不允许任何顽固分子妨碍"⑤ 英国与德国的和平关系，"顽固分子"显然

①　Alistair Horne, *Harold Macmillan*, Vol. 1, *1894 – 1956*, London：Penguin, 1989, p. 165.

②　John Lukacs, *Five Days in London：May* 1940, New Haven：Yale University Press, 1999, p. 121.

③　John Charmley, *Duff Cooper*, London：Weidenfeld & Nicolson, 1986, p. 143.

④　John Barnes and David Nicholson, *Amery Diaries 1929 – 1945*, p. 616.

⑤　Anthony Howard, *RAB：The Life of R. A. Butler*, London：Cape, 1987, p. 97.

是指丘吉尔。巴特勒还说，哈利法克斯勋爵曾让他传达这样一个信息，即"是常识而不是虚张声势"将决定英国政府的政策。这位瑞典外交官向斯德哥尔摩报告了他与巴特勒会面的情况，消息也传到了柏林。德国外交部的一份备忘录称，"伦敦当局的合理常识"似乎又回来了。

多亏了英国情报机构，丘吉尔也得知了这次谈话。尽管他很愤怒，但他还是向哈利法克斯发出了一个相对克制的信息，他宣称外交大臣的副手与瑞典外交官"使用了奇怪的语言，当然，瑞典人对失败主义产生了强烈的印象"①。毫无歉意的哈利法克斯极力为巴特勒辩护："如果你对巴特勒的判断力或他对政府政策的绝对忠诚有所怀疑的话，我感到非常遗憾，因为我对这两点非常满意。"②丘吉尔放下了这件事，巴特勒保住了他的工作。然而，他没有表现出多少感激之情。在同僚面前，他称丘吉尔是"美国混血儿"③，嘲笑"温斯顿和他的乌合之众"，并宣称新政府的组建是"一场严重的灾难"。在丘吉尔成为首相的当天，巴特勒和其他三名效忠张伯伦的人在政府开了一瓶香槟，举杯祝贺张伯伦为他们的"无冕之王"④。早些时候，巴特勒甚至希望张伯伦能重回首相宝座，并明确地表示，他将尽其所能来实现这一目标。⑤

他并不孤单。张伯伦任命的三分之二的高级官员仍在政府任

---

① Anthony Howard, *RAB : The Life of R. A. Butler*, London：Cape, 1987, pp. 97 – 98.
② Anthony Howard, *RAB : The Life of R. A. Butler*, London：Cape, 1987, p. 98.
③ John Colville, *The Fringes of Power : Downing Street Diaries*, New York：Norton, 1985, p. 122.
④ Roy Jenkins, *Churchill : A Biography*, New York：Farrar, Straus & Giroux, 2001, p. 591.
⑤ Andrew Roberts, *Eminent Churchillians*, New York：Simon and Schuster, 1994, p. 144.

职，这一事实并没能阻止保守党人对丘吉尔掌权的愤怒。当得知丘吉尔成为英国首相后，南希·达格代尔（马杰森手下一名小党鞭的妻子）愤怒地写信给当时正在巴勒斯坦服兵役的丈夫："我几乎控制不了自己……W. C. 实际上是英国翻版的赫尔曼·戈林，充满了对鲜血和闪电战的渴望，为人自负且胃口极大。和戈林一样，他的血管中也流淌着背叛基因，充斥着英雄主义和夸夸其谈。这事让我非常沮丧。"[1] 让南希·达格代尔更为恼火的是，"所有卑鄙的狗腿子——达夫·库珀、鲍勃·布思比、布兰登·布拉肯等——将会渗透到他们完全不适合的工作岗位。我们为之奋斗的一切将从公众生活中消失。我认为这是比德国入侵低地国家更大的灾难"[2]。

达格代尔最后一句惊人的话反映了当时许多亲张伯伦的保守党人的态度。在接下来的几个星期里，他们把精力都花在了破坏新的国家领导人身上，而不是团结在他身后，在英国面临重大危机的时候联合起来保卫英国。"当议会外的国民不愿意面对纳粹的威胁，强加给自己一种超凡的自律时，他们选出来的代表们策划、批评、加入阴谋集团，对联盟不给予全心全意的支持。"安德鲁·罗伯茨指出，"随着军事形势变得更加令人绝望，议会阴谋集团变得更加直言不讳。"[3] 保守党"反叛分子"把国家放在了政党之前，张伯伦的支持者们却反其道而行之。

这是一个可耻的局面，至少在丘吉尔政府的早期，内维尔·张伯伦没有采取任何措施来控制局面。没有迹象表明，他本人有意反

---

[1] Andrew Roberts, *Eminent Churchillians*, New York: Simon and Schuster, 1994, pp. 141 – 142.

[2] Andrew Roberts, *Eminent Churchillians*, New York: Simon and Schuster, 1994, p. 146.

[3] Andrew Roberts, *Eminent Churchillians*, New York: Simon and Schuster, 1994, pp. 209 – 210.

对丘吉尔，但也没有迹象表明，他做了任何事情来阻止打着他旗号展开的钩心斗角。《当代评论》指出，除了曾投票反对张伯伦或投了弃权票的保守党人，马杰森和党鞭们对保守党的多数人实施严格控制，保守党已经成为"一个坚实的、不会质疑的机器人团体。其党员只会随时为领袖欢呼"[1]。如果张伯伦和马杰森想结束针对丘吉尔的阴谋，毫无疑问他们是可以这样做的。

　　但在新政府成立早期，张伯伦沉迷于阴谋，他认为他的敌人正在密谋反对他。他对埃默里、戴维斯、布思比，以及其他参与赶他下台的人的愤怒有增无减。张伯伦在 1940 年 5 月和 6 月写给姐妹们的信中，充满了对丘吉尔盟友及其阴谋的怀疑。他在一封信中写道："我必须警告你们，那些对我'怀恨在心'的人并没有放弃。"[2] 在另一封信中，他说："这周我发现了一个有趣的小阴谋。"[3]

　　直到 1940 年 6 月底，意大利向法国和英国宣战，法国政府向德国投降，张伯伦才采取行动，制止他的支持者公然对新首相表达不满和蔑视。数周以来，《金融新闻》（*Financial News*）的政治记者保罗·爱因齐格（Paul Einzig）一直在记者席上看着，每当丘吉尔走进会议室，站起来发表振奋人心的演讲，或发表完演讲坐下时，张伯伦忠实的支持者们就会继续保持愠色、沉默不语。爱因齐格对这些幼稚的愤怒表现感到震惊，但他更关心美国和其他外国记者在目睹这一场景后得出的结论："在丘吉尔决心克服重重困难时，多数保守党人并没有支持他。"[4] 爱因齐格给张伯伦写了一封

329

---

①　"Parliament and the War," *Contemporary Review*, July 1940.

②　Neville Chamberlain to Hilda Chamberlain, June 1, 1940, Chamberlain Papers.

③　Neville Chamberlain to Ida Chamberlain, June 21, 1940, Chamberlain Papers.

④　Paul Einzig, *In the Centre of Things*, London：Hutchinson, 1960, p. 210.

长信，大概谈了一下他的忧虑。他对张伯伦说："我知道，不止一次，几位大使和重要的新闻记者离开下议院时都有这样的印象：首相不能获得多数保守党人的支持。"① 这位前首相回信向爱因齐格保证："我决心不再容忍三心二意的支持。"②

最后，他采取了行动，尽管有些晚。1940 年 7 月 4 日，丘吉尔站起来宣布他在整个战争中最痛苦的决定之一带来的结果——皇家海军正在击沉停泊在阿尔及利亚梅尔塞－凯比尔的法国船只。③马杰森站了起来，转向保守党后座议员，挥舞着他的议事日程表，明确表示他们也该这样做。恰好在这个时候，会议室里的每一个保守党人都跳起来，大声为首相欢呼。丘吉尔老泪纵横。

不管怎样，到那时，即使是张伯伦最铁杆的支持者也应该很清楚，比赛几乎结束了。那年夏天，当德国空军开始轰炸英格兰时，丘吉尔成功地俘获了英国民众的心。在他 7 月 4 日演讲的几周后，一项盖洛普民意测验显示，88% 的英国公众对丘吉尔及其领导能力表示赞赏。④ 到这个夏天结束时，他显然已经控制住了局面。"他现在正处于最佳状态，"奇普斯·钱农在 7 月下旬承认，"下议院和整个国家都支持他。"⑤

330

即使张伯伦的支持者不能阻止丘吉尔成为首相，他们也通过大卫·马杰森挫败了一些保守党内异见者的野心。尽管丘吉尔对他以

① Paul Einzig to Neville Chamberlain, June 29, 1940, Chamberlain Papers.
② Paul Einzig, *In the Centre of Things*, London: Hutchinson, 1960, p. 214.
③ Paul Einzig, *In the Centre of Things*, London: Hutchinson, 1960, p. 217.
④ Andrew Roberts, *Eminent Churchillians*, New York: Simon and Schuster, 1994, p. 174.
⑤ Robert Rhodes James, ed., "*Chips*": *The Diaries of Sir Henry Channon*, London: Phoenix, 1999, p. 262.

前的政敌很慷慨，但他几乎没有给那些帮助他入主唐宁街的人提供任何重要的工作。安东尼·艾登成为战争大臣，但他早已失去"反叛分子"的身份，无论如何，他都没进入战争内阁。达夫·库珀成为信息大臣，哈罗德·尼科尔森任他的副手，罗纳德·特里成了他的议会私人秘书。但令库珀震惊和沮丧的是，利奥·埃默里被任命为印度事务部的负责人，他可以说是丘吉尔问鼎相位的最主要的贡献者。在当时，印度事务部的负责人是一个相对较小的内阁职位，与战争几乎没有关系。

在埃默里发表反对张伯伦的演说后的第二天，就有一些报纸猜测他本人可能会成为下一任首相。这是不可能的，但埃默里相信，他过去在内阁的丰富经验，以及他对丘吉尔入主唐宁街所做的重要贡献，将使他获得一个高级职位，可能是国防大臣或财政大臣。当丘吉尔向他提供印度事务部的工作时，他接受了，但他告诉首相："我觉得丘吉尔在使我偏离真正的作战指挥……那帮老伙计，特别是内维尔，不仅成功地把我排除在战争内阁之外，而且排除在任何真正的战略事务之外。"①

事实上，人们还不清楚张伯伦是否真的试图排挤埃默里。无论他是否这样做，回顾过去，很明显，丘吉尔本人并不想让埃默里在英国的军事战争中占据重要地位。丘吉尔被剥夺权力的时间太久了，一旦获得权力，他不打算与任何人分享。"世界末日让我当上首相，"他在 1940 年 5 月底对布思比说，"现在我在这里，决心把权力掌握在自己手中。"② 当然，他不会和一个在政治地位上与他

---

① John Barnes and David Nicholson, ed., *The Empire at Bay: The Leo Amery Diaries 1929 – 1945*, London: Hutchinson, 1980, p. 617.

② Robert Boothby, *Boothby: Recollections of a Rebel*, London: Hutchinson, 1978, p. 145.

相当的人分享这一切，而且这个人过去曾如此有力地挑战过他。维奥莉特·博纳姆·卡特说："丘吉尔天生就是一个聪明的独裁者。他从不喜欢按别人的方式行事。他更喜欢按自己的方式来。"①

担任印度事务大臣的提议让埃默里深受伤害，在接受了这个职位后，他认真地考虑过要告诉丘吉尔自己已经改变了主意。但他最终决定接受这个任命，这是他的责任，他承认："不管有没有我的直接帮助，丘吉尔都是指挥这场战争的正确人选。"② 此外，这将把自己带进政府的"要隘"。

当布思比和麦克米伦问埃默里，如果有机会，他们是否应该接受"没有吸引力的"低级职位时，埃默里说是的，使用了他说服自己的同样理由：这将让他们"驻守要隘"③。和其他"反叛"的保守党成员一样，布思比和麦克米伦已经开始把埃默里视为他们的导师，而埃默里也尽其所能推动他们的事业发展。在丘吉尔成为首相后的日子里，埃默里一再敦促丘吉尔给"我的年轻人"提供好职位，并关注他们的意见。但在马杰森的引导下，丘吉尔没有这样做。

博比提·克兰伯恩被任命为海军军需部长，迪克·劳成为陆军部财政部长。吉姆·托马斯被任命为马杰森的初级党鞭，他是唯一被委任在"党鞭办公室"工作的"反叛分子"。（托马斯闷闷不乐地在给克兰伯恩的信中写道："至少我可以迈出第一步，如果……

331

① Joseph P. Lash, *Roosevelt and Churchill 1939 – 1941*, New York：Norton, 1976, p. 56.
② L. S. Amery, *My Political Life*, Vol. 3, *The Unforgiving Years 1929 – 1940*, London：Hutchinson, 1955, p. 375.
③ John Barnes and David Nicholson, ed., *The Empire at Bay：The Leo Amery Diaries 1929 – 1945*, London：Hutchinson, 1980, p. 616.

不是在房间里，但这将是一项令人不愉快的艰苦工作。"①）麦克米伦和布思比被安排在两个不太知名的部门任次大臣，麦克米伦在供应部，布思比在食品部。布思比是丘吉尔经历荒野之年时，仅有的支持他的3位议员之一，但布思比甚至不是食品大臣的首选；激进的工党议员伊曼纽尔·辛威尔（Emanuel Shinwell）早前拒绝接受这一职位，并称之为"残忍的侮辱"②。布思比对这个职位也同样不感兴趣，当丘吉尔向他提供这个职位时，他表露了自己缺乏热情。第二天，他在一封致首相的道歉信中写道："恐怕我昨天显得不够礼貌……我非常感谢您给我的建议，尤其令我高兴的是，我去了一个与我们的战争成就密切相关的部门。我会尽力证明您的选择是正确的。"③

　　至少布思比得到了一份工作，一些"反叛分子"却连这都没有。尽管埃默里和阿奇博尔德·辛克莱（被任命为空军部长）尽了最大努力，丘吉尔还是拒绝给克莱门特·戴维斯任何职位。张伯伦鄙视戴维斯，称他为"背叛政府的威尔士叛徒"④，这可能对丘吉尔有一定影响。同样，尽管埃默里呼吁，下议院外交事务委员会主席保罗·埃默斯－埃文斯也被冷落了。在慕尼黑会议之前，埃文斯就一直强烈反对绥靖政策。据报道，航运大臣罗纳德·克罗斯（Ronald Cross）想让埃默斯－埃文斯做他的助手，但即使是这个任命也被党鞭办公室否决了。⑤

332

---

① 　Andrew Roberts, *Eminent Churchillians*, New York: Simon and Schuster, 1994, p. 154.

② 　Ben Pimlott, ed., *The Second World War Diary of Hugh Dalton: 1940 – 1945*, London: Jonathan Cape, 1986, p. 16.

③ 　Robert Boothby to Winston Churchill, May 18, 1940, Churchill Papers.

④ 　Neville Chamberlain to Hilda Chamberlain, June 1, 1940, Chamberlain Papers.

⑤ 　Paul Addison to Paul Emrys-Evans, May 3, 1965, Emrys-Evans Papers.

"反叛分子"被排除在丘吉尔政府的要职之外，令伦敦政界和新闻界的"许多人"感到震惊。塞西尔·金说："抛开所有能更有力地战斗的重要因素，还有很多令人震惊的无关因素，这真是一种奇怪的策略。"① 几年后，布思比写道："奇怪的是，丘吉尔从未真正原谅那些把他推上权力宝座的人。从某种意义上说，他对那些帮助他得到权力的人有一种怨恨。"②

尽管起初对被调到印度事务部感到不满和受伤，但没过多久，利奥·埃默里就恢复了天生的热情。他在日记中写道："这只是我政治蜡烛'燃迟'的噼啪声，还是第二局的开始，让我们拭目以待。不管是哪一种，我想我都喜欢。"③ 麦克米伦、布思比和埃默里的其他"年轻人"也有类似的心境。尽管他们希望找到更好的职位，但至少在坐冷板凳多年后，他们已经进入政府，而且在很大程度上他们满怀热情地处理着政务。但他们很快发现，他们的紧迫感并没有在部委的中下层以及唐宁街和军事部门之外的政府其他部门得到广泛认同。1940 年 6 月初，在巴黎即将陷落、法国将投降、德国入侵英国的威胁日益迫近之际，太多的公务员（其中许多是由霍勒斯·威尔逊安排的）的工作状态仍然仿佛这场虚假战争是一种悠闲的经历。《经济学人》表示："政府（高层）的更迭是开始，而不是结束，大扫除是必需的，各部委和内阁都需要新鲜血液……至

---

① Cecil H. King, *With Malice Toward None: A War Diary*, London: Sidgwick & Jackson, 1970, p. 40.

② Robert Rhodes James, *Robert Boothby: A Portrait of Churchill's Ally*, New York: Viking, 1991, p. 246.

③ L. S. Amery, *My Political Life*, Vol. 3, *The Unforgiving Years 1929–1940*, London: Hutchinson, 1955, p. 376.

关重要的是……加快政府的工作节奏并活跃政府的整体氛围。"①

333　　丘吉尔和他身边的人可能一直在夜以继日地工作，以应对国家面临的一连串危机，但除了哈利法克斯勋爵以外，战争内阁的其他成员没有接到任何来自政府的具体任务。用埃默里的话说，没有哪位高层官员负责"给予不同行政部门必要的推动或协调"②。尽管丘吉尔有一股强大的力量，但他不能独自指挥战争、运行政府。在他的支持者和周围圈子里的人看来，他需要有人分担责任和分享权力。

　　1940 年 6 月 17 日，在麦克米伦的鼓动下，他、布思比和其他几位初级大臣来到埃默里家中，告诉他，他们对自己部门持续的萎靡不振的状态和政府整体缺乏协调感到"极度不安"③。与他们同行的是克莱门特·戴维斯和劳合·乔治，自 20 世纪 20 年代麦克米伦和布思比挑起政治争端的"火爆年代"以来，他们就一直很亲近。次大臣们希望埃默里能帮助他们写信给丘吉尔，表达他们的担忧，并提出可行的解决方案。尽管埃默里非常担心丘吉尔会对这样的信做出负面的反应，但他强烈地感到，他的同僚们提到的问题很严重，他们有权表达自己的观点，"恭敬地告诉温斯顿，整个政府需要进一步调整"④。

　　那天下午，埃默里起草了一封信，信中包含初大臣长们的建议，认为丘吉尔应该给予高级别大臣们更多的权力。他在信中说："只有在行政管理方法上进行革命性变革，才能确保我们能迅速决

①　"National Inquest," *The Economist*, May 18, 1940.

②　L. S. Amery, "My Political Life," vol. 4, 未出版, Amery Papers。

③　L. S. Amery, "My Political Life," vol. 4, 未出版, Amery Papers。

④　Robert Rhodes James, *Robert Boothby: A Portrait of Churchill's Ally*, New York: Viking, 1991, p. 258.

策和行动。"① 具体而言，埃默里提议赋予每一位战争内阁成员监督政府各部门并直接向各部部长下达命令的权力。反过来，部长们在管理其部门方面应该有更多的权力，可以自由地雇用和解雇工作人员，而不用考虑财政或公务员制度。这些想法部分源于1916年到1918年劳合·乔治的小型战争内阁，这也是埃默里本人长期以来所拥护的。

信中还提到，有必要"纯粹从个人胜任与否的角度"② 挑战战争内阁成员，这是对战争内阁一些现成员的间接但不容置喙的挖苦。埃默里回忆道："这是一种希望——而不是向温斯顿提出一个明确的建议，在战争内阁中仍然有太多的老家伙，即内维尔和哈利法克斯。"③

起草完这封信后，埃默里把它拿给了达夫·库珀、索尔兹伯里勋爵和殖民地事务部次官劳合·乔治看。3个人都反对把信寄给丘吉尔，索尔兹伯里称："温斯顿自己可以决定（这些事情），如果他不想做出如此极端的改变，他不会被一封信影响。"④ 虽然埃默里本人对此并不反对，但他认为"形势的极端严重性"⑤ 需要某种干预。他说，与其寄信，不如去见丘吉尔，并以非正式的方式告诉他初级大臣们的担忧。

但是，当埃默里于次日中午到达唐宁街10号时，他发现内维

334

---

① Amery draft letter to Churchill, June 17, 1940, Amery Papers.

② Amery draft letter to Churchill, June 17, 1940, Amery Papers.

③ Robert Rhodes James, *Robert Boothby: A Portrait of Churchill's Ally*, New York: Viking, 1991, p. 258.

④ John Barnes and David Nicholson, ed., *The Empire at Bay: The Leo Amery Diaries 1929–1945*, London: Hutchinson, 1980, p. 625.

⑤ John Barnes and David Nicholson, ed., *The Empire at Bay: The Leo Amery Diaries 1929–1945*, London: Hutchinson, 1980, p. 625.

尔·张伯伦已经在他之前到达了那里。那天早些时候，张伯伦从一个联络人那里听到次大臣会议和信件的消息，还有被他视为宿敌的戴维斯和劳合·乔治也参与其中。他立即去找丘吉尔，声称前保守党异见者与戴维斯和劳合·乔治勾结，参与了一项新的阴谋，这次是针对张伯伦和丘吉尔的。

　　尽管认为次大臣们想要把他们费尽心思才提拔上来的人赶下台，这个想法肯定是错的，但张伯伦认为怀疑他们想除掉自己是正确的。这是大多数英国公众的共同愿望。"内维尔·张伯伦……以及金斯利·伍德爵士和西蒙勋爵的辞职看来不可避免，因为英国民众普遍认为英国持续的战争努力因这些人在政府中而受到影响。"① 1940 年 6 月 18 日，海伦·柯克帕特里克在《芝加哥每日新闻》中写道。

　　1940 年 6 月初从敦刻尔克返回的英国军人严厉谴责张伯伦政权未能向他们提供足够的飞机、坦克和武器。他们的报告反过来在英国"激起了愤怒的风暴"②。"在这个时候，互相指责可能会遭到抨击，"《观察家报》的政治通讯员写道，"但一些议员觉得他们再也克制不住自己了。他们在公众中察觉到一种强烈的痛苦感，即过去的政治领导人让国家失望了，他们中的一些人仍然是国王的大臣，没有意识到我们的安全受到威胁的严重性，也没有做好充分的反抗准备。"③ 包括《每日镜报》《新闻纪事报》《星期日画报》和《每日先驱报》在内的几家报纸，都要求将张伯伦及其同伙开除出政府。几个工会也提出这种要求。

　　张伯伦被这场反对他的运动所困扰，决心要战胜他的批评者。

------

① Helen Kirkpatrick, *Chicago Daily News*, June 18, 1940.

② Helen Kirkpatrick, *Chicago Daily News*, June 6, 1940.

③ Helen Kirkpatrick, *Chicago Daily News*, June 18, 1940.

他向处境艰难的丘吉尔发了一封情绪激动的恐吓信，他不止一次表示，除非首相让他的对手停止除掉他的努力，否则他将辞职。[①] 丘吉尔试图做到这一点，包括要求艾德礼和格林伍德钳制反张伯伦的工党媒体和工会。

　　然而，即使1940年6月18日张伯伦没有先于埃默里到访丘吉尔的办公室，埃默里显然也没有成功的机会。他选的时机再糟糕不过了。法国在前一天已经崩溃，就在会见埃默里的几个小时后，丘吉尔又一次向议会发表了激动人心的演讲，他在演讲中宣布："法国的战争结束了。我预计英国之战即将打响。"丘吉尔每天工作18个小时，承受了巨大的压力，仍被政治上的不安全感所困扰，他正面临着英国有史以来最大的危机。他没有心情去听下属的批评，不管下属的意见多么有建设性，他也没有心情去考虑对自己刚刚组建的政府进行改革。的确，在这个危险的时期，他不允许任何人对他的权威提出挑战，把这一点说清楚可能很令人不愉快。罗伯特·罗兹·詹姆斯写道："1940年我们见证了他最好的一面，但也见证了他最坏的一面，尤其是在人际关系方面，尤其是对那些曾经是朋友的人。"[②] 到6月底，他的暴躁和坏脾气已经成为一个问题，克莱门汀·丘吉尔不得不写了一个便条，谴责过度劳累、压力过大的丈夫对周围人"粗鲁、讽刺和专横的态度"[③]。她说，有人告诉她，"如果有人向你提出了一个想法，你就会很轻蔑，以至于目前没有人再提建议"。她又说："我亲爱的温斯顿，我必须承认，我

---

① Neville Chamberlain to Ida Chamberlain, June 8, 1940, Chamberlain Papers.

② Robert Rhodes James, *Robert Boothby : A Portrait of Churchill's Ally*, New York: Viking, 1991, p. 252.

③ Mary Soames, *Speaking for Themselves : The Personal Letters of Winston and Clementine Churchill*, New York: Doubleday, 1998, p. 454.

336 注意到你的态度变差了，你不像以前那么善良了。"

在丘吉尔与埃默里的会面中，丘吉尔显然没有表现出任何善意。注意到张伯伦的疑虑，他愤怒地指责他长期的伙伴与殖民地事务部次官劳合·乔治参与密谋，强行改变战争内阁，这符合"（他们）的利益"。埃默里激烈地否认了这一指控，称劳合甚至没有参与埃默里家的讨论，而且，无论如何，他和劳合都"只对我们部门的工作感兴趣，没有其他企图"①。他试图向丘吉尔保证，"没有阴谋，当然也没有强加给（他）的变革，但肯定有一种强烈的愿望，就是向他陈述一些初级大臣在他们部门发现的情况"②。

丘吉尔对埃默里的话一点都不买账。他告诉埃默里，初级大臣们应该完成他交给他们的工作，如果他们想批评政府，就应该辞职，到政府之外批评去。他不会做任何改变，这是最终结果。那天晚上，埃默里在日记中写道，麦克米伦、布思比和其他几位次大臣"成功地吓坏了艾德礼、格林伍德，尤其是内维尔，并激起了温斯顿的独裁本能。不管他们有多么强烈的民族危机感，他们暂时还是干好自己的工作为好"③。

用一位朋友的话来说，布思比"被麻烦吸引，就像婴儿被牛奶所吸引一样"④，他不准备接受埃默里的建议。他一如既往地急躁和直言不讳，（就像丘吉尔）一样。他确信新政府正处于严重的

① John Barnes and David Nicholson, ed. , *The Empire at Bay : The Leo Amery Diaries 1929 - 1945*, London：Hutchinson, 1980, p. 625.

② Robert Rhodes James, *Robert Boothby : A Portrait of Churchill's Ally*, New York：Viking, 1991, p. 259.

③ John Barnes and David Nicholson, ed. , *The Empire at Bay : The Leo Amery Diaries 1929 - 1945*, London：Hutchinson, 1980, p. 626.

④ W. F. Deedes, *Dear Bill : A Memoir*, London：Macmillan, 2005, p. 205.

政治危机中，他不顾形势，于 1940 年 6 月 19 日坐下来写信给他曾经的导师，"告诉他如何指挥战争、如何对待议会成员、哪里可以驻军以及如何部署舰队等"①。后来布思比承认，这是"我做过的最愚蠢的事之一"②。早年，他敢于直面丘吉尔，责骂他，给他出谋划策，却可以逃脱惩罚。现在情况不同了。

　　丘吉尔前天已经对埃默里的求情怒不可遏，现在简直要发狂了。他立即把布思比叫到唐宁街，带进内阁会议室，就布思比的"厚颜无耻"和明显不忠狠狠地骂了他一顿。丘吉尔在指控他的前议会私人秘书持续密谋陷害张伯伦时说："那天晚上你去了埃默里家。你没有必要去那里。"③ 首相威胁说，如果布思比不能管好自己的事，那他"可能就没什么事可管了"。布思比被这场冲突吓坏了，他回到下议院，在吸烟室里猛灌了 4 杯威士忌。多年后，有个记者问他，是否认为丘吉尔没有理由生气。"他有理由生气，"他回答，"我傲慢、自负。那不是告诉他如何赢得战争的时候。"④ 布思比说，他犯了一个"可怕的错误"。

　　就丘吉尔而言，他从未原谅或忘记这个后来被称为"次大臣阴谋"的事件。张伯伦说，埃默里和其他年轻人试图从丘吉尔手中夺权，而劳合·乔治的战争内阁被丘吉尔奉为楷模，他自己就是阴谋的核心。丘吉尔相信张伯伦的说法是真的。

337

---

① Robert Boothby, *Boothby: Recollections of a Rebel*, London: Hutchinson, 1978, p. 166.

② Robert Boothby, *Boothby: Recollections of a Rebel*, London: Hutchinson, 1978, p. 166.

③ N. R. Rose, *Baffy: The Diaries of Blanche Dugdale 1936 – 1947*, London: Valentine Mitchell, 1973, p. 173.

④ Susan Barnes, "The Hon. Member, the Star of Television," *The Sunday Times*, April 1, 1973.

　　许多年后，丘吉尔告诉维奥莉特·博纳姆·卡特，当时的财政大臣哈罗德·麦克米伦是"一个奇怪的家伙。在某些方面你不能依靠他"[1]。那不是真的，维奥莉特夫人反驳道。在反对绥靖政策的斗争中，麦克米伦一直是他"最勇敢、最可靠的追随者"之一。丘吉尔说："是的，但是他在1940年做了一件非常奇怪的事，那是在我就职之后。他和利奥·埃默里提议建立一个由劳合·乔治领导的三头政府。"

　　与此同时，负责给丘吉尔灌输这种想法的人，却没有多少时间从首相对他的坚定忠诚中获益。1940年7月底，内维尔·张伯伦被诊断出患有肠癌，并接受了手术。经过艰难的恢复期后，他于1940年9月22日辞去了枢密院议长的职务。不到两个月，在闪电战最激烈的时候，张伯伦在他位于汉普郡的乡间别墅中去世。在下议院，丘吉尔向他的前任表达了朴素的敬意，称他是一个热爱和平的人，曾试图把世界从灾难中拯救出来。丘吉尔说："就所谓的历史裁决而言，单凭这一点就让他处于优势。"[2]

---

①　Mark Pottle, *Daring to Hope：The Diaries and Letters of Violet Bonham Carter 1946 - 1969*, London：Weidenfeld & Nicolson, 2000, p. 161.

②　Martin Gilbert, *Winston S. Churchill*, Vol. 6, *Finest Hour, 1939 - 1941*, Boston：Houghton Mifflin, 1983, p. 903.

第二十章
儿子的背叛

当利奥·埃默里被任命为印度事务大臣时，很多英国媒体和他一样感到惊讶和失望，因为他没有被委任一个更重要的职位。"埃默里的能力被充分利用了吗？"[①]《星期日画报》问道。《经济学人》称："埃默里可以有比在印度事务办公室更好的工作。"[②] 据《当代评论》报道："长久以来，埃默里先生一直在荒野中呐喊，许多人更希望看到他担任战争内阁或财政大臣，在政府中拥有如此坚定的个性是一件了不起的事情。"[③]

然而，事实证明，印度事务大臣的职位比埃默里或他的支持者预期的更具实质性。随着战争蔓延到欧洲以外，印度成为英国至关重要的作战基地，为在中东和远东前线的盟军提供了成千上万的部队。这也给英国官员带来了战争中最大的政治难题之一，甘地和印度国民大会党宣布，他们打算让印度摆脱英国的统治，与此同时，缅甸和其他印度的东南亚邻国正落入日本手中。

埃默里在印度事务部的工作为他的旺盛精力提供了充足的施展

[①] *Sunday Pictorial*, July 7, 1940.

[②] "National Inquest," *The Economist*, May 18, 1940.

[③] "Parliament and the War," *Contemporary Review*, July 1940.

339　空间，但也致使他与丘吉尔本已恶化的关系，随着战争的进行而变得更加恶化。的确，丘吉尔把印度事务部的职位给了埃默里，这很奇怪，因为未来这个英国殖民地是一个问题，在这个问题上，两人过去存在很大的分歧。后来，他们在印度问题上的分歧扩大了。到1940年，埃默里认为印度应该在英联邦中获得完全独立，而丘吉尔仍然坚定地认为印度应继续在英国的统治下。①

像以前一样，他们在这个问题上发生了激烈的争论。丘吉尔的魄力和专心对备战和鼓舞同胞至关重要，这常使那些与他一起工作的人生活艰难。他不喜欢别人反对自己的观点，用加拿大总理麦肯齐·金（Mackenzie King）的话来说，他"非常霸道，恐吓他的同事们……他总是在关键的讨论中压制讨论"②。然而，与大多数内阁成员不同的是，埃默里没有被丘吉尔吓倒，他拒绝被这种行为吓倒，当首相在内阁会议上对他大喊大叫时，埃默里也大声回击。他写道，其他的内阁大臣们"对他能直截了当地跟温斯顿说话感到有些震惊，也有些高兴"③。在这些有争议的交流背后是他们的宿怨，它可以追溯到他们还是哈罗公学里红头发、满脸雀斑的少年时。然而，丘吉尔一再明确表示，他终于赢得了这场竞争。埃默里在他的默许下为政府服务。

在丘吉尔的内心深处，似乎有一种疑虑挥之不去，那就是他的老同事正在密谋推翻他，就像埃默里和其他"反叛分子"密谋推翻张伯伦一样。1940年7月下旬，当他发现埃默里一直在与英国

① William Roger Louis, *In the Name of God, Go!: Leo Amery and the British Empire in the Age of Churchill*, New York: Norton, 1992, p. 127.
② Lord Moran, *Churchill: The Struggle for Survival: Taken from the Diaries of Lord Moran*, Boston: Houghton Mifflin, 1966, p. 330.
③ John Barnes and David Nicholson, ed., *The Empire at Bay: The Leo Amery Diaries 1929-1945*, London: Hutchinson, 1980, p. 993.

驻印度总督通电报，谈论通过承诺战后印度独立来安抚圣雄甘地和印度国民大会党其他领导人的可能性时，首相勃然大怒。在埃默里的内阁同僚看来，他在自己的职权范围内就这个问题对总督进行试探。① 但丘吉尔坚决反对印度独立，也坚决反对与印度激进分子谈判。他指责埃默里企图在印度煽动革命，并坚持要看他和总督之间的私人信件。② 在一次内阁会议上，丘吉尔猛烈地谴责埃默里，让亚历山大·卡多根浑身不自在地起身离开了房间。③

340

　　这对埃默里来说是一次耻辱的经历。他告诉丘吉尔，如果现在是正常时期，他早就辞职了。在战争后期与首相发生类似的冲突后，他再次考虑却又放弃了辞职的想法。正如他在整个 20 世纪 40 年代早期的日记所揭示的那样，他反过来对丘吉尔进行了严厉的批评。他在 1942 年写道："和温斯顿这样的人打交道是一件可怕的事，他既专横、善于雄辩，又脑子糊涂。"④ 关于他的内阁同事，埃默里补充道："当温斯顿出丑的时候，他们没有一个人真正有勇气站出来告诉他。"⑤

　　然而，他也为自己和丘吉尔未能克服分歧，似乎注定要继续争执而感到遗憾。

---

①　William Roger Louis, *In the Name of God, Go！: Leo Amery and the British Empire in the Age of Churchill*, New York：Norton, 1992, p. 132.

②　William Roger Louis, *In the Name of God, Go！: Leo Amery and the British Empire in the Age of Churchill*, New York：Norton, 1992, pp. 130 – 131.

③　David Dilks, ed., *The Diaries of Sir Alexander Cadogan 1938 – 1945*, New York：Putnam, 1971, p. 316.

④　William Roger Louis, *In the Name of God, Go！: Leo Amery and the British Empire in the Age of Churchill*, New York：Norton, 1992, p. 165.

⑤　William Roger Louis, *In the Name of God, Go！: Leo Amery and the British Empire in the Age of Churchill*, New York：Norton, 1992, p. 165.

我从来没有和温斯顿有过任何私人接触。如果他有办法的话，他从来不征求我的意见，我想自从我在他的政府里任职以来，从来没有和他谈过一个钟头的话……奇怪的是，他好像怕我。无论是否回到我们在年轻时的对立位置，或者是我曾经在鲍德温内阁的帝国问题上指责他，又或是后来在印度问题上我击败了他，他本能地倾向于不同意我所说的任何话，还认为我想动员舆论反对他，甚至他曾经说过，我有取代他的想法。我希望能消除他的这种想法。①

正如鲍勃·布思比指出的，丘吉尔似乎确实不信任并憎恨埃默里和其他帮助他上台的保守党"反叛分子"。这是温斯顿·丘吉尔的众多矛盾之一，尽管他自己多年来一直被视为一个叛逆者，但正如罗伯特·罗兹·詹姆斯指出的那样，他"从根本上来说是一个非常保守的人"②。在他的职业生涯中，他一直渴望成为权力机构的一部分，而不是破坏它。虽然丘吉尔、英国和世界其他国家都从帮助推翻张伯伦的议会起义中获益，但他似乎从未认同过这场起义的必要性或有效性。他从来没有承认埃默里和其他"反叛分子"在他成为首相的过程中的重要性，事实上，他们对英国和西方国家

341 的生存至关重要。

至于埃默里，他从不后悔在帮助丘吉尔掌权方面所起的作用。他在丘吉尔任首相后不久就宣称："他既是一位真正的战时领袖，

---

① John Barnes and David Nicholson, ed. , *The Empire at Bay : The Leo Amery Diaries 1929 - 1945*, London：Hutchinson, 1980, p. 758.

② Robert Rhodes James, *Churchill : A Study in Failure 1900 - 1939*, New York：World Publishing Co. , 1970, p. 36.

也是一位值得效忠的领袖。"① 1941 年 11 月，英国军队在中东处于守势，盟军的运输损失急剧上升，埃默里给陷入困境的丘吉尔写信说："我们在印度问题上可能有分歧，但我对你们在更广泛领域所做的和正在做的一切表示钦佩，我只是想给你我力所能及的一切帮助。"②

尽管埃默里与丘吉尔的关系令人沮丧、充满争议，但在战争期间，埃默里有一个更大的忧虑。当他和英国政府的其他成员都致力于击败德国的时候，他的大儿子约翰却安居在柏林，做着亲纳粹的广播节目，试图说服英国战俘改变效忠对象，为德国而战。

约翰·埃默里被一位作家形容为"终日游手好闲的人"③，他从孩提时代就几乎一直陷于麻烦之中。在父母的溺爱下，他在 15 岁的时候得到了一辆跑车，几年之内，他就积累了 70 多张罚单。他脾气暴躁，嗜酒如命，16 岁时离开哈罗公学，开始在欧洲漫无目的地旅行，并参与了一系列见不得光的商业冒险活动。他父母多次试图帮助他，但所有努力都化为泡影，到他 20 岁出头，已经欠下了巨额债务，他的父亲觉得有责任偿还债务。

据利奥·埃默里说，1936 年夏天西班牙内战爆发时，当时 23 岁的约翰自愿加入了佛朗哥的军队，为叛军做了几个月的军火贩子。④ 他

① John Barnes and David Nicholson, ed., *The Empire at Bay: The Leo Amery Diaries 1929-1945*, London: Hutchinson, 1980, p. 619.
② Leo Amery to Winston Churchill, November 29, 1941, Churchill Papers.
③ Geoffrey Wheatcroft, "A Fanatic and a Cad United in Treachery," *Daily Mail*, June 29, 2001.
④ Leo Amery affidavit on John Amery, Home Office report (HO 144/22823/238), National Archives, Kew.

强烈地反对共产主义。尽管他的父亲是犹太人并且坚定地支持犹太复国主义，但他强烈地反犹太主义。离开西班牙后，约翰漂泊在欧洲各地，1939 年 9 月战争爆发时他在法国。第二年春天，埃默里在巴黎视察了马其诺防线之后，试图说服他的儿子回国并应征加入英国军队。约翰告诉父亲，他目前正在从事电影制作公司的工作，如果不能很快成功，他就会回英国。

然而，德国对法国的征服终结了约翰·埃默里归国的可能性。法国沦陷后，他被关押在那里。当德国官员发现他是一位英国内阁大臣的儿子时，招募他为宣传人员并将他带到柏林。自从法国沦陷以来，约翰·埃默里焦虑的父母就很少听到他的消息。后来，在 1942 年 11 月 17 日，一位美国记者告诉利奥·埃默里，他的儿子在德国首都，显然是被纳粹收买了。更糟糕的是，据报道，他正准备对英国进行亲德广播。"一个朋友告诉我，为了他们邪恶的目的，德国人在阿德伦酒店里养了一大群人，如伍德豪斯，他们似乎已经拉拢约翰加入了。"[1] 利奥·埃默里在日记中写道。

1942 年 11 月 18 日，当他陪同丘吉尔去哈罗公学听音乐会时，埃默里向首相介绍了自己儿子的情况，并补充说，如果形势令丘吉尔和他的政府很尴尬，他准备辞职。"上帝啊！"丘吉尔喊道，"我不希望你辞职！"[2] 首相自己的儿子伦道夫（Randolph）也不止一次让他的父母感到担忧，他向埃默里保证，没有人会因为"一个成年儿子的反常行为"而责怪他。尽管他们多年来一直争吵不休，

---

① John Barnes and David Nicholson, ed., *The Empire at Bay: The Leo Amery Diaries 1929 - 1945*, London: Hutchinson, 1980, p. 843.

② John Barnes and David Nicholson, ed., *The Empire at Bay: The Leo Amery Diaries 1929 - 1945*, London: Hutchinson, 1980, p. 844.

但丘吉尔在最重要的时候展现了忠诚和同情。为此，埃默里永远心存感激。

第二天晚上，利奥·埃默里和弗洛伦斯·埃默里在伊顿广场的客厅里打开了收音机，准备迎接一场痛苦的折磨。[①] 在半个多小时里，他们听到了自己的儿子通过柏林电台发表的长篇大论，谴责犹太人、苏联人和美国人，并敦促英国公众推翻他们的政府。"这场战争持续的时间是否够长；我们的孩子是否为了英国的利益而牺牲；平民是否为了英国而受苦、受难，还是让他们成为一小撮不择手段之人的利益牺牲品。"他宣称，"这取决于你，取决于你的常识。你，一个走在街头的男人，能阻止这种罪行。只有你能推翻那些把我们国家搞得如此堕落的人……他们违背英国的利益，让我们的国家与苏联人和美国人结盟。"

343

听儿子的广播对埃默里夫妇来说是一段令他们心碎的经历，他们决定通过以"演讲者是一个用约翰名字的冒名者"的说法来处理这件事。"亲爱的温斯顿，"埃默里第二天写信给丘吉尔，"我听了两次宣称是我儿子播的广播节目，我和我妻子都相信这个播音员的声音不是我儿子的，而是一个完全不同的声音，是一个训练有素的演说家和播音员的声音。"[②] 但那是约翰·埃默里的声音，在接下来的两年里，约翰·埃默里做了几次广播和演讲，和他父母听过的那次差不多。他还参观了盟军战俘集中营，招募英国军人与德国人一起对抗苏联。他将自己的呼吁描述为"用武器捍卫所有文明，反对亚洲人和犹太人的兽行"[③]。（只有一名英国战俘响应了号召。）

---

① John Barnes and David Nicholson, ed., *The Empire at Bay: The Leo Amery Diaries 1929-1945*, London: Hutchinson, 1980, p. 845.

② Leo Amery to Winston Churchill, November 20, 1942, Churchill Papers.

③ Transcript of Amery speech, November 1942, KV 2/78, National Archives.

由于布兰登·布拉肯的介入，大多数英国报纸很少或根本没有刊登关于约翰·埃默里广播的报道，布拉肯在 1941 年取代了达夫·库珀成为信息大臣。但是利奥·埃默里知道他儿子的变节成了伦敦的八卦话题，尽管他的朋友和同事都团结在他周围，但是他仍感到羞愧和耻辱。战争结束后，英国陆军部和对外情报机构军情六处收集了对约翰不利的证据，以叛国罪起诉他，这一点也让埃默里感到困扰。"我想知道，他那不幸而又十分可怜的父亲是否会把年轻的埃默里从他应得的命运中拯救出来。"① 一名陆军部职员在 1942 年底写道。

在战争的最后几个月里，约翰·埃默里重新定居意大利。1945 年春天，他在那里被游击队抓获，并被移交给英国当局。他于 7 月 9 日被带回英国，并被押往旺兹沃斯监狱。这是一座维多利亚风格的暗色石头建筑，位于伦敦南部一个破旧地区的中央。事态逐渐明朗，英国政府打算以儆效尤。大约 140 名英国人在战争期间和战后因与德国人勾结而被起诉，他们中的一些人，像约翰·埃默里，做过亲德广播。② 然而，只有约翰和臭名昭著的"哈哈大人"威廉·乔伊斯被控叛国罪，被判处死刑。其他人被控罪行较轻，大多数人只在监狱里待了几年。

1945 年 11 月 28 日，约翰·埃默里走上了位于伦敦老贝利街的中央刑事法庭的被告席。他面容憔悴，没有刮胡子，长长的黑发卷曲在大衣领子上。法官席前的 3 张桌子上坐满了穿着黑色礼服的律师、特别警察和军事情报官员，可见政府对此案非常重视。③ 首

---

① D. C. Orr, War Office, to MI5, November 19, 1942, KV 2/78, National Archives.
② Adrian Weale, *Patriot Traitors: Roger Casement, John Amery and the Real Meaning of Treason*, London: Viking, 2001, p. xvii.
③ Rebecca West, "The Crown vs. John Amery," *New Yorker*, December 15, 1945.

席检察官是英国司法大臣哈特利·肖克罗斯爵士（Sir Hartley Shawcross），他刚刚结束在纽伦堡审判戈林和其他德国战犯的英国首席检察官职务，回到英国。在法庭上，埃默里唯一的家人是他的弟弟朱利安，在过去的 4 个月里，他一直在努力为约翰辩护。

在阅读了 8 项罪名的起诉书后，法庭书记员问埃默里是否认罪。他用微弱的声音回答说："我承认所有罪名。"[1] 他的回答几乎震惊了法庭上的所有人，他们知道，32 岁的被告判了自己死刑，没有别的话可说，也没有上诉。上了年纪的法官，戴着白色的假发，穿着红紫相间的长袍，身子前倾。他说："在没有确信完全了解被告的所作所为以及立即会有什么结果之前，我从来不会接受被告的认罪。"[2] 埃默里的辩护律师答道："我可以向您保证，被告知道自己在做什么。" 与此同时，一块黑色的方巾被戴在了法官的头上。他直视埃默里，宣布："你现在已经承认自己背叛了国王和国家，你已经丧失了自己的权利。"[3]

约翰后来说，他认罪是为了让家人免受漫长审判的痛苦和羞辱。他的父亲认为，如果不是因为他之前内阁大臣的身份，约翰就不会死，这让他备受折磨，利奥·埃默里努力游说，希望约翰得到宽大处理。"我对他处于今时今日的境遇感到有某种责任，"他写信给英国内政部说，"因为他是我的儿子，这一事实让德国人觉得有必要接近他，然后使他的言行高调、出位，否则他们不会收买他。"[4]

应利奥·埃默里的请求，一位杰出的医生兼埃默里一家的朋友

---

[1] Rebecca West, "The Crown vs. John Amery," *New Yorker*, December 15, 1945.

[2] Rebecca West, "The Crown vs. John Amery," *New Yorker*, December 15, 1945.

[3] Rebecca West, "The Crown vs. John Amery," *New Yorker*, December 15, 1945.

[4] Adrian Weale, *Patriot Traitors: Roger Casement, John Amery and the Real Meaning of Treason*, London: Viking, 2001, pp. 272-273.

霍德尔勋爵（Lord Horder），向内政部提交了一份报告，证明约
翰·埃默里多年来精神不稳定，并宣称他无法分辨是非。[1] 在对囚
犯进行检查之后，两名由内政部指定的精神病医生同意霍德尔的观
点。他们的结论是，约翰·埃默里无法对自己的行为形成道德判
断，因此，他不应该被处决。两份报告都被置若罔闻，要求宽大处
理的请求也被驳回。"这个国家允许死刑，作为一种威慑，因为普
通人相信，法官执行法律时无所畏惧、毫不偏袒，"英国内政部的
一份备忘录称，"如果埃默里被判缓刑，就很难让普通人相信
（他）没有得到特殊对待和特权待遇。"[2]

　　在儿子被处决的前一天晚上，利奥·埃默里和弗洛伦斯·埃默
里去旺兹沃斯监狱探望了他。"你们给了我最后一次欢送。"[3] 约翰
对他们说。第二天早上，在预定的行刑时间 9 点前不久，利奥·埃
默里把佣人们叫到伊顿广场的家里。利奥·埃默里读了一首他写的
关于约翰的诗，在场的每个人都背诵了主祷文。几乎与此同时，英
国著名的刽子手阿尔伯特·皮埃尔波因特（Albert Pierrepoint）进
入了约翰·埃默里在旺兹沃斯的牢房。囚犯伸出手来，"皮埃尔波
因特先生，"他说，"我一直想见你，当然不是在这种情况下。"[4]
吃惊的皮埃尔波因特握了握约翰的手，然后轻轻地把他转过来，把
他的两臂捆在背后，领他上了绞刑架。在旺兹沃斯外，朱利安·埃
默里坐在一辆车里等着。上午 9 点 08 分，一名监狱长在监狱外墙

---

[1]　Adrian Weale, *Patriot Traitors : Roger Casement, John Amery and the Real Meaning of Treason*, London: Viking, 2001, pp. 240 – 241.

[2]　Home Office report（HO 144/2283），National Archives.

[3]　Florence Amery to Ian Hamilton, January 1, 1946, Ian Hamilton Papers, Liddell Hart Center for Military Archives, King's College.

[4]　Adrian Weale, *Patriot Traitors : Roger Casement, John Amery and the Real Meaning of Treason*, London: Viking, 2001, p. xii.

钉了一块布告牌：“今天对约翰·埃默里执行了死刑。”①

　　约翰·埃默里的尸体被埋在监狱的土地上。第二年，他的母亲请求到他的墓前祭拜，但遭到了政府拒绝。1948 年，有埃默里家人参加的圣公会教牧师问约翰死前曾为他提供过咨询的旺兹沃斯监狱牧师，是否愿意见一下埃默里太太，谈谈她的儿子。这一要求遭到了政府的再次拒绝。“探访被处决者的亲属被认为是不可取的，”内政部的一份报告称，“政府绝不能偏袒前内阁大臣的家人。”②　　346

①　“The End of Amery,” *Time*, December 31, 1945.

②　Home Office file, June 14, 1948, National Archives.

第二十一章
余波

当丘吉尔成为首相时，利奥·埃默里麾下的大多数"年轻人"，要么被安排低级别的政府职位，要么根本没有获得任何职位，他们几乎没有理由期待在这段时间里会得到更有挑战性的工作。但对一些人来说，这种情况实际上很快就改变了。

丘吉尔上任后不久，布兰登·布拉肯向鲍勃·布思比和其他被排除在重要政府职位之外的人做了间接的道歉。布拉肯承认，"许多明显不适合的人"①被委任关键职位，他向布思比保证，"当这场呼啸而过的危机结束后，我敢说，可以做出一些改进"。

到 1940 年 12 月，布拉肯提到过的、直接威胁英国安全和独立的"呼啸而过的危机"已经结束。尽管困难重重，但是英国皇家空军还是在不列颠之战中击败了德国空军。虽然德国对伦敦和其他英国城市的轰炸一直持续到 1941 年，但是德国入侵英国的危险已经结束。对丘吉尔自身政治安全的威胁也已减弱，到了年底，他已经牢牢控制了下议院和整个国家。他有足够的信心把参与慕尼黑事

---

① Robert Rhodes James, *Robert Boothby: A Portrait of Churchill's Ally*, New York: Viking, 1991, p. 256.

件的人从他的政府高层中除名。

1940 年 12 月，英国驻美国大使洛锡安勋爵意外去世，这给丘吉尔
提供了一次大洗牌的机会。哈利法克斯勋爵极不情愿地被迫接替了洛
锡安的位置。哈利法克斯被派到华盛顿后，首相任命安东尼·艾登为
他的外交大臣，艾登一直担任这个职位直到战争结束。迪克·劳从陆
军部的低级职位上调离，接替臭名昭著的拉布·巴特勒担任外交次大
臣。在洛锡安去世前不久，博比提·克兰伯恩被任命为自治领事务大
臣。克兰伯恩又说服丘吉尔任命保罗·埃默斯－埃文斯为他的次大臣。

有一段时间，鲍勃·布思比的政治地位似乎也在上升。在他放
弃教丘吉尔如何指挥战争，安心在食品部工作后，发现自己出人意
料地擅长这项工作。像利奥·埃默里一样，布思比发现自己的地位
比自己或其他人预想的都重要。事实上，在战争期间，食品部是最
重要的文职部门，它的负责人伍尔顿勋爵（Lord Woolton），以前是
个著名的商人，是政府中除丘吉尔本人以外，最知名、最受欢迎的
大臣。作为伍尔顿的副手，布思比几乎和伍尔顿一样出名和受欢
迎。他和伍尔顿负责提出并实施一项政府计划，为贫困儿童和哺乳
期的母亲提供免费牛奶。闪电战开始时，布思比负责在被炸毁的伦
敦东区建立小食堂，为无家可归的居民提供食物和热饮。空袭过后
的早晨，空气中仍弥漫着刺鼻的烟味，布思比来到空袭现场，踏着
碎玻璃和成堆的瓦砾，对茫然的幸存者表达同情，为他们提供精神
慰藉和食物，并为他们带去笑声。布思比也因其在议会中代表大臣
的娴熟表现而获得很高评价。在《新政治家》看来，他表现出了
"政府部门所需要的那种干劲和热情"[①]。

---

① Robert Rhodes James, *Robert Boothby : A Portrait of Churchill's Ally*, New York：
Viking, 1991, p. 286.

1941 年 1 月，布思比充满希望的政治前途戛然而止。催化剂是两年前他卷入了一场帮助在英国生活的捷克斯洛伐克公民的丑闻。1939 年 3 月德国占领捷克斯洛伐克时，捷克斯洛伐克侨民的银行存款和投资在他们的祖国被冻结。大约在同一时间，英国政府冻结了捷克斯洛伐克政府在英国的存款，防止德国人掠夺这些资产。一个月后，一个由布思比担任无薪主席的私人委员会成立了，旨在游说英国政府帮助在英国的捷克斯洛伐克人，他们正试图从被冻结的捷克斯洛伐克资产中收回被冻结的储蓄和投资。布思比在伦敦金融城做过几年的股票经纪人，他当时没有透露参与这件事涉及个人利益。他的一个朋友，一位富有的捷克斯洛伐克商人，曾请他帮忙商谈解冻他妻子的捷克斯洛伐克债券，并向布思比承诺，无论她收到多少，都会支付给布恩比 10% 的提成。布思比一生对金钱不太上心，负债累累，他接受了这个提议。

布思比没有做任何违法的事，他长期以来一直是捷克斯洛伐克的拥护者，并为所有捷克斯洛伐克索赔者寻求解决办法，但是关于他个人利益的谣言和报道引发了对其行为不当的指控。[1] 1939 年 8 月，时任英国财政大臣的约翰·西蒙爵士将布思比叫到自己的办公室，询问他关于该委员会及其宗旨的问题。他声称布思比成为董事长的唯一目的是获得经济利益。布思比相当真实地全盘否认了这一指控，但从未向西蒙，或后来对他提出质疑的任何其他官员透露，他确实获得了个人利益。[2]

1940 年 9 月，布思比的捷克斯洛伐克朋友被拘留，并被作为

---

[1] Robert Rhodes James, *Robert Boothby : A Portrait of Churchill's Ally*, New York：Viking, 1991, p. 208.

[2] Robert Rhodes James, *Robert Boothby : A Portrait of Churchill's Ally*, New York：Viking, 1991, p. 226.

外国人关押。当时，成千上万的外国人在英国遭遇了这样的命运。当警察在这名男子的文件中发现了他和布思比之间财务安排的证据时，这一消息引起了丘吉尔的注意，他立即命令布思比前往唐宁街。首相冷冰冰地告诉他的前任议会私人秘书，自己已经决定成立一个下议院特别委员会来调查他的行为。

　　在设立委员会的过程中，丘吉尔无意中为亲张伯伦的保守党提供了报复敌人的工具。这个敌人（布恩比）以奢侈且非传统的生活方式，以及与前首相斗争中的刻薄言论，令他们尤其鄙视。对他的敌意终于得以释放了。被选为特别委员会主席的保守党议员是巴斯啤酒厂的董事长约翰·格雷顿，也是张伯伦和绥靖政策的狂热支持者。（布思比和他的支持者认为，选择格雷顿是詹姆斯·斯图尔特所为。[①]）特别委员会的其他成员大都非常支持张伯伦。休·道尔顿总结说，这是"一个刽子手委员会"。

　　在该委员会进行调查期间，布思比被食品部停职。1941年1月，该特别委员会得出结论，布思比在英国帮助捷克斯洛伐克人的唯一目的是获取经济利益，他的行为"有损下议院的尊严，与议会有权要求其成员遵守的标准不一致"[②]。布思比和其他很多人一样，被这些发现震惊了。曾任英国国家安全次大臣的工党议员艾伦·威尔金森写道："如果他逾越了一英寸的界限，为什么不能私下解决这个问题……我们不能让食品部失去那样的一个人！"[③]休·道尔顿在日记中指出，布思比"比特别委员会中对他进行评

---

① Robert Rhodes James, *Robert Boothby: A Portrait of Churchill's Ally*, New York: Viking, 1991, p. 274.

② Robert Rhodes James, *Robert Boothby: A Portrait of Churchill's Ally*, New York: Viking, 1991, p. 283.

③ Robert Rhodes James, *Robert Boothby: A Portrait of Churchill's Ally*, New York: Viking, 1991, p. 286.

判的大多数人要好得多。不幸的是，他违反了第十一条戒律，而议会里的许多金融流氓却没有"①。

　　布思比知道，委员会的调查结果意味着他将不得不辞职，但与此同时，他也在为保住自己的下议院席位而努力。1941 年 1 月 28 日，当特别委员会向下议院提交报告时，他承认在解决捷克斯洛伐克索赔问题上本应公开自己的个人利益，但他坚决否认自己做错了。"我帮助捷克斯洛伐克人是因为我不希望他们被德国人抢劫，而不是因为我自己想抢劫他们。" 他对沉默的下议院议员们说，"我承认自己愚蠢，却不承认自己的有罪。"②

　　布思比的口才使整个下议院议员都对他有所偏向。下议院没有强迫布思比辞职，而且他在东阿伯丁郡的忠实选民给予了他全力支持。他一直待在下议院，直到近 20 年后他自己决定离开。但在二战期间，布思比从未得到过其他政府职位，他想在政治上所有建树的希望也破灭了。然而，最让他伤心的是，他认为丘吉尔想把他置于狼狈不堪的境地。"他为什么时不时地讨厌我呢?"③ 布思比曾经问过战争期间丘吉尔的首席军事助手，少将黑斯廷斯·伊斯梅爵士。据布思比说，伊斯梅想了一会儿，然后回答："你给他写了一两封不得体的信，这激怒了他，而且你总是说一些他不想听的话。"

　　这一切也许都是真的，但丘吉尔被告之一位内阁大臣涉嫌不当行为后，他显然别无选择，只能下令进行调查。他不打算因为以前

①　Ben Pimlott, ed., *The Second World War Diary of Hugh Dalton: 1940 - 1945*, London: Jonathan Cape, p. 146.

②　*The Times*, January 29, 1941.

③　Robert Boothby, *Boothby: Recollections of a Rebel*, London: Hutchinson, 1978, p. 57.

一个亲密伙伴的轻率行为，给老政敌攻击他的机会。然而，首相似乎被调查中强烈的党派色彩弄得很窘迫，他告诉约翰·科尔维尔，他不能"忍受一场猎杀"①。在下议院的一次演讲中，丘吉尔称布思比从政府辞职是"令人心碎的事"。他补充道："这对我来说尤其痛苦，因为布思比先生多年来一直是我私人的、值得信赖的朋友之一，在我孤独和遇到困难时常常给予我支持，我个人一直对他怀有热烈的敬意。他的离去是我们共同的损失。"②

然而，与此同时，丘吉尔私下里明确表示，他不想再和布思比有任何瓜葛。③当一名议员问他布思比应该做什么时，丘吉尔回答说，他应该"加入一个拆弹小组，这是在他的同胞眼中恢复声誉的最好方式"④。据报道，他停顿了一下，接着说："毕竟，炸弹可能不会爆炸。"詹姆斯·斯图尔特和布思比在议会的其他敌人，对布恩比失去政治地位感到高兴，他们确保丘吉尔的这句话在下议院的大厅和吸烟室里广为流传。多年后，斯图尔特甚至在他的回忆录中提到了这件事。

以宽容朋友的小过失而闻名的丘吉尔，为什么要如此彻底地疏远布思比呢？在这件事情发生的过程中，首相告诉伍尔顿，布思比"有能力，但没有美德"⑤。然而，丘吉尔从未切断与比弗布鲁克勋爵、伯肯黑德勋爵和威斯敏斯特公爵等亲密伙伴的联系，这些人的

---

① John Colville, *The Fringes of Power : Downing Street Diaries*, New York : Norton, 1985, p. 126.

② *The Times*, January 29, 1941.

③ Robert Rhodes James, *Robert Boothby : A Portrait of Churchill's Ally*, New York : Viking, 1991, p. 275.

④ James Stuart, *Within the Fringe*, London : Bodley Head, 1967, p. 90.

⑤ Andrew Roberts, *Eminent Churchillians*, New York : Simon and Schuster, 1994, p. 190.

446 至暗时刻的反抗：辅佐丘吉尔并拯救英国的年轻人

金融交易和个人行为甚至比布恩比更令人怀疑。丘吉尔的传记作者
罗伊·詹金斯（Roy Jenkins）写道，丘吉尔"喜欢无赖"。但这些
351 "无赖"① ——比弗布鲁克、伯肯黑德以及其他人——大多数是丘
吉尔认为与自己在社会和政治上平等的人。对于那些被他视为下
属的人，他就没有那么大的忍耐力了，就像不守纪律的布思比，
把政治和追求权力当作一项运动、一种游戏，而不是生活的主要
焦点。

　　正如丘吉尔指出的那样，布思比在自己失去政治地位之前一直
是这位老人的坚定支持者，但他从来没有像丘吉尔要求他的追随者
那样，给予他绝对的忠诚。丘吉尔仿佛只有 10 岁，情绪化、多愁
善感又宽宏大量，但他有时也暴露出性格中冷酷的一面，对那些已
经失去作用的盟友漠不关心。德斯蒙德·莫顿爵士（Sir Desmond
Morton）说："交一个对他没有实际用处的朋友，就只因为喜欢他
而和他做朋友，这种想法没有任何意义。"② 莫顿爵士是丘吉尔战
时的亲密顾问，后来也被排除在核心圈子之外。

　　对于另一批反对绥靖主义的保守党人来说，虽然他们进入丘吉
尔政府比较晚，但终于接近了核心圈子，这是令人兴奋的。可是，
正如埃默里和其他几个人发现的那样，为英国救世主工作可能既困
难又令人沮丧。在整个战争期间，丘吉尔紧握着自己的权力，正如
他在 1940 年 5 月对布思比所说的那样，他决心要"把权力掌握在
我的手中"。安东尼·艾登受到首相拒绝授权的影响，他多次错过

---

① Roy Jenkins, *Churchill : A Biography*, New York: Farrar, Straus & Giroux, 2001,
p. 188.
② Robert Rhodes James, *Robert Boothby : A Portrait of Churchill's Ally*, New York:
Viking, 1991, p. 85.

接替内维尔·张伯伦的机会，在战争期间，被降为丘吉尔忠诚的副手和假定继承人，对战争如何进行几乎没有真正的发言权。"困扰我的是，"1942 年 4 月，艾登在给博比提·克兰伯恩的信中写道，"我，我想还有其他的战争内阁成员，被公众视为战争的领导者，而我们一点也不……总之，我是最不幸福的。"①

　　然而，就在同一年，一位前保守党异见人士成功地摆脱了在白厅工作的冲突和不满，在这一过程中，他发现自己在战时的影响力远远超过了任何一位议会同僚。1942 年底，英美入侵北非之后，丘吉尔请哈罗德·麦克米伦作为首相代表前往阿尔及尔的盟军新总部。麦克米伦担心阿尔及尔的工作会成为他的政治道路上的障碍，但他还是接受了这份工作，希望这能让他在战争中参与更多直接的工作。

　　事实证明，拴住麦克米伦的北非战争与跟德国人的战斗毫无关系。两位法国将军，夏尔·戴高乐（Charles de Gaulle）和亨利·吉罗（Henri Giraud），在谁应该领导法国临时政府的问题上争论不休。阿尔及尔是美国的势力范围，而富兰克林·罗斯福总统和丘吉尔一样，也讨厌戴高乐，所以希望吉罗担任总统。麦克米伦说一口流利的法语，熟悉法国政治，他知道虽然戴高乐脾气暴躁，但他是唯一一个有意志和人格力量领导法国军队的人。麦克米伦以冷静和高超的外交技巧，在这两位长期不和的将军之间调停，并调解戴高乐、罗斯福和丘吉尔之间的分歧。部分因为麦克米伦的努力，戴高乐取得了胜利，并在二线后继续领导法国。

　　阿尔及尔一役被证明是哈罗德·麦克米伦一生的转折点。在他

---

① 　D. R. Thorpe, *Eden: The Life and Times of Anthony Eden First Earl of Avon, 1897 – 1977*, London: Chatto & Windus, 2003, p. 271.

的职业生涯中，他第一次获得了独立行动的授权，并且充分利用了这一点。他获得了盟军司令德怀特·D. 艾森豪威尔（Dwight D. Eisenhower）将军和其他美国官员的信任，麦克米伦经常说服他们采纳自己的观点，同时让他们觉得这一直都是他们的想法。"我猜测在阿尔及尔，他可以思考，可以做所有的决定。哈罗德·麦克伦第一次意识到自己的高层领导能力。"[1] 理查德·克罗斯曼（Richard Crossman）说。理查德是前牛津大学教师，后来成为工党议员，领导了盟军在北非的心理战。

与布思比、艾登和其他同事不同，麦克米伦愿意把聚光灯投向别处。"我还记得他如何巧妙地掩饰自己的权力。"[2] 麦克米伦的私人秘书约翰·温德姆（John Wyndham）说，"他很少追求荣誉，如果别人得到荣誉，给予他权力，他会非常满足……他喜欢的是权力。"麦克米伦曾建议克罗斯曼，在与美国人共事时，他应该允许他的同事们"不仅拥有比自己更高的地位和更高的薪水，而且还要有一种掌控大局的感觉。这样就能让一切顺利进行"[3]。

随着在北非的成功，腼腆、拘谨的麦克米伦开始放松，摆脱了傲慢和迂腐的作风，变得更加放松和自信。事实上，在到达阿尔及尔的几个月内，他已经变成了一个"勇猛的行动派"[4]，在战区内外都很从容，曾经在北非沙漠中从一架燃烧的飞机中逃生，然后又回去营救一名被困的乘客。在阿尔及尔，他没有因为戴绿帽子而受

353

---

① Anthony Sampson, *Macmillan: A Study in Ambiguity*, London: Pelican, 1968, p. 70.

② Lord Egremont, *Wyndham and Children First*, London: Macmillan, 1968, p. 193.

③ Richard Davenport-Hines, *The Macmillans*, London: Mandarin, 1993, p. 223.

④ Richard Davenport-Hines, *The Macmillans*, London: Mandarin, 1993, p. 222.

到诋毁或同情，也没有成为人们嘲弄的对象。在那里，他可以摆脱妻子和布思比偷情的耻辱。然而，这段关系给他带来的痛苦依然存在。在整个战争期间，麦克米伦有一段时间一直忧郁、沮丧，他向一些信得过的朋友透露他仍然遭受着痛苦。① 多年后，朋友们猜测，妻子的婚外情是"牡蛎中的沙砾"，正是这种"沙砾"促使麦克米伦在二战期间和战后出人意料地掌权。

1943 年夏天，盟军在 7 月入侵西西里岛之后，麦克米伦作为丘吉尔的代表，被派往意大利的盟军总部。墨索里尼倒台后，麦克米伦帮助意大利与巴多格里奥政府就停战协议条款展开谈判，在接下来的两年里参与建立一个新的、更自由的、群众基础更广泛的意大利政权。实际上，他在为被占领的意大利制定同盟政策，就像他后来在希腊、黎巴嫩、叙利亚和南斯拉夫所做的那样。作为一名保守党后座议员，麦克米伦多年来感觉无所作力，而在国外他改写宪法，重建国家，以此影响数百万人的生活。他掌握着巨大的权力，但就像在北非一样，他尽量在幕后活动。温德姆说，他是"地中海的秘密总督"②。

1945 年 7 月，盟军在欧洲取得胜利两个月后，英国举行了十年来的第一次大选。当选票清点完毕后，温斯顿·丘吉尔，这位在战时如此鼓舞人心的人物，被疲惫的、饱受战争折磨的选民赶下台——选民们决定，更愿意让工党来管理瘫痪的经济事务。在工党的碾压下，麦克米伦、埃默里和哈罗德·尼科尔森等反绥靖主义"反叛分子"失去了他们的议会席位。埃默里和尼科尔森都

354

---

① Alistair Horne, *Harold Macmillan*, Vol. 1, *1894 – 1956*, London：Penguin, 1989, p. 178.

② Lord Egremont, *Wyndham and Children First*, London：Macmillan, 1968, p. 194.

没有回到议院，但麦克米伦幸运得多，大选几个月后，他在伦敦郊区布罗姆利（Bromley）赢得了补选，重新回到了下议院同僚们的队伍中。

帮助驱逐内维尔·张伯伦的保守党异见人士组成的联盟从来就不是一个紧密团结的兄弟联盟。在张伯伦被赶下台之前的两年里，竞争导致他们分裂，这在那些从 1945 年竞选惨败中幸存下来的人的交往中仍然可以看出端倪。安东尼·艾登就是其中之一，他对麦克米伦在北非和意大利担任战时职位时，被允许直接向丘吉尔汇报而不是向他和外交部汇报感到愤怒。他认为麦克米伦威胁自己的地位，并对他继任丘吉尔在保守党的领导地位构成威胁，这一观点得到了其他人的认同。"哈罗德可能会接替温斯顿。"1946 年初，罗伯特·布鲁斯·洛克哈特在他的日记中写道，"战争期间，他的声望比任何人都高……他总是很聪明，但腼腆又不自信，与别人握手时手心湿漉漉的，与其说他是个男人，不如说他更像条湿漉漉的鱼。现在他充满了自信，不仅不害怕说话，而且会跳出来插话，讲得很精彩。他的头脑比安东尼好。"[1] 谈到艾登，洛克哈特若有所思地说："我想他有点嫉妒哈罗德。在这方面，他像个女人，害怕潜在的对手。"[2]

麦克米伦不再是局外人，他现在是保守党内部圈子里的一个重要人物。议会的同僚们对他的变化感到吃惊。他曾经对自己的政党嗤之以鼻，提出了创新而大胆的立法提案，并努力与反对党结成跨党派联盟。但如今这位敏感、感情丰富的理想主义者已不复存在，

①　Kenneth Young, ed. , *The Diaries of Sir Robert Bruce Lockhart*, Vol. 2, *1939 - 1965*, London：Macmillan, 1985, pp. 519 - 520.

②　Kenneth Young, ed. , *The Diaries of Sir Robert Bruce Lockhart*, Vol. 2, *1939 - 1965*, London：Macmillan, 1985, p. 539.

取而代之的是一个慵懒、愤世嫉俗、漫不经心的花花公子，他双手抓着夹克的翻领，在英国下议院发表了一篇圆滑的演讲，并以欢快的恶意激怒首相克莱门特·艾德礼和其他工党部长。他为掩饰多萝西与布思比长达数十年的恋情，所制造出的保护情感的外壳，已经硬化成岩石般的甲壳，没有人知道真正的麦克米伦是谁了。"他是一个伟大的表演者，"维奥莉特·博纳姆·卡特评价道，"但有时表演会让他变得面目模糊。"①

　　20世纪40年代末，麦克米伦成为拉布·巴特勒的盟友，致力于保守党的现代化建设。巴特勒从被鄙视的绥靖主义者蜕变为具有前瞻性的国内改革家，他帮助保守党摆脱了旧的、保守的政策，提出了一个进步的新保守党计划，该计划承诺在恢复英国经济繁荣的同时，保持和完善劳动福利国家的综合社会服务。在一个仍被食物、燃料短缺以及定量供应所困扰的国家，工党的社会主义政策正在失去吸引力。1951年，英国选民把77岁的丘吉尔和他的保守党同僚重新送上了台。

　　在丘吉尔的第二届政府中，几名前反绥靖主义的"反叛分子"在内阁中获得了重要职位。安东尼·艾登再次出任外交大臣。博比提·克兰伯恩，即索尔兹伯里勋爵，被任命为英联邦秘书长。战时曾在党鞭办公室任职的吉姆·托马斯被任命为英国海军大臣。麦克米伦成为住房大臣，并在两年内完成了丘吉尔竞选时的一项重要承诺，即在英国新建30万套住房。1954年10月，丘吉尔最后极不情愿地将首相一职移交给艾登的前6个月，首相为了奖励麦克米伦的成功，提拔他为国防大臣。

---

① 1959年6月28日的不知名剪报，Bonham Carter Papers。

　　如果安东尼·艾登愿意奋斗，他可能已经当 17 年首相了。1938 年 2 月，他辞去外交大臣一职时，他推翻张伯伦政府的可能性还是很大的。但艾登没有反抗的意志力，当时他没有反抗张伯伦，15 年后也没有反抗日渐衰弱的丘吉尔。

356　　　　因此，他虽然在 1955 年 4 月获得了首相一职，却没有过多地参与他厌恶的政治阴谋。但是，他避免肮脏政治工作的机敏使他不可能迎战所面临的无数挑战。作为外交大臣，他是一个出色的谈判者，但在他职业生涯的大部分时间里远离了混乱的议会政治，对于一个首相必须处理的下议院强硬的幕后操纵问题缺乏应对技巧。作为英国政坛长期的"金童"，他也不习惯批评，他认为这是人身侮辱。艾登政府的初级大臣、记者 W. F. 迪德斯（W. F. Deedes）说："艾登没有每一个住在唐宁街 10 号的人都应该有的宽阔肩膀。"[1] 1953 年一次拙劣的胆囊手术导致艾登健康状况日益恶化，加剧了他应对新办公室压力的困难。

　　艾登接替丘吉尔不到一年，英国的经济开始恶化。工资和物价不断上涨，通货膨胀也在加剧。随后，信贷紧缩使经济陷入衰退。艾登的政府受到了强烈的批评，而他的支持率直线下降。《每日镜报》的头版头条写道："连保守党都在说：艾登是一个扶不起的阿斗。"在这一点上，新首相面临他执政期间最严峻的挑战。

　　1956 年 7 月，美国和英国撤回对阿斯旺大坝建设的援助，激怒了埃及总统贾迈勒·阿卜杜勒·纳赛尔（Gamal Abdel Nasser），纳赛尔突然宣布将苏伊士运河收归国有——自修建以来，苏伊士运河一直在英法两国的控制下运营。纳赛尔从未关闭过这条运

---

① W. F. Deedes, *Brief Lives*, London：Macmillan, 2004, p. 45.

河，英国和法国的船只仍然能够利用这条通往中东、印度和远东的重要通道。但艾登被激怒了，他认为这是对英国声望的不可原谅的侮辱，也是对国家安全的严重威胁。为了证明自己的强硬态度，他发誓不通过外交手段（外交部敦促如此），而是通过武力夺回运河。

首相和几名内阁成员，包括时任财政大臣麦克米伦和理事会主席索尔兹伯里勋爵，将当时的危机与英国和法国在 19 世纪 30 年代末所处的严峻形势进行了类比。1956 年是希特勒把莱茵兰地区重新军事化 20 周年，艾登和其他人很快就把莱茵兰和苏伊士、希特勒和纳赛尔做了比较。"我们都知道，法西斯政府就是这样行事的。"艾登宣称，"我们都很清楚地知道，向法西斯屈服会付出什么样的代价。"① 慕尼黑事件和绥靖政策的教训被错误地运用到后来的国际危机中，这不是第一次，也肯定不是最后一次。希特勒对英国的安全和生存是一个真正的威胁，而纳赛尔不是。事实上，一些法律专家认为，纳赛尔把苏伊士运河收归国有甚至没有违反国际法。② 无论如何，他并没有阻止它的运营，而且愿意就未来运河的运营与其他国家进行谈判。

尽管如此，艾登和他的几位大臣，包括麦克米伦和索尔兹伯里，决定采取军事行动。1956 年 10 月，英国与法国和以色列签署了一项秘密协议，要求以色列进攻埃及，随后英法对埃及发动军事行动。10 月 29 日，以色列开始进攻埃及，一周后，英法联军对埃及发动攻击。美国政府对这次行动感到愤怒，英国和法国发现自己在联合国被谴责为侵略者。

---

① *A Rather English Statesman*, BBC, June 6, 2000.

② Robert Blake, "Lord Avon," *The Sunday Times*, January 16, 1977.

　　这件事对艾登来说完全是一场灾难。英镑出现了挤兑，面临破产的英国需要国际货币基金组织的贷款来纾困。但就像麦克米伦向艾登和其他内阁成员解释的那样，问题在于，除非停止对埃及的入侵，否则美国不会批这笔贷款。① 麦克米伦曾极力要求军事干预，后来他改变了立场，主张停火。艾登别无选择，只能屈从。

　　苏伊士运河危机的影响与近 20 年前慕尼黑危机的影响惊人地相似。议会再一次分裂，亲密的友谊结束，晚宴上爆发了尖刻的争吵。在下议院的一次辩论中，人们非常愤怒，议长被迫中止了会议。在上议院，英国前皇家空军参谋长特德勋爵（Lord Tedder）说，他知道一些家庭"放弃了圣诞聚会，因为他们知道议会会在这个问题上发生争执"②。

　　尽管国内存在分歧，艾登还是像 1938 年的张伯伦一样，牢牢358 控制着保守党在下议院的多数席位。维奥莉特·博纳姆·卡特称苏伊士运河事件为"耻辱"，她对苏伊士运河事件的愤怒，就像她对慕尼黑事件的愤怒一样。她催促保守党议员朋友们："你们当中就没人有勇气站出来反对政府吗？"③ 在 30 多名反对军事干预的保守党人中，只有 8 人敢于违抗党鞭的威逼利诱，在 1956 年 11 月 8 日对艾登政府的信任投票中弃权。其中一位是鲍勃·布思比，他是唯一一个在慕尼黑和苏伊士运河问题上都无视本党指令的保守党人。另一个是奈杰尔·尼科尔森（Nigel Nicolson）——哈罗德·尼科尔森的儿子，他知道自己投弃权票可能是在政治上自杀。在投票前的辩论中，奈杰尔·尼科尔森谴责英国在苏伊士的行动"不仅不明

①　Anthony Nutting, *No End of a Lesson：The Story of Suez*, New York：Clarkson Potter, 1967, p. 146.
②　"The Chosen Leader," *Time*, January 21, 1957.
③　Nigel Nicolson, *Long Life*, London：Weidenfeld & Nicolson, 1997, p. 164.

智，而且极不道德"①。这让人想起了近 20 年前罗纳德·卡特兰和其他年轻的保守党 "反叛分子"。哈罗德·尼科尔森的儿子指责艾登、麦克米伦和其他大臣："违反了你们整个政治生涯中制定的处理外交事务的原则，也就是忠于联盟和条约，向下议院说出真相。但你们没有说实话。"②

奈杰尔·尼科尔森认为，他就苏伊士运河问题反对政府意味着自己政治生涯的终结。20 世纪 30 年代，就慕尼黑事件反对政府的保守党 "反叛分子" 被战争拯救了，但在苏伊士运河问题上反对政府的 "反叛分子" 没有得到这样的拯救：包括奈杰尔·尼科尔森在内的 8 人中有 5 人，其所在的选区协会拒绝继续支持他们，并且他们在下次选举中失去了席位。永不失败的布思比是幸存的三人之一。

对奈杰尔·尼科尔森和其他在 20 世纪 50 年代初当选的左翼年轻保守党人来说，应对苏伊士运河危机是一段令人极度失望的经历，哈罗德·麦克米伦在危机期间的所作所为更令他们大失所望。他们中的许多人把麦克米伦当作良师益友，把他的进步主义和对社会改革的热情当作榜样。"我们的良师益友是巴特勒和麦克米伦，但最让我们高兴的是麦克米伦，" 尼科尔森说，"他曾是（我们）最喜欢的大臣，他对我们这个小团体讲话时，就好像我们已经是值得信任的同事一样。"③

这位曾在 20 世纪 30 年代像火炬一样的人物，在慕尼黑事件中展现出了勇气，却建议他的年轻同事们不要在苏伊士运河问题上采取同样的做法。当外交次大臣安东尼·纳廷（Anthony Nutting）为抗议政府的行为而辞职时，麦克米伦敦促他不要按照惯例在下议院 359

① Interview with Nigel Nicolson, *A Rather English Statesman*, BBC, June 6, 2000.
② Interview with Nigel Nicolson, *A Rather English Statesman*, BBC, June 6, 2000.
③ Nigel Nicolson, *Long Life*, London: Weidenfeld & Nicolson, 1997, p. 148.

发表演讲，解释自己辞职的原因。在读了纳廷准备的声明后，这位
财政大臣摇摇头，宣布："这是非常有害的。它很容易使政府垮
台，而且对你，亲爱的孩子，它会造成无法弥补的伤害。为什么要
说这些呢？事实已经证明你是对的，我们是错的。你辞职也是做了
正确的事，如果你现在保持沉默，就会受到尊敬和奖赏。"① 纳廷
厌恶麦克米伦，还有他在政治上玩世不恭的伪善，他拿起自己的演
讲稿，默默地离开了房间。在唐宁街 10 号外，他把这些纸撕成碎
片，塞进下水道。纳廷没有发表演讲。

　　在信任投票两周后，安东尼·艾登的情绪和身体都崩溃了，他
前往牙买加进行了漫长的休整，震惊了整个国家。1957 年 1 月，
在执政仅 21 个月后，他辞去了他大半个政治生涯都渴望得到的职
位。几乎所有人都期待拉布·巴特勒被选为继任者，艾登还在牙买
加的时候，巴特勒曾主持过政府工作。然而，1 月 10 日下午早些
时候，哈罗德·麦克米伦收到了白金汉宫的召唤。不到一小时，麦
克米伦就以新首相的身份前往唐宁街 10 号了。

　　当 63 岁的麦克米伦上任时，政界猜测他撑不过 6 周。英国经
济一片混乱。英国的国际威望以及与最重要的盟友美国的关系都受
到严重损害。保守党士气低落，严重分裂，看来工党将以压倒性优
势赢得下次选举。

　　然而，事实证明，麦克米伦的任期超过了 6 年。与艾登、布思
比、卡特兰或达夫·库珀不同，麦克米伦年轻时从未被吹捧为可能
的首相人选。在任职期间，他给这个国家留下了不可磨灭的印记。

---

①　Anthony Nutting, *No End of a Lesson：The Story of Suez*, New York：Clarkson Potter, 1967, p. 162.

他主持了英国新富裕社会的诞生，1959 年他以"我们大多数人从 360
未有过如此美好的生活"为口号，赢得连任。作为一个意志坚定
的实用主义者，他承认英国作为世界强国的时代已经结束，大英帝
国残余的部分也开始瓦解，这让保守党内的许多人感到震惊。1960
年，他在南非发表了具有历史意义的"变革之风"演讲，承认了
非洲民族主义有助于加速英国的非洲殖民地和保护国走向独立的进
程。此外，麦克米伦还改善了英美关系，并敦促约翰·F. 肯尼迪
总统与苏联领导人尼基塔·赫鲁晓夫（Nikita Khrushchev）就禁止
核试验条约进行谈判。肯尼迪的妹妹嫁给了多萝西·麦克米伦的侄
子。1963 年 8 月，当《部分禁止核试验条约》（*Limited Test Ban
Treaty*）最终签署时，把麦克米伦称作哈罗德叔叔的肯尼迪，称赞
英国首相是该条约的"助产士"。

然而，麦克米伦的私生活仍然充满紧张气氛。在苏格兰荒原
上，多萝西·麦克米伦第一次与鲍勃·布思比牵手，30 年后，两
人的关系仍然是他们生活的中心。自 20 世纪 20 年代末以来，这位
广受欢迎的首相夫人一直与她丈夫的一位亲密同事兼前朋友发生婚
外情。如今，她已经发福，满头白发。布思比和麦克米伦夫妇过着
奇怪而又分裂的生活，一直持续了许多年。虽然布思比和多萝西夫
人对他们的关系相当谨慎，但他们经常见面，一起吃午餐和晚餐，
几乎每天都互通电话或信件。然而，多萝西·麦克米伦仍然是一位
典型的、忠诚的政治家妻子，她在丈夫每次选举出行、出国访问和
国宴上，都站在丈夫一边。在喧嚣的政治活动中，她还是比他轻松
得多，多萝西致力于推动麦克米伦的事业，而麦克米伦则严重依赖
多萝西的政治建议。

局外人只是偶尔察觉到这种奇怪安排背后的紧张情绪。20 世
纪 50 年代，麦克米伦出版公司的研究员安妮·格林－琼斯（Anne

361　Glyn-Jones）在麦克米伦的个人档案中发现了一份旧报纸的剪报，上面写着萨拉·麦克米伦还是个小女孩时对马的喜爱。这是一个吸引人的故事。一天晚上，当麦克米伦夫妇和其他家庭成员在晚餐前喝鸡尾酒时，格林－琼斯把这份报纸拿给他们看，当时她并没有意识到萨拉是布思比的女儿，她刚说完"我这有一份20世纪30年代关于萨拉的报纸"，她回忆道："一阵冰冷的沉默就降临了，麦克米伦先生在一瞬间穿过房间，从我手里抢走了那份报纸。这是我见过的他唯一一次表现得粗鲁无礼。"①

　　麦克米伦为掩盖多萝西和布思比的婚外情，与布思比保持着令人惊讶的友好关系，至少表面上是这样。但在他担任首相期间，这种关系一直困扰着他，事实上，在很多人看来，这也影响了他对臭名昭著的普罗富莫丑闻的反应——普罗富莫丑闻导致他的政府在1963年突然提前结束。战争大臣约翰·普罗富莫在1940年投票反对张伯伦，谎报了他和一个叫克里斯汀·基勒的派对女郎的关系。普罗富莫事件是麦克米伦政府在经历了一段相当长的平稳期后，遭遇的几次政治倒退事件之一。在普罗富莫婚外情消息传出前的几个月，有关这位内阁大臣与基勒关系的传言就在伦敦传开了。基勒也与一名苏联武官有关系。然而，麦克米伦的幕僚们曾犹豫是否向首相提出这个问题，因为他们知道，通奸这个话题对麦克米伦来说是多么令人反感和痛苦。他的一个私人秘书说："我想他并不想听这种闲话，因此，他也许忽视了应该认真对待它。"② 1963年6月，普罗富莫辞去了办公室和议会的职务，4个月后，69岁的麦克米伦也下台了。根据他的传记作者阿利斯泰尔·霍恩的说法，他"从

---

①　Glyn-Jones interview, *The Macmillans*, BBC, March 14, 1996.
②　Interview with Sir Frederick Bishop, *The Macmillans*, BBC, March 14, 1996.

来没有完全摆脱普罗富莫丑闻：他突然间显得更老了，也更孤独，再也没有恢复成以前干练的样子"①。当麦克米伦在奥科伯患上严重的前列腺疾病时，他得出了一个错误的结论：自己患上了癌症。他决定辞去首相一职。在接受手术后，他和多萝西回到了桦木林，经过长时间的休养之后，他重新开始工作，担任家族出版公司的董事长。

362

过了不到 3 年，多萝西·麦克米伦在桦木林的大厅里突然倒下，死于严重的心脏病。她的丈夫和布思比都崩溃了。在她死后，麦克米伦让自己沉浸在麦克米伦出版公司的工作中，当他回到桦木林的家中时，就躲到阁楼上的一间小公寓里。"当她（多萝西）在的时候，你会觉得房子被填满了。"一位熟人说，"她死后，桦木林突然变得安静起来。"② 而布思比则喝得酩酊大醉，用一位朋友的话来说，他似乎"精神崩溃了"③。每当电话铃响起，他就跳起来去接，他多么希望听到多萝西的声音。④ 然而，慢慢地，他恢复了自己的理智，多萝西死后一年多，他娶了旺达·塞纳（Wanda Senna），一个他认识了十多年的年轻撒丁岛女子，比他小 32 岁。婚姻给布思比带来了极大的幸福感和满足感。然而，他永远也不能把多萝西完全抛在脑后。

在妻子去世后不久，麦克米伦在桦木林发现了大量布思比写给

① Alistair Horne, *Harold Macmillan*, Vol. 2, *1957 – 1986*, New York：Viking, 1989, p. 496.
② Cherie Booth and Cate Haste, *The Goldfish Bowl：Married to the Prime Minister 1955 – 1997*, London：Chatto & Windus, 2004, p. 69.
③ Robert Rhodes James, *Robert Boothby：A Portrait of Churchill's Ally*, New York：Viking, 1991, p. 425.
④ Robert Rhodes James, *Robert Boothby：A Portrait of Churchill's Ally*, New York：Viking, 1991, p. 120.

她的信件，他决定将这些信件烧毁。他把几百封信拿到花园后面的焚化炉里，开始往里面塞。但是一阵突如其来的风把它们从他手中夺了过去，它们在花园里旋转着，麦克米伦在后面疯狂地追赶着。有一天，他用幽默的口吻向布思比讲了这个故事，他煞费苦心地拿自己开玩笑——这位威严、目光短浅的前首相在追着找亡妻情人的信。

然而，麦克米伦和布思比在故事的结尾都没有笑。两个上了年纪的男人静静地坐在那里，40 多年前，理想主义和对社会正义的追求让他们第一次走到一起。"一切就这样结束了。"① 麦克米伦最后说，接着又是一阵沉默。"就这样，一切都结束了。"布思比附和道。

1986 年，哈罗德·麦克米伦去世，享年 92 岁，一份报纸的标题称他为"战后政治巨人"。几家报纸的讣告称他是自丘吉尔以来英国最成功的首相。《每日邮报》称："他给国家带来了多年的繁荣、和平与进步。"对他生活的其他描述则集中在他令人厌倦的犬儒主义，以及他在战后政治斗争中狡诈无情的名声。然而，无论人们对他作为政治家和活动家的评价如何，由于他那贵族般慢吞吞的腔调、慵懒的神态、爱德华七世时代的举止和猎松鸡的喜好，在很大程度上麦克米伦都被看作一个来自过去时代的人，一个与现代无关的人。

在他死后的许多故事中，年轻的麦克米伦——一个梦想家、充满激情的理想主义者、与绥靖主义抗争的十字军战士，在很大程度

---

① Robert Rhodes James, *Robert Boothby: A Portrait of Churchill's Ally*, New York: Viking, 1991, p. 129.

上被忽视了。然而，与对他的余生描写不同的是，前文具有永恒的吸引力，因为它展示了一小群缺乏政治权力或影响力的人，是如何通过坚持他们的信仰来改变历史进程的。

正是这些个人的行为——不是客观的历史力量和"扭转乾坤的力量"，也不是无形的鬼斧神工——导致内维尔·张伯伦辞职和1940年5月温斯顿·丘吉尔上台。无论麦克米伦和其他议会的"反叛分子"在后来的生活中变得多么愤世嫉俗、疲惫不堪、投机取巧，或在政治上执迷不悟，在英国历史上最严重的危机中，他们在最重要的时刻都表现出坚毅和道义上的勇气。"政治，确实是一门'可能的艺术'，"①保罗·埃默斯－埃文斯曾说，"但是伟大的事业只有通过那些坚定的人的活力和努力才得以成功，他们试图把不可能的事变为可能。"

"反叛分子"的行动在当时看来是不可能成功的。他们公然反抗看似无所不能的首相和政治权贵，他们在平息政府和新闻界内部异议、争端方面都取得了前所未有的成功。在两年的斗争过程中，持不同政见者，除了罗纳德·卡特兰这样罕见的例外，并不是没有污点的英雄。他们有时胆小谨慎，容易受张伯伦及其手下的恐吓和效忠要求的影响，担心自己的政治前途，也担心自己被打上"议会贱民"的标签。但在1940年5月，当国家前途未卜时，他们把所有疑虑都放在了一边。最后，他们做了8个月前利奥·埃默里敦促亚瑟·格林伍德做的事。

他们为英国发声。

364

---

① 埃默斯－埃文斯未出版的回忆录，Emrys-Evans papers。

致　谢

在我为本书做研究的过程中，我写信给奈杰尔·尼科尔森，问他我是否能去西辛赫斯特堡拜访他，谈谈他的父亲哈罗德·尼科尔森。尼科尔森礼貌而优雅地回复称，87 岁的他"身体和记忆力都很弱"，无法提供任何有用的信息。他补充说，无论如何，他确信我知道，"书面和当代证据的价值是口头回忆的 10 倍"。几周后，我坐在牛津大学贝利奥尔学院的图书馆里，仔细研读哈罗德·尼科尔森在二战前和二战期间写的、非常坦率透彻的日记时，回想起了他的这番话。在一个充斥着手机和电子邮件的时代，思想、感情和见解几乎和交流一样快速消失。这对我来说是一种独特的享受，就像对其他作家和研究人员一样，让自己沉浸于人们把自己的信仰、爱、恨、怀疑、遗憾、欢乐和对他人的意见倾诉于纸面的时代。

钻研原始材料一直是我写作时的最大乐趣。在我写本书时尤其如此，这要感谢尼科尔森和许多其他在这本书中扮演重要角色的男男女女所写的大量信件、见闻录和日记。尽管我所研究的大部分材料多年前就可以供研究人员使用，但有些材料，比如在剑桥丘吉尔档案中心里公开的利奥·埃默里的文件，为研究者提供了新的见解。当我坐在芭芭拉·卡特兰位于赫特福德郡坎菲尔德广场的书房

413

里，从一大堆藏品中筛选出的剪贴簿和信件帮助我重现了罗纳德·卡特兰的生活时，我有了一种特别的冒险体验。

我要感谢图书管理员和档案管理员的帮助。感谢牛津大学博德利图书馆现代论文阅览室的科林·哈里斯（Colin Harris）和他的同事们，感谢贝列尔图书馆的佩内洛普·布洛克（Penelope Bulloch），感谢剑桥丘吉尔学院丘吉尔档案中心的桑德拉·马什（Sandra Marsh）和叶延·霍普金斯（Ieuan Hopkins），以及伯明翰大学特殊收集部的克里斯汀·彭尼（Christine Penney）和她的同事们。我还要感谢索尔兹伯里侯爵和罗宾·哈考特·威廉姆斯允许我在赫特福德郡的哈特菲尔德府查阅第四、第五任索尔兹伯里侯爵的文件。

感谢大英图书馆的工作人员、威尔士卡马森的卡马森郡档案馆、伦敦国王学院军事档案馆的李德·哈特中心、英国皇家植物园的英国国家档案馆、马萨诸塞州北安普顿的史密斯学院的手稿部，以及英国电影学院，它们让我得以观看书中几个关键人物的纪录片。还要感谢北达科他州立大学历史学教授杰拉尔德·安德森博士，感谢他寄给我他的论文《最后的舞蹈：1939 年夏天的英国上流社会》。

我特别感谢罗纳德·卡特兰的外甥伊恩·麦科克代尔（Ian McCorquodale）和格伦·麦科克代尔（Glen McCorquodale），他们和我详细谈论了他们的舅舅和他们的母亲芭芭拉·卡特兰，还允许我查阅了罗纳德·卡特兰的剪贴簿和信件。感谢科尔雷恩勋爵（Lord Coleraine）让我看到他父亲理查德·劳未发表的回忆录节选，感谢保罗·埃默斯－埃文斯的女儿卡莱恩·亨德森（Carline Henderson）和她的前夫阿利斯泰尔·亨德森（Alistair Henderson）分享了他们对埃默斯－埃文斯的回忆。还要感谢玛丽·里德对她非正式的教父罗伯特·布思比的深刻评价，感谢杰夫·麦卡利斯特（Jeff McAllister）和安·奥利瓦利斯（Ann Olivarius）在伦敦之行中对我的帮助和款待。

414　　我非常幸运地请到了当今出版界最优秀的两位编辑——约翰·格鲁斯曼（John Glusman）和伊丽莎白·西夫顿（Elisabeth Sifton）来编辑这本书。约翰的建议大大完善了这本书，当他离开法勒、施特劳斯和吉鲁时，伊丽莎白优雅的评论使本书更吸引人。我深深感谢他们两人，也感谢我在布卢姆斯伯里出版公司的英国编辑比尔·斯文森（Bill Swainson）。特别感谢我的经纪人盖尔·罗斯（Gail Ross），感谢她的鼓励、建议和友谊。

　　感谢我的女儿卡莉（Carly），她一直都是我快乐的源泉。尤其要感谢我的丈夫斯坦利·克劳德，他也是与我频繁合作的伙伴。我们一起开始写这本书，当他离开我从事另一个写作项目时，仍然继续和我一起研究那些"拯救英国的年轻人"，并在整个过程中提供
415　慷慨的建议和支持。他是我灵感的来源。

参考文献

档案资料

BALLIOL COLLEGE, OXFORD

Harold Nicolson Diaries

BODLEIAN LIBRARY, OXFORD

Violet Bonham Carter Papers

Sybil Colefax Papers

Harold Macmillan Papers

BRITISH LIBRARY

Paul Emrys-Evans Papers

CARMARTHENSHIRE ARCHIVES SERVICE, CARMARTHEN, WALES

Lord Cilcennin (James P. L. Thomas) Papers

CHURCHILL COLLEGE, CAMBRIDGE

Leo Amery Papers

Winston Churchill Papers

Duff Cooper Papers

David Margesson Papers

HATFIELD HOUSE, HERTFORDSHIRE

Cranborne Papers

Salisbury Papers

LIDDELL HART CENTRE FOR MILITARY ARCHIVES, KING'S COLLEGE, LONDON

Ian Hamilton Papers

Basil Liddell Hart Papers

NATIONAL ARCHIVES, KEW

War Office and Home Office records concerning John Amery

SMITH COLLEGE, NORTHAMPTON, MASSACHUSETTS

Helen Kirkpatrick Papers

UNIVERSITY OF BIRMINGHAM

Lord Avon (Anthony Eden) Papers

Neville Chamberlain Papers

已出版文献

Addison, Paul. *The Road to 1945: British Politics and the Second World War.* London: Pimlico, 1994.

Allingham, Margery. *The Oaken Heart.* London: Michael Joseph, 1941.

Amery, Julian. *Approach March: A Venture in Autobiography.* London: Hutchinson, 1973.

Amery, L. S. *In the Rain and the Sun.* London: Hutchinson, 1946.

——. *My Political Life.* Vol. 1, *England Before the Storm 1896 – 1914.* London: Hutchinson, 1953.

——. *My Political Life.* Vol. 2, *War and Peace 1914 – 1929.* London: Hutchinson, 1953.

——. *My Political Life*. Vol. 3, *The Unforgiving Years 1929 – 1940*. London: Hutchinson, 1955.

Annan, Noel. *Our Age: English Intellectuals Between the World Wars*. New York: Random House, 1991.

Atholl, Katharine. *Working Partnership*. London: Arthur Barker, 1958.

Baker, Arthur. *The House Is Sitting*. London: Blandford Press, 1958.

Ball, Simon. *The Guardsmen: Harold Macmillan, Three Friends, and the World They Made*. London: HarperCollins, 2004.

Ball, Stuart, ed. *Parliament and Politics in the Age of Churchill and Attlee: The Headlam Diaries 1935 – 1951*. Cambridge, U. K.: Cambridge University Press, 1999.

Balsdon, Dacre. *Oxford Life*. London: Eyre & Spottiswoode, 1957.

Barnes, James J., and Patience p. Barnes. *Hitler's Mein Kampf in Britain and America*. Cambridge, U. K.: Cambridge University Press, 1980.

Barnes, John, and David Nicholson, eds.. *The Leo Amery Diaries 1886 – 1929*. London: Hutchinson, 1980.

——. *The Empire at Bay: The Leo Amery Diaries 1929 – 1945*. London: Hutchinson, 1980.

Barrow, Andrew. *Gossip: A History of High Society from 1920 to 1970*. New York: Coward, McCann & Geoghegan, 1979.

Beardmore, George. *Civilians at War: Journals 1938 – 1946*. London: John Murray, 1984.

Beaton, Cecil. *Self-Portrait with Friends*. New York: Times Books, 1979.

Becker, Robert. *Nancy Lancaster: Her Life, Her World, Her Art*. New York: Knopf, 1996.

Bennett, Daphne. *Margot: A Life of the Countess of Oxford and Asquith.* New York: Franklin Watts, 1984.

Best, Geoffrey. *Churchill: A Study in Greatness.* New York: Oxford University Press, 2003.

Biffen, John. *Inside the House of Commons: Behind the Scenes at Westminster.* London: Grafton, 1989; New York: HarperCollins, 1989.

Birchall, Frederick T. *The Storm Breaks.* New York: Viking, 1940.

Bloch, Michael. *Ribbentrop: A Biography.* New York: Crown, 1992.

Bogdanor, Vernon, and Robert Skidelsky, eds. *The Age of Affluence: 1951 – 1964.* London: Macmillan, 1971.

Bonham Carter, Violet. *Winston Churchill as I Knew Him.* London: Eyre, Spottiswoode & Collins, 1965.

Booth, Cherie, and Cate Haste. *The Goldfish Bowl: Married to the Prime Minister 1955 – 1997.* London: Chatto & Windus, 2004.

Boothby, Robert. *Boothby: Recollections of a Rebel.* London: Hutchinson, 1978.

———. *I Fight to Live.* London: Gollancz, 1947.

Bowen, Catherine Drinker. *Biography: The Craft and the Calling.* Boston: Atlantic Monthly Press, 1968.

Boyle, Andrew. *"Poor, Dear Brendan": The Quest for Brendan Bracken.* London: Hutchinson, 1974.

Brandreth, Gyles. *Breaking the Code: Westminster Diaries.* London: Weidenfeld & Nicolson, 1999.

Brendon, Piers. *The Dark Valley: A Panorama of the 1930s.* New York: Knopf, 2000.

Brookes, Pamela. *Women at Westminster.* London: Peter Davies, 1967.

Calder, Angus. *The People's War*: *Britain 1939 – 1945.* New York:
　　Pantheon, 1969.

Cannadine, David. *The Decline and Fall of the British Aristocracy.* New
　　Haven: Yale University Press, 1990.

——. *History in Our Time.* New Haven: Yale University Press, 1998.

——. *In Churchill's Shadow*: *Confronting the Past in Modern Britain.*
　　London: Allen Lane, 2002; New York: Oxford University Press, 2003.

——. *The Pleasures of the Past.* London: Collins, 1989; New York:
　　Norton, 1990.

Carlton, David. *Anthony Eden*: *A Biography.* London: Allen Lane, 1981.

Cartland, Barbara. *The Isthmus Years.* London: Hutchinson, 1942.

——. *Ronald Cartland.* London: Collins, 1942.

——. *We Danced All Night.* London: Hutchinson, 1970.

Cartland, Ronald. *The Common Problem.* London: Hutchinson, 1942.

Cecil, David. *The Cecils of Hatfield House.* Boston: Houghton Mifflin, 1973.

Chamberlin, E. R. *Life in Wartime Britain.* London: Batsford, 1972.

Charmley, John. *Duff Cooper.* London: Weidenfeld & Nicolson, 1986.

Chisholm, Anne, and Michael Davie. *Lord Beaverbrook*: *A Life.* New
　　York: Knopf, 1993.

Churchill, Winston. *The Hinge of Fate.* Boston: Houghton Mifflin, 1950.

——. *The Gathering Storm.* Boston: Houghton Mifflin, 1948.

——. *My Early Life*: *A Roving Commission.* London: Butterworth, 1930.

Clark, Kenneth. *Another Part of the Wood*: *A Self-Portrait.* New York:
　　Harper & Row, 1974.

——. *The Other Half*: *A Self-Portrait.* New York: Harper & Row, 1977.

Cloud, Stanley, and Lynne Olson. *The Murrow Boys*: *Pioneers on the Front*

Lines of Broadcast Journalism. Boston: Houghton Mifflin, 1996.

Cockett, Richard. *Twilight of Truth: Chamberlain, Appeasement & the Manipulation of the Press.* New York: St. Martin's, 1989.

Colville, John. *Footprints in Time: Memories.* London: Century, 1985.

——. *The Fringes of Power: Downing Street Diaries.* New York: Norton, 1985.

——. *Winston Churchill and His Inner Circle.* New York: Wyndham Books, 1981.

Cooper, Duff. *Old Men Forget: An Autobiography of Duff Cooper.* London: Century, 1986.

Coote, Colin, R. *A Companion of Honour: The Story of Walter Elliot.* London: Collins, 1965.

——. *The Other Club.* London: Sidgwick & Jackson, 1971.

Cowles, Virginia. *Looking for Trouble.* New York: Harper, 1941.

——. *Winston Churchill: The Era and the Man.* London: Hamilton, 1953.

Cox, Geoffrey. *Countdown to War.* London: Hodder & Stoughton, 1990.

Crewe, Quentin. *Well, I Forget the Rest: The Autobiography of an Optimist.* London: Quartet, 1994.

Critchfield, Richard. *An American Looks at Britain.* New York: Doubleday, 1990.

Dalton, Hugh. *The Fateful Years: Memoirs 1931 – 1945.* London: Muller, 1962.

Danchev, Alex, and Daniel Todman, eds. *War Diaries 1939 – 1945: Field Marshal Lord Alanbrooke.* Berkeley: University of California Press, 1998; London: Weidenfeld & Nicolson, 2001.

Davenport-Hines, Richard. *The Macmillans.* London: Mandarin, 1993.

Davie, Michael, ed. *The Diaries of Evelyn Waugh*. London: Weidenfeld & Nicolson, 1976; New York: Little, Brown, 1977.

Davies, A. J. *We, the Nation: The Conservative Party and the Pursuit of Power*. London: Little, Brown, 1995.

Deedes, W. F. *Brief Lives*. London: Macmillan, 2004.

———. *Dear Bill: A Memoir*. London: Macmillan, 2005.

Devonshire, Andrew. *Accidents of Fortune*. London: Michael Russell, 2004.

Devonshire, Duchess of. *The House: Living at Chatsworth*. New York: Holt, Rinehart and Winston, 1982.

Dickson, Lovat. *House of Words*. New York: Atheneum, 1963.

Dilks, David, ed. *The Diaries of Sir Alexander Cadogan 1938 – 1945*. New York: Putnam, 1971.

Dirksen, Herbert von. *Documents and Materials Relating to the Eve of the Second World War*. Moscow: Foreign Languages Publishing House, 1948.

Donner, Patrick. *Crusade*. London: Sherwood Press, 1984.

Dutton, David. *Anthony Eden: A Life and Reputation*. London: Edward Arnold, 1997.

Eade, Charles, ed. *Churchill by His Contemporaries*. London: Hutchinson, 1953.

Eden, Anthony. *The Reckoning: The Memoirs of Anthony Eden Earl of Avon*. Boston: Houghton Mifflin, 1975.

Egremont, Lord. *Wyndham and Children First*. London: Macmillan, 1968.

Egremont, Max. *Under Two Flags: The Life of Major-General Sir Edward Spears*. London: Weidenfeld & Nicolson, 1997.

Einzig, Paul. *In the Centre of Things*. London: Hutchinson, 1960.

Feiling, Keith. *The Life of Neville Chamberlain.* London: Macmillan, 1946.

Fischer, Louis. *Men and Politics: An Autobiography.* New York: Duell, Sloan and Pearce, 1941.

FitzGibbon, Theodora. *With Love: An Autobiography 1938 – 1946.* London: Pan Books, 1983.

Flanner, Janet. *London Was Yesterday: 1934 – 1939.* New York: Viking, 1975.

Foot, Michael. *Loyalists and Loners.* London: Collins, 1986.

Foreman, Amanda. *Georgianna, Duchess of Devonshire.* New York: Modern Library, 2001.

Fox, James. *Five Sisters: The Langhornes of Virginia.* New York: Simon & Schuster, 2000.

Fraser, David. *And We Shall Shock Them: The British Army in the Second World War.* London: Hodder & Stoughton, 1983.

French, David. *Raising Churchill's Army: The British Army and the War Against Germany.* Oxford: Oxford University Press, 2000.

Gannon, Franklin Reid. *The British Press and Germany 1936 – 1939.* Oxford: Clarendon Press, 1971.

Gardiner, Juliet. *Wartime Britain 1939 – 1945.* London: Headline, 2004.

Gardner, Brian. *Churchill in His Time: A Study in a Reputation 1939 – 1945.* London: Methuen, 1968.

Gellhorn, Martha. *The View from the Ground.* New York: Atlantic Monthly Press, 1988.

Gilbert, Martin. *Winston S. Churchill. Vol. 5, The Prophet of Truth, 1922 – 1939.* Boston: Houghton Mifflin, 1977.

——. *Winston S. Churchill.* Vol. 6, *Finest Hour, 1939 – 1941.*

Boston: Houghton Mifflin, 1983.

——. *Winston S. Churchill, Companion.* Volume V, parts 1 – 3. London: Heinemann, 1981.

——. *The Churchill War Papers, September 1939 – December 1940.* New York: Norton, 1993. 2 vols.

Gilbert, Martin, and Richard Gott. *The Appeasers.* London: Phoenix, 2000.

Glass, Fiona, and Philip Marsden-Smedley, eds. *Articles of War: The Spectator Book of World War II.* London: Grafton, 1989.

Glendinning, Victoria. *Vita: The Life of V. Sackville-West.* New York: Knopf, 1983.

Graves, Robert, and Alan Hodge. *The Long Weekend: A Social History of Great Britain 1918 – 1939.* London: Faber and Faber, 1940.

Gunther, John. *Inside Europe.* London: Harper & Bros. , 1940.

Hailsham, Lord. *A Sparrow's Flight: The Memoirs of Lord Hailsham of Marylebone.* London: Collins, 1990.

Hamilton, Nigel. *The Full Monty: Montgomery of Alamein.* London: Allen Lane, 2001.

Harris, Sir Percy. *Forty Years in and out of Parliament.* London: Melrose, 1947.

Harvey, John, ed. *The Diplomatic Diaries of Oliver Harvey, 1937 – 1940.* London: Collins, 1970.

Hetherington, S. J. *Katharine Atholl: Against the Tide.* Aberdeen: Aberdeen University Press, 1989.

Hooker, Nancy Harvison, ed. *The Moffat Papers: Selections from the Diplomatic Jour-nals of Jay Pierrepont Moffat.* Cambridge, Mass. : Harvard University Press, 1956.

Horne, Alistair. *A Bundle from Britain*. New York: St. Martin's Press, 1993.

———. *Harold Macmillan*. Vol. 1, *1894 – 1956*. London: Penguin, 1989.

———. *Harold Macmillan*. Vol. 2, *1957 – 1986*. New York: Viking, 1989.

Howard, Anthony. *RAB: The Life of R. A. Butler*. London: Cape, 1987.

Howarth, Stephen. *August '39: The Last Four Weeks of Peace in Europe*. London: Hodder & Stoughton, 1989.

Hylton, Stuart. *Their Darkest Hour: The Hidden History of the Home Front*. Stroud, U. K. : Sutton, 2001.

James, Robert Rhodes. *Anthony Eden*. London: Weidenfeld & Nicolson, 1986.

———. *Churchill: A Study in Failure 1900 – 1939*. New York: World Publishing Co. , 1970.

———. *Robert Boothby: A Portrait of Churchill's Ally*. New York: Viking, 1991.

———. *Victor Cazalet: A Portrait*. London: Hamish Hamilton, 1976.

James, Robert Rhodes, ed. "*Chips*": *The Diaries of Sir Henry Channon*. London: Phoenix, 1999.

Jenkins, Roy. *Churchill: A Biography*. New York: Farrar, Straus & Giroux, 2001.

Kee, Robert. *1939: The World We Left Behind*. Boston: Little, Brown, 1984.

Keegan, John. *Winston Churchill*. New York: Viking, 2002.

Kershaw, Ian. *Making Friends with Hitler: Lord Londonderry and Britain's Road to War*. London: Allen Lane, 2004.

Kidd, Janet Aitken. *The Beaverbrook Girl*. London: Collins, 1987.

King, Cecil, H. *With Malice Toward None: A War Diary*. London: Sidgwick & Jackson, 1970.

Kirkpatrick, Helen, P. *This Terrible Peace.* London: Rich & Cowan, 1939.

——. *Under the British Umbrella.* New York: Scribner's, 1939.

Knightley, Philip. *The First Casualty.* New York: Harcourt Brace Jovanovich, 1975.

Lambert, Angela. *1939: The Last Season of Peace.* London: Weidenfeld & Nicolson, 1989.

——. *Unquiet Souls.* London: Macmillan, 1984.

Lash, Joseph p. *Roosevelt and Churchill 1939 – 1941.* New York: Norton, 1976.

Leckie, Robert. *Delivered from Evil: The Saga of World War Ⅱ.* New York: Harper and Row, 1987.

Lees-Milne, James. *Harold Nicolson: 1886 – 1929.* London: Chatto & Windus, 1980.

——. *Harold Nicolson: 1930 – 1968.* London: Chatto & Windus, 1981.

Leggett, Frances. *Late and Soon: The Transatlantic Story of a Marriage.* Boston: Houghton Mifflin, 1968.

Lewin, Ronald. *The War on Land: The British Army in World War Ⅱ.* New York: Morrow, 1970.

Lewis, Peter. *A People's War.* London: Thames Methuen, 1986.

Liddell Hart, Basil. *The Liddell Hart Memoirs.* Vol. 2. New York: Putnam, 1966.

Lindsay, Loelia. *Grace and Favour.* New York: Reynal, 1961.

Lloyd George, Robert. *David & Winston: How a Friendship Changed History.* London: John Murray, 2005.

Lockhart, Sir Robert Bruce. *Comes the Reckoning.* London: Putnam, 1947.

Longford, Elizabeth. *The Pebbled Shore: The Memoirs of Elizabeth*

Longford. London: Weidenfeld & Nicolson, 1986.

Lord, Walter. *The Miracle of Dunkirk.* New York: Viking, 1982.

Louis, William Roger. *In the Name of God, Go!: Leo Amery and the British Empire in the Age of Churchill.* New York: Norton, 1992.

Lukacs, John. *Five Days in London: May 1940.* New Haven: Yale University Press, 1999.

Lysaght, Charles Edward. *Brendan Bracken.* London: Allen Lane, 1979.

Mackay, Robert. *Half the Battle: Civilian Morale in Britain During the Second World War.* Manchester, U. K. : Manchester University Press, 2002.

Macleod, Iain. *Neville Chamberlain.* New York: Atheneum, 1962.

Macmillan, Harold. *Winds of Change: 1914 – 1939.* New York: Macmillan, 1962.

——. *The Blast of War: 1939 – 1945.* New York: Harper & Row, 1967.

——. *The Past Masters.* New York: Harper & Row, 1975.

Macnamara, J. R. J. *The Whistle Blows.* London: Eyre & Spottiswoode, 1938.

Maillaud, Pierre. *The English Way.* New York: Oxford University Press, 1946.

Manchester, William. *The Last Lion: Winston Spencer Churchill: Alone, 1932 – 1940.* New York: Dell, 1988.

Margach, James. *The Abuse of Power: The War Between Downing Street and the Media from Lloyd George to Callaghan.* London: W. H. Allen, 1978.

Margetson, Stella. *The Long Party: High Society in the Twenties and Thirties.* Famborough, U. K. : Saxon House, 1971.

Martel, Gordon, ed. *The Times and Appeasement: The Journals of A. L. Kennedy 1932 – 1939.* Cambridge, U. K. : Cambridge University Press, 2000.

Masters, Brian. *Great Hostesses.* London: Constable, 1982.

McLaine, Ian. *Ministry of Morale: Home Front Morale and the Ministry of Information in World War Two.* London: Allen & Unwin, 1979.

Middleton, Drew. *These Are the British.* New York: Knopf, 1957.

Montgomery, Bernard Law. *Memoirs of Field Marshal the Viscount Montgomery of Alamein.* London: Collins, 1958.

Moran, Lord. *Churchill: The Struggle for Survival: Taken from the Diaries of Lord Moran.* Boston: Houghton Mifflin, 1966.

Mosley, Nicholas. *Rules of the Game and Beyond the Pale: Memoirs of Sir Oswald Mosley and Family.* Elmwood Park, Ill. : Dalkey Archives Press, 1991.

Mowat, Charles Loch. *Britain Between the Wars 1918 – 1940.* Boston: Beacon Press, 1971.

Murray, Williamson. *The Change in the European Balance of Power, 1938 – 1939.* Princeton: Princeton University Press, 1982.

Murray, Williamson, and Allan R. Millett. *A War to Be Won: Fighting the Second World War.* Cambridge, Mass. : Belknap/Harvard University Press, 2000.

Murrow, Edward R. *This Is London.* New York: Simon and Schuster, 1941.

Nicolson, Harold. *Diaries and Letters.* Vol. 1, *1930 – 1939.* New York: Atheneum, 1966.

——. *Marginal Comment: January 6 – August 4, 1939.* London: Constable, 1939.

————. *The War Years: Diaries and Letters.* Vol. 2, *1939 – 1945.* New York: Atheneum, 1967.

Nicolson, Nigel. *Long Life.* London: Weidenfeld & Nicolson, 1997.

————. *Portrait of a Marriage.* New York: Bantam, 1974.

Nutting, Anthony. *No End of a Lesson: The Story of Suez.* New York: Clarkson Potter, 1967.

Olson, Lynne, and Stanley Cloud. *A Question of Honor: The Kosciuszko Squadron: Forgotten Heroes of World War II.* New York: Knopf, 2003.

Owen, Frank. *Guilty Men.* New York: Stokes, 1940.

Panter-Downes, Mollie. *London War Notes, 1939 – 1945.* New York: Farrar, Straus & Giroux, 1973.

Pearson, John. *The Serpent and the Stag.* New York: Holt, Rinehart and Winston, 1984.

Pedersen, Susan. *Eleanor Rathbone and the Politics of Conscience.* New Haven: Yale University Press, 2004.

Pimlott, Ben. *Hugh Dalton.* London: Jonathan Cape, 1985.

Pimlott, Ben, ed. *The Political Diary of Hugh Dalton: 1918 – 40; 1945 – 60.* London: Jonathan Cape, 1986.

————, ed. *The Second World War Diary of Hugh Dalton: 1940 – 45.* London: Jonathan Cape, 1986.

Ponting, Clive. *1940: Myth and Reality.* London: Hamish Hamilton, 1980.

Pope-Hennessy, James. *The Houses of Parliament.* London: Batsford, 1953.

Pottle, Mark. *Champion Redoubtable: The Diaries and Letters of Violet Bonham Carter 1914 – 1941.* London: Weidenfeld & Nicolson, 1998.

————. *Daring to Hope: The Diaries and Letters of Violet Bonham Carter 1946 – 1969.* London: Weidenfeld & Nicolson, 2000.

Priestley, J. B. *English Journey.* New York: Harper and Bros. , 1934.

Raczynski, Edward. *In Allied London.* London: Weidenfeld & Nicolson, 1962.

Richards, Peter. *The Backbenchers.* London: Faber and Faber, 1972.

Ritchie, Charles. *The Siren Years: A Canadian Diplomat Abroad, 1937 – 1945.* Toronto: Macmillan of Canada, 1974.

Roberts, Andrew. *Eminent Churchillians.* New York: Simon and Schuster, 1994.

——. *"The Holy Fox": The Life of Lord Halifax.* London: Phoenix, 1997.

Roberts, Brian. *Churchills in Africa.* London: Hamish Hamilton, 1970.

Robertson, Ben. *I Saw England.* New York: Knopf, 1941.

Robyns, Gwen. *Barbara Cartland.* London: Sidgwick & Jackson, 1984.

Rogers, Barbara. *Men Only.* London: Pandora, 1988.

Rose, Kenneth. *The Later Cecils.* New York: Harper & Row, 1975.

Rose, N. R. *Baffy: The Diaries of Blanche Dugdale 1936 – 1947.* London: Valentine Mitchell, 1973.

Rose, Norman. *Churchill: The Unruly Giant.* New York: Free Press, 1995.

——. *The Cliveden Set: Portrait of an Exclusive Fraternity.* London: Pimlico, 2001.

Sampson, Anthony. *Macmillan: A Study in Ambiguity.* London: Pelican, 1968.

Searing, Donald D. *Westminster's World.* Cambridge, Mass. : Harvard University Press, 1994.

Sewell, J. E. *Mirror of Britain.* London: Hodder & Stoughton, 1941.

Shachtman, Tom. *The Phony War: 1939 – 1940.* Lincoln, Neb. : BackinPrint. com, 2000.

Shepherd, Robert. *A Class Divided: Appeasement and the Road to Munich 1938.* London: Macmillan, 1988.

Shirer, William. *Berlin Diary.* New York: Knopf, 1941.

Skidelsky, Robert. *John Maynard Keynes: The Economist as Savior 1920 – 1937.* London: Allen Lane, 1994.

——. *John Maynard Keynes: Fighting for Britain 1937 – 1945.* London: Macmillan, 2000.

Smart, Nick. *British Strategy and Politics During the Phony War.* Westport, Conn. : Praeger, 2003.

Smart, Nick, ed. *Diaries and Letters of Robert Bernays 1932 – 1939.* Lewiston, N. Y. : E. Mellen Press, 1996.

Smith, Gene. *The Dark Summer.* New York: Collier, 1989.

Smith, Malcolm. *Britain and 1940: History, Myth and Popular Memory.* New York: Routledge, 2000.

Soames, Mary. *Speaking for Themselves: The Personal Letters of Winston and Clementine Churchill.* New York: Doubleday, 1998.

Spears, Sir Edward L. *Assignment to Catastrophe.* Vol. 1, *Prelude to Dunkirk: July 1939 – May 1940.* New York: A. A. Wyn, 1954.

Stewart, Graham. *Burying Caesar: The Churchill-Chamberlain Rivalry.* London: Weidenfeld & Nicolson, 1999.

Stobaugh, Beverly Parker. *Women and Parliament 1918 – 1970.* Hicksville, N. Y. : Exposition Press, 1978.

Stowe, Leland. *No Other Road to Freedom.* New York: Knopf, 1941.

Stuart, James. *Within the Fringe.* London: Bodley Head, 1967.

Sykes, Christopher. *Nancy: The Life of Lady Astor.* New York: Harper & Row, 1972.

Taylor, A. J. P. , ed. *Off the Record: Political Interviews 1933 - 1943: W. p. Crozier*. London: Hutchinson, 1973.

Thomas, Hugh, ed. *The Establishment.* London: Anthony Blond, 1959.

Thompson, Laurence. *1940.* New York: Morrow, 1966.

Thompson, Neville. *The Anti-Appeasers: Conservative Opposition to Appeasement in the 1930s.* Oxford: Clarendon Press, 1971.

Thorpe, D. R. *Eden: The Life and Times of Anthony Eden First Earl of Avon, 1897 - 1977.* London: Chatto & Windus, 2003.

Tree, Ronald. *When the Moon Was High.* London: Macmillan, 1975.

Turner, E. S. *The Phoney War.* New York: St. Martin's Press, 1961.

Watt, Donald Cameron. *Personalities and Appeasement.* Austin, Texas: Harry Ransom Humanities Research Center, 1991.

Waugh, Evelyn. *Put Out More Flags.* Boston: Back Bay Books, 2002.

Weale, Adrian. *Patriot Traitors: Roger Casement, John Amery and the Real Meaning of Treason.* London: Viking, 2001.

Wedgwood, Josiah. *Memoirs of a Fighting Life.* London: Hutchinson, 1941.

Wheeler-Bennett, John W. *Munich: Prologue to Tragedy.* New York: Duell, Sloan and Pearce, 1948.

Wicks, Ben. *The Day They Took the Children.* Toronto: Stoddart, 1989.

Wilkinson, Rupert. *Gentlemanly Power: British Leadership and the Public School Tradition.* London: Oxford University Press, 1964.

Williams, Francis. *Nothing So Strange.* New York: American Heritage, 1970.

——. *Press, Parliament and People.* London: Heinemann, 1946.

Winchester, Simon. *Their Noble Lordships: Class and Power in Modern Britain.* New York: Random House, 1982.

Wyburn-Powell, Alun. *Clement Davies: Liberal Leader.* London:

Politico's, 2003.

Young, Kenneth, ed. *The Diaries of Sir Robert Bruce Lockhart. Vol. 1,
1915 – 1939.* New York: St. Martin's Press, 1975.

——. *The Diaries of Sir Robert Bruce Lockhart.* Vol. 2, *1939 – 1965.*
London: Macmillan, 1985.

Ziegler, Philip. *Diana Cooper.* New York: Knopf, 1982.

——. *London at War.* New York: Knopf, 1995.

索 引

（索引页码为原著页码，即本书边码）

Acland, Sir Richard, 257

Addison, Paul, 6

Admiralty House, 145, 146

Aeschylus, 38

Algiers, 353, 354

Allen, Baron, 67

Allingham, Margery, 118, 134 35, 282, 283

All Passion Spent (Sackville-West), 52

Altmark (German supply ship), 277

Amery, Charles, 111

Amery, Florence, 343, 344, 346

Amery, John, 342 – 46

Amery, Julian, 115, 172, 174, 345, 346

Amery, Leo, 14, 90, 182, 197, 220, 232, 331 – 38, 338 – 46; air raids and, 214; anti-appeasement stance, 111, 133 – 34; appearance of, 111, 113, 115, 116; athletic pursuits, 114; background of, 111 – 12; British rearmament and, 186; British wartime economy and, 228; Ronald Cartland's death and, 319, 320, 321; Churchill as prime minister and, 312 – 13, 339 – 42; – Churchill relationship, 112 – 13, 114 – 17, 312 – 13, 339 – 42, 343 – 44; constituency, 115; Czechoslovakia crisis and, 133 – 34, 135 – 36, 137, 150, 153, 154; delay in aiding Poland and, 208, 209, 222; early wartime activities, 234 – 39; Eden group and, 177, 237; education of, 111, 112 – 13; election of 1945 and, 355; on German firebombing of Rotterdam, 315; at Harrow, 111, 112 – 13, 340; India Office headed by, 331 – 32, 333, 339 – 41; as journalist, 114 – 15; leadership of the Tory rebels, 236 – 37, 238 – 39, 269, 273, 284, 285 – 86, 298, 307; May 7, 1940, speech to House of Commons, 291 – 95, 296, 300, 301, 304, 307, 312,

331, 364; May 1940 events leading to Chamberlain's resignation and, 291 – 95, 296, 300, 301, 304, 308; Norway debacle and, 283, 291 – 95, 299; as orator, 116 – 18, 291 – 92; son, John, 342 – 46; "undersecretaries' plot" and, 334 – 38; Watching Committee and, 273, 285

Anglo-German Fellowship, 66 – 67

Annan, Noel, 22, 64

anti-Semitism, 271; in Austria, 100, 111; British upper class and, 67, 205, 257; *Kristallnacht*, 179 – 80; Nazi Germany and, 34, 63, 69, 100, 121, 179 – 80, 258

appeasement policy: Anschluss with Austria and, 100, 108 – 109, 111; of appeasement policy (*cont.*) Baldwin government, 34, 72 – 73, 80 – 81, 87; British press and, 118 – 25, 170 – 71, 196 – 97, 326; of Chamberlain government, 5, 7, 10 – 11, 14, 34, 91, 94, 95, 96, 97 – 98, 103, 108 – 109, 118 – 19, 121, 123, 126 – 57, 172, 188, 192 – 95, 200 – 201, 210, 271, 315; Churchill's cabinet and lingering of, 327 – 28; Czechoslovakia and, *see* Czechos-lovakia, Munich Conference and agreement; generation of supporters of,

39; misapplication of lessons of, 358; Mussolini's invasion of Abyssinia and, 72 – 73, 80, 94, 95, 103, 111; opponents of, *see names of individuals*; Tory rebels; Rhineland occupation and, *see* Rhineland, German occupation of the

Asquith, H. H. , 30, 45, 78

Asquith, Margot, 173

Astor, Lady, 56, 150, 163, 173; evacuated children housed by, 245; May 1940 events leading to Chamberlain's resignation and, 301

Astor, Lord, 56

Aswan Dam, 357

Atholl, Duke of, 163, 166 – 67; evacuated children housed by, 244 – 45

Atholl, Katharine (Duchess), 162 – 69, 181; anti-appeasement stance of, 165, 167; as anti-communist, 166; as antifascist, 165 – 66, 238; background of, 162 – 63; constituency of, 167; evacuated children housed by, 245; personality of, 164; – Snadden election, 167 – 69; Spanish civil war and, 238

Attlee, Clement, 132, 138, 209, 239, 242, 336; Churchill's cabinet appointments and, 323; in Churchill's

War Cabinet, 323; formation of Churchill government and, 310; May 1940 events leading to Chamberlain's resignation and, 287, 292, 296, 307, 308, 309, 310, 312

Austria: Anschluss with Germany, 99 - 100, 101, 108 - 109, 111, 118; anti - Semitism in, 100

Badoglio, Pietro, 354

Bagehot, Walter, 269

Baillol College, 176

Baker, Arthur, 136

Baldwin, Stanley, 25, 30, 58, 70 - 75, 116, 140, 323; abdication crisis and, 82; appeasement policy, 34, 72 - 73, 80 - 81, 87, 88; Katharine Atholl and, 164; British rearmament and, 91, 92; economic policy, 44, 65, 70; election of November 1935, 72, 81; as out of touch with the modern world, 71; pacifism of, 71; predictions of World War II devastation, 64; "afety First" slogan, 50, 71; unemployed and, 65, 70

Balfour, Arthur, 94, 103

Balfour Declaration, 103

Ball, Sir Joseph, 169 - 70, 171

Bank of England, 67

Bartlett, Vernon, 143

BBC, 7, 15, 214, 223, 250; Chamberlain government and, 119 - 20, 129 - 30, 193, 288; Norway operations, reporting on, 281; wartime censorship and, 258

Beardmore, George, 188, 248, 265, 283

Beaverbrook, Lord, 28, 48, 104, 122, 141, 159, 197, 245, 257, 315, 351

Beck, Józef, 194

Bedford, Duke of, 67, 257

Beecham, Sir Thomas, 44

Belgium, 156; German invasion of, 311, 314, 317

Berchtesgaden: Chamberlain-Hitler meeting 1938 at, 131 - 32

Berlin, Isaiah, 313

Berlin Radio, 343

Bernays, Robert, 56, 69, 146

Bevin, Ernest, 323

Billington, Rachel, 91n

Birchall, Frederick, 241

Birch Grove (mansion), 51, 56, 175, 362, 363

Birkenhead, Lord, 351

Birmingham Post, 113

Birmingham Symphony Orchestra, 89

Blenheim Palace, 8 - 9

Boer War, 114 - 15

Bonham Carter, Cressida, 174

Bonham Carter, Maurice, 79

Bonham Carter, Lady Violet, 45, 54, 77 – 81, 174, 356; air raids and, 215 – 16; anti-appeasement stance, 77, 79 – 80, 137 – 39, 147, 173; Katharine Atholl and, 168; on censorship during the phony war, 254 – 55; on Chamberlain's arrogance, 158 – 59; Churchill and, 77 – 79, 80, 185, 210, 267, 268, 299, 331, 338; on Churchill's cabinet, 326, 331; Czechoslovakia crisis and, 137 – 39; on Eden, 84 – 85, 182 – 83; Eden government and, 358 – 59; May 1940 events leading to Chamberlain's resignation and, 297, 299; speech at anti-appeasement rally, November 1938, 182

Boothby, Robert, 16, 18, 35, 39, 44 – 50, 70, 101, 189, 230, 261, 328, 340; affair with Dorothy Macmillan, 51 – 57, 174, 178, 234, 354, 355 – 56, 361 – 62, 363; anti-appeasement stance, 74, 80, 141; appearance of, 44, 57; Katharine Atholl and, 168; background of, 36, 46 – 47; British rearmament and, 77; Ronald Cartland's

death and, 320; Churchill group and, 178, 238; Churchill's government appointments and, 323, 347; as Churchill's parliamentary private secretary, 44 – 45, 46, 47, 48, 76 – 77, 234; Churchill's questionable judgment and, 76, 81 – 82; Churchill's replacement of Cham-berlain and, 217, 266, 267, 307, 309; constituency of, 46, 47, 50, 161, 350; on Cooper's resignation, 146; Czechoslovakia crisis and, 126 – 27, 135 – 36, 139, 151, 155, 161; delay in aiding Poland and, 207, 210, 211; Eden group and, 213; education of, 44; – Hitler meeting in 1932, 61 – 63; India bill and, 76; Italy's attack on Abyssinia and, 73; marriage to Diana Cavendish, 57, 58, 178; marriage to Wanda Senna, 363; May 1940 events leading to Chamberlain's resignation and, 301, 304, 307, 308, 309; at Ministry of Food, 332, 333, 348, 350; personality of, 44, 46, 47, 53, 337; Poland crisis and, 195 – 96; Rhineland occupation and, 74; scandal affecting political career of, 348 – 52; social circles, 44, 46, 47 – 48; as social reformer, 46, 47, 49, 59; as speaker, 44; spring of 1940, working to replace Chamberlain in, 277, 290; Suez crisis and, 359; "undersecretaries' plot" and, 334, 337 – 38; the Vigilantes and, 237 – 39, 296; warnings about German threat, 61 – 63, 69

Bowen, Catherine Drinker, 7

Bracken, Brendan, 76, 139, 211, 237, 268, 285, 326, 329; Ronald Cartland's death and, 320 – 21; Churchill group and, 178, 238; as Churchill's parliamentary private secretary, 325; Czechoslovakia crisis and, 152, 153, 155; May 1940 events leading to Chamberlain's resignation and, 298, 301, 309, 310, 311; ministerial appointments to Churchill government and, 325, 347; as minister of information, 343; Norway debacle and, 279

Britain: Anglo-German pact, secret negotiation of, 194 – 95; blackout in, 4, 248 – 49, 253; censorship during the phony war, 254 – 57, 258; class system in, 29 – 30, 30, 40 – 41, 65 – 66, 242 – 44; Czechoslovakia crisis and, see Czechoslovakia; decla-ration of war on Germany, 204, 208, 211 – 14, 216, 217, 219; disarmament of, 72; divorce, social stigma of, 53, 54; Britain (cont.) economic mobili-zation under Churchill, 314; economic readiness for war in 1939, 187, 228 – 29; extramarital affairs, unwritten rules for, 53 – 54; food shortages in, 242 – 43; gender inequality in 1920s, 51 – 52; general elections, rules for holding of, 152; Home Guard, 314; House of Commons, see House of Commons; House of Lords, see House of Lords; imperial preference, 115; income taxes, 229; India Office, 331 – 32, 333, 339 – 41; inflation in, 242; migration of city dwellers, 4, 203, 240 – 41, 243, 244 – 248; military strength in 1938, 127 – 29; military strength in 1939, 186 – 87; miners' strike of 1910, 308; miners' strike of 1926, 29, 70; negotiated settlement with Hitler, advocates during phony war of, 257 – 59; pacifism in 1930s, 64, 65; the phony war, 223 – 31, 240 – 60, 265, 266, 267 – 68; Poland, treaty with, 3 – 4, 9, 10; Poor Laws, 88; prime ministers, see names of individuals; pro-German sympathies in 1930s, 65 – 69, 74, 81, 122 – 23, 257;

rationing in, 229, 242; rearmament of, 4, 75, 77, 82, 88, 91 – 92, 102, 108, 111, 118, 127, 128, 141, 147, 154, 155, 156, 165, 185 – 87, 191, 224 – 25, 259, 265, 284, 290; Suez crisis and, 357 – 59; summer of 1939, mood in, 8 – 10; unemployment in, 29 – 30, 31, 43, 44, 49, 50, 58, 59, 65, 70, 71, 229; war aims of Chamberlain government, 241 – 42

British Air Ministry, 64, 67, 128

British Army, 4, 92, 111, 127; conscription program, 190 – 91, 192, 229 – 30, 271; Grenadier Guards, 38, 39, 95, 234; Hore-Belisha's efforts to modernize, 271; King's Royal Rifle Corps, 37, 191; lack of preparedness, 186 – 87, 190, 191, 224, 229, 258, 262, 277, 278, 280, 282, 303, 335 – 36; Norway operations and, 277, 278, 280, 282; Territorial Army, 16, 99, 127, 187, 190, 191, 199, 260, 277, 278, 303

British Board of Trade, 129

British Expeditionary Force（BEF）, 277, 290; in Norway, 278; phantom conflict and, 223 – 24, 225, 230; press censorship and, 255; retreat into France, 317 – 18

British Foreign Office, 69, 70, 151, 171, 193, 258, 323, 357; Czechoslovakia crisis and, 129, 130, 134; Eden and, 86, 87, 93 – 94; German invasion of Poland and, 206, 220; Nicolson's resignation from, 104; stopping leaks from, 120; treaty depart-ment, 212

British Imperial General Staff, 127

British media: Amery's wartime leadership and, 236 – 37; antiappea-sement publications, 170 – 71, 196 – 97, 326; British public's lack of preparedness for war and, 118 – 25, 129, 193; censorship during the phony war, 254 – 57, 258; Chamberlain government and, 7, 118 – 25, 129, 143, 170, 176, 193, 288; clamor for Churchill's inclusion in the cabinet, 196 – 97, 198 – 99; Czechoslovakia crisis and, 131, 141 – 42, 149n; Germany's occupation of Czechoslovakia and, 188; government-press relationships, 121 – 22, 124, 129; Munich, reporting on, 141 – 42, 143; Norway operations, reporting on, 281 – 82; party allegiance of newspapers, 121, 123; on Poland's suffering, 223; punishment of Chamberlain's critics, 159, 176; selfcensor-ship, 119, 122,

124, 143, 179, 193; support for Hitler regime, 123; *see also* BBC; *individual publications*

British Medical Journal, 248

British Ministry of Food, 332, 333, 348, 350

British Ministry of Information (MoI), 251 – 53, 254, 256, 331, 344

British Ministry of Supply, 332, 333

British Royal Air Force, 111, 128; battle for France and, 315; Battle of Britain, 260, 320, 330, 347; Bomber Command, 128; Hurricane fighters, 128, 259; Norway operations, 279; press censorship and, 255; rearmament of, 77, 80, 92, 127, 186; Spitfires, 128, 259 – 50

British Royal Navy, 4; blockade against Germany, 228, 260; Churchill as first lord of the admiralty, *see* Churchill, Winston, as first lord of the admiralty; in first months of World War II, 225 – 27; mining of Norwegian territorial waters, 226, 274, 277; preparedness of, 128; press censorship and, 254 – 55; sinking of French ships at Mers-el-Kebir, 330

British War Office, 319, 332, 343

Brittain, Vera, 214

Brocket, Baron, 67

Brooke, Gen. Alan, 224 – 25

Brüing, Heinrich, 61

Buccleuch, Duke of, 67, 257

Buchanan, Geordie, 117 – 18

Buckingham Palace, 232

Burke, Edmund, 162

Butler, Rab A. , 220, 309, 324, 327 – 28, 348, 359, 360; modernization of the Conservative Party and, 356

Byron, Lord, 105

Cadogan, Alexander, 185, 310, 340; war aims and, 241 – 42

Caféde Paris, London, 244

Cambridge University, 23, 25, 101, 108

Campbell – Bannerman, Henry, 78

Camrose, Lady, 243

Camrose, Lord, 122, 197, 243, 270

Carlton Club, London, 175

Carroll, Lewis, 37

Cartland, Anthony, 28, 319

Cartland, Barbara, 15, 28 – 29, 34, 40, 173, 201, 262; career of, 28, 30; correspondence with her brother, 20, 35; death of her brother and, 319; on gender inequality in Britain, 51 – 52;

social circle of, 28 – 29

Cartland, Bertram, 27 – 28, 201

Cartland, Mary, 28, 29, 30, 201, 202, 319

Cartland, Ronald, 15 – 20, 21, 27 – 34, 35, 39, 100, 101, 189, 261 – 62, 316 – 21, 364; anti-appeasement stance, 15, 34, 74, 80, 107, 108; appearance of, 30, 31, 32; childhood of, 28; Churchill's replacement of Chamberlain and, 266; on Churchill's wartime speeches, 263; constituency of, 15, 20, 30, 32, 33 – 34, 108, 161; Czechoslovakia crisis and, 135 – 36, 151, 153, 154, 155, 161; death of, and tributes to, 7, 318 – 21; Eden group and, 177, 196; education of, 29; maiden speech as MP, 31, 320; memorial service for, 320 – 21; military service, 191, 200, 218, 232, 261, 277, 278, 290, 316 – 18; personality of, 32, 316 – 17; Poland crisis and, 195, 196; quoted, 7, 15 – 16, 176; as social reformer, 29, 33; speech challenging Chamberlain, August 1939, 15 – 20, 320; in spring of 1940, 277 – 78; start of World War II and, 202; travel to Germany in 1930s, 69; war

preparation in summer of 1939, 201

Cassel, France, 317 – 18

Castlerosse, Lord, 143

Cavendish, Andrew, 172

Cavendish, Diana, 57, 58, 178

Cavendish, Dorothy, see Macmillan, Dorothy (née Cavendish)

Cavendish, Edward, 172

Cavendish, Evelyn, Duchess of Devonshire, 40 – 41

Cavendish, Mary, 172

Cavendish, Victor, Duke of Devonshire, 39, 41, 42

Cecil, Lady Nelly, 66

Cecil, William, Lord Burghley, 42

Cecil family, 42, 94 – 95, 271; opposition to appeasement, 94

Chamberlain, Austen, 89

Chamberlain, Florence Kenrick, 304

Chamberlain, Ivy, 93

Chamberlain, Joseph, 89, 115

Chamberlain, Neville, 332; Anschluss and, 100, 108 – 109, 118; appeasement policy, see appeasement, of Chamberlain government; Katharine Atholl and, 164, 166, 167, 169; British rearmament and, 91 – 92, 154, 156, 185 – 86, 187; as chancellor of the exchequer, 33, 58 – 59, 88, 91 – 92, 141; in Churchill government, 322 – 23, 326 – 30, 336 – 37, 338; control over House of Commons, 5, 7, 12, 15, 18, 118, 137, 154, 198, 269, 270; criticism, intolerance of, 14, 90 – 91, 120 – 21, 199; Czechoslovakia and, 10, 11, 14, 110, 126 – 57, 188 – 89; death of, 338; declaration of war, 211 – 14, 216, 217; as dictatorial, 108, 121, 159, 199; farewell address as prime minister, 323; Finland and, 272; first election to Parliament, 89; Hitler's peace proposals and, 258 – 59; March 31, 1939, speech reversing foreign policy, 189 – 90, 192; as mayor of Birmingham, 89; modern world, discomfort with, 70, 89, 131; Munich agreement, *see* Munich Conference and agreement; musical tastes, 126; national support for, 5; negotiating skills, 92; Norway debacle and, 282 – 83, 287, 289 – 91, 298 – 300; opposition, efforts to crush, 108, 159 – 71, 175, 177; pacifism of, 91; "eace in our time" speech, 276; personality of, 89 – 90, 120; Poland and, *see* Poland; press and, *see* British

media, Chamberlain government and; public-school values, 92 – 93; resignation of, May 1940 events leading to, 282 – 312; social reform and, 88 – 89; summer of 1939, formal adjournment of Parliament, 10 – 19; Tory rebels, challenged by, *see* Tory rebels; umbrella of, as symbol of appeasement, 172, 173, 174, 175; "undersecretaries' plot" and, 335 – 37, 338; war aims, 3 – 4, 241 – 42; as wartime leader, 3 – 4, 219 – 31, 235, 236 – 37, 262, 268, 271, 272, 273 – 77, 282 – 83

Channon, Sir Henry "Chips," 66, 96, 99, 149, 170, 188, 211, 231 – 32, 239, 244, 285; on Churchill as prime minister, 330; May 1940 events leading to Chamberlain's resignation and, 287 – 88, 291, 296, 298 – 99, 300

Charterhouse, 29, 321

Chartwell, 47, 109, 184, 185, 199

Chatsworth (Devonshire estate), 41

Chicago Daily News, 9, 170, 229, 251, 280, 335

Churchill, Clementine Hozier, 47, 186, 336; described, 79; engagement of, 79; evacuated children housed by, 244 – 45; feuds about Munich and,

173; Margesson and, 325

Churchill, Randolph, 343

Churchill, Winston, 18, 58, 97, 101, 105, 189; adjournment of the House of Commons, summer 1939, 13 – 14, 16, 199; air raids and, 215; ancestry of, 9; anti-appeasement stance, 5, 11, 75, 76, 77, 80, 81, 109, 138, 173, 185; appearance of, 113; Katharine Atholl and, 164, 165, 168, 169; BBC and, 120; birth of, 9; the blackout and, 249; Boothby as parliamentary private secretary of, 44 – 45, 46, 47, 48, 76 – 77, 234; Boothby scandal and, 349 – 52; British morale and, 265; British rearmament and, 77, 82, 265, 290; career in Parliament, 45; Barbara Cartland and, 28 – 29; Chamberlain cabinet position, 198, 199, 203, 204, 206, 207, 210, 211, 217, 229, 232; on Chamberlain's personality, 89 – 90; as chancellor of the exchequer, 116; clamor for his inclusion in the Chamberlain cabinet, 196 – 99; constituency of, 160; Czechoslovakia crisis and, 130, 132, 133, 137, 138, 139, 150, 152, 153, 154, 155; declaration of war, speech

following, 217; defeatists and, 257; delay in aiding Poland and, 206 – 207, 221; depression, bouts of, 184; Duke of Westminster and, 67; economic policy, 48, 49 – 50, 115; on Eden as foreign secretary, 87, 98; Eden group, exclusion from, 177 – 79; education of, 112 – 13; Edward VIII's abdication and, 81 – 82; evacuated children housed by, 244 – 45; as father, 343; on feuds over Munich, 171 – 72; as first lord of the admiralty, 5, 78, 221, 225 – 27, 235, 237, 254 – 55, 262 – 66, 273 – 74, 281, 285; Gallipoli campaign and, 45; at Harrow, 112 – 13, 117, 340; as head of War Cabinet's Military Coordinating Committee, 279, 285 – 86; *A History of the English-Speaking Peoples*, 109, 185; Quintin Hogg and, 175; India's independence and, 75 – 76, 116 – 17, 340; Italy's attack on Abyssinia and, 73; as journalist, 114 – 15, 123; judgment questioned, 75, 76, 81 – 82, 109, 177 – 78, 183, 307 – 308; Labour's animosity toward, 308; loyalty to Chamb-erlain, 5, 267 – 68, 285, 297, 298 – 99, 300 – 301, 306, 322, 326,

327; Manchester address, January 27, 1940, 266; *Marlborough*, 82, 109; military service, 39, 76; mobilization of British industry and, 187; negotiated settlement of the phony war and, 258, 259; Norway debacle and, 285, 289, 297, 308, 312; as orator, 45, 46, 47, 116, 117, 183, 217, 262 – 66, 290, 298 – 300, 312 – 13, 313; The Other Club and, 48, 86, 138, 139; party – hopping, 45, 115, 325 – 26; personality of, 47, 267, 313, 327, 336, 340, 352; as prime minister, *see* Churchill, Winston (as prime minister); refuses leadership of Tory rebels, 183 – 85; reports on wartime Royal Navy, 262 – 65, 281; Rhineland occupation and, 74; tapping of phone of, 171; touted as future prime minister, 266 – 68; " undersecretaries'plot " and, 334 – 38; women MPs and, 163

Churchill, Winston (as prime minister), 317, 340, 343 – 44, 347 – 52; Boothby scandal and, 349 – 52; British public's approval of, 330; cabinet and ministerial appointments, 322 – 27, 331 – 33, 339 – 40, 347 – 48; Ronald Cartland's death and, 319; election of 1945, 354 – 55; election of 1951, 356; energizing of the British people, 313 – 14; May 1940 events leading to Chamberlain's replacement with, 282 – 312, 341; reshuffling of his cabinet, 347 – 48; response to defeatists, 316; second administration, 356; sinking of French ships at Mers – el – Kebir, 330; speeches, 6, 312 – 13, 314, 316, 321, 336; vulnerability in House of Commons, 325 – 26, 327 – 30; War Cabinet, 316, 323, 327, 331, 334, 335, 352

Citrine, Sir Walter, 80

Clarence, Duke of (brother of George V), 108

Clark, Kenneth, 84, 158, 173, 251; Ministry of Information and, 252

Cliveden (Astor estate), 56, 163

Cobbold, James, 169

Collier's magazine, 124, 125

Colman, Ronald, 32

Colville, John, 14, 78, 91, 158, 225, 228, 229, 230, 259, 285; Churchill as prime minister and, 313, 326, 351; Churchill's replacement of Chamberlain and, 266; May 1940 events leading to Chamberlain's resignation and, 288, 296;

on wartime class divisions, 242, 243

communism, 166, 342; British upper class's fear of, 65 – 66, 123

Congress Party, India, 340

Connaught (London hotel), 243

Connaught, Duke of, 245

Conservative Party: Central Council, 276; Central Office, 30, 159 – 60, 169; Chamberlain's Tory majority, 5, 7, 12, 15, 18, 101, 269, 270; Churchill's vulnerability in early days as prime minister, 325 – 26, 327 – 30; election of 1929, 50, 58; election of 1931, 58; election of 1945, 354 – 55; modernization of, 356; protectionism and, 115; spying network, 11 – 12, 170 – 71, 239, 288, 325; Tory rebels, *see* Tory rebels; Tory whips, power of, 21, 24, 25 – 26, 151

Contemporary Review, 199, 329, 338

Cooper, Alfred Duff, 93, 99, 118, 159, 234, 327, 328 – 29; background of, 140 – 41; on Britain's preparedness for war, 128 – 29, 141; constituency of, 160; Czechoslovakia crisis and, 131 – 32, 133, 134, 135, 139 – 42; 145; defeatists and, 258; delay in aiding Poland and, 208, 211; Eden group and, 177; on feuds over Munich, 172; as hedonist, 140; lecture series in the U. S. , 233; May 1940 events leading to Chamberlain's resignation and, 292, 297, 301; Ministry of Information and, 251, 331, 344; resignation as first lord of the admiralty, 145, 146 – 47, 148 – 49, 172; start of World War II and, 202, 204 – 205, 206, 232 – 33; " undersecretaries'plot " and, 335; Watching Committee and, 273; women MPs and, 164

Cooper, Lady Diana, 46, 172, 204 – 205, 211, 233

Coote, Colin, 39

Corbin, Charles, 206 – 207

Cork and Orrery, Lord, 146 – 47

Coronation Chair, 205

Courageous (British aircraft carrier), 227

Coward, Noël, 44

Cowles, Virginia, 9, 22, 45, 99, 101, 124 – 25, 275

Cox, Geoffrey, 159

Cranborne, Robert "obbety" (future Lord Salisbury), 42, 57, 94 – 95, 96, 97 – 98, 109, 189, 271, 284, 323, 352; as Churchill's Commonwealth secretary, 356; constituency of, 160 – 61; as dominions secretary, 348; Eden group and, 177; Eden's reluctance to lead and, 181 - 82; illness, 301; Munich agreement and, 150, 161; as paymaster general, 332; Suez crisis and, 357 - 58; Watching Committee and, 273

Cripps, Sir Stafford, 270

Cromwell, Oliver, 291 - 92, 294

Cross, Ronald, 333

Crossman, Richard, 353 - 54

Cudlipp, Hugh, 196 - 97

Cunard, Emerald, 46, 55; Ribbentrop and, 68

Curzon, George, 113, 140

Cust, Harry, 140

Czechoslovakia, 126 - 57; Britain's pressures on, to give in to Hitler's demands, 129, 130 - 31, 133; British public's fear of war over, 134 - 35; Chamberlain's diplomatic missions to Hitler in fall of 1938, 10 - 11, 14, 131 - 39, 141 - 42, 157; creation as a nation, 103; economic importance of, 110, 156, 259, 260; Germany's designs on, 109 - 10, 127; Germany's occupation of, 188, 349; Jewish refugees from, 175; Munich Conference,

see Munich Conference and agreement; opposition to British appeasement policy, 129 - 42, 143, 146 - 54; repercussions of Britain's appeasement, 156 - 57; strategic importance of, 110, 130, 132, 133, 156; Sudetenland, 110, 126 - 27, 130, 131, 133, 142, 156

Daily Express, 28, 68 - 69, 123, 143, 159, 281

Daily Herald, The, 90, 144, 336

Daily Mail, 49, 123, 159, 197, 236 - 37, 281, 363

Daily Mirror, 19, 197, 236, 269, 326, 336, 357

Daily Telegraph, The, 98, 197, 221, 231, 263, 269 - 70, 295

Daladier, Édouard, 142, 199

Dalton, Hugh, 107 - 108, 184, 194, 206, 210, 220, 239, 267, 350; background of, 107 - 108; cross-party collaboration and, 152 - 53, 155, 180, 295 - 96, 308; Czechoslovakia crisis and, 152 - 53; May 1940 events leading to Chamberlain's resignation and, 295 - 96, 302, 307, 310; as minister of economic warfare, 323

Danzig, 62, 193

Davies, Clement, 238, 269, 285; Churchill's government appointments and, 323, 332; May 1940 events leading to Chamberlain's resignation and, 287, 290, 293 – 95, 307, 308, 311; support for Churchill as Chamberlain's successor, 307, 308, 309, 311; "undersecretaries' plot" and, 334, 335

Dawson, Geoffrey, 100, 122, 130, 149n, 235

December Club, 74 – 75

Deedes, W. F. , 357

de Gaulle, Charles, 353

De la Warr, Lord, 132, 148

Denmark: German invasion of, 4, 277

Depression of the 1930s, 71

Devonshire, Andrew, 42, 55, 172

Devonshire, Deborah, 42, 55

Devonshire, Duke of (eighth), 53 – 54

Devonshire, Mary, 172

Devonshire House, 41

Dickson, Lovat, 233

Dill, Gen. John, 224

Diplomacy (Nicolson), 103

Dirksen, Herbert von, 193, 194, 195

Disraeli, Benjamin, 30

Ditchley Park (Tree estate), 173, 178

divorce, social stigma of, 53, 54

Domvile, Admiral Barry, 67

Doncaster, Sir Robert, 162

Donner, Patrick, 26 Dorcester (London hotel), 243

Duchess of Atholl, 163

Dugdale, Blanche ("Baffy", 79 – 80, 137, 147, 148, 150, 151, 165, 207, 210, 290

Dugdale, Edgar, 165

Dugdale, Nancy, 328 – 29

Dugdale, Thomas, 170

Dunbar, Robert, 212

Dunglass, Lord, 136, 242, 257, 285

Dunkirk, retreat and evacuation of Allied troops from, 315 – 16, 318, 322, 335

Dunlop Company, 67

Dutton, David, 273

Economist, The, 326, 333, 338

Eden, Anthony, 11, 14, 18, 84 – 101, 93, 100 – 101, 150, 189, 210, 211; air raids and, 214; appearance of, 84, 86 – 87; Katharine Atholl and, 168; as Baldwin's foreign secretary, 73, 87 – 88, 234; Ronald Cartland's death and, 320; as Chamberlain's foreign secretary, 93 – 96; in Chamberlain's wartime cabinet, 217, 232, 268 – 69; as Churchill's foreign secretary, 348, 356; as Churchill's war secretary, 331, 352, 355; constituency of, 161; Czechoslovakia crisis and, 132, 133, 137, 138, 153, 155, 157, 161; the Eden group, 16, 177 – 79, 195, 197, 213, 237, 238; education of, 85; – Hitler meeting in 1934, 87; Quintin Hogg and, 175; leadership of Tory rebels, hoped for, 11, 83, 98, 109, 132, 153, 177, 179, 180 – 83, 196, 268 – 69; May 1940 events leading to Chamberlain's resignation and, 301; military service, 85, 191; personality of, 85 – 86; press coverage of, 86 – 87; as prime minister, 356 – 60; resignation as foreign secretary, 5, 95 – 99, 101, 102 – 103, 106, 356; speech at antiappeasement rally, November 1938, 182

Eden, Beatrice, 87, 99

Eden, Timothy, 181

Eden group, 16, 177 – 79, 195, 197, 213, 237, 238; Amery's leadership of, 237

Edward VIII, King of England: as Prince of Wales, 66, 81; Wallis Simpson and, 81 – 82

Egypt, Suez crisis and, 357 – 59

Einzig, Paul, 330

Eisenhower, Gen. Dwight D. , 353

Elizabeth I, Queen of England, 42, 91n

Elliot, Walter, 132, 139, 147 – 48, 207

Embassy Club, London, 244

Emrys-Evans, Paul, 97, 100, 101 – 103, 106, 333, 364; anti-appeasement stance, 69, 74, 80, 101 – 102, 333; Ronald Cartland's death and, 321; Churchill's government appointments and, 323; constituency of, 161 – 62; Czechoslovakia crisis and, 51; as dominions undersecretary, 348; Eden group and, 177, 178; forced resignation, 108; May 1940 events leading to Chamberlain's resignation and, 301, 310; Rhineland occupation and, 74; spring of 1940, working to replace Chamberlain in, 277; Watching Committee and, 273, 285

Enchantress, 145, 146

Eros (statue), 205

Eton, 37, 44, 85, 93, 95, 108, 122, 140

Evans, Maj. Gen. Roger, 224

Evening News, 19, 197

Evening Standard, 19, 63, 105, 123, 159, 186, 253 – 54; Nicolson at, 104

Feversham, Earl of, 124 – 25
Field, Marshall, 69
Financial News, 330
Finland: Britain's aid to, 272; Soviet invasion of, 272
Firth – Vickers, 67
Fisher, Warren, 93 – 94
FitzGibbon, Theodora, 250
Fitzroy, Sir Edward, 292 – 93
Flanner, Janet, 186, 190, 198 – 99
Focus in Defence of Freedom and Peace, 80, 81, 138
Forbes, Alastair, 184
Foster, Lady Elisabeth, 53
Four Hundred Club, London, 244
France, 353; Czechoslovakia crisis and, 133, 156, 157; – Czechoslovakia treaty, 110; declaration of war on Germany, 219; German invasion, and fall of, 311, 314 – 16, 317, 320, 329 – 30, 336, 343; Maginot Line, 199, 224, 314 – 15, 342; Norway battles and, 278; Poland, guarantee to defend, 3 – 4, 189, 194, 206 – 207, 222 – 23, 225; Popular Front, 71;

rearmament of, 259; Rhineland occupation by Germany and, 74; Royal Navy's sinking of French ships at Mers-el-Kebir, 330; Suez crisis and, 358 Franco, Francisco, 166, 342
Frankfurter, Justice Felix, vii, 176 – 77
Fraser, Antonia, 91n

Gallup polls, 179, 180, 248, 327, 330
Gandhi, Mohandas, 76, 339, 340
Garvin, J. L. , 141
Gellhorn, Martha, 124 – 25, 156
George V, King of England, 55, 81, 107; pacifism of, 65; as pro-German, 65
George VI, King of England, 144; Chamberlain's last days as prime minister and, 306, 312; Churchill as prime minister and, 312; defeatist attitude of, 257; as Duke of York, 65 – 66; start of World War II and, 203; support for Halifax as Chamberlain's successor, 307
Georgianna, Duchess of Devonshire, 53
Germains, V. W. , 76
German Army, 127; troop levels, in 1939, 186 – 87
German Navy, 227
Germany: air force, *see* Luftwaffe; Anschluss with Austria, 99 – 100,

101, 108 – 109, 111, 118; anti-Semitism in, *see* anti-Semitism, in Nazi Germany; appeasement of, *see* appeasement policy; British leaflet drop on, 221, 225, 255; concentration camps, 69, 100, 179; as counterweight to communism, 65; Czechoslovakia and, *see* Czechoslovakia; Denmark invasion, 4, 277; economy of, 128, 228, 229, 236; industrial and other nonmilitary targets in, 222, 236, 284, 315, 327; invasion of Low Countries and France, 311 – 12, 314 – 15, 317; League of Nations, withdrawal from, 63, 72; military preparedness in 1938, 127 – 29; nonaggression pact with Soviet Union, 200, 228; Norway offensive, 276 – 83; Poland and, *see* Poland; propaganda from, 256, 343 – 44; rearmament of, 63, 70, 76, 86, 109, 111, 128, 165, 186 – 87, 259 – 60; Rhineland occupation in 1936, 68, 73 – 74, 88, 101 – 102; Spanish civil war and, 166; in summer of 1939, 9, 10, 11, 13; *see also* Hitler, Adolf

Gestapo, 179

Gilbert and Sullivan, 174

Giraud, Henri, 353

Gladstone, William, 30

Glyn – Jones, Anne, 58, 361 – 62

Goebbels, Joseph, 119, 256

Gordon – Lennox, Victor, 170 – 71, 183

Göring, Hermann, 259, 328, 345

Gort, Lord, 127

Graf Spee (German battleship), 264

Greece, 354

Greene, Graham, 256

Greenwood, Arthur, 13, 14, 204, 208, 290, 336, 364; Churchill's cabinet appointments and, 323; in Churchill's War Cabinet, 323; formation of Churchill government and, 310; May 1940 events leading to Chamberlain's resignation and, 287, 296, 308, 309, 310, 311, 312; speech addressing delay in aiding Poland, 209 – 10

Gretton, John, 350

Greville, Maggie, 68

Grigg, Lady, 252

Gunther, John, 255

Guy Fawkes Day, 175

habeas corpus, suspension of, 231

Haig, Lady, 63

Hailsham, Lord, 174

Halifax, Lord, 100, 119, 122, 174, 183, 271; as ambassador to the U. S. , 348; as Churchill's foreign secretary, 316, 322, 323, 326, 327, 328; in Churchill's War Cabinet, 323; Churchill's wartime relationship with, 265, 266, 274, 310; considered as candidate to replace Chamberlain, 285, 286, 307, 309 – 10, 312; Czechoslovakia crisis and, 130, 133, 134, 136, 137; declaration of war on Germany, 212; German invasion of Poland and, 206; Germany's occupation of Czechoslovakia and, 188, 189; negotiated settlement of phony war and, 259; negotiations with Hitler proposed in May 1940, 316, 327; press attack on Tory rebels and, 159; war aims and, 241 – 42

Hamilton, Gen. Ian, 67

Hannon, Sir Patrick, 17 – 18, 19

Hardy, Thomas, 37, 51

Harrow, 25, 101, 111, 112 – 13, 117, 154, 342, 343

Harvard Law School, 176

Harvey, Oliver, 95, 131, 153

Headlam, Cuthbert, 56

Headway, 196

Hemingway, Ernest, 124

History of the English-Speaking Peoples, A (Churchill), 109, 185

Hitler, Adolf: Anschluss with Germany and, 99 – 100, 108 – 109, 111, 118; Boothby's 1932 meeting with, 61 – 63; British upper class and, 68 – 69, 257; – Chamberlain meetings on Czechoslovakia, 10 – 11, 14, 131 – 39, 141 – 42, 157; Eden's impressions of, 87 – 88; Eden's resignation and, 96;

Hitler, Adolf (*cont.*) *Mein Kampf*, 62, 74, 164 – 65; nonaggression pact with Soviet Union, 200, 228; peace proposal to Britain and France, 258 – 59, 260; Rhineland occupation, 68, 73 – 74, 88, 101 – 102, 357 – 58; Spanish civil war and, 166; Versailles Treaty and, 62; Wagner and, 126; *see also* Germany

Hoare, Sir Samuel, 3, 87, 91, 93, 94, 102, 117, 188, 283, 307; appeasement of Mussolini and, 72 – 73; Churchill government and, 322

Hodges, Frank, 48

Hogg, Quintin, 174 – 75; May 1940 events leading to Chamberlain's resignation and, 303, 305

Hollis, Christopher, 26

Horabin, Thomas, 183

Horder, Lord, 345 – 46

Hore-Belisha, Leslie, 148, 160, 192, 271 – 72; British readiness for war and, 186, 187, 190, 229, 271; firing of, 271 – 72

Horne, Alistair, 37, 362

Horse and Hound magazine, 244

House of Commons: adjournment, summer of 1939, 10 – 19; clubbiness of, 27, 105, 163, 164; Czechoslovakia crisis and, *see* Czechoslovakia; Munich Conference and agreement; Distinguished Strangers Gallery, 204; drinking by MPs, 32, 90, 164, 207, 208, 209; emergency powers for the government approved by, 201, 231; evacuation plans, 205 – 206, 232, 240; Foreign Affairs Committee, 101, 102, 103, 106; Germany's invasion of Poland and, 202 – 204; Ladies' Gallery, 163; loyalty to one's party, 15, 24, 26; May 8, 1940 vote of confidence, 300 – 305, 312; May 1940 events leading to Chamberlain's resignation, 282 – 312; Members' Gallery, 207, 290; newcomers, expectations of, 23 – 24; party whips,

24 – 27; physical description of, 12 – 13; role of, 10 – 11, 132, 161 – 62; Tory rebels, see Tory rebels; women MPs, 163 – 64, 169, 238; *see also individual prime ministers*

House of Lords, 12, 309, 323, 358; antiappeasement members of, 136; Watching Committee members from, 273

Hozier, Clementine, *see* Churchill, Clementine Hozier

Hungary, 110

Hurst & Blackett, 165

Hutchinson (publisher), 165

imperial preference, 115

India, self-government for, 75 – 76, 116 – 17, 164, 340

India Office, British, 331 – 32, 333, 339 – 41

Industry and the State (Macmillan and Boothby), 49

International Monetary Fund, 358

Ismay, Maj. Gen. Sir Hastings "Pug," 230, 350

Israel, 358

Italy: declares war on France and Britain, 329; fall of Mussolini, 354; invasion of Abyssinia by, 72 – 73, 80,

94, 103, 111; Spanish civil war and, 166; *see also* Mussolini, Benito

James, Henry, 37

James, Sir Robert Rhodes, 55, 57, 308, 336, 340

Japanese invasion of Manchuria, 72

Jay, Douglas, 98, 124

Jenkins, Roy, 116, 351

Jigsaw (Cartland), 28

Jones, Thomas, 262

Joyce, William (Lord Haw Haw), 256, 344

Keeler, Christine, 362

Kemsley, Lord, 122, 243

Kennard, Sir Howard, 219, 220

Kennedy, John F., 92, 361

Kennedy, Joseph P., 200 – 201, 257

Kerr, Hamilton, 95

Kershaw, Ian, 66

Keynes, John Maynard, 49, 108; the Vigilantes and, 238

Keys, Adm. Sir Roger, 292

Khrushchev, Nikita, 361

Kidd, Janet Aitken, 55

King, Cecil, 269, 326 – 27

King, Mackenzie, 340

Kipling, Rudyard, 37, 51

Kirkpatrick, Helen, 9, 160, 170 – 71, 231, 291, 335

Knole (Kent palace), 52

Kops, Bernard, 245

Kops, Rose, 245

Kordt, Theodor, 127, 130 – 31, 212, 213

Kristallnacht, 179 – 80

Krupp arms works, 259

Kuhn, Ferdinand, 187

Labour Party, 12, 44; animosity toward Churchill, 308; Churchill's cabinet and ministerial appointments and, 322 – 24; cross-party collaboration, 152 – 53, 155, 180, 270, 295 – 96, 308; election of 1929, 50, 58; election of 1931, 58; election of 1945, 354 – 55; formation of Churchill government and, 310, 311; May 1940 events leading to Chamberlain's resignation and, 287, 295, 304, 307, 308, 309, 311, 312; negotiated settlement with Hitler, advocates of, 257; opposition to appeasement, 107; pacifism within the, 107, 108; the press and, 123, 124; socialist agenda, 30; spying on, by Tory agents, 170, 325; vote to censure Chamberlain in 1938 and, 101, 106; wartime concerns, 242

Laval, Pierre, 87, 102; appeasement of Mussolini and, 73

Law, Andrew Bonar, 27, 272

Law, Richard, 27, 31, 39, 176 – 77, 189, 269, 272, 316; background of, 34 – 35; Ronald Cartland's death and, 319, 320, 321; Churchill's government appointments and, 323; Churchill's replacement of Chamberlain and, 266; constituency of, 161; Czechoslovakia crisis and, 135 – 36, 139, 149 – 50, 153, 154, 155; Eden group and, 177, 178 – 79; as financial secretary of the War Office, 332; as foreign affairs undersecretary, 348; May 1940 events leading to Chamberlain's resignation and, 298, 301, 311; Poland crisis and, 195; spring of 1940, working to replace Chamberlain in, 275 – 76, 277, 284; Watching Committee and, 273

League of Nations, 71 – 72, 79, 83; failure of, 72, 86; German withdrawal from, 63, 72

Lebanon, 354

Liberal Party, 12, 30; election of 1931, 58; May 1940 events leading to

Chamberlain's resignation and, 288, 295, 304, 308; the press and, 123

Liber Regalis (manuscript), 205

Liddell Hart, Basil, 122, 182, 186

Lindemann, Frederick A. , 141

Lindsay, Alexander, 174

Lloyd, George, 335, 337

Lloyd George, David, 12 – 13, 30, 49, 139, 285, 323, 327; Katharine Atholl and, 163; Churchill's role in Norway debacle and, 297; on Hitler, 68 – 69; on Margesson, 25; May 1940 events leading to Chamberlain's resignation and, 297; peace negotiation with Hitler advocated by, 258; "undersecretaries' plot" and, 334, 335; War Cabinet during World War I, 334, 338

Locarno Treaty, 68

Lockhart, Sir Robert Bruce, 92, 251, 288, 355

London, England, 311; air defenses, 203, 219; air raids and, 214 – 16, 254, 320, 348; Anschluss, reaction to the, 99 – 100; blackout in, 4, 248 – 49, 253;

London, England (cont.) children sent to the countryside from, 203, 240 –

41, 244 – 48; the mood in early 1940, 250 – 51; predictions of World War II devastation, 64 – 65, 135, 215; upper class life during the phony war, 242 – 47; war preparations, 201, 203, 205 – 206, 219 – 20, 240 – 41, 243 – 48

Londonderry, Lady, 46, 67 – 68

Londonderry, Lord, 67 – 68

Londonderry House, 68

Longford, Elizabeth, 32

Lord Haw Haw (nom de plume of William Joyce) , 256, 344

"Lord Will Provide for England, The," 125

Lothian, Lord, 67, 68, 74, 119, 347

Luftwaffe, 128, 129, 315 – 16, 318; Battle of Britain, 260, 320, 330, 347; Norway operations, 280; Poland offensive, 206, 222

Luxembourg, German invasion of, 311

Lyttelton, Oliver, 245

MacDonald, Ramsay, 25, 44, 50, 58, 70, 87, 107, 323

Macmillan, Daniel, 49

Macmillan, Dorothy (née Cavendish), 40, 50, 290, 361; affair with Boothby, 51 – 57, 174, 178, 234, 354, 355 – 56, 361 – 62, 363; death of, 363;

marriage of, 39 – 41, 51 – 57, 234, 298, 361 – 62; as mother, 51, 55; Nellie Macmillan and, 51; personality of, 53; as political asset, 43 – 44, 52, 55, 361

Macmillan, Harold, vii, 11, 16, 18, 35, 36 – 44, 47, 49 – 60, 88, 97, 101, 217 – 18, 257, 327, 352 – 54; on air warfare, 65; Algiers position, 352 – 53, 354; Amery group and, 238 – 39; antiappeasement stance, 36, 60, 74, 173 – 75, 338; aristocratic lifestyle, 41, 42; Katharine Atholl and, 168, 169; background of, 36 – 37; Ronald Cartland's death and, 321; Cartland's maiden speech, 31; Cavendish family and, 40 – 43; on Chamberlain, 92; as chancellor of the exchequer, 338; childhood of, 37; as Churchill adviser, 49 – 50; Churchill's government appointments and, 323; on Churchill's reluctance to lead the fight against Chamberlain, 184 – 85; Churchill's replacement of Chamberlain and, 266, 285, 307, 310; constituency of, 43 – 44, 50; cross-party collaboration and, 152 – 53, 155, 180, 308; Czechoslovakia crisis and, 133, 135 – 36, 137, 147, 149, 150, 152, 153, 155; death of, 363 – 64; as defense minister, 356; early wartime activities, 233 - 34; economic and social reform and, 36, 43, 44, 49 - 50, 59 - 60; Eden group and, 177, 213; election of 1945 and, 355; family business, work at, see Macmillan & Co. ; Italy's attack on Abyssinia and, 73; loss of Parliament seat in 1929, 50; marriage of, 39 - 41, 51 - 57, 174, 178, 234, 354, 355 - 56, 361 - 62; May 1940 events leading to Chamberlain's resignation and, 291, 296, 301, 304, 307, 311; military service, 37 - 39, 217 - 18; as minister of housing, 356; at Ministry of Supply, 332, 333; modernization of the Conservative Party and, 356; nervous breakdown, 58; personality of, 36, 37, 40, 42, 353 - 54, 355 - 56; Poland crisis and, 195; as prime minister, 360 - 62; religion and, 54; Rhineland occupation and, 73 - 74; as speaker, 36, 43, 272; speeches attacking Chamberlain's conduct of the war, 272; Suez crisis and, 357 - 60; "undersecretaries'plot" and, 334, 338; wartime role in Churchill government, 352 - 54, 355; Watching Committee and, 273; wins back parliamentary seat in 1931, 56, 58

Macmillan, Maurice, 37, 218; wartime service, 233 - 34
Macmillan, Nellie, 37 - 38, 39, 40; Dorothy Macmillan and, 51
Macmillan, Sarah, 55, 361 - 62
Macmillan & Co. , 37, 49, 51, 59, 233, 362, 363
Macnamara, Jack, 24, 25, 31, 72, 97, 101; anti-appeasement stance, 74; May 1940 events leading to Chamberlain's resignation and, 301; travel to Germany in 1930s, 69
Maginot Line, 199, 224, 314 - 15, 342
Manchester, Duchess of, 53 - 54
Manchester Guardian, 19, 115 - 16, 180, 197, 223, 236 - 37
Mann, Arthur, 96
Manners, Lady Diana, 140, 146, 148
Margach, James, 119, 120, 121
Margesson, David, 102, 155, 199, 213; Churchill's retention of, 322, 324 - 25; Churchill's selection as prime minister and, 309, 310; evacuation plans for Parliament and, 232; as government's chief whip, 21, 25 - 26, 27, 33, 42, 107, 149, 170, 209, 210 - 11, 269, 287 - 88, 329, 330, 331, 332, 342 - 25; May 1940 votes in

the House of Commons and, 289, 290, 295, 298, 300 – 301, 303 – 304, 305; retribution against Tory rebels, 159 – 60, 169, 176, 324 – 25; the Vigilantes and, 239

Margesson, Frances Leggett, 25

Marlborough (Churchill), 82, 109

Marlborough, Duke of, 8 – 9, 48

Marlborough, Sunny, 9

Marsh, Edward, 138 – 39

Martin, Kingsley, 128, 264

Masaryk, Jan, 134, 137

Masaryk, Tomáš 134

Masefield, John, 158

Mass Observation, 256, 314

Maugham, Lord, 172, 173

media, British, *see* British media

Mein Kampf (Hitler), 62, 74, 164, 170; English translation, edited, 165

Mers-el-Kebir, Royal Navy's sinking of French ships at, 330

MI5, 169

MI6, 344

Middle Way, The (Macmillan), 59

Mikado, 174

Minney, R. J., 184

Mitford, Diana, 67

Mitford, Unity, 67

Moffat, Jay Pierrepont, 201

Montgomery, Maj. Gen. Bernard Law, 224, 225, 230

Morning Post, 114

Morrison, Herbert, 273, 284, 296; as minister of supply, 323

Morton, Sir Desmond, 352

Mosley, Oswald, 59

Mountbatten, Prince Louis, 147

Mount Temple, Lord, 67

Moyne, Lord, 173

Munich Conference and agreement, 14, 136 – 59; British public opinion in fall of 1938, 179; Chamberlain's reception on return from Munich, 143 – 46, 304; Chamberlain viewed savior of the peace, 11, 143, 144, 158 – 59; critics of Munich agreement, 11, 143, 146 – 54, 159 – 61, 167; feuds over, 171 – 75; Germany's occupation of Czechoslovakia, 188; MPs contemplating resignation, 147 – 48; press coverage of, 141 – 42, 143 – 44, 149n; repercussions of Britain's appeasement, 156 – 57; retribution against critics of, 11 – 12, 159 – 62, 166 – 69, 175, 177; vote of confidence in House of Commons, 152 – 55, 159, 162

Murrow, Edward R., 4, 250 - 51, 282; May 1940 events leading to Chamberlain's resignation and, 288

Murrow, Janet, 249

Mussolini, Benito, 87, 93, 95, 96, 316; appeasement of, 72 - 73, 80, 94, 95, 103, 111, 165, 174; fall of, 354; invasion of Abyssinia, 72 - 73, 80, 94, 103, 111; Spanish Civil War and, 166

Nasser, Gamal Abdel, 357 - 58

Nation, The, 241

National Gallery, 205, 252

National Labour Party, 105, 106, 238

Nazi Party, 61

Netherlands, 156; German invasion of, 311, 314

Newall, Sir Cyril, 220 - 21

New Party, 59

New Republic, The, 280

News Chronicle, 123, 143, 179, 180, 197, 336

New Statesman, 128, 257, 258, 264, 348

New Yorker, The, 186, 190, 198 - 99, 221, 248

New York Herald Tribune, 34

New York Times, The, 10, 180, 185,

187, 189, 207, 219, 241, 256, 279

Nicolas II, Tsar, 65

Nicolson, Sir Arthur, 103

Nicolson, Harold, 16, 17, 18, 32, 56, 90, 97, 101, 103 - 106, 149, 189, 211, 244, 260, 285, 286; aftermath of World War I, 64; air raids and, 214; anti-appeasement stance, 74, 103, 138, 193; background of, 103; on Baldwin's retirement, 82; BBC and, 120, 129 - 30; Ronald Cartland's death and, 320, 321; on Chamberlain's sensitivity to criticism, 199; Churchill's replacement of Chamberlain and, 266; on Churchill's wartime speeches, 263; Czechoslovakia crisis and, 132, 135 - 36, 138, 151, 154; Eden group and, 177, 195, 237; on Eden's reluctance to lead, 181 - 82; Eden's resignation and, 96, 106; election of 1945 and, 355; forced resignation, 108; marriage of, 52, 104; May 1940 events leading to Chamberlain's resignation and, 301; Ministry of Information and, 331; Poland crisis and, 195 - 96, 208, 210, 241; resignation from the Foreign Office, 104; start of World War II and, 202, 203, 205 - 206, 208; on upper class support for Nazi Germany, 66, 74; warnings of German rearmament, 70; on wartime censorship, 258; Watching Committee and, 273, 285

Nicolson, Nigel, 359

Nineteenth Century and After, 327

Nixon, Richard, "dirty tricks" of, 170

Norway: Allied response to German invasion of, 4, 5, 278 – 83, 287, 289 – 91, 297, 302, 312; British media's reporting on battle for, 281 – 82; Churchill as scapegoat for, 285; German offensive in, 276 – 83, 302; May 1940 challenge of Chamberlain government and the debacle in, 3, 5 – 6, 7, 283 – 312; mining of territorial waters of, 226, 274, 276, 277

nuclear test ban treaties, 361

Nuremberg, 1936 Nazi rally in, 68

Nuremberg war crime trials, 345

Nutting, Anthony, 359 – 60

Observer, The, 141, 197, 335 – 36

O'Casey, Sean, 51

Olympic Games of 1936, Berlin, 68

Other Club, The, 48, 86, 138, 139 – 42

Oxford Union, 85

Oxford University, 23, 34, 37, 39,

44, 85, 95, 103, 140, 302; All Souls College, 113, 122; appeasement issue and, 174 – 75

Pakenham, Elizabeth Harman, 91

Pakenham, Frank (Earl of Longford), 91

Pakenham, Thomas, 91*n*

Palace of Westminster, 12

Palestine, Jewish homeland in, 103

Panter-Downes, Mollie, 221, 248, 250

Paris Peace Conference of 1919, 103, 151, 193

Peacemaking (Nicolson), 103

Peck, John, 299

Philadelphia Daily Ledger, 34 – 35

Picture Post, 181, 197, 236, 253, 311, 315; military censorship and, 255 – 56

Pierrepoint, Albert, 346

Poland: Chamberlain's military guarantee to, 189 – 90, 192 – 93, 198, 200, 204, 241; civilian casualties, 220; delayed assistance of allies, 204, 206 – 12, 219, 220 – 23, 225; German offensive in, 3 – 4, 202, 206, 208, 219, 220, 221, 222 – 23, 224, 225, 256; Soviet invasion of, 223; in summer of 1939, 9, 10, 11, 13, 200;

weakness of Chamberlain's guarantees to, 192 – 95, 200 – 201

press, British, *see* British media

Priestley, J. B. , 43

Profumo, John: May 8, 1940 vote of confidence and, 302, 305; scandal involving, 362

Prometheus (Aeschylus) , 38

Proust, Marcel, 234, 235

public-school boys: conformity of, 22, 23, 26; rules and restrictions, 22 – 23; sports and, 23; values of, 3, 21, 22, 23, 26, 92 – 93, 154

Put Out More Flags (Waugh) , 247

Quisling, Vidkun, 300*n*

Raczynski, Edward, 204, 206, 212, 220, 222

Rathbone, Eleanor, 80, 177, 184; the Vigilantes and, 238

Redesdale, Baron, 67

Reed, Douglas, 100

Reith, Sir John, 119, 251

Reston, James, 313 – 14

Rhineland, German occupation of the, 68, 73 – 74, 88, 101 – 102, 357 – 58

Rhys-Williams, Lady Juliet, 181

Ribbentrop, Joachim von, 67 – 68, 123

Ridder, Marie, 46, 53

Ritchie, Charles, 71, 241, 251, 254

Ritz (London hotel) , 244

Roberts, Andrew, 323, 329

Robertson, Ben, 249, 314

Romania, 110

Roosevelt, Franklin D. , 94, 176, 353; Czechoslovakia crisis and, 132; isolationists and, 71; New Deal, 36, 59, 71; Poland and, 201

Rothermere, Lord, 122, 123, 159

Rotterdam, German firebombing of, 315

Rowse, A. L. , 180

Royal College of Music, London, 163

Royal Oak (destroyer) , 227, 264

Royal Yacht Club, 305

Rugby, 92

Russian Revolution, 65

Rutland, Duchess of, 140

Sackville-West, Vita, 105, 106, 202; gender inequality in Britain and, 52; marriage of, 52, 104; poetry of, 52

Salisbury, Lord, 113, 279, 285, 323; Churchill's selection as prime minister and, 310, 311; drawing room meeting of April 4, 1940, 270 – 71, 273;

meeting with Chamberlain in spring of 1940, 284; support for Halifax as Chamberlain's successor, 307, 310; "undersecretaries'plot" and, 335; Watching Committee and, 273, 284, 296

Salisbury, Lord (former prime minister), 94, 113

Sandhurst, 113

Sandys, Duncan, 33, 76, 109, 154, 211, 212; Ronald Cartland's death and, 321; Churchill group and, 178; Eden group and, 213; May 1940 events leading to Chamberlain's resignation and, 301

Sargent, Orme, 145

Savoy (London hotel), 243

Sewell, J. E. , 231, 295, 299

Shaw, George Bernard, 257, 258

Shawcross, Sir Hartley, 345

Shinwell, Emanuel, 332

Shirer, William, 100, 224; on Churchill's wartime speeches, 264

Shrewsbury, 34

Siegfried Line, 221

Simon, Sir John, 68, 91, 92 – 93, 94, 136, 228, 284, 307; in Churchill government, 322, 323, 349; "undersecretaries' plot" and, 335

Simpson, Wallis, 81 – 82

Sinclair, Archibald, 135 – 36, 138, 239; as air minister, 332; tapping of phone conversations, 288

Sissinghurst Castle, 104

Skoda works, 259

Smuts, Jan, 48

Snadden, William McNair, 167 – 69

socialism, 30, 49

South Africa, 114 – 15, 361

Soviet Union: Five-Year Plan, 71; Germany viewed as counterweight to, 65; invasion of Finland, 272; invasion of Poland, 223; nonaggression pact with Germany, 200, 228

Spanish civil war, 124, 165 –66, 238, 342

Spears, Edward, 11, 74, 97, 101, 199 – 200, 204, 210; air raids and, 214 – 15; anti-appeasement stance, 74; Ronald Cartland's death and, 321; Czechoslovakia crisis and, 135 – 36; delay in aiding Poland and, 207, 221 – 22; Eden group and, 177, 213; May 1940 events leading to Chamberlain's resignation and, 290, 295, 301 – 302, 303; Norway debacle and, 283; Watching Committee and, 273

Spectator, The, 82, 177, 193, 244,

256, 320

Speer, Albert, 212

Spencer – Churchill, Lady Sarah, 8 – 9

Stalin, Joseph, nonaggression pact with Germany, 200, 228

Stamp, Lord, 228

St. Andrews University, 180

Stanley, Oliver, 129, 131, 132, 148; wife of, 146

Steward, George, 120

St. James's Club, 244

St. Margaret's, Westminster, 41

Stowe, Leland, 229, 251, 270; battle for Norway, coverage of, 280, 281, 282 St. Stephen's Club, 120

Stuart, James, 42, 57; retribution against Tory rebels, 159 – 60, 167, 168, 169, 324 – 25, 350, 351

Suez Canal, 357 – 59

Sunday Express, 33, 123, 143

Sunday Pictorial, 196, 326, 336, 338

Sunday Times, The (London), 9, 73, 120, 213, 243

Sweden, shipping of iron ore to Germany by, 226, 236, 274

Swinburne, Algernon, 105

Swinton, Lord, 94

Sybil (Disraeli), 30

Syria, 354

Talleyrand, 140

Taylor, Charles, 300 – 301

Tedder, Lord, 358

Tennyson, Alfred Lord, 37, 105

Thomas, Jame, P. L. "Jim," 32, 93 – 94, 95, 96, 100 – 101, 156 – 57, 160, 182; appointment to whip's office, 332; Eden group and, 177; as first lord of the admiralty, 356; spring of 1940, efforts to replace Chamberlain in, 277, 284, 301

Thorpe, D. R. , 99

Thost, Dr. Hans Wilhelm, 165

Time magazine, 6, 140, 198

Times, The (London), 81, 100, 111, 122, 143, 149n, 156, 160, 182, 187, 192 – 93, 197, 223, 320; Amery as correspondent for, 114 – 15; Czechoslovakia crisis and, 130, 134, 153; self-censorship by, 122; as Tory publication, 123

Titmuss, Richard, 59

Tonypandy, Wales, mine workers'strike of 1910 in, 308

Tory rebels: abstention from vote of confidence on Munich, 152 – 55, 159, 162; adjournment of Parliament in

1938, 10 - 19, 199; Churchill group, 178, 238; Churchill's cabinet and ministerial appointments and, 322 - 27, 331 - 33; Czechoslovakia and, *see* Czechoslovakia; Munich Conference and agreement; December Club, creation of, 74 - 75; disunity among, 177 - 79, 195, 355; Eden group, *see* Eden group; gulf between old die-hard Tories and, 34, 35, 39, 70; "jitterbugs," labeled as, 159; Labour-sponsored vote to censure Chamberlain in 1938, 101, 106; March 29, 1939 resolution calling for formation of new national all-party government, 189; Norway debacle and May 1940 challenge of Chamberlain government, 3, 5 - 6, 7, 283 - 312; public-school backgrounds of, 21, 23 - 24; September 27, 1938 conference, 135 - 36; Spanish Civil War and, 165 - 66; spied on, by Chamberlain's men, 170 - 71, 239, 288, 325; Watching Committee and, *see* Watching Committee; *see alsonames of individuals*

Trades Union Congress, 80

Tree, Nancy, 171, 173, 178, 284; evacuated children housed by, 244 - 45;

on wartime life for the upper class, 243

Tree, Ronald, 69, 97, 101, 109, 178, 284; anti-appeasement stance, 74; Ronald Cartland's death and, 321; as Duff Cooper's parliamentary private secretary, 331; Eden group's meetings at home of, 170, 177, 212 - 14; evacuated children housed by, 244 - 45; feuds over Munich, 173; May 1940 events leading to Chamberlain's resignation and, 301, 305; with Ninth Lancers, 191; surveillance of home of, 170, 171

Trefusis, Violet, 104

Tristan and Isolde (opera), 126

Truth, 170

Unilever, 67, 290

United Nations, 358

United States: isolationists in, 71, 280 - 81; Macmillan-Kennedy relationship, 361; Munich agreement, reaction to, 157; New Deal, 36, 59, 71; *see also* Roosevelt, Franklin D.

U. S. House of Representatives, 27

U. S. State Department, 200 - 201

University of Birmingham, 89

Verlaine, Charles, 105

Versailles Treaty, 193, 195; German

reparations and war debts, 61 - 62;

German violations of, 63, 68, 73 - 74

Victoria, Queen of England, 91n

Vigilantes, 237 - 239, 269, 273, 284;

May 1940 challenge of Chamberlain

government and, 290, 298, 307;

members of, 238; purpose of, 238

Villard, Osward Garrison, 241

Völkische Boebachter, 165

Wagner, Richard, 126

Wallace, Barbara, 173

Wallace, Euan, 173, 304 - 305

Wandsworth Prison, 344, 346

Warsaw, Poland, 219, 223

Watching Committee, 273, 274, 284,

285, 294, 307, 323

Watt, Donald Cameron, 68

Waugh, Evelyn, 243 - 44, 247

Wedgwood, Josiah, 27, 216, 232, 304

Weimar Republic, 62

Welles, Sumner, 201

Wellington, 103

Wells, H. G. , 37

Western Mail, 236

Westminster, Duke of, 67, 205, 257, 351

Whitehall Letter, 170

Why England Slept (Kennedy), 92

Wilkinson, Ellen, 108, 350

Wilkinson, Rupert, 23

Williams, Francis, 90, 144

Willingdon, Lady, 172, 180

Wilson, Sir Horace, 93 - 94, 130 -

31, 186, 193, 307, 312; in Churchill

Wilson, Sir Horace (*cont.*) government,

322, 323, 333, 334; secret negotiation

of Anglo-German Pact, 194 - 95

Windsor, Duke of, 257

Winn, Anthony, 149n

Wise, Roy, 302

Wodehouse, p. G. , 48, 343

Wohlthat, Dr. Helmut, 194

Wood, Kingsley, 186, 221 - 22, 307,

309, 312; in Churchill government,

322, 326; " undersecretaries'plot "

and, 335

Woolf, Virginia, 104

Woolton, Lord, 348, 351

World Disarmament Conference in

Geneva, 86

World War Ⅰ, 25, 28, 37 - 39, 70,

85, 140, 292; battle of Jutland, 85;

battle of Loos, 38; battle of the

Somme, 38, 101; Gallipoli campaign,

45; lost generation, 38 – 39, 40, 63 – 64, 70; Ypres, 38, 85

World War Ⅱ, 329 – 30, 336; Allied victory in Europe, 354; Anglo-American North Africa invasion, 352 – 53; Battle of Britain, 260, 320, 330, 347; British declaration of war on Germany, 204, 208, 211 – 14, 216, 217, 219; fears of British public of another war, 64 – 65; German invasion of Low Countries and France, May 1940, 311 – 12, 314 – 18, 329 – 30, 336, 343; German offensive in Poland, 3 – 4, 202, 206, 208, 219, 220, 221, 222 – 23, 224, 225; Norway and, *see* Norway; the phony war, 223 – 31, 240 – 60, 265, 266, 267 – 68; *see also individual countries and politicians*

Wyndham, John, 353, 354

Yeats, W. B., 51

York, Duke of, *see* George Ⅵ, King of England

Yorkshire Post, 96

Yugoslavia, 354

Zionism, 342

Zweig, Stefan, 62

图书在版编目（CIP）数据

至暗时刻的反抗：辅佐丘吉尔并拯救英国的年轻人／
（美）琳内·奥尔森（Lynne Olson）著；张宇译. －－北
京：社会科学文献出版社，2021.8
（思想会）
书名原文：Troublesome Young Men：The Rebels
Who Brought Churchill to Power and Helped Save
England
ISBN 978 - 7 - 5201 - 7329 - 2

Ⅰ.①至… Ⅱ.①琳… ②张… Ⅲ.①第二次世界大
战 - 历史 - 研究 - 英国 Ⅳ.①K561.46

中国版本图书馆 CIP 数据核字（2020）第 224131 号

·思想会·

至暗时刻的反抗：辅佐丘吉尔并拯救英国的年轻人

著 者／〔美〕琳内·奥尔森（Lynne Olson）
译 者／张 宇

出 版 人／王利民
责任编辑／吕 剑

出 版／社会科学文献出版社·当代世界出版分社（010）59367004
地址：北京市北三环中路甲 29 号院华龙大厦 邮编：100029
网址：www. ssap. com. cn
发 行／市场营销中心（010）59367081 59367083
印 装／北京盛通印刷股份有限公司

规 格／开 本：880mm × 1230mm 1/32
印 张：17 插 页：0.5 字 数：418 千字
版 次／2021 年 8 月第 1 版 2021 年 8 月第 1 次印刷
书 号／ISBN 978 - 7 - 5201 - 7329 - 2
著作权合同
登 记 号／图字 01 - 2020 - 6063 号
定 价／88.00 元

本书如有印装质量问题，请与读者服务中心（010 - 59367028）联系